王成金　山东省沂水人，中国科学院地理科学与资源研究所研究员，博士生导师。2002 年获人文地理学硕士学位，2005 年获人文地理学博士学位，2005 ～ 2008年做博士后工作，2008 年至今在中国科学院地理科学与资源研究所任职。长期以来，主要从事经济地理学与区域发展的研究工作，尤其是在工业地理与区域规划等方面有浓厚的研究兴趣。曾主持国家自然科学基金委员会、中国科学院、国家发展和改革委员会、地方政府等资助的多项课题项目，在 *Journal of Transport Geography*、*Social and Economic Geography*、《地理学报》和《自然资源学报》等杂志上发表学术论文 80 多篇，独立出版《集装箱港口网络形成演化与发展机制》、《物流企业的空间网络模式与组织机理》和《港口运输与腹地产业的联动模式》3 部著作，参编著作 10 多部。

　　Chengjin Wang is a professor in the Institute of Geographical Sciences and Natural Resources Research，the Chinese Academy of Sciences. He earned his B.S in 2002 and Ph.D. in human geography in 2005. His research focuses on industrial geography and region development，especially the development of the old industrial city. His research has been funded by many projects from the National Natural Science Foundation of China，Chinese Academy of Sciences，National Development and Reform Commission and many local governments. He has published over 80 papers. In addition to this book，he is also the author of the book *Evolution and Development of Container Ports Network and Dynamic Mechanism*，the book *Spatial Network Mode of Logistics Company and Organization Mechanism* and the book *Interactive Mode between Port Transportation and the Heavy Industries in Hinterland* in 2018.

国家自然科学基金项目
"港口运输职能分异及与腹地工业的联动机制"（41571113）成果
中国科学院战略性先导科技专项（A 类）项目
"基础设施连通性评估及其空间优化模拟研究"（XDA20010101）成果

特殊类型区域研究系列

# 老工业城市调整改造的理论与实践

王成金/著

Theory and Practice
about the Transformation of the
Old Industrial City

科学出版社
北 京

## 内 容 简 介

　　本书综合集成工业地理学与城市地理学的研究理念与方法，分析老工业城市发展的基础理论，界定中国老工业城市，阐述其发展过程，分析其历史贡献、发展现状与基本特征，探讨其存在问题与突出矛盾；考察老工业城市的发展分化，揭示其衰退机理；总结发达国家老工业城市调整改造的经验和启示；剖析老工业城市调整改造的历史过程与当前形势，考察其调整改造的难点与总体思路；探讨中国老工业城市的调整改造路径，尤其是考察示范型、衰退型和集中连片型老工业城市的调整改造思路，总结部分老工业城市的成功经验与可推广模式。以此，科学认知老工业城市发展的科学路径，丰富经济地理学的理论与方法，为中国加快推动老工业城市的调整改造提供科学指导。

　　本书可为工业经济与城市规划等相关领域的学者和管理决策者提供参考。

---

图书在版编目（CIP）数据

老工业城市调整改造的理论与实践 / 王成金著 . — 北京：科学出版社，
2019.11

　　ISBN 978-7-03-062796-4

　　Ⅰ . ①老……　Ⅱ . ①王…　Ⅲ . ①老工业基地—工业城市—城市经济—研究—中国　Ⅳ . ① F299. 2

　　中国版本图书馆 CIP 数据核字 (2019) 第 243102 号

---

责任编辑：刘　超 / 责任校对：樊雅琼
责任印制：吴兆东 / 封面设计：无极书装

**科 学 出 版 社** 出版
北京东黄城根北街 16 号
邮政编码 :100717
http://www.sciencep.com

**北京虎彩文化传播有限公司**　印刷
科学出版社发行　各地新华书店经销
*

2019 年 11 月第 一 版　　开本：787×1092　1/16
2019 年 11 月第一次印刷　印张：21　插页：2
字数：500 000

**定价：238.00 元**
（如有印装质量问题，我社负责调换）

# 序　一

　　国土开发与区域发展始终是经济地理学者从事基础理论研究和开展实践应用的主战场。经济地理学的基本原理和我们长期的工作实践经验都表明，区域发展存在着显著的类型差异，各类区域的自然本底、资源禀赋、产业基础、国家需求及发展路径是不同的，必须针对各种类型的区域开展相关研究。我一直倡导区域规划与区域发展应坚持两类区域的研究：一类是目标导向下的功能区域研究，突出战略性顶层统筹与针对性治理政策设计，着眼长远，政策单元相对稳定，以主体功能区为代表；另一类是问题导向的困难地区或特殊区域，针对当前特定的现实问题开展特定需求的研究，政策单元可以及时进行调整。两类区域在国土开发中互为补充、互为支撑。这一认识，在我 2004 年主持完成的国家发展和改革委员会地区经济司委托课题《"十一五"时期我国地区经济发展战略研究》的报告中有完整表述。

　　中华人民共和国成立以来，我国国土开发与区域发展的背景条件不断变化，促使我国空间规划内容与空间管制理念持续进行调整。从 1997 年陆大道院士主持编制第一部《1997 中国区域发展报告》开始，中国科学院地理科学与资源研究所就把区域可持续发展作为一个重要的研究方向，在此基础上开始承担国家发展和改革委员会与自然资源部的各项委托任务，包括主体功能区规划的研究。2010 年以中国科学院地理科学与资源研究所为主要科技研究支撑的《全国主体功能规划》颁布实施，成为我国空间规划的上位规划，指导着不同空间尺度和重要类型规划的研究与编制工作。在过去几年里，大量的地理学家投身国家和省级主体功能区规划的研究与编制工作。与此同时，国土开发与区域发展中的特殊区域与问题区域逐步引起政府与学术界的关注。2003 年开始，东北地区等老工业基地的振兴发展进入中国政府的工作议程；党的十八大以来，中国区域协调发展的内容不断深化，《中华人民共和国国民经济和社会发展第十三个五年规划纲要》提出"促进困难地区转型发展"，即"加强政策支持，促进资源枯竭、产业衰退、生态严重退化等困难地区发展接续替代产业，促进资源型地区转型创新，形成多点支撑、多业并举、多元发展新格局"。党的十九大报告中提出了"实施区域协调发展战略。加大力度支持革命老区、民族地区、边疆地区、贫困地区加快发展，强化举措推进西部大开发形成新格局"。特殊区域与问题区域成为中国区域协调发展战略的基础内容，并为中国政府所高度关注，纳入中央政府及地方政府的工作范畴当中。

　　任何时期的学术研究都与当时的社会经济发展环境相结合。近几年来，中国科学院地理科学与资源研究所的人文地理研究团队，围绕着特殊区域与问题区域已经开展了系统化研究，如资源型城市、老工业基地、集中连片特困区等，先后承担了国家一系列的重大规划与评估任务，并形成了一系列研究成果，培养了一批青年学者与学术骨干。王成金教授从进入中国科学院地理科学与资源研究所工作开始，就加入我带领的区域规划研究团队，主要承担基础设施网络的研究。近几年来，开始主持有关老工业城市、东北地区、资源型城市、老工业区等问题区域的课题研究，形成了扎实的研究基础并积累了丰厚的研究成果，先后承担了《全国老工业基地调整改造规划（2013—2022 年）》、《东北西部生态经济带发展规划》的研究和编制，为国家重大战略的实施发挥了重要的科技支撑作用。

王成金教授几次与我谈起，他想坚持在问题区域的研究与规划领域，结合国家各部委及地方政府的委托项目，设计 3～4 个科学领域，通过 7～8 年的时间，开展持续研究与实践应用，努力形成系列化的研究成果，力争出版"特殊类型区域研究系列"丛书。在此之前，王成金教授已经设计出版了"交通地理与区域发展"丛书，他自己独著的著作就有三本。

该书是"特殊类型区域研究系列"丛书的第一本，也是过去几年学术研究与科研工作的心血积累。在该书中，王成金教授以老工业城市为研究对象，构建了老工业城市的识别方法，分析了其基本特征与存在问题，探讨了老工业城市的各种发展分异，考察了最新时期国土开发、国家经济发展及产业结构调整对老工业城市的影响与要求，设计了中国老工业城市调整改造的基本路径，并从不同类型老工业城市的角度分析了其特殊路径，同时总结了部分案例地区的成功经验。该书是经济地理学的重要研究成果，丰富了新时代下经济地理学的研究内容，对我国老工业城市的调整改造与区域发展具有重要的指导价值。

听到他的研究计划，看到他的首期成果，我由衷地感到高兴，我很希望王成金教授继续发挥他长期积累的理论基础、技术优势与研究经验，将理论研究与国家战略需求相融合，聚焦特殊区域与问题区域，不断凝练科学命题，创新研究范式，加强研究深度，提高成果水平，为中国国土开发、空间规划与区域协调发展贡献力量。我坚信，他会按照自己的研究计划，持续产出高质量的科研成果，我们期待着。

2019 年 3 月于北京奥运村科技园区

# 序　二

经济地理学的重要任务是开展区域或城市的产业发展演变规律研究，揭示产业与城市的发展关系，并以此指导城市或区域的可持续发展。这是许多经济地理学者所坚持的学术研究方向，也是许多学者从事实践工作的重要领域。特别是，工业、城市及问题区域相互之间存在着天然的联系，这吸引了许多学者的长期关注。同时，结合其他领域的研究，逐步形成了一个新的研究方向：特殊区域与问题区域，包括资源枯竭型地区、产业衰退地区、老工业城市与老工业区、生态严重退化地区、边疆地区、少数民族地区、集中连片特困区、革命老区等。这类区域或城市突出了问题与困难，需要国家和地方的扶持与鼓励政策，成为国土开发与区域发展的难点。

资源型城市是重要的城市类型，尤其是资源枯竭型城市是重要的问题型城市，在众多的城市发展中有着特殊的机制与规律，也是当前中国各类发展矛盾和问题最为集中和突出的城市。长期以来，我一直从事资源型城市的研究，先后聚焦资源型城市、资源枯竭型城市、独立工矿区、采煤沉陷区等类型地区，围绕产业结构调整与接续产业培育、产业园区升级、城市建设、民生改善、生态环境治理等主题，开展了一系列的学术研究，发表了一系列论文并出版了相关书籍。同时，配合国家相关部委和地方政府，开展了全国及地级层面的资源型城市转型发展规划的研究编制工作。

城市产生发展的机理与中国工业化的发展路径表明，资源开发利用和城市发展有着深刻的互动关系，特别是煤炭、铁矿石、有色金属及石油等能源和矿产资源的开发利用成为一个国家工业化的起点，并促生培育了一批城市。许多城市"因矿而设，因企而设"，成为典型的工业城市，并成为中国城镇体系中的重要部分和特殊类型。这促使资源型城市与老工业城市之间形成明显的交叉叠合，许多城市是在国家推动工业化过程中依托资源开发利用而发展起来的老工业城市，兼具老工业城市与资源型城市的双重属性。在资源型城市的研究工作过程中，我关注到老工业城市研究的重要性，从资源开发利用与接续产业培育的视角思考老工业城市的发展。

过去十年来，王成金教授一直坚持开展老工业城市的学术研究与实践工作，与我所从事的资源型城市研究工作形成互补，并形成了一些共同的研究主题。他配合国家部委的项目任务需求，持续开展老工业基地、老工业区的研究工作，涉及产业转型升级、企业技术改造、城市空间功能优化、老工业区搬迁改造、老旧社区改造、民生事业与环境治理等系列主题，为国家战略的实施提供科学研究支撑。同时，他一直从事地方老工业城市调整改造规划的研究编制工作，先后开展了荆州、朝阳、长治等城市的相关研究，积累了丰富的经验，对中国老工业城市的发展机理与调整改造路径有着很好的科学认知。

基于长期的研究积累，王成金教授著写了这本《老工业城市调整改造的理论与实践》。在该书中，他立足困难区域，以老工业城市为切入点，科学界定了老工业城市的概念内涵，刻画了老工业城市的发展特征与存在问题，评估了老工业城市的发展状态，结合最新的发展环境，提出了未来老工业城市的发展思路与具体路径，分析了各类城市的调整改造思路。该书丰富充实了问题区域与特殊区域的研究，是经济地理学的重要文献。

　　学术研究贵在坚持。希望王成金教授继续坚持在特殊区域与问题区域的领域内，将理论研究和实践应用相结合，将国家战略和地方需求相结合，凝练不同的学术主题，拓展学术研究方向，持续形成更多的学术成果。

2019 年 4 月 9 日于北京奥运村科技园区

# 前　言

## 一、研究背景

在人类发展的历史进程中，工业城市是工业化与城市化两个社会经济过程相互作用的产物与综合结果，是以工业生产为主要职能的城市类型。工业生产主导职能的特点决定了工业城市的特殊属性，促使城市形成了特有的空间组织模式、职能结构、经济结构及社会组织体系，成为区域发展中的特殊城市节点与增长极。在不同的历史时期与社会经济发展阶段，工业生产与城市组织形成了不同的复杂适宜性关系及作用机制，不断改变着经济发展方向与城市空间组织模式，进而影响了城市在全国城镇体系或工业体系中的地位与作用。这促使工业城市的产生、发展及演化成为经济地理学与城市地理学的研究重点。

在长期的历史发展过程中，工业城市是多数国家或地区推动工业化进程和构建工业体系的主要承载体。这些工业城市不仅为其他地区提供了基础原材料、能源动力和工业装备，而且提供了产业技术、工人队伍和管理经验，并成为国家或地区财富积累的重要源泉。在不断变迁的时代背景和复杂的国内外环境下，如何保持工业城市的健康发展与活力，成为国家或区域的重要发展任务，也成为各级政府的重要工作内容，其目的是推动工业城市持续保持区域财富创造，并作为区域稳定发展的主要源泉。

许多城市的产生和发展起源于 19 世纪开始的工业革命，并延续至今。在 300 多年的工业化过程中，许多城市先后经历了第一次、第二次和第三次工业革命，成为工业革命与产业技术创新的主要阵地。但第二次世界大战结束以来，即在第三次工业化浪潮中，许多工业城市逐步丧失了竞争力，原有工业部门日渐衰落，新的产业部门未能兴起并形成规模。尤其是在全球化过程中，许多城市的传统工业部门逐步转移，产业结构不断变化，形成明显的“去工业化”现象，传统老工业城市衰落明显。这对长期工业化过程形成的传统工业城市产生了巨大挑战，这些城市的可持续发展与健康稳定运转不断陷入困境，由此这些城市成为国家或区域发展的问题区域。这促使发达国家针对这些城市先后启动了一系列的振兴行动与扶持政策。

中国政治经济体制的特殊性，决定了中国比发达国家具有更强的政府管理与扶持作用，对工业城市的布局建设与可持续发展具有更强的影响与作用。20 世纪 80 年代开始，中国政府开始关注老工业基地的改造，重点集中在“三线”地区的老工业企业；90 年代以来，随着东北问题的日渐凸显，中国政府开始重视大面积的老工业基地改造，2003 年将工作重点转移到东北老工业基地的振兴发展方面。经过 10 多年的探索与尝试，中国政府将老工业基地的调整改造工作拓展到全国范围，推动不同类型的老工业城市振兴发展。这是由中国区域发展战略与经济发展规律共同决定的。

在此过程中，老工业城市的发展引起了各领域学者的关注，分别从不同的视角分析老工业城市的发展规律、衰落机制及振兴路径。发达国家的学者对老工业城市尤其是老工业区的发展已经进行了深入解析。20 世纪 90 年代，东北问题的出现也促使中国经济地理学者关注老工业基地的可持续发展问题。21 世纪以来，中国城市规划学界开始关注城市内部老工业区的再开发利用，许多城市先后开展了城市更新建设工作。随着中国政府对民生事业、社会事业与生态文明的关注，老工业城市的发展不仅是传统产业升级改造的问题，而且是城市建设与城市综合发展的问题。这需要以更加综合的视角推动老工业城市调整改造的系统化研究。

## 二、项目资助

本书的研究和撰写得到了国家发展和改革委员会的长期研究资助，属于系列课题的成果产出，也是作者学术研究的长期积累。

2010 年，国家发展和改革委员会正式启动了国家“十二五”专项规划之一的《老工业基地调整改造规划》的研究编制工作。作者申请获批了“全国老工业基地调整改造规划前期研究”课题之一的“‘十二五’时期老工业基地调整改造战略定位和总体思路研究”。在该项目的资助下，作者开展了老工业城市的系统化研究，包括基础理论、量化识别、发展特征及发展思路研究，对全国老工业城市的分布、发展状态及调整改造路径有了最初的总体认知，奠定了本书的基本理念与研究框架。2013 年，作者承担了荆州市发展和改革委员会的委托项目《荆州市老工业基地调整改造规划（2013 ~ 2022）》和《荆州市中心城区老工业区搬迁改造实施方案》的研究任务，从地级城市的视角，对典型轻工类老工业城市与城区老工业区进行深入细致的研究，形成了具体的案例城市支撑。

在此后的几年内，作者陆续接受国家发展和改革委员会的项目委托，开展了老工业城市的持续研究，不断充实了本书的撰写框架与内容体系。2014 年，作者开展了《东北等老工业基地“一体两翼”总体指标分析及共性问题》的研究，分析东北老工业基地、老工业城市、资源型城市的发展特征，考察了老工业基地与资源型城市的关系。2016年继续开展了《经济发展新常态下中西部和东部老工业基地振兴发展问题》的研究，以东北老工业基地之外的老工业城市为研究对象，对最新发展特征及变化进行了跟踪研究。

2017 年，作者再度承担了国家发展和改革委员会的委托项目《中国老工业城市转型的主要路径》的研究，深入分析调整改造路径，更加重视理论的总结。依托该课题，作者对中国老工业城市的发展战略与调整改造路径进行了系统化的深入研究，并对目前取得的可推广的调整改造模式与经验进行总结，深入分析当前最新的发展趋势。同时，笔者承担了长治市发展和改革委员会委托项目“长治产业转型升级示范方案”的研究，从地级城市的视角，对案例城市的调整改造路径进行了更深入的分析。

老工业城市调整改造的理论与实践

# 三、研究内容与关系

基于"理论↔实践"和"总体↔案例"的视角，按照"理论辨析→量化识别→特征问题→调整路径"的主线，阐述老工业城市的基础概念与基础理论，对中国老工业城市进行量化识别，分析其特征与问题，量化判别其发展状态类型分异，根据最新发展环境提出中国老工业城市调整改造的总体思路与基本路径，从不同类型进行差异化路径设计，深入剖析不同案例的经验与模式。

本书共分为十一章，核心内容主要分为四部分。

第一章和第二章为老工业城市的基础理论部分。本部分重点介绍老工业城市的研究背景与研究进展，介绍相关的基础概念，分析基础理论。第一章为绪论，主要介绍本书的研究背景，评述国内外研究现状与进展。第二章为老工业城市发展理论，重点分析工业化与历史轨迹，界定工业区位与产业集聚的基础概念，考察老工业城市与工业区的关系，介绍相关基础理论，奠定本书的理论框架。

第三~六章为中国老工业城市的识别与发展特征部分。着眼于中国尺度，本部分重点识别中国老工业城市，简述其发展历史，分析其发展特征与存在问题，考察其发展类型分异。第三章为老工业城市识别方法与结果，简要评述老工业城市识别方法，构建本书的量化方法基础，对中国老工业城市进行识别。第四章为老工业城市发展历史与贡献，简要回顾老工业城市发展历程，从不同角度评述其主要贡献与历史地位。第五章为老工业城市发展评价，分析其发展现状与基本特征，考察其存在问题与突出矛盾。第六章为老工业城市发展分化，分析其行政级别类型、空间区位类型、规模级别类型等基本类型分异，深入考察其产业类型分异，综合判断发展提升、衰退提升、发展滞后、相对稳定、发展滞后等状态，识别衰退型老工业城市。

第七~十章为中国老工业城市调整改造经验、思路与路径研究，以及重点老工业城市调整改造路径研究。基于实践应用视角，本部分重点分析老工业基地调整改造经验，提出中国老工业城市调整改造思路与路径，关注重点城市与特殊基地的调整改造模式。第七章为老工业基地调整改造经验，从国内和国外两个视角，分析中国老工业基地调整改造的历史经验，总结德国鲁尔区、英国曼彻斯特、日本大阪湾的调整改造经验。第八章为老工业城市调整改造思路，分析老工业城市面临的新形势，揭示新时期老工业城市调整改造难点、需协调的重大关系、拟解决的突出矛盾及未来关注要点，考察新时期老工业城市的概念内涵、总体思路、基本理念及承担任务。第九章为老工业城市调整改造路径，重点从产业结构优化升级与园区建设、城市功能完善与老工业区改造、资源能源利用与环境污染治理、民生事业保障与社会管理转型、产业技术创新与产业人才培养、对外合作开放与体制机制创新等方面，全面分析具体路径与科学方案。第十章为重点老工业城市调整改造路径，以示范型老工业城市、衰落型老工业城市和连片型老工业基地为重点，分析特殊类型和重点城市的调整改造路径。

第十一章为老工业城市调整改造案例，为本书的第四部分。本部分对老工业城市调整改造案例进行分析，总结相关的经验与可推广的成功模式。以综合性、专业化、轻工类老工业城市为重点，简述其形成、发展和演化的历史，分析其存在问题，从产业升级、创新驱动、开放合作、老工业区改造等方面剖析其调整改造路径。

# 目　　录

老工业城市调整改造的理论与实践

老
工
业
城
市
调
整
改
造
的
理
论
与
实
践

# 第一章

## 绪　论

　　任何理论研究或问题的实证分析都与时代发展密切相关，均扎根于当时的历史条件与社会背景，并服务于当时的社会需求与国家目标。但历史条件与社会背景是不断变化而演进的，由此决定了社会需求也持续改变，这将深刻影响各领域的学术研究路径。这需要深入分析当前中国相关领域的主要发展趋势与战略需求，明确与老工业城市发展的关系。以此，方可将老工业城市的理论研究、实证分析与国家需求密切结合，既可以满足学术领域的理论需求，也可以满足国家和政府的战略需求。

　　任何研究都是长期学术研究的历史延续与继承深化，这是学术研究的基本规律。老工业基地/城市的研究是一个长期的过程，学术界已经形成积累了大量而具有借鉴意义的重要成果。从时间的维度，着眼于不同的分析主题，考察老工业基地的研究过程，对比思辨不同的学术思想与争议，总结主要的主要研究论点，明晰各时期的研究不足。由此，可以从中考察老工业基地的研究脉络与逻辑主线，进而为本书的总体框架设计与深入分析奠定更加科学的基础。

　　本章主要分析老工业城市研究的基本背景与既有研究基础。首先，从中国社会主要矛盾与社会发展目标变化、新型工业化与城镇化融合、智能工业革命与新型工业化、公共政策精细化与问题区域发展等角度，分析当前老工业城市发展的宏观环境。其次，从工业化与城市化、老工业城市辨析与识别、老工业城市发展特征、发展状态评估与衰退机制、改造路径等不同主题，全面深入回顾国内外的研究过程与主要研究论点。

## 第一节　研　究　背　景

### 一、中国社会主要矛盾与社会发展目标

#### 1. 社会主要矛盾转变

　　任何国家和区域的社会经济发展战略与路径都是与当时主要矛盾相对应的，是为解决当时社会主要矛盾而制定的发展目标并为之努力的社会战略路径、经济发展路径与生态保护路径。各历史时期的社会主要矛盾直接影响了各时期的经济发展任务与社会建设重点，老工业城市的调整改造必须适应这种历史规律。

20 世纪 70 年代末，经济基础薄弱、人口众多、生产力发展水平低是当时中国的基本国情。该时期，中国社会主要矛盾是人民日益增长的物质文化需要同落后的社会生产力之间的矛盾，该矛盾贯穿于中国社会主义初级阶段的整个过程和社会生活的各方面。这决定了国家的主要任务是集中力量发展社会生产力，加速工业化建设成为国家各项工作的中心。经过 80 年代以来 30 多年的建设与发展，中国经济发展与社会进步取得了举世瞩目的成就，国民经济快速发展，人民生活不断改善，综合国力不断提高。2016 年，中国 GDP 总量为 11.2 万亿美元，人均 GDP 达到 8123 美元，中国已经成为世界 GDP 第二大国、贸易第一大国。中国社会主要矛盾开始变化，并深刻影响了中国当前及未来一段时间的发展路径。2010 年，"十二五"规划提出，今后相当长一段时间内，要努力平衡人民过快增长的物质文化需求与社会生产之间的关系。2017 年 10 月，习近平总书记在党的十九大报告中强调，中国特色社会主义进入新时代，我国社会主要矛盾已经转化为人民日益增长的美好生活需要和不平衡不充分的发展之间的矛盾。这表现为城乡发展不平衡，地区和行业间差距不断拉大，经济结构还存在不合理的地方，投资驱动型的经济增长模式需要改变，产业结构发展不平衡，还存在部分行业产能过剩、高新技术产业和核心技术研发发展不足的问题，收入分配不平衡程度加剧。上述主要矛盾在老工业城市有明显的集中体现。

## 2. 社会发展目标

社会主要矛盾的变化是关系全局的历史性变化，主要矛盾决定中心任务。经济发展必须在继续推动发展社会生产力的基础上，解决好发展不平衡不充分问题，实现工业化和经济的市场化、社会化及现代化，有效解决各类社会矛盾，提升发展质量和效益，更好满足人民在经济、政治、文化、社会、生态等方面日益增长的需要。这也是当前及未来老工业城市推进调整改造的基本理念与核心目标。

中国未来的总任务是实现社会主义现代化和中华民族伟大复兴，分两步走，在 21 世纪中叶建成富强民主文明和谐美丽的社会主义现代化强国，必须坚持以人民为中心的发展思想，不断促进人的全面发展、全体人民共同富裕。2020 年之前，要统筹推进经济、政治、文化、社会、生态文明建设，实施科教兴国、人才强国、创新驱动、乡村振兴、区域协调发展、可持续发展、军民融合战略，坚决打好防范化解重大风险、精准脱贫、污染防治的攻坚战，全面建成小康社会。2020～2035 年，基本实现社会主义现代化，经济实力、科技实力大幅跃升，跻身创新型国家；人民生活更为宽裕，城乡区域发展差距和居民生活水平差距显著缩小，基本公共服务均等化基本实现，全体人民共同富裕迈出坚实步伐；生态环境根本好转，美丽中国目标基本实现。2035～2050 年，建成富强民主文明和谐美丽的社会主义现代化强国，物质文明、政治文明、精神文明、社会文明、生态文明将全面提升，成为综合国力和国际影响力领先的国家。这意味着老工业城市的调整改造路径要与全国的发展战略路径相一致。

## 二、新型工业化与城镇化融合

### 1. 新型城镇化

城镇化是人口向城镇集中的过程，是地区和国家重要的综合性社会经济过程。该过程主要表现为两方面：一是城镇数量的增多，二是城市人口规模的不断扩大。改革开放以来，中国城镇人口从 1.72 亿人增加到 6.9 亿人，城市空间扩大了 2 ~ 3 倍，2014 年城镇化率达到了 53.7%。但空间城市化并没有同步形成人口城市化。

党的十八大明确提出了"新型城镇化"概念，中央经济工作会议把"加快城镇化建设速度"列为 2013 年经济工作六大任务之一。新型城镇化是以城乡统筹、城乡一体、产业互动、节约集约、生态宜居、和谐发展为基本特征的城镇化，是大中小城市、小城镇、新型农村社区协调发展、互促互进的城镇化。2014 年 3 月，中共中央、国务院印发《国家新型城镇化规划（2014 ~ 2020 年）》，这成为今后一个时期指导全国城镇化健康发展的宏观性、战略性和基础性规划，努力构建以人为本、四化同步、优化布局、生态文明、文化传承的特色新型城镇化道路。2015 ~ 2030 年为中国城镇化快速发展中后阶段，城镇化进入快速发展和质量提升并重的阶段，并实现"量变积累"到"质变突破"。城市分工更为明显，超大城市和特大城市生产性服务业，大城市制造业与服务业较均衡，中等城市制造业与服务业均不突出，小城市与小城镇的社会服务业明显。不开展造城运动，加快市民化进程，加强文脉继承和特色发展，推进产业生态转型，发展新兴园区、新兴产业、新型社区和新型城镇。这无疑对老工业城市的城市建设产生重大影响。

2014 年 12 月，国家发展和改革委员会等 11 个部委联合下发了《关于印发国家新型城镇化综合试点方案的通知》，将江苏、安徽两省和 62 个城市（镇）列为国家新型城镇化综合试点地区。2015 年中国政府工作报告明确提出"加强资金和政策支持，扩大新型城镇化综合试点"，随后公布第二批综合试点城镇名单，2016 年公布第三批综合试点城镇名单。在此过程中，宁波、大连、青岛、武汉、长春、哈尔滨、石家庄、长沙、广州、重庆、孝感、吉林、齐齐哈尔、牡丹江、安顺、金昌、柳州、泸州、湘潭、韶关、银川、荆门、济南、淄博、赣州均成为新型城镇化综合试点城市，占老工业城市总量的 1/4。

### 2. 老工业区改造

20 世纪 60 年代，欧美国家先后进入后工业社会，工业比例下降，第三产业兴起，金融、贸易、科技与文化等成为城市的主要职能。工业结构的调整、社会结构的变迁促使原有城市结构和布局不能适应发展变化，许多老工业地段出现了功能性和结构性的衰落。现代意义上的城市更新运动始于 60 ~ 70 年代的美国，源于第二次世界大战后对不良住宅区的改造，随后扩展至对城市其他功能地区的改造，可分为再开发（redevelopment）、整治改善（rehabilitation）及保护（conservation）。城市更新是对城市中某一衰落的区域尤其是老工业地段进行拆迁、改造、投资和建设，以全新的城市功能替换功能性衰败的物质空间，适应城市新职能和新生活的需要，使之重新发展和繁荣。按照建设目标的不同，国外城市老工业区的保护与再开发有三种模式：经济复兴模式、美化环境模式、历史文化保护模式，复兴城市的生活与活力是老工业区改造的重要内容。城市老工业建筑和地段体现着城市工业文明的进程，反映了当时的经济发展水平与特征，是城市文化的载体，成为欧美国家老工业区再利用的重点。

2000 年以来，中国政府注重城市建设的综合性与整体性，"城市再生"、"城市复兴"和"城市更新"等概念成为城市规划界、政府管理界等关注的热点。《全国老工业基地调整改造规划（2013～2022 年）》首次提出城区老工业区搬迁改造的概念。2014 年 3 月，国务院办公厅印发《关于推进城区老工业区搬迁改造的指导意见》（国办发〔2014〕9 号），提出推进企业搬迁改造，合理选择搬迁企业承接地，培育发展新产业，完善城市基础设施，治理修复生态环境，推进棚户区改造，加强工业遗产保护再利用，2022 年基本完成城区老工业区搬迁改造任务，把城区老工业区改造成为经济繁荣、功能完善、生态宜居的现代化城区。随后，国家发展和改革委员会公布了全国 21 个城区老工业区搬迁改造试点名单，同时《国务院关于近期支持东北振兴若干重大政策举措的意见》提出加大对东北城区老工业区搬迁改造的支持力度，2015 年城区老工业区搬迁改造被列为专项建设基金项目重点支持领域。截至 2017 年，全国有 100 个城区老工业区编制了搬迁改造实施方案，86 个城区老工业区搬迁改造获得了国家资金支持。

## 三、智能工业革命与新型工业化

### 1. 智能工业革命

18 世纪中叶以来，人类社会已经经历过四次工业革命，有力推动了各国和各地区的工业化历程，奠定了各国家和各城市的经济基础、工业结构甚至企业布局。18 世纪中叶至 19 世纪中叶，经历了第一次工业革命，即蒸汽技术革命，标志着人类社会从农耕文明向工业文明过渡，形成了各城市最初的工业基础。19 世纪中叶至 20 世纪中叶，出现了第二次工业革命，即电气技术革命，电力、钢铁、铁路、化工、汽车等重化工业兴起，对各城市的工业基础产生了重塑。第二次世界大战结束后，进入了第三次工业革命，即计算机及信息技术革命。三次工业革命使人类发展进入了空前繁荣的时代，也基本形成了当前各城市的工业结构与企业布局。近些年来，随着大数据、云计算、移动互联网等技术发展，逐步出现了第四次工业革命，这影响着各城市产业发展的未来趋势。

第四次工业革命是以人工智能、清洁能源、机器人技术、量子信息技术、虚拟现实及生物技术为主要支撑的工业化革命。第四次工业革命的兴起地主要是德国、中国、日本、美国等国家，仍以传统发达国家为主。2006 年，德国通过了《高技术战略 2020》，并将其上升为国家战略，实施《未来项目——"工业 4.0"》，以期提升制造业的智能化水平，建设智能工厂，实施智能生产，发展智能物流。德国信息技术、通信、新媒体协会，德国机械设备制造业联合会及德国电气和电子工业联合会共同成立

"第四次工业革命平台"。除了德国，部分发达国家也实施了智能化工业革命战略，尽管提法不同，但内容却类似。2012年美国提出了"先进制造业国家战略计划"，同年英国实施"工业2050战略"，2014年韩国公布《制造业3.0战略》，2015年发布了《K-ICT战略》，2015年日本提出了"科技工业联盟"。2015年，中国编制了《中国制造2025》，加入智能化工业革命阵营。在这种智能化工业革命的潮流中，产业如何加速转型、企业如何实现智能化改造，成为一个城市经济发展的重要方向。

### 专栏1-1　工业X.0

工业X.0成为产业领域的一个流行用词。经过对工业体系与工业技术的代际分析，认为工业X.0经历了工业1.0、工业2.0、工业3.0和工业4.0四个代际，在一定程度上也是四次工业革命的代名词。具体如下所述。

工业1.0——为机械制造时代，18世纪60年代至19世纪中期，通过水力和蒸汽机实现工厂机械化。

工业2.0——为电气化与自动化时代，19世纪后半期至20世纪初，采用电力大规模生产工业产品，实现了零部件生产与产品装配的成功分离，工业产品开始批量生产。

工业3.0——为电子信息化时代，20世纪70年代开始并延续至今，广泛应用电子与信息技术自动化控制的机械设备，机器逐步替代人类作业，大幅提高制造过程的自动化水平。其重要标志是单机智能设备的广泛普及。

工业4.0——为智能化时代，为实体物理世界与虚拟网络世界融合的时代，始于2010年以来，采用物联网、大数据和AI人工智能技术，推动企业智能化，机器人替代人工，实现"无人工厂"，实现高效-智能增效。工业4.0的核心是实现单机智能设备的互联。

当前，世界的工业经济主要出现在工业3.0向工业4.0的过渡时期。

## 2. 新型工业化

工业化（industrialization）是由以劳动要素、资本要素为基本要素的工业生产替代以劳动要素、土地要素为基本要素的农业生产的蜕变过程，是人类社会的重要经济过程。需指出的是，工业化是一个漫长的历史过程，不同历史时期有着不同的核心支撑技术、不同的工业结构与产业形态，由此对人类社会、自然环境系统产生的影响也有所差异。在工业化过程中，随着科学技术的进步，新型工业形态不断出现，如机械工业、冶金工业、电气工业、化学工业、电子产业、信息工业、智能工业，而每一次技术进步形成的新型工业都是对老旧工业的扬弃或改造。中国的工业化发展始于清朝末年，但基础工业体系是中华人民共和国成立以来伴随着一大批以国有大中型企业为主体的老工业城市的兴建而起步的。老工业城市为推动中国工业化和现代化发展发挥了不可替代的重要作用。

过去长期实施的传统工业化模式重视规模总量的扩张，从自然界获取基本资源，并向自然系统排放各种负面产物，这对生态系统、能源资源、环境系统造成了巨大压力。

2002 年，中国政府提出了新型工业化道路的战略部署：大力推进传统产业转型升级改造，加快淘汰落后产能，大力发展战略性新兴产业。新型工业化坚持以信息化带动工业化，走智能化水平高、科技含量高、经济效益好、绿色循环化、人力资源优势得到充分发挥的工业化道路，通过产业结构的优化升级，优先发展信息产业，大力发展高技术产业，改造传统产业，振兴装备制造业，形成以高技术产业为先导，基础产业和制造业为支撑的工业化格局。新型工业化要求加快信息化发展，因地制宜而积极发展各地区的特色产业。这促使老工业城市需要正确处理发展高新技术产业和传统产业、资金技术密集型产业和劳动密集型产业、虚拟经济和实体经济的关系，发挥既有产业基础，紧跟工业化的新发展路程。

## 四、公共政策精细化与问题区域发展

### 1. 公共政策精细化

随着中国社会主要矛盾的转移，公共政策、区域政策与行业政策的实施指向、覆盖范围和类型组合开始发生明显变化，更加重视公平，实施公平与效率并重。政策区开始下移并日益细化，公共资源配置由侧重大区域转向侧重典型区域尤其是特殊区域与问题区域，关注更小空间单元的精准发展，以市县甚至乡镇或矿区为空间单元划分政策类型区，根据不同类型区制定扶持政策成为公共资源配置的主要模式。随着经济的持续发展、公共资源配置能力的提高及区域差距的扩大，"公平发展"和"协调发展"已经成为区域政策制定和国家公共资源配置所必须坚持的核心理念，公共资源配置的关注点由改革开放初期的侧重效率逐渐转向侧重公平，包括区域之间、阶层之间的公平。公共资源配置的覆盖范围由阶段性地侧重于某区域逐渐转向全面覆盖，如资源型城市政策与特困区政策。公共资源配置政策的类型由区域经济激励政策的单一类型逐渐转向经济 - 社会 - 环境大系统复合政策体系，日渐加大公共资源在扩大就业、民生改善、环境保护、公共事业等领域的配置力度，尤其是保障和改善民生成为经济发展的根本出发点和落脚点。老工业城市因资源枯竭、产业衰退、城市破败和民生事业落后等问题，成为未来一段时期内区域政策的重点关注区域和公共资源配置的重要指向区域。

### 2. 问题区域发展

在中国区域发展格局中，部分地区由于其特殊问题而成为区域发展的问题区域。21 世纪以来，中国政府开始关注特殊地区与问题区域的可持续发展，这在近几次全国五年规划的编制内容中都有明显体现。"十一五"规划（2006 ~ 2010 年）提出"支持革命老区、民族地区和边疆地区发展"，关注"老少边穷地区"；"十二五"规划（2011 ~ 2015 年）明确提出，要"实施主体功能区战略""统筹推进全国老工业基地调整改造""加大对革命老区、民族地区、边疆地区和贫困地区扶持力度"，开始将"老工业基地"纳入关注范围，这表明公共资源配置指向逐渐转为侧重特殊区域，尤其是问题区域。"十三五"规划纲要（2016 ~ 2020 年）明确提出"扶持特殊类型地区发展""加大对革命老区、民族地区、边疆地区和困难地区的支持力度，实施边远贫困地区、边疆民族地区和革命老区人才支持计划，推动经济加快发展、人民生活明显改善"。该规划纲要提出"促进困难地区转型发展"，将特殊区域与问题区域的转型置于重要地位，明确提出"加强政策支持"。

具体而言，特殊区域重点包括革命老区、民族地区、边境地区、林区垦区。民族地区和边境地区往往相对统一，而革命老区往往位居山地丘陵地区，林区垦区重点推动产业转型发展。问题区域重点关注贫困地区、过度开发或高密度开发地区、老工业基地与老工业区、资源枯竭城市与独立工矿区、过剩产能集中区、产业衰退地区、生态环境严重退化地区、资源开采沉陷区，尤其是资源枯竭地区、产业衰退地区和生态严重退化地区成为区域发展的问题区域，老工业区、独立工矿区和采煤沉陷区成为政策与资金的精准实施对象。

老工业城市、老工业区和独立工矿区作为重要的"问题区域"类型，将成为未来一段时期内区域政策的重点关注区域和公共资源配置的重要指向区域。未来，中国政府及地方政府将持续高度关注特殊区域与问题区域。

# 第二节 研究回顾与评述

老工业城市曾是西方经济转型过程与区域发展中的关注重点。20 世纪初开始，随着传统工业的逐渐衰落，以及资源枯竭、经济全球化的冲击等内外部因素的影响，工业革命以来各国形成的工业地区陷入经济衰退、人口大量流失、发展动力匮乏的困境。西方经济学家与地理学家针对老工业基地、老工业城市和老工业区，从概念辨析、量化识别、改造路径、发展机理、衰退机制等方面已开展了大量研究。

## 一、工业化与城市化

在老工业城市的产生、发展与衰退过程中，工业化与城市化始终是老工业城市的两条关键发展路径。工业的兴起、衰落与城市发展、停滞有密不可分的联系，但两者的关系尤其是是否协同深刻影响了老工业城市的发展情景，决定了"调整"和"改造"的必要性及基本思路、可能路径。许多学者对城市化与工业化的关系给予关注，围绕不同主题开展了一系列的研究。

许多学者重视从宏观层面解剖工业化与城市化的关系及变化（李刚和魏佩瑶，2013）。Henderson（2003）认为阐述工业化-城市化关系的理论有二元经济论、结构变革论、人口流动模型和聚集经济理论等，分别从不同角度阐释了两者之间的关系。多数经济学家认为工业化之所以对城镇化发展具有推动作用，重要原因在于"循环累积因果作用力"（李国平，2008）。阿瑟·刘易斯（1989）提出了"二元经济模型"，阐释了工业化、城市化、现代化的协同关系，认为三者之间是同步关系。郭俊华等（2009）

认为工业化是城市化的原动力，主导城市的发展方向，城市化为工业化提供载体和平台，两者互相促进。工业化与城市化的关系是一个动态的历史过程，这为许多学者所证实。霍利斯·钱纳里和莫尔塞斯·塞尔昆（1989）提出"城市化与工业化"的多国发展模式，认为两者之间是一个由紧密到松弛的发展过程，而13%的工业化率和城镇化率成为两者关系的转折阈值。而王喆和陈伟（2014）指出工业化和城市化的关系在各发展阶段呈现不同的特征。第二次世界大战以后尤其是20世纪60～70年代以来，发展中国家的工业化与城市化关系不再表现为同一进程，出现松散化趋势，工业化对城市化的推动作用在减弱，而服务业对城市化进程发挥越来越明显的作用。霍利斯·钱纳里和莫尔塞斯·塞尔昆（1989）指出有些国家或地区工业化的超前和滞后，很大程度上与生产及贸易格局有关，但城市化是受多种原因支配的过程，这导致生产结构与城市化的关系在城市发展中后期不再像最初那样紧密。Reckien和Martinez-Fernandez（2011）认为工业生产模式的转变会使城市产生危机，逆工业化也与逆城市化相关联，20世纪70年代多数欧洲国家处于经济逆集中化过程，促使了去城市化过程产生。去工业化是许多城市发生经济衰退和人口流失的重要原因，在未能顺利完成产业更新的地区，该问题尤为突出（王喆和陈伟，2014）。

　　中国作为大国，其工业化与城市化关系引起了大量学者的关注。周维富（2002）分析了中国工业化与城市化的协调发展关系，许庆明和胡晨光（2012）认为城市化与工业化的相对进程会影响国家后期发展，城市化过高超越工业化，则可能陷入"中等收入陷阱"，如果"城市化进程"以"工业化进程"为核心合理推进，则会促使国家发展由中等收入国家进入高收入国家。陈卓（2014）分析了中国工业化、城市化与农业现代化互动融合关系，并进行了实证研究。周洪霞（2015）认为中国城市化-工业化的关系与国家政策联系紧密，这与中国实行重化工优先发展的政策有关；中华人民共和国成立初期部分地区重工业先行发展，城市化发展缓慢甚至倒退，滞后于工业化；改革开放后，工业化进程加快成为中国城市数量和城市人口规模扩张的最基本因素。许多学者认为在工业化的影响下，原本主导国家的农业经济转变成工业经济，城市经济的主导产业转变为矿业、原材料采掘业、制造业等重工业，工业增长成为城市增长的基础。部分学者关注大尺度或单体城市的老工业基地工业化与城市化关系，赵伟（2009）认为沿海三大工业化地带的城市化模式彼此明显不同，这源自工业化区域路径模式的差异；赵秋成（2005）认为改革开放以来经济体制转轨和国有企业改革促使辽宁工业化率有所下降，而人口城市化率则持续上升，工业化和城市化关系由同向变动逆转为异向变动。在老工业城市内部，工业化与城市化的关系日益受到影响，阳建强和罗超（2011）认为工业区占据了城市用地的相当比例，为之配套的仓储、对外交通用地不断扩大，构成了城市空间的主体，优先决定着城市的发展方向和规模。但郭俊华等（2009）也指出城市为工业发展提供不可缺少的交通、能源、通信和市政基础设施，城市人口也带动了大量消费，缺少相适应的城市化进程，工业化进程必将受到很多制约。

　　综合上述分析可以发现，老工业城市的研究必须建立在两条社会经济发展路径上：工业化与城镇化，老工业城市调整改造的核心问题是"产业"问题和"城市问题"

的综合，必须规避以往只重视产业或企业的历史路径，而更加重视综合路径，包括产业、城市建设、科技研发与产业人才、社会民生及生态环境等各方面。

## 二、老工业城市辨析

在各个国家的经济转轨或结构调整过程中，如中国从计划经济体制向市场经济体制的转轨过程中，由于各种原因，部分以工业生产为主导功能的地区或城市面临一些突出的矛盾和困难，成为"问题区域"。促进这类"问题区域"的振兴，是各国家完善区域政策的重要任务。老工业城市的概念界定是本书研究的首要任务。学者对老工业城市赋予不同的术语，如老工业基地、老工业城市、老工业区、收缩城市等。这些术语的文字差异体现了概念内涵的差异，甚至在空间尺度与空间范围上也形成差异。老工业城市与老工业区存在着包含的关系，老工业基地概念则具有明显弹性，可大可小，大规模的老工业基地往往覆盖多个城市及老工业区。对老工业城市的概念进行定义，除了强调其时间因素和低增长率表象之外，更应突出其"老化"的本质。

老工业基地是一种普遍采用的概念术语。老工业基地是工业化时期或在长期的工业发展过程中，形成的具有区域优势、产业结构以传统产业部门为主、采掘工业和原材料工业占较大比例的空间聚合体，是对区域经济或全国经济产生巨大影响的工业集群区域或城市（Steiner，1985；李诚固，1996a；高树印和蔡基宏，2006；李许卡等，2016）。Cumbers等（2006）、杨振凯（2008）等认为老工业基地多以开发煤炭和其他原材料为基础而形成。结合中国国情，戴伯勋等（1997）、费洪平和李淑华（2000）认为中国老工业基地是在中华人民共和国成立以前及成立初期形成的、对区域或全国经济产生巨大影响的工业集群区域或城市，而王青云（2009）更强调计划经济时期形成的工业城市，尤其是"一五"、"二五"和"三线"建设时期。高树印和蔡基宏（2006）按形成时间划将工业基地分为早期工业基地和近期工业基地，前者称为老工业基地。

部分学者则强调以城市的尺度界定该术语，即老工业城市，但相关研究比较少，主要原因是相关论述被囊括在老工业基地的概念范畴与研究体系内。姜四清（2010）认为老工业城市是"一五"、"二五"和"三线"建设时期形成的、重工业比例较大的、对区域发展做出巨大贡献的中等规模城市。董丽晶（2014）认为老工业城市是由工业生产集中发展引起人口集聚形成的特殊城市类型，但并非所有存在老工业区的城市都是老工业城市。矿业、原材料采掘、制造业等重工业是老工业城市的主导产业类型（阳建强，2008）。从城市尺度的角度开展相关工作，显然需要加强研究。

老工业城市中发展停滞乃至荒废的工业聚集区可称为老工业区。西方学者关注的老工业基地主要是传统的老工业区，是面积比较小的空间单元，而针对老工业城市的研究较少，老工业基地与城市发展是密不可分的系统体，脱离城市分析的老工业区研究缺少深度。老工业区主要指历史所形成的、位于城市重要地段而基础工业占主导的集中区域，是城市工业的传统载体空间（杨嵩，2004；杨雪，2008；刘颖，2012）。老工业区的发展一般建立在丰富的煤、铁资源的基础上，以纺织、煤炭、钢铁、机械、化工等传统工业为主，以大型工业企业为核心。工业区是由中小型企业在有限地域内组成的内在高度组织的网络，具有专业化特征。Hu 和 Hassink（2017）认为目前中国老工业区研究的主要缺陷是没有运用新概念去分析老工业区发展。

此外，学术界中还有一些类似的概念。李国平等（2002）提出夕阳产业地域（old industrial area, OIA）的概念，主要是因传统产业衰退、曾经繁荣如今却陷入衰落的区域。王国霞等（2003）认为 OIA 是随着工业化而出现的地域现象，在工业化程度较高的发达国家已出现了半个多世纪，往往以煤炭、钢铁、造纸、纺织等为主导产业，结构单一。夕阳产业地域的根本症结在于主导产业处于产品生命周期的末期阶段而发展余地小，新产业无法接续（王国霞等，2003），而不在于区域本身工业化时序的早晚，这种观点强调区域问题的动态性。需要关注的是，夕阳产业不一定均为工业，也可能是第一产业或第三产业甚至某个部门（王国霞等，2003）。收缩城市（urban shrinkage）是另一个重要的类似概念，城市收缩现象通常表现为城市地区（包括城市和城镇）或区域（城镇系统）人口流失、失业问题凸显、经济衰退和生活质量衰退（Reckien and Martinez-Fernandez, 2011），人口超过 1 万人的人口密集区出现持续 2 年以上的人口流失，或资产废弃、厂房闲置、40 年内人口流失 25%（杨东峰和殷成志，2013）。由此看出，收缩城市的外延比老工业城市更宽广。高舒琦（2017）认为德国规划师从文献中选择了收缩城市，避免更贬义的城市衰退、城市颓败等术语，但仍是最容易与城市衰退相混淆的概念。造成城市衰退的原因不仅是传统工业衰落，城市收缩现象可以发生在城市功能区、小城镇、大都市区等多种空间尺度（赵家辉等，2017）。Rink 等（2012）认为收缩城市在欧洲日益增多，而资源型城市、传统重工业城市成为"中国特色"的透支型收缩。马佐澎等（2016）认为城市收缩形成反圈层模式、星状模式、穿孔模式、圈层模式。学者将城市收缩的原因归纳为五类，即去工业化、经济全球化、郊区化、资源枯竭和自然灾害（赵家辉等，2017）。

## 三、老工业城市识别

学术界虽然早已提出老工业基地 / 城市的概念，但其识别与界定一直存在争议，我国究竟有多少老工业城市没有权威的结论。从已有的研究成果来看，多数学者对老工业城市的识别以定性分析为主，前文所述各种概念内涵均表达了该含义。20 世纪 90 年代开始，部分学者开始用定量与定性相结合的方法来界定老工业城市，如戴伯勋等（1997）、费洪平和李淑华（2000）、王青云（2007，2009），但定量评价过于强调重化工业而忽视轻工业，过于强调国有企业而忽视集体企业。戴伯勋等（1997）从历史序列的角度定性界定老工业基地，重视工业比例、工业规模、经济规模、商贸、科学技术、国有企业等指标，虽缺少定量计算，但从定性角度指出中国有 20 个老工业基地。林凌等（2000）也采用了类似的理念，但更加重视时间序列，尤其是认为老工业基地形成于洋务运动、抗日战争、"一五"计划、"三线"建设等历史时期，指出中国有 15 个老工业基地。但费洪平和李淑华（2000）等更重视中华人民共和国成立之前及成立初期，尤其是重视对中国工业化影响、工业地位、工业门类、工业集中性、传统工业比例等方面与指标，认为中国有 21 个老工业基地。

老工业基地的界定可以从两个方面进行考察：第一，符合"工业基地"的标准；第二，符合"老"的标准，指城市主要工业的布局和形成时间较早（王青云，2009）。对"老"的标准，学者的认识不一。具有代表性的三种观点是：①中华人民共和国建立之前及初期；②中华人民共和国建立之前、初期及"二五"计划和"三线"建设时期；③部分学者认为对"老"的主要区分是针对工业基地在计划经济体制下形成还是在市场经济体制下形成。

老工业基地／城市的识别，学者采用了不同的方法。魏后凯（2003）在制定东北地区老工业基地的标准时，提出了 8 项指标。刘通（2006）认为老工业基地应满足：属于中华人民共和国成立前形成的工业城市或 1978 年年底以前重点建设的城市，1984 年市区大型企业产值在 10 亿元以上、重工业比例高于 30%、市区人口高于 20 万人。高树印和蔡基宏（2006）认为识别指标包括经济增长率、经济效益（工业销售收入利税率和总资产贡献率）、经济辐射力等。王青云（2009）以城市城区为单位对老工业基地进行了识别，突出识别的可操作性，坚持定量分析、重点项目布局、总量控制的原则，选取了工业固定资产原值、工业产值、重工业比例、全民所有制工业企业职工人数、全民所有制工业企业职工比例、非农业人口 6 个指标。王成金和王伟（2013）在界定老工业城市时，主要采用固定资产原值、工业产值、工业利税、重工业比例、国有企业职工数量、国有企业职工比例、城市人口数量等指标，同时采用苏联援建"156"项目布局城市、"二五"计划国家重点项目布局城市、"三线"建设重点项目布局城市或"三线"搬迁项目超过 10 项的城市等指标。

综合来看，学术界中不同的观点是由于学者的研究目标与研究范式存在差异，但同时表明老工业城市的识别必须建立在已有学术研究基础上，重视时间序列和历史影响，综合考虑各种因素，以定量为主，适当参考定性分析，以此进行系统化研究。

## 四、老工业城市发展特征

老工业城市作为特殊的城市类型，其发展呈现出不同的特征，但这种分析需要关注不同的历史时间维度，从资源、市场、生产、技术等角度进行剖析（张晓峰和孙力男，2014）。Benneworth 等（2006）曾结合霍斯珀斯框架认为"硬件"、"软件"和"益智"形成老工业区"三结合"。

老工业城市有着重要的工业地位。费洪平和李淑华（2000）认为老工业城市对全国工业化进程产生过重要影响，在全国工业发展中具有重要的地位和作用。多数学者认为老工业基地的工业比例大，集中度高，生产规模大，经济实力强，如戴伯勋等（1997）、费洪平和李淑华（2000）。低增长率是老工业基地的基本表象，Steiner（1985）认为老工业区具有低于新兴工业化地区的生产力增长能力，逐渐失去市场而陷入经济衰退，但姜四清（2010）认为地区经济衰退是相对概念，区域经济总量在增加但比例或增速在下降。费洪平和李淑华（2000）指出老工业基地是有层次性的，因而形成全国性、区域性和地方性的重要性或地位分异。

产业体系及形式是老工业基地的重要动力基础。对老工业城市的工业结构综合性与专业化，学者有着不同的理解，但不管哪种形态，均是老工业基地长期发展的积累。许多学者认为老工业城市的重要特征是生产专业化与经济结构单一性，Steiner（1985）认为经济高度集中于少数产业，生产发展不自主，专业化是核心特征，经济规模越小，其生产越专业化，而且严重依赖于出口。但这种生产专业化往往形成了单一产业结构，尤其是以资源为基础的单一产业，如钢铁、采煤和造船。但部分学者则持有不同的观点，费洪平和李淑华（2000）、杨振凯（2008）认为老工业城市的工业门类比较齐全，工业体系比较完备。考察产业结构及演变过程，显然是老工业城市的一般性研究路径，这也是本书的重点任务。

部分学者认为老工业或传统工业比例较高是重要特点，如费洪平和李淑华（2000）、杨振凯（2008），而 Benneworth 等（2006）认为这是一个或几个制造业部门的历史积累结果。学者普遍认为多数老工业基地具有矿产资源优势。杨振凯（2008）认为老工业基地是在煤炭、铁矿等资源的基础上，依托纺织、煤炭、钢铁、机械、化工等产业，形成重化工集聚地。许多学者认为中国老工业城市的典型特征是国有大中型企业密集，如戴伯勋等（1997）、费洪平和李淑华（2000），特别是老工业城市依赖于大公司带来的大量税收，形成意识锁定与政治锁定的双重加固。老工业区的内部经济联系与产业结构一直呈现独有的特征。Steiner（1985）认为老工业基地的"工业"意味有限的部门，包括采矿、钢铁、重型设备、造纸和纺织品，主导企业与其他地方企业缺乏后向联系，部分学者认为老工业城市的产业结构单一、产品品种单一，传统产业多而新兴产业较少，主要生产原材料、初级产品和部分中间产品（董丽晶，2014）。部分学者认为老工业城市的科学技术力量雄厚，形成了较强的产业技术与科研资源积累，如戴伯勋等（1997）。上述研究表明，老工业城市的特征分析存在各种角度或方面，本书也必须建立这种分析框架，对老工业城市进行更为综合性的深入分析。

老工业基地的重要特征是衰退。许多学者认为老工业基地呈现出生产工艺落后、技术设备和基础设施老化、增长缓慢、失业问题突出、社会问题严重、经济效益滑坡等问题，如张晓峰和孙力男（2014）、杨振凯（2008）、阳建强（2008）、董丽晶（2014）等。而李国平（2002）认为夕阳产业地域产业结构失调，主导产业处于生命周期末期，居民生活水平较低。部分学者则认为老工业基地有着明显的环境污染、能源消耗较大，如李诚固（1996b）。Hudson（2008）发现老工业区的社会空间不平等与地区衰退趋势具有长期性。既有研究表明，分析老工业城市的一般性特征就必须涉及城市衰退现象，这是无法回避的研究路径。

## 五、老工业城市发展状态评估

老工业城市有着不同的发展属性或发展状态，目前各个老工业城市的发展状态仍没有系统地进行评价，哪些老工业城市处于衰退状态也没有答案。但部分学者关注老工业城市的分类，采用 K-Means 聚类分析方法对老工业城市按其发展程度进行分类，重点分析经济发展、居民生活、工业企业发展及城镇居民就业等方面，分为三种类型，即繁荣型、发展型和后发型。由于各种原因，部分老工业基地面临一些突出矛盾和困

老
工
业
城
市
调
整
改
造
的
理
论
与
实
践

难而陷入衰退状态，促进这类地区的振兴是国家和区域的重要任务。关于衰退型老工业基地的识别，许多学者关注不同的指标。Steiner（1985）从结构适应性角度对夕阳产业地域进行了研究，选取了企业职工数、产业集中水平、女性职工比例、劳动力技术水平、工资水平、生产力年均增长率、工业产出增长率、企业出生率、企业死亡率等变量，运用因素分析法划分出了20世纪80年代初奥地利的夕阳产业地域。张可云（2018）认为萧条老工业基地识别应首先考察区域的初始形成时间，然后选用失业率、传统产业比例、经济增长率、就业百分比变化、人均GDP及资源环境指标，并根据特殊问题选择国有企业比例、社会负担等指标，进行综合分析。高树印和蔡基宏（2006）认为界定老工业城市清单，要在原则和标准上有所突破，重视离退休人员占在岗人员的比例、国有企业增加值占工业增加值的比例。姜四清（2010）认为衰退地域评价的指标体系对产业衰退地域特征应有充分的解释效应，涵盖区域产业结构、经济发展、社会发展、资源环境状况等方面。上述分析表明，衰退型老工业城市的识别与研究是重要的内容，而评价方法有所差异，本书需在既有研究基础上加强综合性、量化分析。但需指出的是，国际上对问题区域识别的调整周期一般为5～6年，如果以2～3年为周期，调整将过于频繁而影响区域政策效果，若调整周期过长，则难以反映问题区域的最新变化，难以实现区域政策的精准定位。

# 六、老工业城市衰退机制

19世纪工业革命以来，英国、法国、德国、美国等国家均形成了若干对国家发展影响深远的工业基地，但20世纪50年代这些曾经繁荣一时的工业化地区陷入经济衰退、人口流失、发展动力匮乏的困境（李国平等，2002；董丽晶和张平宇，2008；阳建强，2008），危及城市的社会稳定。这类城市曾在东欧国家普遍存在，城市衰退成为高度工业化国家城市发展的普遍现象（Friedrichs，1993）。这种发展仅是长期发展中的"转折点"，但不是"中断"（Steiner，1985）。自英国棉纺织业、造船业的衰退到美国东北部锈带、法国洛林地区钢铁产业衰退、德国鲁尔区煤炭及钢铁产业的衰退，学者对老工业基地的衰退开展了许多研究（Hassaink，2017），试图解释一些老工业区的衰退机制。70年代开始，西方国家老工业基地的衰败引起了学者的关注（Norton，1979；Hirst and Zeitlin，1989）。部分学者关注老工业基地的衰退机制研究，认为衰退机制归纳为产业结构理论、路径依赖（path dependency）理论、"资源诅咒"假说和生命周期理论（杨振凯，2008）。80年代，学者致力于解释老工业区的衰退机制，力图从生命周期、脆弱专业化、路径依赖、制度锁定、组织结构、技术进步等角度进行揭示。

从产品生命周期理论的角度分析老工业区的衰退机制一直是学者的关注重点（Steiner，1985）。Norton（1979）和Rees（1979）等认为老工业区衰退是一种自然现象和产品生命周期的一个阶段，主导产业处于产品生命周期末端时，老工业基地就开始衰败。Steiner（1985）认为产品周期的缩短加速了工业区的老化，衰退是处于周期的"末尾"，主要是因为新产品开发和淘汰旧产品的传导机制被阻碍。部分学者认为工业产品依赖传统市场，不符合市场需求，生产工艺落后，如张晓峰和孙力男（2014）。

如何在主导产业的周期末端，加强技术改造而重塑发展活力，是老工业城市必须关注的发展路径。

老工业城市衰退是路径依赖的历史结果（曹瑄玮等，2008；Hu and Hassaink，2017）。路径依赖和制度锁定（institutional lock-in）是目前解释老工业基地的主要机制。Grabher（1993）提出了政治锁定或制度锁定，当老工业基地地位或环境变化时其适应性就缺失，强调体制的影响。Grabher（1993）用路径依赖理论对鲁尔区陷入产业"锁定"现象进行了分析，运用功能性锁定、认知性锁定和政治性锁定的概念解释老工业区的衰落机制，是老工业区内部成员之间长期互动而导致的锁定，认为这属于是内生型锁定（endogenous lock-in）机制。2003 年在 Grabher 的倡导下，"欧亚老工业区再造国际研讨会"在波恩召开，将老工业区的路径依赖问题重新引入视野。部分学者认为路径依赖的显著特征是"地方依赖"（place dependence），存在多元相关路径依赖及路径相互依赖。Grabher 提出的锁定现象不仅出现在鲁尔区等老工业区，也是现代工业区僵化的部分原因，一些学者对欧洲老工业区在结构转型过程中的路径转换进行了研究，如 Schienstock（2007）对芬兰的路径依赖研究。而中国和苏联等国家的老工业区则属于外生型锁定（exogenous lock-in），即由重大的外部制度突变带来的内部不适应，计划经济体制导致老工业区衰落（Hu and Hassaink，2017）。既有研究表明了路径锁定的重大影响，老工业城市的系统深入研究必须关注各种锁定路径的影响并针对此设计相关的调整策略。

由路径依赖引申出来的重要因素是体制，历史继承的体制对老工业区的影响很大（Hu and Hassaink，2017）。Hassink（2005）认为意识锁定和政治锁定有很强的联系。部分学者认为老工业区的根本问题不在经济，而是体制问题，认为老工业区改革的最主要抗力来自国家的不正确体制安排，如自上而下的控制及不公平的税制。部分学者认为中国东北老工业基地则是苏联"地方工业集合体"模式的复制。中国的工业化历程与经济体制表明，中国老工业城市的发展深受体制机制的影响，如何破解体制机制的约束是激活老工业城市发展活力的重要基础。

20 世纪 90 年代以来，学者关注产业结构的专业化或综合性对老工业基地衰退的影响。Krugman（1993）指出专业化的增长提高了区域的脆弱性，而这种专业化往往与特定资源相关（Hu and Hassaink，2017），张晓峰和孙力男（2014）也发现资源枯竭与老工业基地衰退存在耦合关系。Grabher（1993）认为过度专业化导致了企业间联系、政治框架和关键要素的认知模式的锁定。Rink 等（2012）认为 20 世纪 50 年代中期开始，以纺织、煤炭、钢铁、造船和其他重工业为主的城市因主导产业陷入螺旋衰退而衰退，而近年来传统重化工业和基本资本产品行业的重组导致行业衰退（Danson，2005）。尚勇敏和曾刚（2014）认为许多老工业城市产业结构与功能结构不能适应社会经济的发展变化，出现结构性和功能性衰退。Grabher（1993）等努力解释老工业基地为什么要进行调整，但这些研究过于强调规模不经济的作用机制。Wood（1992）认为去工业化是普遍过程，但对老工业城市产生了明显影响。产业结构的相关研究主题一直是学术界的关注核心，本书也必须坚持该研究范式，加强产业结构与主导产业的深入分析。

老工业城市调整改造的理论与实践

产业联系与产业结构调整是老工业城市衰退的重要机制。李诚固（1996c）认为工业基地作为产业部门的聚合体，随着主导产业部门的衰退，受产业波及效应影响，与主导产业前后向联系的产业部门也随之衰退，使工业基地陷入衰退的困境。部分学者认为去工业化的过程中因未完成产业机构转变，从而造成城市衰退即城市收缩。在更大范围内的产业分工及变化则是部分学者的关注重点，Steiner（1985）认为世界范围内新分工进程导致老工业基地丧失地位和作用，Bailey 等（2010）则指出外部冲击的影响更为重要，尤其是劳动密集型活动从传统制造业地区转移，导致"制造业空洞化"；杨东峰和殷成志（2013）认为收缩城市大量出现的原因在于全球化背景下从制造业到服务业的经济转型，促使城市增长的基础发生动摇。没有强大的制造业基础，老工业基地无法生存（Rink et al.，2012），20 世纪 80 年代开始的欧洲去工业化促使许多工业城市相继衰退（Wood，1992），Reckien 和 Martinez-Fernandez（2011）认为去工业化是城市收缩的主要动因。既有研究表明产业联系是重要的研究议题，老工业城市必须围绕产业联系实施调整改造，既不能去工业化和抛弃传统产业，更不能忽视新兴产业培育而推动产业结构多元化发展。

近年来，学者关注新因素的影响机制，如区域学习（Birch et al.，2010）、大学教育（Benneworth and Hospers，2007）等。缺少创新始终被认为是老工业基地的发展短板。Steiner（1985）认为老工业基地衰退不是因为有老工业，而是因为停留在相同的产品周期，缺乏创新能力，使工业区变成了旧工业区。Malmberg 和 Maskell（1997）认为老工业基地的学习与改革能力较弱。Swann 等（1998）认为处于科技轨道的末端时，老工业基地走向衰退，政府投资的重点转移到新的产业。杨振凯（2008）认为工业集聚地区技术不能及时更新而失去地位和作用，从而发生严重衰退。Filip 和 Cocean（2012）探讨了罗马尼亚城市工业"棕地"的不同方面，揭示了工业弃用地的分布格局与建成区的关系及引起的功能障碍，发现灰色城市的棕地/城市绿地比率介于 1.04 ～ 178.44。如何从更新的角度分析老工业城市的发展机制，并以更新的视角设计其调整改造路径，显然是本书的重要工作内容。

## 七、老工业城市改造路径

老工业基地的振兴发展是一个长期的艰苦努力过程（Steiner，1985），Rink 等（2012）认为城市振兴形成不断上升路径，形成"再城市化"、"复兴"甚至"城市复兴"。经济学者与地理学者针对老工业区的调整改造与振兴发展开展了系列的研究（国务院研究室课题组，2003）。

各时期的老工业区改造研究均与老工业区衰落机制研究紧密相关。由于不同城市老工业区的形成动因、产业和技术结构、文化和制度背景不一，其转型方向也不一样。姜四清等（2015）认为应从政策保障、制定各阶段发展规划、发挥社会组织协调作用、与社会各界建立伙伴关系、加强科技创新和人才队伍建设、发展工业旅游和文化创意产业等方面振兴老工业基地。骆小舟（2014）认为应从经济、环境、文化三方面推动衰退区域均衡发展。Tripplm 等（2009）指出老工业区改造路径包括提升产业创新能力、通过多元化战略进入相邻领域、培育高新技术产业和发展文化创意产业。骆小舟（2014）将老工业区改造模式总结为经济复兴型、环境友好型、历史保护型，认为中国老工业基地改造要兼顾经济、环境与历史文化。这说明老工业城市调整改造必须是综合性的路径设计，不能仅针对工业或产业而重视产业升级。

20 世纪 80 年代，"解除锁定"、"多样性"、"区域弹性"、创新环境、灵活专业化等经济学概念成为探讨城市老工业区转型的重要工具（Schamp，2005）。大量研究基于发展经济学理论和实证，总结了老工业区改造模式。部分学者提出了"路径依赖"和"本地经济"的深度重构改革路径与机制，Hassink（2017）认为德国纺织工业区利用了弱制度锁定去培养新产业，高树印和蔡基宏（2006）指出老工业基地振兴并非必须有政府支持才能进行。近年来，学者关注老工业基地振兴的新路径，如技术研发、创新驱动等。Boschma 和 Knaap（1997）认为移植创新是减弱锁定的重要途径。Hassink（2005）认为创新模式和学习区域概念可避免老工业地区的政治锁定。多数地理学者强调技术层面，异质化和来自外部的创新移植对减弱锁定十分重要。部分学者认为老工业区通过技术和企业组织的重构、区域发展制度的重塑而呈现复兴的迹象。Hassink（2005）认为"学习型产业集群"有助于老工业区解脱衰落，Birch 等（2010）对比分析了欧洲老工业基地的经济效益，提出知识导向的经济与学习区域。但 Benneworth 和 Hospers（2007）发现知识经济应用于老工业区还有一些疑问，因为锁定和重建使创新难以产生在其土地上。如何破除各种路径锁定，尤其是制度锁定，成为老工业城市振兴发展的重要问题。

政策始终是老工业基地振兴的重要支撑，尤其是区域政策与公共政策的制定与定向实施。Rink 等（2012）通过匹兹堡、鲁尔、诺德的案例分析发现政策取决于政治组织的性质和不同社会群体的作用。Steiner（1985）指出没有适当的政策，衰退趋势将无法扭转。Danson（2005）认为解决区域衰退的政策往往集中在轻工业投资、新小企业投资及服务业投资。但部分学者关注公共政策对老工业区发展的影响，叶振宇等（2017）强调公共政策调整的作用，认为推动产业多元化转型、实施有效的城市公共政策、改善城市政府决策机制等措施是老工业城市摆脱困境的现实选择，认为必须提供补贴以解决区域政策无法解决的问题（Steiner，1985），德国对西部造船业的津贴使传统产品受到保护并延缓了高附加值产品开发，国家津贴被用于度过繁荣前的"寒冬"（Fornahl et al.，2012）。

推动产业转型发展或升级改造一直是老工业基地振兴发展的核心路径。Rink 等（2012）认为保护衰退产业可能延缓地区经济恢复。Benneworth 等（2006）认为实现突破的重要方式是老工业区如何通过"全球管道"产生"当地的轰动"，利用当地资产、网络与全球生产网络、市场建立联系。江泓和张四维（2009）将新建老工业区作为新兴产业"孵化器"。胡晓辉（2012）认为多样性可从多个方面影响区域经济弹性，防止因产业结构单一而造成的"区域锁定"，Boschma 等（2013）也强调了基于生产联系的区域多样化。Hu 和 Hassaink（2017）认为接续产业和替代产业不是侥幸出现的，或多或少继承区域财产，并建立在现存体制框架上。例如，Alberti 和 Giusti（2012）、Copic 等（2014）认为利用工业遗产发展工业旅游是推动老工业区结构调整和经济发展的重要途径。但Fornahl等（2012）认为老工业区新老产业之间并不一定存在直接关联关系。产业转型或升级改造始终是老工业城市振兴发展的核心路径与必需路径，本书也必须坚持此理念。

微观尺度的土地再开发利用与城市功能重新配置始终是学者关注的重点，并成为老工业区改造的核心途径（Tdtling and Michaelatm，2004）。尤其是，城市老工业区处于城市中心，其更新和再开发往往给城市发展带来契机（阳建强，2008）。Grabher（1993）认为老工业区产业转型必然伴随着用地结构的转型，工业用地的整治与再开发是用地转型的基础（尚勇敏和曾刚，2014）。de Sousa（2003）发现加拿大、美国政策制定和重建工作的重点是重新开发用于工业、商业或住宅用途的褐田。Sigman（2010）以美国老工业城市为例，探讨了老工业城市土地的再开发及其环境责任。王宏光（2014）认为中国老工业区更新和改造的本质是城市土地利用类型或结构的变化，城市老工业区的转型是工业用地被非工业用地置换。从宏观视角拓展至微观尺度，重视老工业区的搬迁改造对城市乃至区域发展动力转化具有重要意义。

长期以来，通过具体案例的剖析而寻求老工业城市转型的发展路径始终是研究的重点。Friedrichs（1993）分析了纽约的衰退和恢复。部分学者则介绍欧美国家老工业基地改造的经验与教训，如龚齐（1992）、李诚固（1996a）、葛文新和孙玉昌（1997）。龚齐（1992）介绍了美国老工业基地调整改造的路径，施雪华和孙发峰（2012）介绍了欧美老工业基地振兴的经验，指出德国、法国、英国、美国等国采取了多种政策措施来振兴老工业基地，提出了对中国的启示。部分学者重视老工业区的案例研究，通过具体的老工业区剖析总结经验与模式，如南昌昌南老工业区（胡皎等，2006）、青岛四方老工业区（崔景辉，2008）、沈阳铁西老工业区（刘亚军，2009）、上海松江老工业区（刘国庆，2013）、成都青白江老工业区（马飞跃，2014）。这表明，科学设计老工业城市的发展路径，必须要深入分析不同案例的发展历史，尤其是总结其成功经验，考察其失败教训。

# 第二章
## 老工业城市发展理论

基础理论是一个主题或学科下的基本概念、范式与原理的集合，是一个领域内的系统知识体系。任何学科或学术问题的研究，都需要首先在理论源头上阐述其必要性或意义。只有在理论体系下进行思辨思考，才能更加深入地剖析老工业城市的发展问题，才能更加科学地梳理出各种关系、形成机理及发展模式。理论研究不仅包括基本学术概念、基本发展模式，而且包括重要的系统化学术思想。

老工业城市不仅是一个空间单元，而且是各类相互关联部门的集合体，是不同种类、不同性质的物质设施、职能部门在城市地域内的集合及相互作用与联系。这决定了老工业城市的发展是一个综合性问题，其基础理论不仅涉及产业理论与企业理论，而且涉及更为复杂的城市发展理论、技术理论乃至社会理论，不仅涉及空间维度，而且涉及时间维度。本书从不同的角度，较为全面地分析老工业城市发展的基础理论。

本章主要是考察老工业城市发展的基础理论。首先，介绍工业化的基本概念，梳理世界和中国的工业化历程；其次，分析工业体系、工业区位论、企业区位论与产业集聚等基本相关概念，阐释产业基地与老工业基地、工业化与城市化、工业城市与老工业城市、工业区与产业园区等基本关系；最后，介绍部分基础理论，包括区域发展、城市发展、产业结构、工业布局及技术制度等理论，以此奠定后文研究的基础理论依据与理论框架。

## 第一节　工业化与历史轨迹

### 一、工业化概念辨析

#### 1. 工业与工业经济

工业是国民经济中最重要的物质生产部门，是采集自然资源及原材料进行加工或装配的过程，为自身和国民经济其他各部门提供原材料、燃料和动力。工业是第二产业的重要组成部分，决定着国民经济现代化的速度、规模和水平，在各国国民经济中起着主导作用，是国家财政收入的主要源泉，也是国家经济自主、政治独立、国防现代化的根本保证。2014 年，中国工业生产总值达到 4 万亿美元，超过美国成为第一工业生产大国。

产业经济学往往根据产品单位体积的相对重量，将工业分为轻工业和重工业两大类。重工业主要是为国民经济各部门提供物质技术基础的、主要生产资料的工业部门，主要包括采掘（伐）工业、原材料工业、加工工业，具体包括能源工业、钢铁工业、有色冶金工业、金属材料工业、机械工业和化学工业等。轻工业主要是生产生活消费品和制作手工工具的工业。按照生产所需原料的不同，轻工业又分为以农产品为原料的轻工业、以非农产品为原料的轻工业。同时，经济学界还将为国民经济部门提供燃料、动力、原材料和技术装备的工业部门称为基础工业。

## 2. 工业化

### （1）工业化概念辨析

工业化是现代化的核心内容，是传统农业社会向现代工业社会转变的过程，是人类社会发展具有普遍意义的历史阶段，是典型的社会化大生产过程。工业化是一个历史性概念，是一个相当长的发展过程。英国基本实现工业化用了100多年的时间，日本基本实现工业化大致用了70年的时间，韩国基本实现工业化大致用了30年的时间。20世纪以来特别是在第二次世界大战以来，工业化成为世界各国经济发展的目标。在人类历史上，工业发展已经历过三次技术革命，每次技术革命都不同程度地推进了工业化过程（表2-1）。这促使工业化的内涵不断拓展和丰富。

表 2-1　世界工业的三次技术革命

| 类型 | 第一次技术革命 | 第二次技术革命 | 第三次技术革命 |
| --- | --- | --- | --- |
| 年代 | 18 世纪 60 ~ 70 年代 | 19 世纪 70 年代 | 20 世纪 50 年代 |
| 主要标志 | 蒸汽机发明和应用 | 电器化（内燃机、电力使用） | 微电子技术的发展和应用 |
| 工业影响 | 采煤、冶金、棉纺织、机械制造等工业 | 电力、化学、石油开采和加工、汽车制造、轮船制造、飞机制造等工业 | 电子计算机、核技术、高分子合成、基因工程、纳米技术、航空航天等工业 |
| 布局方式 | 煤铁复合体型 | 煤铁复合体型、临海型 | 临空型 |
| 布局变化 | 分散趋向集中 | 布局更加集中 | 集中趋向分散 |
| 影响因素 | 燃料（动力）、原料 | 原料、燃料（动力）、交通运输 | 知识和技术、优美的环境、现代化的高速交通条件 |
| 工业中心和工业区 | 英国伯明翰（钢铁）和曼彻斯特（棉纺织）等 | 美国五大湖区、德国鲁尔区、英国中部区、苏联欧洲地区、日本太平洋沿岸工业区 | 美国"硅谷"、日本"硅岛"、苏格兰（英国）、慕尼黑（德国）、班加罗尔（印度）、中关村（中国） |

工业化通常被定义为工业（特别是其中的制造业）或第二产业产值（或收入）在国民生产总值（或国民收入）中比例不断上升的过程，以及工业就业人数在总就业人数中的比例不断上升的过程。工业化不仅指大力发展工业，使工业成为国民经济的主导产业，更深层次的是将大工业的思想和理念融入社会，以促进农业和服务业的生产模式改造，提高农业和服务业的劳动生产率。

长期以来，西方发展经济学教科书中将工业化定义为"工业在国民收入和劳动人口中的份额呈现连续上升的过程"。印度经济学家 Thaker 把工业化定义为脱离农业的结构转型即农业在国民收入和就业中的份额下降，制造业和服务业份额上升（谭崇台，

1989）。工业化的本质是一个国家的经济发展和现代化进程的推进，表现为人均收入的不断增长和从农业主导向工业主导的经济结构转换。张培刚认为工业化为一系列"生产函数"连续发生变化的过程，这种变化可能最先发生于某一个单位的生产函数，然后再以一种支配的形态形成一种社会的生产函数而遍及整个社会。刘永佶（2003）认为工业化不仅是发展工业，而且是将工业生产方式和技术推广到全部生产、服务行业，使经济生活提升至新阶段。龚唯平（2001）则抛开经济层面从更宽广的领域对工业化进行一般性定义。

工业化是生产力发展的一般性规律，是技术革命和机器大生产促进生产方式的转换，传统的标志就是机械化、电气化和自动化。工业化就是不断追求高效率和高效益，促使专业化分工日益深化，促进产业结构不断升级，沿着农业、轻工业、重工业、第三产业的方向依次升级，生产集约化程度沿着劳动密集型、资金密集型、技术密集型、知识密集型等阶段依次演进，经济制度和经济体制往往也随着工业化的推进而变迁。但工业化普遍面临着人口、资源、环境等硬约束，传统的工业化道路基本上是粗放型或资源消耗型的。

新型工业化坚持以信息化带动工业化，以工业化促进信息化，是科技含量高、经济效益好、资源消耗低、环境污染少、人力资源优势得到充分发挥的工业化。

（2）工业化阶段

霍利斯·钱纳里和塞尔莫斯·塞尔昆（1989）从经济发展的长期过程中考察了制造业内部各产业部门的地位和作用的变动，利用第二次世界大战后发展中国家特别是9个准工业化国家（地区）1960～1980年的历史资料，利用回归方程建立了GDP市场占有率模型，即提出了标准产业结构。根据人均GDP，将不发达经济到成熟工业经济整个变化过程划分为三个时期六个阶段，如图2-1所示。

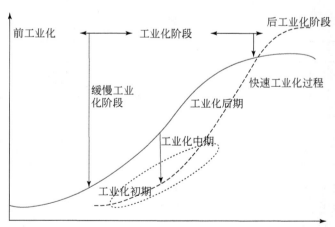

图 2-1  工业化的一般性发展阶段划分

1）初级产业，指在初期对经济发展发挥主要作用的制造业，如食品、皮革、纺织等。第一阶段是不发达阶段，产业结构以农业为主，极少有工业，生产力水平低。第二阶段是工业化初期，产业结构由以农业为主的传统结构向以工业为主的工业化结构转变，以食品、烟草、采掘、建材等初级产品的生产为主。产业以劳动密集型产业为主。

2）中期产业，指在中期对经济发展发挥主要作用的制造业，如非金属矿产品、橡胶制品、木材加工、石油、化工、煤炭制造等。第三阶段是工业化中期，制造业内部由轻型工业增长转向重型工业增长，第三产业迅速发展，形成重化工业阶段。重化工业的大规模发展是支持区域高速增长的关键，产业多属于资本密集型产业。第四阶段是工业化后期，在第一产业、第二产业协调发展的同时，第三产业由平稳增长转入持续高速增长，特别是新兴服务业，如金融、信息、广告、公用事业、咨询服务等。

3）后期产业，指在后期对经济发展发挥主要作用的制造业，如服装和日用品、印刷出版、粗钢、纸制品、金属制品和机械制造等。第五阶段是后工业化社会，制造业内部结构由以资本密集型产业为主导向以技术密集型产业为主导转换，高档耐用消费品被推广普及。第六阶段是现代化社会，第三产业开始分化，知识密集型产业从服务业中分离出来。

工业是社会分工发展的产物，经过手工业、机器大工业、现代工业等发展阶段。18世纪，英国工业革命开始，原来以手工技术为基础的工厂手工业逐步转变为机器大工业，工业最终从农业中分离出来而成为独立的物质生产部门。随着科学技术的进步，19世纪末到20世纪初，进入了现代工业的发展阶段。20世纪40年代后期开始，以生产过程自动化为主要特征，采用电子控制的自动化机器和生产线进行生产，改变了机器体系。进入80年代后，以微电子技术为中心，包括生物工程、光导纤维、新能源、新材料和机器人等新兴技术和新兴工业蓬勃兴起。这些新技术革命正在改变着工业生产的基本面貌。

# 二、世界工业化轨迹

## 1. 基本历程

18世纪60年代，以大规模机器生产为特征的工业生产活动逐渐兴起，资本的积累和科学技术的发展也为工业化的产生奠定了基础。20世纪以来特别是在第二次世界大战后，工业化成为世界各国发展的目标。综合来看，人类历史上的几次产业革命均和技术发明、广泛应用紧密联系。

自第一次、第二次产业革命以来的200多年中，发达国家的产业结构变化经历了以下阶段。

阶段Ⅰ：第一次产业革命，18世纪60年代至19世纪末，机械化。蒸汽机和纺织机的发明应用开创了以机器代替手工工具的时代，以机器产生的机械力代替人和家庭的自然力，开始了人工工业革命的历程，促使人类文明进入了工业化时代。蒸汽机技术带动钢铁、机械、煤炭、造船、铁路、纺织等产业的发展，奠定了大机器工业体系的基础，经济发展进入了蒸汽机时代。借此动力，英国、法国、德国、美国等国家相继完成了工业化。

阶段Ⅱ：第二次产业革命，19世纪后半期至20世纪初，电气化。电力、内燃机的发明应用促使工业内部又分化出电力、汽车、飞机、冶金、化学、石油等工业，并迅速发展，工业体系进一步完善，产业结构由初级向中级阶段演变，工业重心由轻纺工业转变为重化工业，世界生产进入电气时代。

阶段Ⅲ：第三次产业革命，20世纪40年代，自动化。由于原子能、电子计算机、微电子、空间技术、分子生物学、遗传学等学科与技术的广泛应用，社会生产跃进到一个新时代，即从机械化大生产进入自动化大生产的电子时代，各种高加工度、高附加值的新型产业迅猛发展，产业结构进一步升级。20世纪60年代，电子、宇航、原子能、高分子合成工业成为现代工业的主要标志，发达国家和地区的产业结构实现了高度化，典型特征是自动化。

阶段Ⅳ：第四次产业革命，20世纪后期至今，智能化。以计算机技术、网络技术、生物技术为核心，德国、法国、韩国等发达国家积极发展智能生产、智能工厂、3D技术、物联网、人机交互、大数据、云计算等，社会经济由电子时代迈进信息时代，以数字化为基本特征，产业结构进一步高度化，生产系统由过去大批量、标准化生产的刚性结构转变到小批量、多元化的柔性结构，工业生产进入了网络化、数字化、智能化时代。

## 2. 典型国家工业化

由于经济发展水平不同，各国家经历着不同类型的工业化进程，有着不同的工业化战略演变，在各历史时期采取了差异明显的工业化战略和发展路径。

（1）英国

英国为早期工业化的典型代表，是第一个实现工业化的国家。在英国启动工业化进程时，资本积累集中，劳动力资源形成规模。18世纪60年代，英国由于蒸汽机的发明，随即推动了工业化，建立起"铁和蒸汽时代"的工业体系。在此过程中，英国大力推广蒸汽技术，推动纺织、冶金、机器制造、交通运输、采矿等行业迅速发展，修建了铁路干线，工业生产布局发生了巨大变化。至19世纪70年代，英国用了100多年的时间，完成了机器大工业代替手工业工厂的过程，出现了一批新的工业区和新兴工业城市，1870年在世界工业生产中所占的比例为32%，采煤产量占51.5%，生铁产量占50%，号称"世界工厂"。19世纪80年代到20世纪初，英国奠定了"钢和电气时代"的工业体系，工业生产占全球的比例降到1/3，英国经济进入发展相对缓慢的时期，先后被美国和德国赶超。进入20世纪以后，英国经济发展滞缓，60年代先后被法国和日本赶超，传统工业逐步萎缩。60~70年代，英国启动了升级改造，保留了石油、天然气、食品和纺织等部分传统工业，以金融服务为中心，制造业退居二线，制造业从业人员从1966年的900万人降到2011年的300万人，去工业化现象明显。传统产业占GDP的比例从1945年的80%下降到目前的20%左右。2008年金融危机引发的经济衰退让英国重新认识到制造业在维护国家经济韧性方面的重要意义，2011年提出制造业是英国经济复苏的核心，英国需要"英国制造"、"英国创造"、"英国发明"和"英国设计"，催生了"英国工业2050战略"。

（2）美国

作为中期工业化国家的典型代表，美国的工业化发展始于19世纪初期，用了100

多年的时间完成了工业化过程，同期实施工业化的国家还有法国、德国等。一般认为，美国的工业化是从1807年的"禁运"或1812～1814年英美战争结束后才开始的，工业化大致分为三个阶段。1820～1860年为第一个阶段，美国首先建立了棉纺织、毛纺织、生铁冶炼、机器制造业和其他日用品制造业，开始了替代进口的过程。与英国相似，美国的工业革命也从棉纺工业开始，1815～1850年形成第一次起飞，以新英格兰地区的棉纺业发展为代表。1860～1919年为第二个阶段，美国利用新技术革命发展了一系列新兴工业，如钢铁、电力、石油采炼、汽车制造等，原有产业也得到发展。美国内战结束后，工业资产阶级控制了政权，重视教育和专利发明，19世纪30～70年代，美国制造业开始飞速发展，1843～1870年形成北方工业起飞，以铁路修建、重工业发展为代表，广泛采用新技术，把工业从蒸汽技术化推向电气化，发明了发电机、电灯、无线通信技术、内燃机等，人类社会从蒸汽时代进入电气时代和内燃机时代。1844年美国成为工业国家，1860年成为仅次于英国的第二大制造业国家，1913年成为第一工业强国。1919～1945年为第三阶段，1929～1933年政府对工业进行干预，电力、汽车、钢铁、石油等新兴部门迅速崛起，食品加工、纺织、成衣制造、印刷、木材加工等传统产业也先后完成了技术改造与更新，工业制成品尤其是重工业品出口超过农产品和初级产品，完成了出口替代，尤其是机器、钢铁制品、石油和石油制品、汽车和汽车零部件等取代了棉花、小麦和烟草的出口地位。21世纪以来尤其是奥巴马执政期间，美国加快振兴实体经济，使创新战略成为经济发展的核心战略，通过发展先进制造业实施"再工业化"路线；实施"国家制造业创新网络"计划（National Network for Manufacturing Innovation，NNMI），2014年实施《振兴美国制造业和创新法案》（RAMI法案），2016年9月NNMI更名为"制造美国"，美国制造业创新战略进入新阶段。奥巴马政府在2017财年预算案投入20亿美元支持先进制造研发。

（3）德国

德国的现代化进程启动相对较晚，19世纪初才开始向现代化迈进。由于封建割据和农奴制的长期统治，19世纪30～40年代德国还是农业国，产业工人仅占全国人口总数的2.98%。1848年资产阶级革命后，机器大工业才确立起来。1871年德意志帝国建立后，大工业迅速发展。19世纪30年代，德国纺织业促进了工业革命的兴起，1846年已建成初具规模的纺织厂约有313家，开姆尼茨成为棉纺织业中心。19世纪中期，德国制造业发展重点开始转移，从以纺织业为主的轻工业转向以铁路建设为主的重工业，以铁路建设带动其他工业发展。德国充分利用了重工业发展的优势，推动其他产业部门迅速赶超英国和法国等最早起步的工业国家。20世纪90年代中期，德国加大计算机和信息技术的投入力度，1990～1994年经济、科技、邮电三大部门对信息技术领域的投资年均增长825%，提升了德国信息技术实力。2001年，德国因特网及电子商务发展在欧洲遥遥领先。德国再次调整发展策略，改进生产工艺，注重利用信息技术，实施"生产2000"计划，提升制造业现代化水平。21世纪以来，德国工业走上绿色发展之路，将重点放在新能源发展领域和可再生能源领域，包括风能、生物质能、地热能和太阳能等，2013年将"工业4.0"纳入《高技术战略2020》，开启人类步入以智能制造为主导的第四次工业革命。

（4）苏联

十月革命前的俄国是中等资本主义发展水平的国家，农业占据优势，工业比欧美国家落后很多。1925年，联共（布）第十四次代表大会通过了以优先、高速发展重工业为中心的社会主义工业化方针，决定把苏联从农业国变为工业国。苏联真正推进工业化是从1928年实施第一个五年计划开始的。1928～1932年第一个五年计划完成，促使苏联由农业国变为工业－农业国。1933～1937年第二个五年计划完成，苏联成为世界工业强国，工业产量跃居欧洲第一位和世界第二位。到1941年苏德战争爆发，苏联基本实现了以重工业为中心的社会主义工业化，缩小了与发达国家的差距，工业跃居欧洲第一位，农村也实现了机械化。

（5）日本

日本是晚期工业化国家的典型代表，其工业化从19世纪60年代明治维新开始，20世纪初工业产值超过农业产值。1870～1906年，日本处于工业化初期，通过引进技术发展棉纺织业。1907～1945年，日本继续扩大轻纺工业，同时发展重工业，钢铁、造船和机床等产业发展迅速。1945～1975年，日本进入快速工业化阶段，加快产业结构的重化工业化，发展钢铁、汽车、造船、电子等产品。20世纪中叶，日本进入近20年的高速增长阶段，最低为8%左右，最高为11%左右。1970年日本重化工业在制造业中的比例为62.2%，标志着重化工业化完成并进入"后工业化时期"，1973年成为第二大经济强国。20世纪70年代初期开始，日本进入了产业结构调整阶段，工业发展步伐放缓，提出发展知识密集型产业，促使日本工业进入新阶段。90年代开始，日本进入了经济衰退阶段，GDP增长率明显下降。

（6）韩国

朝鲜战争结束后，韩国的轻工业率先发展。当时韩国采取了以主要面向国内市场的一些简单消费品（纤维、鞋类、食品）的替代进口生产为主的方针。20世纪50年代之前，韩国缺少工业，有少量的轻工业，需加强基础设施建设。50年代末，纺织、制糖、水泥和玻璃等行业有一定发展，轻工业发展面临新的问题，原先国内替代进口的简单消费品生产已饱和，经济增长率随之滑坡，韩国轻工业生产政策为此发生转移，转向国外市场。60年代，韩国开始实施五年计划，并连续执行了6个，实现了先轻工业后重工业再后技术密集型产业的跃进，实现了农业国向工业国的转变。1962～1971年的两个五年计划均加强了轻纺、水泥等工业，发展许多国有企业。1973年韩国提出《重化工业宣言》，重点发展重工业的新战略，韩国工业化进入重工业生产阶段。20世纪80年代后，韩国以技术密集型和资本密集型产业为主，重点发展机械工业，同时发展电子、电器以及汽车等工业。经过1960～1980年的发展，韩国基本奠定了世界经济地位。1987年韩国工业化战略重新定位于"调整产业结构、实现技术立国"，以发展技术知识密集型产业为重点。此外，韩国制定了"尖端技术开发基本计划"，发展信息产业技术、新材料技术等高科技产业。2014年，韩国制定了《制造业创新3.0战略》，2015年又公布了《制造业创新3.0战略实施方案》，标志着韩国版"工业4.0"战略确立，创造新产业，发展无人机、智能汽车、机器人、智能可穿戴设备、智能医疗等13个新兴产业，建设智能工厂。

（7）新加坡

20世纪60～90年代，经过30多年的发展，新加坡基本走完了工业化路程，但各个阶段的发展重点各不相同。60年代，主要发展以出口为导向的劳动密集型制造业，走工业化道路；1960～1965年，新加坡提出多项工业化政策，发展民族工业，服装、纺织、玩具、木器等产业开始发展，工业化全面展开；1965年开始，新加坡工业化进程受阻，及时调整战略，提出面向出口的工业化战略，发展制造业和金融业，软饮料、砖土陶瓷、玻璃、印刷、橡胶、纺织、电子零部件等产业发展迅速。70年代注重发展技术密集型制造业，如电子业和造船业，同时开发了许多工业园区。1975年开始，新加坡进入资本密集型产业发展阶段，扶持技术密集型企业，淘汰劳动密集型企业，研发、设计、信息科技等行业逐步兴起。80年代，新加坡重组经济结构，把制造业向高附加值、资本密集型方向发展，进入了技术密集型产业发展阶段，电子、石化产业发展迅速。90年代，新加坡大力发展高新技术，如芯片、生物医药产业。90年代后期到2000年，以信息产业为中心的知识密集型经济开始发展，进入了信息化及知识密集型产业发展阶段。

# 三、中国工业化历程

中华人民共和国成立以来，工业化进程迅速推进，并大致形成了两个阶段：一是传统计划经济体制下工业化时期，奠定了中国的工业基础，形成比较全面的工业体系。二是改革开放以后的中国特色的工业化时期，实现了从农业大国向工业大国的转变（陈佳贵等，2005）。

## 1. 中华人民共和国成立之前

中国近代工业指1840～1949年在中国设立的、使用机器和机械动力生产的制造工业。中国近代工业发展的典型特征是短暂、快速、迅猛。

鸦片战争之后，西方国家在中国设立工厂，1843～1894年在中国设立了191个工业企业，其中116个属于船舶修造业和丝茶等出口加工企业。19世纪60～90年代的"洋务运动"是中国最早使用机器生产的近代工业尝试，走出了中国工业化的第一步；1861～1894年清政府共经营了21家军用工厂，促进了民用工业的兴起，1894年有27家船舶机器修造厂、113家机器缫丝厂、8家机器棉纺织厂、47家其他轻工业工厂。1895～1913年，中国近代民族工业进入初步发展时期，在1896～1898年和1905～1908年出现了两次投资热潮，新创办的、资本在1万元以上的工厂有468家，多为商办企业投资，企业布局从沿海和沿江口岸城市逐步向内地城市延伸。1914～1919年，新开设资本在1万元以上的工业企业有379家，主要是矿业企业；20年代初，纺织、面粉、卷烟等产业快速发展。20世纪初的"实业救国"的道路受历史限制没有成功。30年代，日本在东北地区兴建了一批重工业企业，以钢铁、煤炭为核心。抗日战争爆发后，中国工业出现了一个发展高潮，但主要是军事工业，并没有真正成为国民经济的支柱产业，西南地区成为民族工业的主阵地，尤其是重庆成为工业中心，成都、泸州、宜宾、昆明、贵阳、桂林、柳州、衡阳、西安、宝鸡、兰州等城市成为新工业区，1942 年后方有工厂 3758 家。综上所述，中华人民共和国成立以前中国工业化并未取得实质性进展。

## 2. "一五""二五"计划时期

中国工业化进程加速推动的基本引擎是"一五"和"二五"计划时期的工业建设项目。1953 年，中国提出了以社会主义工业化为基本内容的过渡时期总路线，要用三个五年计划即大概 15 年的时间，逐步实现国家的社会主义工业化，并实现农业、手工业和资本主义工商业的社会主义改造，工业化战略可简称"一化三改"。随后，中国提出优先发展重工业的工业化战略，实施高度集中的计划经济体制，为工业化建设提供强大的制度保障。1955 年，"一五"计划高度体现了中国优先发展重工业的工业化战略，集中力量开展以"156"苏联援建项目为中心的、由限额以上的 694 个单位组成的工业建设，建立社会主义工业化的初步基础。

## 3. 工业化发展畸形（1957～1978 年）

1957 年下半年开始，"中国工业化的道路"的继续探索被打断，"一五"时期优先发展重工业演变为以"大跃进"为标志的片面发展重工业的赶超模式，工业化进入畸形发展时期。1958 年中国确立"鼓足干劲、力争上游、多快好省地建设社会主义"的总路线，高速度、超常规发展，工业化超出了客观条件的允许范围。1958 年 8 月，中国提出"以钢为纲"的工业建设方针，重点是钢铁和机械生产，"以钢为纲"成为"大跃进"时期工业化的主要战略。1965 年，国家计划委员会提出：积极备战，加快"三线"建设，逐步改变工业布局，发展农业生产，相应发展轻工业，加强基础工业和交通运输设施的建设，发挥"一线""二线"的生产潜力，有重点地发展新技术。"四五"计划贯彻了"战备第一"的工业发展战略，集中力量建立不同水平、各有特点、各自为战、大力协同的战略经济协作区，初步建成中国独立的比较完整的工业体系。1977 年，国务院批准八年引进新技术和成套设备的规划，1978 年年底突击签订了 22 个引进项目。

## 4. 市场经济转型初期（1978～1992 年）

从 1978 年开始，中国由传统的计划经济逐步向市场经济转变，在工业化道路上虽然没有改变工业化的外延型特点，但推进了国营、私营和个体、乡镇企业、外资的发展，实现了劳动密集型、资本密集型和技术密集型等产业共同发展。1982 年，"六五"计划按沿海、内陆和少数民族三类地区，提出工业布局的原则与发展方向；沿海地区加快工业基地的改造和振兴，通过对外开放引进外资和先进技术；内陆地区以能源和原材料为重点实施大规模开发，对大中型企业特别是"三线"企业进行调整；少数民族地区和偏远地区重点发展农畜产品加工业和采矿工业。1986 年，"七五"计划提出由东向西逐步推进的新思路，工业布局向沿海地区倾斜，发挥沿海地区的优势，通过政策引导促进地方、企业和外国投资的扩张。该时期，重工业与轻工业趋于协调，农业工业化进程加快，工业经济增长迅猛，工业结构不断优化，工业化主体多元化。1978～2016 年中国工业化指标数据如表 2-2 和图 2-2 所示。

**表 2-2　1978～2016 年中国工业化指标数据**

| 年份 | 人均 GDP（美元） | 三次产业增加值结构 | | | 制造业增加值占商品增加值比例(%) | 人口城镇化率（%） | 第一产业就业比例（%） | 综合指数 |
| --- | --- | --- | --- | --- | --- | --- | --- | --- |
| | | 第一产业 | 第二产业 | 第三产业 | | | | |
| 1978 | 61 | 9.8 | 61.8 | 28.4 | | | 70.5 | 1.7 |
| 1980 | 74 | -4.8 | 85.6 | 19.2 | | | 68.7 | 2.0 |
| 1985 | 136 | 4.1 | 61.2 | 34.8 | | | 62.4 | 2.0 |
| 1990 | 262 | 40.2 | 39.8 | 20 | | | 60.1 | 1.0 |
| 1995 | 801 | 8.7 | 62.8 | 28.5 | | | 52.2 | 2.3 |
| 2000 | 1249 | 4.1 | 59.6 | 36.2 | | | 50 | 2.3 |
| 2005 | 2260 | 5.2 | 50.5 | 44.3 | 32.4 | 42.99 | 44.8 | 2.6 |
| 2010 | 4857 | 3.6 | 57.4 | 39 | 32.3 | 49.95 | 36.7 | 2.8 |
| 2015 | 7904 | 4.6 | 42.4 | 52.9 | 30.4 | 56.1 | 28.3 | 3.6 |
| 2016 | 8491 | 4.4 | 37.4 | 58.2 | 29.4 | 57.35 | 27.7 | 3.6 |

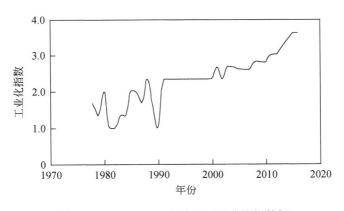

图 2-2　1978～2016 年中国工业化指标数据

## 5. 新时期以来（1992～2002 年）

邓小平南方谈话发表以后，中国经济体制改革跃上了新台阶。1992～2000 年，经济领域发生了一系列重大的变化，以社会主义公有制为主体、多种所有制共同发展的格局已基本形成，工业基本建设和技术改造继续取得重大进展，工业生产能力有了巨大增长，大型工业企业比例继续上升，工业物质技术基础继续得到加强。1993 年后，重工业快速增长，工业增长明显转向以重工业为主导的格局，再次出现了重化工业势头。

但此次重化工业的增长机制与改革开放前的情况有本质的不同，结构变动的趋势基本上符合工业发展演变的规律，"十五"计划纲要完成了全面推进新型工业化道路的战略部署，工业改组改造要遵循市场经济规律，防止盲目扩大规模和重复建设，重点强化对传统产业的改造升级，发挥劳动密集型产业的优势，积极发展高新技术产业和新兴产业，形成新的比较优势。

### 6. 社会主义新型工业化（2002年至今）

与科学发展观一脉相承的是新型工业化。中国在一段时间内基本上走传统工业化道路，工业和经济增长主要依靠的是物质和人力资源的高投入，造成农业、农村经济的落后及生态环境的恶化。中国政府指出：坚持以信息化带动工业化，以工业化促进信息化，走出一条科技含量高、经济效益好、资源消耗低、环境污染少、人力资源优势得到充分发挥的新型工业化路子。党的十七大报告提出"发展现代产业体系，大力推进信息化与工业化融合，促进工业由大变强，振兴装备制造业，淘汰落后生产能力"。新型工业化必须与经济社会协调发展，工业化和信息化协调发展；工业化和生态保护协调发展，走绿色工业化之路；工业化和农业现代化协调发展，以工业化促进农业现代化；高新技术和适用技术协调发展，走高质量工业化之路；工业化和全球化协调发展，走国际化市场之路。党的十八大报告再次明确坚持走中国特色新型工业化、信息化、城镇化、农业现代化道路，推动信息化和工业化深度融合、工业化和城镇化良性互动、城镇化和农业现代化相互协调。

# 第二节　工业区位与产业集聚

## 一、工业概念

### 1. 工业

工业是社会分工发展的产物，是国民经济的主导部门，是最重要的物质生产部门。工业指采掘自然资源和对工业原材料及农产品原料进行加工、再加工及装配的行业，为自身和国民经济其他各部门提供原材料、燃料和动力，为人们物质文化生活提供工业消费品。工业是国民经济发展中的主要增长点，是国家财政收入的主要源泉，是国家经济自主、政治独立、国防现代化的根本保证。工业水平的高低是衡量一个国家经济发达程度的重要标志，决定着国民经济现代化的速度、规模和水平。

在历史时期内，工业经过了手工业、机器大工业、现代工业等发展阶段。工业生产受自然条件制约和影响较小，但深受技术条件、原材料及产品销路等因素的制约和影响。工业生产技术性强，需要先进的生产工具、工艺流程与技术人员作为支撑。企业内部和企业之间既分工又协作的关系不断深化，尤其是机械工业、化学工业，既要求实行专业化、系列化生产，又要求开展广泛的协作，互相提供原材料的企业更要建立稳定的协作关系。工业工艺流程的自动化、机械化要求生产具有很强的连续性。以上是工业生产的共同特点，但各部门、各部类都有各自的特殊要求，具体生产部门还需根据本身的特点合理布局。

## 2. 工业体系

工业体系指一定地域范围内，工业经济活动的有机联系及由此形成的空间流的整体。小至一个工业联合企业，大至一个国家甚至国家集团的工业，都可视为某种工业体系。是否拥有完整全面的工业体系，是国家发展的重要基础，决定了经济结构的稳定性或脆弱性，也决定了未来的发展潜力与富裕程度。

工业体系的构成除工业生产单位外，还包括具有决策和行政功能的管理单位和附属的发展研究单位；从事原材料采掘、加工或产品修配的厂矿；为生产厂矿服务的物资调运、产品销售服务等辅助单位。

张文忠（2009）认为一个国家或地区的产业发展会经历农业化、工业化及后工业化等阶段，三次产业结构也不断调整或升级。在不同的发展阶段有不同的主导产业，各种因素对产业发展和布局的影响力程度便不同。18 ～ 19 世纪工业革命后 100 多年来，多数发达国家在 20 世纪上半叶先后形成了结构比较稳定、布局基本定型的工业体系。18 世纪英国出现工业革命，以手工技术为基础的工场手工业逐步转变为机器大工业，工业从农业中分离出来成为独立的物质生产部门。19 世纪末到 20 世纪初，进入了现代工业的发展阶段。20 世纪 40 年代后期开始，以生产过程自动化为主要特征，采用电子控制的自动化机器和生产线进行生产，改变了机器体系。60 年代，世界形成美国、西欧、苏联和东欧、日本五个工业核心国家和地区，构建了独立、完整、强大的工业体系。60 年代以来，发展中国家经济的增长促使世界工业体系布局形成了新现象，出现了新兴产业集聚区涌现、老工业区结构改组、传统工业由发达国家向发展中国家转移、边缘地区开发和工业化等新趋势。70 年代后期开始，以微电子技术为中心，包括生物工程、光导纤维、新能源、新材料和机器人等新兴技术和新兴工业蓬勃兴起，改变了工业生产的基本面貌。

## 3. 工业分类

工业有着不同的划分方法和技术标准，但轻工业、重工业的划分是基本方法。产业经济学往往根据产品单位体积的相对重量和产品使用方向，将工业划分为轻工业和重工业。

重工业——指为国民经济各部门提供物质技术基础的主要生产资料的、产品单位体积较重的工业部门，为轻工业部门提供机器设备。在近代工业的发展中，化学工业居于突出的地位，往往把化学工业独立出来，同轻工业、重工业并列，部分学者将重工业和化学工业合称重化工业。按生产性质和产品用途，重工业可以细分为三类。

1）采掘业：该行业主要指对自然资源进行开采的工业部门，具体包括石油、煤炭、金属与非金属矿开采、木材采伐等工业。

2）原材料工业：主要指向国民经济各部门提供基本材料、动力和燃料的工业，包括冶炼及加工、炼焦及焦炭化学、化工原料、水泥、人造板及电力、石油和煤炭加工等工业。

3）加工工业：主要指对工业原材料进行再加工制造的工业部门，包括装备国民经济各部门的机械设备制造、金属结构、水泥制品等工业，以及为农业提供的生产资料如化肥、农药等工业。

轻工业——主要指提供生活消费品和制作手工工具的工业部门。轻工业门类繁多，主要与人们的衣食住行相关。按其所使用的原料不同，轻工业可细分为两大类。

1）以农产品为原料的轻工业：主要指直接或间接以农产品为原料的轻工业，包括食品制造、饮料制造、烟草加工、纺织、皮革和毛皮制作、造纸及印刷等工业。

2）以非农产品为原料的轻工业：主要指以工业品为原料的轻工业，包括文教体育用品、化学药品制造、合成纤维制造、日用化学制品、日用玻璃制品、医疗器械制造、文化和办公用机械制造等工业。

# 二、工业区位论

区位论探究人类经济活动的空间法则、配置及其一般规律，寻求农业、工业、服务业等经济活动的最佳点，以确保经济事物在空间分布上的最优化，是指导工业基地布局的基础理论。由于研究者的着眼点不同，区位论可分为多种类型，但无论哪种区位论都产生于特定的历史发展阶段，与当时的社会经济发展需求密切相关（张文忠和刘继业，1992）。

工业区位论不仅包括工业的分布类型和配置规律，还包括工业结构的地区变动，以及与不同工业活动相适应的空间形式（邵维中，2002）。工业区位论的代表性学派有以德国经济学家韦伯为代表的最低成本派、廖什的市场区位学派。

## 1. 韦伯区位论

工业区位论是研究工业布局和厂址位置的理论。18世纪古典经济学家就提出了区位论的思想，创建现代工业区位理论基础的是德国经济学家韦伯（A.Weber）。19世纪末德国产业革命后，近代工业发展较快，人口尤其是产业工人向大城市大规模集中的现象显著。1909年，韦伯发表《工业区位论》，为工业区位理论建立了完整的理论体系，韦伯试图从经济区位角度探索资本、人口向大城市移动的背后空间机制。工业区位论的建立，使工业布局的研究从个别企业布局转向工业地域综合设计。

1909年，韦伯通过对德国鲁尔工业区的实际调研，将影响工业区位的因子归结为运费、劳动费和集聚效益三个方面，采用了力学方法，建立起工业企业沿着运费指向、劳动成本指向、集聚指向进行区位选择的机理及转换机制的理论模型。工业区位论认为运送货物的重量和距离是影响运费高低的关键，提出了"范力农构架"，三角形重心为企业布局的最优区位，如图2-3所示。

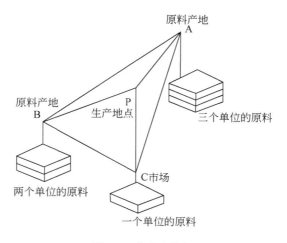

原料产地
A

原料产地
B

P
生产地点

三个单位的原料

两个单位的原料

C市场

一个单位的原料

图 2-3　范力农构架

资料来源：Weber A.1997. 工业区位论. 李刚剑等译. 北京：商务印书馆.

## 2. 廖什市场区位论

　　1940 年廖什（Losch）的《区位经济学》出版，提出了市场区位论，如图 2-4 所示。该理论提出市场需求不仅会随着生产配置的地点选择而不同，还会受价格变化及市场区规模的影响，在布局时需全面考虑生产成本、运输成本，以总成本和总收入为定向原则，选择利润最大处作为企业的最佳配置点。廖什以市场需求为空间变量、以"需求圆锥体"为分析工具来研究区位理论，对较特殊的产品假定一种线性需求曲线，企业成本受生产、运输成本影响，企业收入受市场价格影响，由此推导出六边形市场区的等级制，即区位达到均衡时，企业需选取利润最大处（即"企业收入－企业成本"之差最大）为最佳布局区位，最佳的空间模型是正六边形。最大特色在于用垄断竞争替代了韦伯的完全竞争的假设、用需求分析替代了韦伯的成本分析、用利润原则说明了区位问题，强调了市场因素。

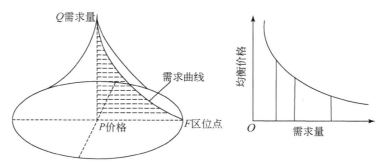

Q需求量

需求曲线

P价格

F区位点

均衡价格

O

需求量

图 2-4　廖什市场区位论与需求圆锥体

资料来源：Bale J. 1990. 工业地理学入门. 北村嘉行等译. 东京：大明堂.

## 三、企业区位模式

　　工业区位的选择受自然、社会、经济、环境等多方面因素的影响。20 世纪 90 年代初期开始，工业布局的影响因素日益增多，其构成结构发生了较大的变化，各影响因素的作用也发生了巨大变化。影响区域发展的矿产资源、水资源、交通等传统因素的作用正在弱化，而全球化、资本、技术、信息等新兴因素的作用正在增强，对产业布局开始起决定性作用（陆大道，2003）。

影响产业布局往往是多个因素相互交织，共同决定工业布局的区位。但在工业布局实践中，只有一两个因素起主导作用，其他因素起辅助平衡作用，甚至有些因素可以忽视。按主导因素的不同，工业布局分为以下类型（表2-3）。

**表 2-3　工业企业区位因子与布局原则**

| 主导因素 | 布局类型 | 工业布局原则 | 典型工业部门 |
|---|---|---|---|
| 原料 | 原料指向型 | 接近原料产地 | 制糖工业（原料运输成本较高）、水产品加工（原料不便长途运输）等 |
| 市场 | 市场指向型 | 接近市场（指城市） | 饮料制造、家具制造、炼油等（产品不便长途运输）、印刷（运输成本高）等 |
| 燃料 | 燃料指向型 | 接近火电厂或水电站 | 有色冶金（电解铝）、重化工（电能消耗量大）等 |
| 劳动力 | 劳动力指向型 | 接近有大量廉价劳动力的地区 | 普通服装、电子装配业、纺织工业等 |
| 技术 | 技术指向型 | 接近高等教育和科学技术发达地区 | 精密仪表工业、高分子合成工业、航天工业、生物制药工业等 |

### 1. 原料指向型工业

工业革命以后，原料在工业投入中的比例上升。该类工业主要是原料不便于长距离运输或运输原料成本较高，加工后体积与重量大大减少而价格又低廉的工业，即原料指数大于1。这类工业企业往往布局在原料产地，以节省运费、减少损失，由此形成原料指向型工业。例如，甜菜制糖厂，制1吨糖一般需要8吨甜菜作为原料，原料运输成本高，这促使甜菜制糖企业往往布局在甜菜种植基地。

### 2. 燃料指向型工业

该类工业在生产、加工的过程中，需要消耗大量的能源，燃料投入的比例大。工业企业为了降低成本，往往选择在能源供应量大的地区或区位进行布局，即布局在燃料地或接近燃料地。例如，年产10万吨精铝的电解铝企业，需要有20万～40万千瓦的发电厂相配合，多布局在电力生产成本低的水电站或火电厂附近。

### 3. 劳动力指向型工业

劳动力成本指每单位重量产品的工资成本，指数越大，工业企业倾向于廉价劳动力地区布局的可能性就越大。该类工业主要指需要劳动力的数量多，劳动力投入大，但技术要求不高，工人很快可以掌握生产要求，这类产业的劳动力工资低，对生产成本增加不多，而对利润的比例提高有很大作用。这类工业往往接近具有大量廉价劳动力的地区布局，如纺织服装、电子装配等工业。

### 4. 技术指向型工业

科技是第一生产力,对工业发展和企业布局有着很强的影响,成为产业布局的主要影响因素,这促使传统工业区位因素(如交通、劳动力、集聚)的影响产生新的变化。该类企业主要对生产技术要求高,包括生产工具、生产设备、工艺流程和方法及职工生产技能,技术投入比例大。这类企业要求工人技术素质高,其内部生产分工很细,专业化很强。这类企业应接近高等教育和科技发达地区,如电子制造工业、卫星、飞机、精密仪表等工业及其研发基地。

### 5. 市场指向型工业

该类工业主要指产品不便于长距离运输或运输成本较高的工业,或加工后成品体积增大又不便运输的工业,受市场影响最大,原料指数小于1。此类工业企业多以靠近其销售地建厂,以节省运费、降低成本,如饮料、家具、印刷、食品等行业。

## 四、企业布局与产业集聚

工业基地布局是生产力布局的主要内容。产业的空间集聚是经济活动最突出的地理特征,不同工业部门在空间上集聚而形成了工业基地。关于中国工业布局演变的研究已有一定的成果,中国学者早在20世纪70年代就开展了工业区的企业成组布局研究(陆大道,1979)。李为等(1991)曾将工业城市分为四种类型,即综合性轻工业中心、专业化突出城市、专业化一般城市和专业化未发育城市。按部门结构特点,工业基地大致分为综合性工业基地和专业化工业基地。

### 1. 专业化工业基地

地区专业化指某一地区专门从事某一产业或生产某一产品,是产业集中在空间上的特殊表现。地区专业化指数包括地区相对专业化指数和地区间专业化指数,前者指某一地区各行业的专业化系数与其他地区相应行业的专业化系数差的绝对值之和,测度的是各地区总体专业化水平。

专业化工业基地主要指以开发利用1～2种矿产资源和发展一个主要工业部门的产业基地,如煤炭基地、钢铁基地、石油基地。

从国内外发展经验来看,专业化产业基地具有如下特点:①具有明显的资源导向性,如煤炭、石油、铁矿石、有色金属矿石等,对资源依赖性程度较高。但专业化主要表现为附加值和加工层次较低的初级产品领域。②具有明显的消费导向性,为特定地区提供特定消费品,以使用农产品和非农产品为原料的轻工业为主。③具有明显的知识性导向,尤其是知识技术密集型行业具有明显的专业化要求,如电子信息产业。④具有明显的政策导向性,各产业基地的形成和发展深受特定时期政策和投资导向的影响,是相应历史阶段的产物。

## 2. 地域生产综合体

地域生产综合体（territorial production complex）既不是经济区域也不是特殊行政区域，而是能有效利用地区各种资源、发挥生产联合化优越性的、一定地域内在结构上相互联系的生产企业的总称。地域生产综合体的基本条件是通过相关活动的相互联系来实现生产的专业化、协作化，保证各组成部分的发展在规模、结构、时序和空间等方面形成严格比例，包括专业化主导部门、配套的辅助部门和基础设施三个部分。

地域生产综合体是社会化大生产的地域组织，是生产力地域组织的一种有效形式，是劳动地域分工发展的产物，具有显著的计划经济特征。地域生产综合体建设的规模和时序、经济资源的投入等，均是严格按照国民经济计划，由国家直接控制管理的，目标是开发自然资源以满足国民经济发展需要。地域生产综合体所在地区一般拥有储量丰富、具有大规模开发意义、又是经济发展所急需的战略资源。20世纪50年代，苏联援建"156"项目的多数工厂就采用地域生产综合体的形式进行布局和组织生产。

地域生产综合体由专业化生产部门、与其协作配套的辅助性生产部门和只为地区服务的自给性生产部门组成。专业化生产部门是地域生产综合体的经济支柱，其产品参与区际之间的交换，决定着地域生产综合体在国民经济中的地位，体现着其外部联系。辅助性生产部门和服务性部门一般是在为适应专业化生产发展的需要或为专业化生产部门和当地居民服务的基础上发展起来的，在保证优先发展专业化生产部门的前提下，也要综合发展其他部门以保持一定的比例关系，相互协作、密切配合，形成地域生产综合体的内部联系。

按地域生产综合体的结构、组成、专业化及其在全国劳动地域分工中的作用，可将其分为不同类型和等级。

1）工业生产综合体：由工业建设组成核心的综合体。

2）农业－工业综合体：除工业外，农业也起重要作用的综合体。

3）农业综合体：农业占主导地位的综合体。

4）工业－交通综合体：铁路、站场、码头等形式的交通居于重要地位，在工业发展的最初阶段，未变成纯粹的工业综合体之前，工业－交通综合体比较普遍。

5）服务业综合体：以服务业为主、工农业居次要地位的综合体。

# 第三节　老工业城市与工业区

## 一、工业基地与老工业基地

### 1. 工业基地概念

（1）基地

基地（base）是开展某种活动的基础性地点，是某种活动的集中性支撑点，是发展某种事业基础的地区。

生产基地是具备某项生产功能的区域，具备高度集中的生产能力和技术优势，是大量稳定地为国家或其他地区提供某种商品或产品乃至技术、人员和经验的集中地区，在全国或地区经济体系或某项产品生产中具有重要地位。

生产基地的形成需具备以下条件：

——强调生产的专业化，形成技术上的垄断性或独有性。

——强调生产的区域化，生产形成明显的空间集聚现象。

——关注生产的规模化，产品产量形成一定的规模。

（2）工业基地

工业基地作为一种特殊的地域类型，对区域发展具有举足轻重的意义。关于工业基地的界定，学者从不同方面给出了略有差异的概念内涵与相关论述。李文彦（1986）认为工业地区（工业基地）是占有一定地域，拥有多样化的工业结构，主要部门和工业点之间保持较密切的内在技术经济联系，而且具有一定水平和特色的工业整体。1992年版《地理学大辞典》强调工业基地的规模、地位和对区域乃至国家在经济、生产、技术上的主导作用，是一定地域内集中相当发达的工业和比较完整的工业生产体系，在经济、生产、技术上对国家或大地区起主导作用，一般以一个或若干个大型骨干企业为基础逐步发展起来，有的集中在一个地理点上，有的分布在一个相当大的地域范围内的若干地理点上。

工业基地的形成和发展是一个国家工业化的必然结果，同时也是经济发展的前提和基础，是推进工业化和城镇化互动发展的重要地域单元。在相当长的历史时期内，城镇化与工业化之间有很大程度的一致性，具有明显的正相关性。工业化是城镇化的助推器，只有不断提高工业化水平，才能创造城镇化的现实基础和内在动力；城镇化是工业化的基本土壤和空间表现形式，城镇化产生的规模效应、集聚效应促进工业化向深度和广度发展（姜爱林，2004），城镇化与工业化相互作用形成的合力共同推动经济社会向前发展。

工业基地的概念存在着空间尺度或地域范围的内涵。李文彦（1986）认为工业体系可分为"大经济区→工业地区（基地）→工业中心→工业点"四个层次。1992年版《地理学大辞典》指出工业基地范围大至一个省级行政单位，如中国的辽宁省、京津唐地区，小至一个工业中心或城市，如上海、武汉、鞍山、天津等城市。

工业基地重视某一项工业或部分类型工业的规模、水平及其对所在地区和国家的经济、工业发展的影响。

## 2. 老工业基地

关于老工业基地的概念，存在不同的界定，这既受历史时期限制，又由学者研究需求决定。郭振英等（1992）、戴伯勋等（1997）认为老工业基地指那些在中华人民共和国成立以前及成立初期所形成的、对工业化起步产生过重要影响的地区和城市，该概念宏观但缺少指向性。费洪平和李淑华（2000）认为老工业基地指那些在中华人民共和国成立之前及成立初期所形成的、对工业化起步产生过重要影响的、门类比较齐全、相对集中的工业城市，虽对以上概念进行了拓展但仍缺少指向性。刘通（2006）认为老工业基地是改革开放前形成的、工业规模大、重工业比例高、对全国经济发展起到重要带动和辐射作用的大中型工业城市，该概念过于强调重工业。王青云（2007）认为老工业基地指在"一五"计划、"二五"计划和"三线"建设时期，国家投入较多、国有企业比较集中、城市规模较大、对中国工业化进程产生过重要影响的城市或地区，该概念忽视了中华人民共和国成立前的工业基地，且过于强调中央企业而忽视本地的集体企业，重视国家投入而忽视工业历史存量。以上概念界定均将老工业城市的形成原因作为其概念内涵。

在综合分析上述概念界定的基础上，本书认为：老工业基地指在某个历史阶段内所形成的具有拥有一定工业资产存量、形成一定工业经济总量，在一个或几个工业部门方面发展较早、规模较大、水平较高的地区，对国家经济发展做出突出贡献、对国家或地区工业化进程有重大影响的工业城市。历史上，老工业基地曾是国家经济建设的重点地区，目前仍是国家或区域产业基地和经济网络的重要组成部分。

代表性的老工业基地有德国的鲁尔工业区、英国中部工业区、美国东北部工业区、中国辽中南工业区。这些老工业基地的形成均依赖于丰富的煤炭和铁矿资源，形成了专业化工业行业，往往以能源、钢铁、化工、机械等重化工业为主，但早期的老工业基地往往发展纺织等产业。在产业联系上，老工业基地往往以大型企业为核心，工业分布高度集中。

## 二、工业化与城市化关系

工业化与城市化是多数国家或地区必经的社会经济发展过程，两者之间存在互动的关系。从世界各国的发展历史来看，工业化与城市化紧密相连，不可分割。自从工业革命以来，城市化与工业化同步进行。

### 1. 工业化对城市化的影响

工业化与城市化关系的探讨由来已久。工业化与城市化如同孪生姊妹，互为因果，但在不同发展阶段，两者之间的关系与地位有所不同，呈现出不同的特征（王喆和陈伟，2014）。工业社会的产业结构、经济实力等因素为城市化提供所需的条件，工业化必然带来城市化，而城市化的动力和支持系统源于工业化。从发达国家来看，发展之初的城市化由工业化推动，一般在工业革命完成之后或实现工业化水平时才开始城市化道路，工业企业为获得"聚集的经济效益"而在地理上趋于集中，带动非农产业就业比例提高与向城市迁移集中，城市化表现为因果链条的各类事件的最后结果。在工业化初期，工业发展所形成的聚集效应使工业化对城市化产生直接和较大的带动作用，当工业化进入中期阶段，产业结构变化和消费结构升级的作用超过聚集效应，城市化动力不再是工业比例上升的带动而是非农产业比例上升的带动。反过来，城市是工业赖以生存和发展的前提、基础和载体，城市化既是工业化的重要内涵，也是工业化的直接外延，工业化通过调整生产的供给结构来满足并适应由城市化引起的各种需求（赵伟，2009）。去工业化是许多城市发生经济衰退和人口流失的重要原因，对未能顺利完成产业更新的地区而言，这一问题尤为突出（周洪霞，2015）。

但由于各国家或各区域特征、社会经济环境及历史基础的不同，工业化与城市化关系表现出较为明显的差异。霍利斯·钱纳里和莫尔塞斯·塞尔昆（1989）研究了1965年90个国家和地区工业化、城市化之间的关系，认为人均国民生产总值越高，工业化水平越高，城市化水平也越高。张正河（2000）通过测算工业化和城市化的相关系数，发现发达国家在历史上工业化与城市化的相关程度是非常大的，第二、第三产业的发展水平越高，城市化水平也越高，工业化率与城市化率之比基本上保持一个稳定值。

不同发展水平、不同发展类型的国家，其工业化与城市化有不同的发展模式。各国工业化与城市化关系大体呈现出以下几种模式。

同步城市化——指城市化、工业化、经济发展基本协调，大部分发达国家的城市化属于这种模式。

过度城市化——指城市化水平超过工业化和经济发展水平的关系模式，相当数量的发展中国家的城市化是这种模式。

滞后城市化——指城市化水平落后于工业化和经济发展水平的关系模式，少部分发展中国家的城市化属于这种模式。

### 2. 中国工业化与城市化关系

中国的工业化与城市化同钱纳里模型有所差异，这与中国实行重化工优先发展的政策有关（周洪霞，2015）。

鸦片战争后，清政府先后开辟了近80个通商口岸，西方殖民者在许多城市设立租界，开设洋行和工厂以倾销商品，中国城市化是随着中外通商开始的，商业贸易带动了城市化。1894年，中国商业资本与工业资本的比例为9.7∶1；1933年全国商业资本仍是工业资本的10倍，商业从业人员相当于工人数的24倍。

中华人民共和国的工业化与城市化关系大致经历了五个发展阶段：①第一阶段，1949～1957年为工业化起步时期的城市化阶段，中国实行重化工优先发展的政策，建立了比较完整的工业体系，但城市化发展缓慢甚至有所倒退，滞后于工业化发展，1952年城市化率落后于工业化率5.1个百分点。②第二阶段，1958～1960年为"爆发性"工业化引起的超高速城市化阶段，工业化、城市化在脱离农业发展水平的基础上超高速发展。③第三阶段，1961～1965年为工业调整时期的第一次逆城市化阶段，城市人口比例下降。④第四阶段为工业化停滞时期的第二次逆城市化阶段，城市工业发展停滞，城市化水平继续下降，1978年落后于工业化率26.4个百分点。⑤第五阶段为改革开放时期的高速城市化，工业化进程加快及规模扩大推动城市数量和人口规模大幅度扩张，但1998年城市化率仍低于工业化率11.8个百分点。城市化水平落后于工业化，与中国所采取的工业化方式相关。

# 三、工业城市与老工业城市

## 1. 工业中心概念

### （1）经济中心

经济中心指按商品经济活动的内在联系形成的一定区域内商品生产和交换的集中地。随着社会分工和商品经济的发展，人们的生产、交换活动逐渐集中在一个固定的地方，形成了经济活动中心，对周围地区有较强的吸引力和辐射力。经济中心一般依托于城市而形成，一个城市通常就是一个地区的经济中心。经济中心不一定是所在地区的政治中心，但通常兼具交通、贸易中心、物资集散地、工业生产等多种职能。

在传统农业社会阶段，商品经济落后，经济中心规模较小，结构比较简单。工业革命以来，商品经济急剧发展，工业生产规模迅速提高，加之运输和通信手段的出现，经济力量日益增强，经济中心对周围地区的作用和影响日益增强。

经济中心为一定地区内经济活动的枢纽，是区域发展的核心，对区域发展具有组织、引导、牵引和促进等作用，而区域则是经济中心赖以生存和发展的基础。经济中心的形成和发展是在区域自然、历史、经济、社会、技术等布局因素的综合作用下所形成的，往往拥有比较发达的经济实力，拥有一定规模的城镇人口，拥有较为广阔的经济吸引范围，有先进的科学技术、现代化运输、通信手段，又是流通中心、金融中心和信息中心。

### （2）工业中心

工业中心指特定区域范围内，在组织工业生产和管理方面居于重要地位和核心作用，并能影响区域进一步发展的工业地区。工业中心是一个地区工业最为集中的地点，也是工业地域组合的一种形式，是从中心与区域的关系及其作用的视角进行划分的工业生产地域单元。

工业中心的地域影响范围主要取决于其规模和经济吸引力大小。某些工业中心的规模虽然不是很大，但因专业化程度很高，其影响的地域范围可能远超出该工业城市所在地域的范围，如某些钢铁工业中心、化学工业中心、纺织工业中心等。大型工业中心集中了许多的大型工业企业和联合企业，工业产品产量大，从业人员数量多。

## 2. 工业城市

工业城市主要是由工业的产生和发展而形成的城市，是工业革命后随着现代工业的发展而产生的以工业生产为主要职能的城市。这类城市的工业职工数量占城市总人口的比例较高，工业部门在城市经济结构中占有重要地位，工业用电、用水、用地所占的比例也很大。

工业城市分为综合性工业城市和专业化工业城市。其中，专业化工业城市又称为单一工业城市，根据主导工业的类型差异，又分为汽车工业城市、森林工业城市、钢铁工业城市等。多数工业城市在形成初期，往往具有专业化的特点，但随着城市规模的扩大、工业生产的分工协作与经济结构多元化的发展，许多专业化城市往往演进为综合性工业城市。

### 3. 老工业城市

任何一个国家或地区在资源开发与工业化过程中，往往形成了部分工业企业集中的特殊工业基地。中国的工业发展最早可以追溯到清末的洋务运动和民族工业，截至目前已有 150 年左右的历史。尽管各时期中国工业发展的战略重点有所差异，但在此工业化过程中，中国形成了许多工业基地或工业城市。

老工业城市指中国在改革开放之前各历史阶段内所形成的、拥有一定工业资产存量、形成一定工业经济总量、承担国家重大生产建设项目、对国家经济发展做出突出贡献、对中国工业化进程有重大影响的工业城市。老工业城市是中华人民共和国工业的摇篮，为中国形成独立完整的工业体系和国民经济体系做出了巨大贡献，曾成为中国工业化的中流砥柱。老工业城市以其特有资源和地域特点而成为区域发展战略和城镇体系的重要部分。

老工业城市的"老"字主要区别于改革开放以来市场经济机制下所形成的新兴产业基地，如东莞、深圳等沿海新兴产业城市。历史上，老工业城市曾是国家经济建设的重点地区，目前仍是中国产业基地和经济网络的重要部分。

### 4. 资源型城市

资源型城市是以本地区矿产、森林等自然资源开采、加工为主导产业的城市。资源型城市的产生、发展与资源开发有密切的关系。作为基础能源和重要原材料的供应地，资源型城市为国家和地区的经济社会发展做出了突出贡献。中国首次界定的资源型城市有 262 个，包括 126 个地级行政区（包括地级市、地区、自治州、盟等）、62 个县级市、58 个县（包括自治县、林区等）和 16 个市辖区（开发区、管理区）。

根据资源开采与城市形成的先后顺序，资源型城市的形成有两种模式：一种为"先矿后城式"，即城市完全是因为资源开采而出现的，如大庆、金昌、攀枝花、克拉玛依等；另一种为"先城后矿式"，即资源开发前已有城市存在，资源开发加快了城市发展，如大同、邯郸等。资源型城市总体呈现如下特征：产业比较单一，城市经济往往依赖于一种产业；以国有企业为主体，多是依托国有企业建设发展城市，许多城市"先有企业，后有城市"。

根据矿产资源类型的差异，资源型城市可划分为不同类型，包括钢铁城市、石油城市、煤炭城市、森工城市、有色金属城市等。其中，著名的钢铁城市有鞍山、马鞍山、攀枝花、包头和唐山等，石油城市有大庆、东营、盘锦、松原、湛江、濮阳、克拉玛依等，煤炭城市有鹤岗、抚顺、大同、阳泉、淮南、淮北、阜新、平顶山、鄂尔多斯、榆林等，森工城市有伊春，有色金属城市有白银、铜陵等。资源型城市的基本特点是资源开采与加工，而资源禀赋富集水平与开采程度直接决定了资源型城市的发展类型。中国政府认定的资源型城市中，成长型城市有 3 个，成熟型城市有 141 个，衰退型城市有 67 个，再生型城市有 23 个（其余为独立工矿区）。

# 四、工业区、老工业区与产业园区

## 1. 园区与产业园区

### （1）园区

园区指政府集中统一规划指定的区域，区域内专门布局某类特定行业、形态的企业、公司等，并进行统一的管理。

根据主导功能或产业类型的差异，园区分为工业园区、农业园区、文化创意园区、科教园区、物流园区等主题性功能园区。

工业园区——以工业企业集中布局、以工业生产为主要功能的特定区域。这是中国各城市普遍存在、数量最多的功能性园区。

农业园区——以农作物种植为主、以农业生产为主要功能的特定区域。此类园区的面积往往较大。

科教园区——以高科技研发企业或高等教育为主的区域，包括软件园区、高新园区、大学城等。这些园区往往邻近城市城区。

物流园区——以物品集散、交易、转运为一体的功能区域，包括港口园区、交易园区、物流中心、配送中心等。

文化创意园区——是与文化关联的产业集聚的特定区域，往往具有鲜明的文化形象。

### （2）产业园区

关于产业园区没有统一的定义。产业园区指以促进某一产业发展为目标而创立的特殊区域，是国家或地区的政府根据自身经济发展的要求，通过政府力量划出一块区域，集聚各种生产要素，在一定范围内进行集约布局，各企业之间具有明显的产业关联。产业园区是各类产业或某种产业的集聚载体，是拉动区域增长和推动工业化的空间载体。

产业园区的主要特点如下所示。

——在一大片土地上聚集了若干个企业。

——开发较大面积的土地。

——大面积的土地上有多个建筑物、工厂及各种公共设施和娱乐设施。

——经济集聚效应明显，形成若干明显的产业集群和上下游分工协作关系。

按照不同的角度，产业园区有多种类型的划分，包括经济技术开发区、高新技术产业开发、保税区、出口加工区、边境经济合作区、特色产业园区。中国各省、大部分地市甚至部分县区都已经建设了类型各异的产业园区。

经济技术开发区——该类园区是中国在经济体制转型期间出现的，是通过特殊政策、营造优良环境吸引国外资金和技术、发展外向型经济的产业园区。目前，中国有107个国家级经济技术开发区。

高新技术产业开发区——主要是以发展高新技术产业为主导功能的产业园区，大学、研究机构和企业在此地域内集中布局,其任务是研究、开发和生产高技术产品,促进科技成果商品化、产品化,形成科技－工业综合体。目前,中国有 88 个国家级高新技术产业开发区。

综合保税区——指以海关保税政策为基础,经国务院批准设立、海关实施特殊监管,以发展国际贸易、加工及仓储、商品展示等行业为主的特殊经济区域。

出口加工区——是专门制造、加工、装配出口商品的特殊工业区,往往有着各种优惠政策。该类园区一般分布在经济发达、对外运输便捷、城市发展基础较好的地区,多位于沿海港口或国家边境地区,尤其是布局在港口、机场附近或其他交通便利的区位。

边境经济合作区——指沿边境开放城市发展边境贸易和加工出口的区域。

资源加工园区——发挥资源禀赋或进口区位的优势,主要从事资源加工和生产的特定区域,园区产业定位明确。这类园区往往集中分布在矿产生产基地或陆路口岸、沿海港口地区。

## 2. 工业区与老工业区

（1）工业区

工业区是以一个或数个较大的工业联合企业为骨干组成的工业企业群所在地区,以企业地域联合为基础,是各种不同性质的工业用地,如机械、制造工业,将各类工业企业分别布局在不同的地段,形成各个工业区。

工业区的范围通常在几平方千米到十几平方千米,企业相互之间形成协作配套或有密切的生产技术协作及工艺联系,或共享市政基础设施和动力。在工业化初期,工业区的发展往往起源于自然资源的开采加工,或利用便捷的交通运输条件,成为传统工业区。随着工业化的发展,部分没有传统工业基础的地区逐步形成以灵活多变的中小企业为主的工业地域。例如,美国硅谷形成新工业区,以中小企业为主,轻工业成为主导产业类型,生产高度专业化。

由于形成条件和所处的位置不同,工业区又可以分为城区工业区、矿山工业区两种基本类型。

（2）城市老工业区

城区老工业区指依托"一五"、"二五"和"三线"建设时期国家重点工业项目形成的、工业企业较为集中的城市特定区域,为中国建立独立完整的工业体系、为老工业城市的形成发展做出了突出贡献,目前仍是当地经济社会发展的重要支撑。城市老工业区多由加工企业群组成,大部分是在优越的地理条件基础上逐步形成的。在一般情况下,其内部结构比较协调,并有紧密的生产联系,往往反映着城市经济的某种特征。

按工业企业群的生产性质,分为两类:一类是专业性工业区,如中国北京的电子工业区、上海的钢铁工业区、哈尔滨的动力机械工业区等;另一类由于工业企业少,一般建为综合性工业区,如中国沈阳铁西工业区、北京东郊工业区等。

（3）独立工矿区

独立工矿区也称为矿山工业区,是一种特殊的资源型城市类型,是在采掘工业基础上形成的工业企业群组合,具体指因矿产资源开发而兴起,以资源开采加工为主导产业，具有类似城镇的集聚效应，远离中心城区，经济社会功能相对独立的工矿区。独立工矿区长期以矿工及家属为居民主体。

中国政府及学者认为独立工矿的界定应符合以下条件。

——设有原省属以上国有大中型矿山企业，企业行政级别高。在许多矿区，主体企业行政级别为地厅级。

——资源开发历史较长，历史贡献较大，成为地方财政收入的主要来源。主体企业不但承担生产任务，而且为职工家属和城市提供就医、就学、养老、供水供电供气供暖、物业等服务。

——矿工及家属占城镇常住人口的比例在 30% 及以上，集聚了相当数量的工业家属，形成了具有一定人口规模的生活区。

——资源型产业增加值占当地工业增加值的比例或资源型产业从业人员占当地工业从业人员的比例在 10% 以上。

——矿产资源因其形成条件，多赋存在人烟稀少、地广人稀的地区，独立工矿区远离居民集聚区。矿区生活主要围绕企业生产进行组织，多数人口为外来人口，形成有别于当地居民的独特外来文化或楔入式文化。

# 第四节　相关基础理论

## 一、区域发展理论

### 1. 区域增长极理论

区域增长极（growth pole）理论是 20 世纪 40 年代末西方经济学家关于国家经济平衡增长或不平衡增长论战的产物，是在法国佩鲁（Perroux）的增长极理论基础上发展起来的，是西方区域经济学中经济区域观念的基石，是不平衡发展论的依据之一。1948 年开始，欧洲处于第二次世界大战之后的恢复建设阶段，以自然资源为基础的钢铁、重化工业、纺织工业、造纸工业等占主导，这为佩鲁"极"与"推进型产业"概念创造了条件。1950 年，佩鲁认为经济增长首先出现在具有创新能力的行业，而不是同时出现在所有部门，这些行业常常聚集于经济空间的某些点上而形成增长极。然后，增长极通过各种方式向外扩散，对整个经济发展产生影响。区域经济学者把佩鲁的增长极概念和思想引入区域研究，并与地理概念相融合，用来解释和预测区域经济布局。随后，法国 Boudeville 将增长极理论引入区域经济理论，之后美国 Friedman、瑞典 Myrdal、美国 Hischman 丰富发展了该理论，形成了解释区域增长过程、机制和指导区域开发的增长极理论（吴志强和李德华，2010）。在区域研究中，对增长极的解释存在一定差异。总体来看，增长极指具有推动性的主导产业、创新行业及其关联产业在地理空间上集聚而形成的经济中心。增长极的物质载体或表现形式包括各类城镇、产业、部门、工业园区和经济协作区等。

增长极具有如下特点：①在产业发展方面，存在推进性的主导工业部门、高度联合和不断扩大的工业综合体，主导产业增速高于其他产业，是主要的创新源，增长极通过与周围地区的经济技术联系而成为区域产业发展的组织核心。②在地理空间上，表现为一定规模的城市，增长极通过与周围地区的空间关系而成为支配经济活动分布与组合的中心，比其他城市有更高的发展潜力。③在物质形态上，增长极是区域中的中心城市。由于区域的大小不一样，增长极也有等级之分。

增长极通过支配效应、乘数效应、极化与扩散效应对区域经济活动产生组织作用。支配效应指增长极具有技术、经济方面的先进性，通过与周围地区的要素流动和商品供求关系，对周围地区的经济活动产生支配作用，周围活动随增长极的变化而发生相应的变动。乘数效应指增长极对周围地区的经济发展产生示范、组织和带动作用，受循环积累因果机制的影响，作用不断强化和加大，影响范围和程度随之增大。极化效应指增长极的推动性产业吸引和拉动周围要素和经济活动不断趋向增长极，加快增长极成长。扩散效应指增长极向周围地区输出要素和经济活动，刺激和推动周围地区的发展。极化效应和扩散效应的综合影响称为溢出效应。如果极化效应大于扩散效应，则溢出效应为负值，有利于增长极发展；反之，溢出效应为正值，对周围地区的发展有利。增长极在初级阶段，极化效应是主要的，推动主导产业发展，产生吸引力和影响力，使周围地区的劳动力、资金、技术等要素转移到核心地区，剥夺了周围区域的发展机会，使核心地区与周围地区的发展差距扩大。在后期阶段，极化效应削弱，扩散效应加强，赫希曼认为扩散效应缩小了区域差距。

增长极理论提出以来，被广泛用作区域发展的指导理论，是一种发展理论，被许多国家用来解决不同的区域发展战略、区域开发及区域规划问题，成为制定区域经济政策和区域发展规划的理论依据。意大利、西班牙曾参照增长极理论，组成几个大小不等的"工业发展区域"和"工业化核心"。20世纪80年代传入中国后，许多中国学者用增长极理论指导中国的区域开发实践，提出了部分空间发展模式。上述研究表明，区域中的各种产业将以增长极为核心建立区域产业联系，增长极的形成必然改变区域的原始空间平衡状态，使区域空间出现或加剧不平衡。不同等级的增长极相互连接，共同构成了区域中心体系和空间结构的主体框架。增长极的形成、发展、衰落和消失，均将引起区域空间结构发生变化，对区域产生重大影响。

## 2. 区域增长阶段理论

区域增长过程具有明显的阶段特征。在关于区域增长阶段的理论中，典型理论如下所述（吴志强和李德华，2010）。

（1）胡佛-费希尔理论

该理论指美国区域经济学家胡佛（Hoover）与费希尔（Fisher）在1949年发表的《区域经济增长研究》中提出的区域经济增长阶段理论（Hoover and Fisher，1949）。该理论指出任何区域的经济增长都存在"标准阶段次序"，经历大体相同的过程。具体有以下五个阶段。

阶段Ⅰ：自给自足。经济活动以农业生产为主，区域间缺少经济交流，区域经济呈现明显的封闭性，各种经济活动在空间上呈分散分布状态。

阶段Ⅱ：乡村工业崛起。随着农业和贸易的发展，乡村工业兴起并在区域增长中发挥积极作用，集中在农业发展水平相对较高的区位。

阶段Ⅲ：农业结构转换。农业生产方式开始发生变化，由粗放型向集约型和专业化方向转化，区域之间的贸易和经济往来不断扩大。

阶段Ⅳ：工业化。以矿业和制造业为先导，区域工业兴起并成为推动区域增长的主导力量。最先发展起来的是以农副产品为原料的食品加工、木材加工和纺织等行业，随后是以工业原料为主的冶炼、石油加工、机械制造、化学工业。

阶段Ⅴ：服务业输出。服务业快速发展，服务业输出逐渐成为推动区域增长的重要动力，拉动区域继续增长的因素主要是资本、技术及专业性服务的输出。

（2）罗斯托理论

该理论是美国经济学家罗斯托（Rostow）在1960年出版的《经济增长的阶段》中提出的，是从时间角度分析经济成长的理论，是学者研究区域经济增长过程时经常引用的理论，又称为罗斯托模型或罗斯托起飞模型。根据对已完成工业化的国家经济增长过程的研究，罗斯托按照科学技术、工业发展水平、产业结构和主导部门的演变特征，归纳出国家或区域的经济增长有五个阶段（表2-4），1971年在《政治和成长阶段》中追加了第六个阶段。

表 2-4  罗斯托的工业化过程理论模型

| 工业化阶段 | 典型特征 | 社会类型 | 产业形态 |
| --- | --- | --- | --- |
| 传统社会 | 等级制度严格 | 典型的农业社会 | 以农业、畜牧业为主 |
| 创造起飞条件 | 过渡、社会行为转变 | 工业社会前期 | 以农业、制造业为主 |
| 经济起飞 | 生产进步、投资率>10% | 工业社会中期 | 制造业占主导 |
| 成熟推进 | 投资率>20%、配置优化 | 工业社会后期 | 制造业与服务业共同发展 |
| 高额消费 | 以消费为主、福利时代 | 服务社会 | 以服务业为主 |

阶段Ⅰ：传统社会。传统社会是在生产功能有限的条件下发展起来的，是围绕生存而组织的经济发展，多是封闭或孤立的，生产力水平低下，主要依靠手工劳动，农业居于首要地位，产业结构单一，消费水平低。

阶段Ⅱ：创造起飞条件。为传统社会向起飞阶段转变的过渡阶段。农业生产技术有所改进，家庭手工业和商业逐渐兴起，开始进行简单的扩大再生产，主导产业通常是第一产业或劳动密集型的制造业，出现了专业化分工与协作。

阶段Ⅲ：经济起飞。是由落后阶段向先进阶段的过渡时期，生产性投资率提高，由工业部门担任的主导产业高速发展，有适宜的政治、社会及文化环境，发明和革新活跃。大量劳动力从第一产业转移到制造业，主导产业是非耐用消费品的生产部门（如纺织业）和铁路运输业，资本向工业领域集中，出现了若干区域增长极。出口大量的服装、鞋、玩具、小工艺品和标准化的家电产品。

阶段Ⅳ：成熟推进。指社会把现代技术应用到大部分产业的时期。经济增速趋缓，

老工业城市调整改造的理论与实践

国家产业及出口的产品开始多样化，钢铁、机械、化学等重化产业成为主导部门，高附加值的出口产业增多，厂家和消费者热衷新的技术和产品，投资重点转向资本密集型产业，主导部门是重化工业和制造业体系，包括钢铁、机械等。国民福利、交通和通信设施显著改善，企业开始向国外投资，经济增长极开始转变为技术创新极。

阶段 V：高额消费。工业高度发达，经济主导部门转向耐用消费品工业（如汽车），但主要经济部门从制造业转向服务业，奢侈品消费攀升，生产者和消费者大量利用高科技的成果。人们在休闲、教育、保健、社会保障上的花费增加，欢迎外国产品进入。

阶段 VI：追求生活质量。主要目标是提高生活质量，以服务业为代表的、提高居民生活质量的有关部门成为推动经济增长的新主导部门。

（3）中国学者

在长期研究的基础上，中国学者对区域经济增长过程提出了一些观点。陈栋生等（1993）的观点具有代表性，认为区域增长是一个渐进的过程，形成了一定循序渐进的阶段性特征，分为区域待开发（不发育）、区域成长、区域成熟、区域衰退4个阶段，指出区域发展不仅有从待开发、成长到成熟的过程，还会出现衰退，而衰退是可调控的。不同发展阶段，区域增长呈现出不同的特征。

阶段 I：区域待开发（不发育）。是区域增长的初始阶段，也称为不发育阶段。区域处于未开发或不发育状态，生产力水平低下，生产手段落后，属于自给自足的自然经济。第一产业在产业结构中的比例较高，商品经济不发育，市场规模狭小，长期停滞在自给自足甚至不能自足的自然经济中。资金积累能力低，自我发展能力弱，经济增速缓慢。

阶段 II：区域成长。当区域增长跨过工业化的起点，则进入成长阶段。经济高速增长，经济规模迅速扩大；产业结构发生变化，第二产业成为主导产业。商品经济逐步发育，市场规模不断扩大，区域专业化分工迅速发展，优势产业开始形成。人口和经济活动不断向城市集中，形成增长极。该阶段可通过外部推动、国家投入、自身积累、边贸启动等途径实现。

阶段 III：区域成熟。区域发展经过较长时间的高速增长后进入成熟阶段。经济高速增长的势头减缓并趋于稳定，工业化达到较高水平，第三产业较为发达，基础设施网络完善；生产部门结构的综合性日益突出，协作配套条件优越，资金积累能力强。该阶段会产生导致经济衰退的因素，如"空间不可转移"和"不易转移"的要素价格上涨，设备刚性，许多企业的设施设备陈旧老化，导致越来越多的产业、产品、技术的比较优势逐步丧失，支撑主导产业持续发展的矿产资源不断枯竭。

阶段 IV：区域衰退。部分区域在经历了成熟阶段后，有可能进入衰退阶段。经济增长缓慢，出现相对衰退，处于衰退状态的传统产业所占比例大，导致经济增长的结构性衰退；经济增长滞缓，经济地位不断下降，区域逐渐走向衰落，出现绝对衰退。区域衰退有四种：①区位性衰退，即由于区位优势失去而衰退。②资源性衰退，因支撑增长的资源枯竭致使区域衰退。③结构性衰退，带动区域增长的主导产业出现衰退，没有新的主导产业。④消聚性衰退，就是集聚过度而造成衰退，交通拥挤、环境污染、土地和水资源不足、劳动力供给紧张等问题限制了持续增长。

在老工业基地沦为衰退地区之前，适时适宜对老工业基地进行工业化和产业结构改造，及时采取有效的调整政策，可以防止这些基地的进一步衰退，维持原有的发展势头，甚至促使其加速发展，进入新的一轮成长阶段。

### 3. 贫困恶性循环论

讷克斯（1966）在《不发达国家的资本形成问题》中提出了贫困恶性循环（vicious circle of poverty）理论，成为结构主义的重要理论。该理论从供给和需求两方面论述了贫困的恶性循环，指出资本匮乏与形成不足是阻碍发展中国家发展、区域陷入长期贫困的关键因素和根源。由于人均收入水平低，投资的资金供给（储蓄）和产品需求（消费）都不足，这限制了资本的形成，使国家或区域长期陷于贫困之中。

讷克斯认为一组会起循环作用的力量能使贫困的国家或地区长期处于贫穷状态中，一个国家或地区因为穷而所以穷，供给方面的恶性循环和需求方面的周而复始的恶性循环共同构成不发达地区贫困的恶性循环，形成"收入低→储蓄低→资本投资少→生产率低"的恶性循环。世界上的贫困地区，在资本形成问题的两方面都存在循环关系。供给方面是由于实际收入水平很低，储蓄能力小；实际收入低是生产率低的反映，而生产率之所以低，又在很大程度上是由于缺乏资本，而资本之所以缺乏，又正是储蓄能力小的结果，这样就形成了循环。需求方面是由于人们的购买力很小，对投资的引诱很低；购买力之所以小，是因为实际收入低，而这又是因为生产率低，是在生产中使用资本少的结果。实际收入低反映了生产率低，这是两个循环的共同之点。

除了使资本问题发生困扰的循环作用外，还有使国家长期处于贫穷状态的其他原因，如矿物资源缺乏、水量不足或土壤贫瘠等。有些国家或地区之所以穷，原因就在于此。但所有的贫穷国家，其贫穷的原因某种程度上归咎于缺乏充分的资本设备。如果要打破这种恶性循环，就必须进行大规模、全面的投资，实施增长型投资计划。

### 4. 区域分工理论

地域分工亦称"地理分工"、"劳动地域分工"或"生产地域分工"，是社会生产劳动分工的空间表现和区际经济联系的一种形式。具体表现为一国、一地区拥有一种或几种优势的社会物质生产部门而实行区域专门化生产，根据不同地区优势部门和产品，建立不同类型的工业中心或工业基地等。由于各区域间存在发展条件和基础方面的差异，在资源、要素等不能完全自由流动的情况下，为满足各自生产、生活方面的需求和提高经济效益，各区域按照比较利益的原则，选择和发展具有优势的产业，由此形成区域分工。

地域分工理论的前提条件是生产地和消费地分离，生产要素的地域差异和效率的追求是产生区域分工的根本原因。地区生产的产品不仅满足本国或本地区的需要，而且通过一定的运输手段和商品贸易而大量供应其他国家或地区。地域分工的思想在古典经济学派出现之前即已产生，此后 Smith 明确提出了"地域分工"学说，认为每个国家都有适于生产某些特定产品的绝对有利条件。地域分工有利于促使各区域充分发挥资源、要素、区位等方面的优势，进行专业化生产，是工业基地赖以发展的基础。

1919 年赫克歇尔提出要素禀赋的论点，进一步丰富了区域分工理论，1933 年俄林在《区际贸易与国际贸易》完善了要素禀赋理论。要素禀赋理论一般指 H-O 理论，即赫克歇尔 - 俄林理论，又称为要素比例理论。要素禀赋指一国所拥有的两种生产要素的相对比率。区域或国家之间的生产要素禀赋差异是促使出现分工和发生贸易的主要原因。资本丰富的国家可以较便宜地生产资本密集型商品，劳动力丰富的国家可以较便宜地生产劳动密集型商品，既发挥了比较优势，又满足了相互需求。20 世纪 20 ~ 30 年代，俄林用相互依赖的价格理论取代劳动价值论，提出"域际分工"学说。该理论以要素分布为基础，强调各国家和地区不同要素禀赋和不同商品的不同生产函数对贸易产生的决定性作用。目的是提高各类生产要素的利用效率，促进地区间的相互支援和协作，充分利用各地的自然条件和劳动力资源。

# 二、城市发展理论

## 1. 城市职能与功能分区

城市职能指城市在一定地域经济、社会发展中所发挥的作用和承担的分工。城市内部各种功能要素的相互作用是城市职能的基础（吴志强和李德华，2010）。城市功能分区是按功能要求将城市中各种物质要素，如工厂、仓库、住宅等进行分区布置，组成一个互相联系、布局合理的有机整体，为城市各项活动创造良好的环境和条件。同一种土地利用方式对用地空间和位置需求往往是相同的，这导致同一类活动在城市空间内聚集，形成各种功能区。在各历史时期，城市功能区具有不同的内容和特点。

产业革命后，城市中出现了大工业、铁路枢纽等新的物质要素。城市的内部功能分区问题引起重视。19 世纪末以来，学者们提出了各种方案，如英国霍华德的"田园城市"、法国加尼埃的"工业城市"方案等。进入 20 世纪，发达国家的人口加快向城市迁移，城市内部出现了工业、商业、行政、居住等功能区布局结构的剧烈变化。1933 年《雅典宪章》提出，城市应按居住、工作、游憩进行分区和平衡的布置，建立联系三者的交通网，保证居住、工作、游憩、交通活动的正常进行。

各城市具有不同的地域结构特点，内部各功能区的空间组合不同。城市一般设有行政区、商务区、生活居住区、文教区、工业区等功能，各种功能区结合自然条件和功能特点合理配置，避免相互交叉干扰和混杂分布，最主要的是处理好居住区和工业区之间的关系。

商务区——以商务活动为主要功能的城市片区。一般位于城市的中心地区或重要地区，集中了大公司、银行、百货商场、专业商店、文化娱乐场所。大城市的中心往往是商业区或中央商务区。

行政区——主要是城市管理机构及附属机构集中布局的城市片区，往往分布于城市的重要街道。

文教区——主要是城市教育、卫生、文化、体育等公共服务相对集中的城市片区。高等院校、科学研究、设计机构、大型体育设施等，一般可以相对集中地布局在独立的区域或地段。

生活居住区——主要是居民居住的城市片区，布局有各种住房建筑和生活服务设施。一般布局在城市中卫生条件最好的地段。

工业区——主要是以工业生产为主导功能的城市片区，多位于河运、海运、铁路及公路运输便利的地区，集中了工业企业、电厂、仓储等生产机构与设施。按当地主导风向配置在生活居住用地的下风侧，位于河流的水源下游，工业用地与居住区用地之间保持防护距离。

### 2. 城市内部二元结构理论

2013年2月，时任国务院副总理李克强在包头市北梁棚户区居委会主持召开棚改现场会。李克强指出：不能一边是高楼大厦，一边是低矮的棚户区。这种二元结构不消除，城镇化的质量就无从谈起（张建明，2015）。

城市内部二元结构表现在农民工、企业下岗职工、低收入大学生等城市低收入群体在经济条件与地位、社会生活及公共服务等方面与城市居民存在巨大差距，带来了社会阶层分化、城市贫困加剧和代际化、城市管理难度增加等问题。

社会阶层分化——随着收入差距的扩大，贫富差距成为最严重的民生问题。农民工、下岗工人、低收入大学生和外来人口等成为城市的边缘阶层，上升通道不畅，阶层不断固化，社会分化现象趋于严重。

城市贫困加剧和代际化——城市内部二元结构加剧了城市贫困问题，并出现贫困代际化，影响下一代人的发展。

社会矛盾加剧——较低的生活条件、经济地位及不被社会认同的身份，加大了城市管理的难度，加剧了社会矛盾。

## 三、产业结构理论

### 1. 产业生命周期理论

产业生命周期指产业从初生到衰亡形成具有阶段性和共同规律性的行为（特别是进入与退出行为）的改变过程。产业生命周期理论是在实证基础上，对其进行研究的产业组织学的重要分支（隋广军，2007）。

产业生命周期理论发端于产品生命周期理论，Vernon（1966）基于发展中国家和发达国家的技术差距，提出了"生产→出口→进口"的全球产业发展模式，将产品生产分为导入期、成熟期和标准化三个阶段。而Abernathy和Utterback（1978）基于大量案例研究共同提出了A-U模型，依据产品增长率将产业生命周期分为流动、过渡和确定三个阶段。第一次提出产业生命周期理论的是Gort和Klepper（1982）的G-K理论，他们对46个产业进行了长时间序列的数据分析，按厂商数量把产品生命周期分为引入、大量进入、稳定、大量退出和成熟五个阶段。Klepper和Graddy（1990）对G-K理论进行了技术内生性发展，按企业数量将产业生命周期分为成长、淘汰和稳定三个阶段。随后，Porter（1990）将产业生命周期分为萌芽期、成长期、成熟期、衰退期，从购买者、产品及产品设备、生产与销售、研发行为、整体策略、竞争与风险等方面提出不同产业的生命周期特征。Hill 和 Jones（2001）将产业生命周期分为导入期、成长期、震荡期、成熟期、衰退期，认为各类产业具有不同的产业生命周期形态，而每个产业在生命周期的各个阶段的特征也不同，处于成熟期阶段的产业竞争最为激烈（表2-5）。

表 2-5　Hill 和 Jones 产业生命周期的特征

| 阶段 | | 导入期 | 成长期 | 震荡期 | 成熟期 | 衰退期 |
|---|---|---|---|---|---|---|
| 主要产业特征 | | 产品价格高 | 价格大幅下降 | 价格稳步下降 | 趋于稳定 | 价格战 |
| | | 厂家稀少 | 厂家增多 | | 厂家减少 | |
| | | 进入障碍为核心技术 | 进入障碍为品牌忠诚度 | 进入障碍为过量产能 | 进入障碍大幅提高 | |
| | | 竞争手段是广告行为、产品设计改善 | 竞争强度减弱 | 竞争强度增加 | 竞争手段为低成本和建立品牌忠诚度 | 竞争强度增加 |

产业生命周期将成熟期划为成熟前期和成熟后期。在成熟前期，所有产业均具有类似 S 形的生长曲线，而在成熟后期则大致分为两种类型：第一类是长期处于成熟期而为稳定型的行业，第二类是较快地进入衰退期而迅速衰退的行业。产业生命周期是一种定性的理论，其曲线是一条近似的假设曲线。

## 2. 资源诅咒理论

20 世纪 50 年代以前，经济学理论认为，具有丰富的自然资源的地区能够获得更多的资本积累，比其他地区具备更高的生产可能性边界、更快的经济增长和发展潜力。80 年代中期以来，内生经济增长模型的发展为相关研究提供了依据，开始比较不同国家或地区的经济增速的差异。部分学者发现，自然资源丰富的国家经济增速较资源贫乏的国家要缓慢，与早期经济学观点相悖，丰富的自然资源对经济发展的影响作用由"恩赐"变成了"诅咒"，于是开始探求其中的原因及机制。

Auty（1993）在研究资源丰富的国家经济增长时，首次提出了资源诅咒，含义是指丰富的自然资源对一些国家或地区的经济增长并不一定是有利条件，反而是一种束缚，并将"丰富的资源并不能有效地促进经济增长"这一悖论总结为资源诅咒假说。此后，Sachs 和 Warner（1999，2001）对该假说进行开创性的理论和实证分析，资源诅咒假说成为研究热点。资源诅咒假说提出的经济含义如图2-5所示，$t$ 表示资源开发迅速发展初期，经济增长明显提高但缺乏后劲和可持续性，在繁荣过后，最初良好的发展态势被资源开发带来的负面效应抵消，陷入自然资源的优势陷阱而不能摆脱。

从较长的历史时期来看，多数自然资源丰富的国家或地区的经济增速缓慢，有的甚至处于停滞状态。1965 ～ 1998 年，低中等收入国家人均 GDP 以年均 2.2% 的速度增长，而石油输出国组织的国家却下降 1.3%。在 65 个资源丰富的国家（地区）中，只有极少数国家（地区）人均 GDP 年增速达到 4%，而一些资源较稀缺的东亚国家（地区）（如中国香港、新加坡、韩国等）的经济增长却超过了发达国家的平均水平（程志强，2009；谢波，2015）。资源诅咒假说的理论解释主要是在资源部门繁荣的前提下进行讨论。

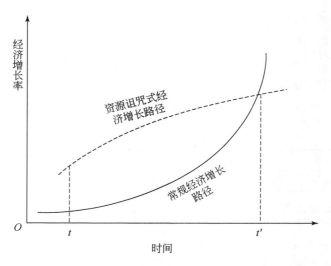

图 2-5　常规经济增长路径与资源诅咒式经济增长路径

### 3. 产业结构演变理论

区域产业结构演变理论旨在解释区域产业结构变化的方向、方式和途径。在该方面，学术界中已经形成了许多观点和理论（吴志强和李德华，2010）。

配第 - 克拉克定律。该定律是克拉克（Clark）于 1940 年基于配第（Petty）关于国民收入与劳动力流动关系而提出的，通过就业人口在三次产业结构中的分布结构变动趋势，研究产业结构演变规律。在经济发展中各产业间存在收入的相对差异，就业选择总是倾向于高收入，导致劳动力分布结构变化。随着经济发展，人均国民收入水平提高，劳动力从第一产业向第二产业转移。当人均收入水平进一步提高时，劳动力会向第三产业转移，导致第一产业劳动力减少，第二、第三产业的劳动力增加。

库兹涅茨法则。库兹涅茨（Kuznets）通过对各国国民收入和劳动力在产业间分布结构的变化进行分析，提出库兹涅茨法则。随着时间的推移，农业部门在国民收入和劳动力中的比例均处于不断下降状态；工业部门在国民收入中的比例处于上升状态，但在劳动力中的比例不变或略有上升；服务部门在劳动力中的比例基本处于上升状态，但在国民收入中的比例却不一定同步上升，大体不变或略有上升。对多数国家，第一产业的相对国民收入低于 1，第二产业的相对国民收入相对比例普遍上升，而劳动力的相对比例则因各国家的工业化不同而存在差异，第三产业的相对国民收入呈下降趋势，但劳动力相对比例却上升。

霍夫曼定理。霍夫曼（Hoffmann）1933 年使用 1880 ~ 1929 年 20 个国家工业结构的时间序列资料，根据工业化早期和中期的经验数据，分析制造业中消费资料工业和资本资料工业的比例关系，该比例被称为"霍夫曼比例"或"霍夫曼系数"。霍夫曼比例 = 消费资料工业的净产值 / 资本资料工业的净产值。在工业化的进程中，霍夫曼比例呈下降趋势。在工业化的第一阶段，消费资料工业（主要是轻纺工业）发展迅速，在制造业中占主导地位，资本资料工业（主要是重化工业）不发达，比例较小，霍夫曼系数为5（±1）。在工业化的第二阶段，资本资料工业发展较快，消费资料工业发展速度减缓，资本资料工业在规模上仍比消费资料小，霍夫曼比例为2.5（±1）。在工业化的第三阶段，消费资料工业和资本资料工业的规模相当，霍夫曼比例是1(±0.5)。在工业化的第四阶段，资本资料工业超过消费资料工业的规模，并继续上升。该定理把产业结构变化趋势外推到工业化后期，揭示了国家或区域在工业化进程中的工业结构演变规律，认为工业化就是资本资料工业在制造业中不断上升的过程，实际上是分析工业结构的"重工业化"趋势。

## 四、工业布局理论

### 1. 地域生产综合体理论

地域生产综合体是生产力的有效空间组织形式，可作为区域开发的理论模式。1925年，舒丽金最早提出了"生产综合体"的概念，地域生产综合体理论最早由苏联经济地理学派的奠基人巴朗斯基提出，后经克洛索夫斯基、萨乌什金等的共同研究而得以完善。此后，许多文献称之为生产地域综合体，后来又以地域生产综合体使用最广泛。地域生产综合体是典型的产业集聚模式，强调区域观点，强调经济地理与自然地理相结合，重视自然条件，重视经济区的划分与区域综合分析，认为一定的经济区就是一定的地域生产综合体。因此部分学者把地域生产综合体看成"经济区"。普洛勃斯特、萨乌什金、涅克拉索夫等多位学者考察了地域生产综合体的内在联系和构成，认为地域生产综合体是以专业化部门为核心，以区域资源为基础动力，辅之以配套的服务型和附属生产部门的空间组织形式（刘皓琰和孙寿涛，2017）。该理论曾在各国产生重大影响，并被地理学、经济学、计划与管理学重视，中国曾在20世纪50～80年代广泛宣传过该理论。

地域生产综合体是具有功能联系并按比例发展专业化生产的经济效益共同体，是按照一定地域范围组织生产的理论。地域生产综合体是根据某一地区的自然、经济和社会条件，按照国民经济发展计划，把建立专门化部门、建立为之服务的辅助性部门及基础设施有机结合起来，综合发展地区经济的空间组织模式（黄以柱，2013）。地域生产综合体既包括工业部门，也包括农业部门。地域生产综合体布局是由工业枢纽或区域工业中心组成，各类产业围绕枢纽中心分层向外扩散。地域生产综合体主要由以下构成功能要素形成不同的分类方案（胡兆量等，1986）。

1）核心类——具有专门化或专业化的主导部门，是地域生产综合体的核心，具有全国意义和影响，始终与区外产业发生紧密联系的产业部门。通常为大型联合企业，数量较少，却能决定地域生产综合体在全国地域分工中的地位和作用，决定综合体内其他部门的发展，一般布局在核心区位（陈才，1987）。

2）主体类——与核心企业在生产联系上相衔接，在利用其产品基础上与其发生密切联系的各类企业，邻近核心类企业而布局。

3）补充类——包括利用核心企业废料进行生产的各种企业，为平衡和充分利用劳动力而布局的企业，邻近主体类企业而布局。

4）服务类——为核心企业和补充性企业提供服务的生产型企业，主要是提供原料、燃料、辅助燃料、零配件、设备等功能的企业，布局在更外的圈层。

5）基础设施——包括生产性、机构性、社会性等类型的基础设施与服务设施，为生产和生活服务。

地域生产综合体发展的根本动力在于它能比企业单独布点带来更大的聚集经济效果，不是企业简单的地域聚集，而是使生产相互补充的、经济密切相关的企业在地域上有序布局，减少运输费用，共同集约使用基础设施。地域生产综合体是"大推动"式的开发，多建立在资源丰富的地区，对自然资源禀赋条件要求较高，投资巨大。

### 2. 产业集群与产业区理论

19世纪末，马歇尔基于英国谢菲尔德（Sheffield）的刀具工业和西约克郡（West Yorkshire）毛纺织产业的地理集聚的分析，提出了产业区的概念与理论，认为产业区是与大企业相对应的产业组织模式。1890年，马歇尔在《经济学原理》中将工业集聚的特定地区称为"产业区"，具体定义为"一种由历史与自然共同限定的区域其中的中小企业积极地相互作用企业群与社会趋向融合"。马歇尔认为工业之所以集聚，其根本原因在于获取外部规模经济，企业群内部形成生产垂直联系，竞争与协作并存。马歇尔认为产业集聚的原因主要有三个：能促进专业化供应商队伍的形成；有利于劳动力市场共享；有助于知识外溢，产生地方化的外部规模经济。

产业集群是20世纪80年代以来在全球产业分工和信息技术革命条件下出现的产业地方化现象（王辑慈，2006）。Porter（1990）创立了产业集群理论，将产业集群定义为"同处于一个特定产业领域的、相互联系的公司和相关组织的地理集中现象"。具体来讲，产业集群是在一个特定区域的特定领域，众多具有分工合作关系、不同规模等级的企业与其关联机构、组织等，通过垂直关联或水平关联紧密联系在一起的空间网络集聚体。这种地理集中的原因包括资源优势、区位优势、内部规模经济、外部规模经济及相关制度安排（贺灿飞和谢秀珍，2006）。产业集群使企业能够共享区域公共设施、市场环境和外部经济，降低信息交流和物流成本，产生集聚效应、规模效应和外部效应。这种空间组织形式具有其他形式无法比拟的群体竞争优势和规模效应。

## 五、技术制度理论

### 1. 技术演进理论

技术进步是产业演进的重要动力。从技术创新的角度研究产业演进，代表性工作是美国Abernathy和Utterback（1978）提出的产业创新动态过程模型，即A-U模型。该模型认为，企业的产品创新和工艺创新是相互关联的，在产业成长的不同阶段，两者的侧重有所不同，企业的创新类型和创新频率取决于产业成长的不同阶段：流动阶段、过渡阶段和稳定阶段。

1）流动阶段：在行业发展早期，企业创新的焦点在于产品创新。

2）过渡阶段：随着企业技术经验的积累和消费者成熟度的增加，主导设计产品出现，行业发展进入过渡阶段，创新焦点从产品创新转向工艺创新。

3）稳定阶段：主导设计产品的形成，促使行业发展进入相对稳定的时期，创新以渐进性产品创新和工艺创新为主。

A-U 模型反映了许多行业成长的创新分布规律，构成了产品生命周期的理论基础。A-U 模型为理解创新之间的关系、创新和产业演化之间的关系提供了线索，具有较强的政策意义（隋广军，2007）。

日本的斋藤优（1996）在技术创新研究中提出了 NR 关系理论，即需求（need）与资源（resources）关系假说。NR 关系理论能较好地解释产业创新的开发机制，只有需求才能创造发明新产品、新技术的契机。需求往往引起技术开发主体的关注，促使他们决定开发什么新产品、新技术，应该筹措何种技术开发资源等，并驱使研究主体进行研究开发。

传统创新理论认为企业技术创新与产业生命周期、产业组织状况（产业集中度）有很大的关联性。一般来讲，成长产业、新兴产业的企业创新活动比成熟产业、衰退产业活跃，创新投入也较多（McGahan and Silverman，2001）。

产业创新理论来源于传统的创新理论，主要代表人物有熊彼特、弗里曼、哈梅尔和普拉哈拉德等（约瑟夫·熊彼特，1990）。创新是内生因素，经济发展是经济体系内部具有的创造性所导致的经济生活的一种变动。"产业突变"构成一种"创造性的破坏过程"，成为是创新的本质（约瑟夫·熊彼特，1999）。多西等于 1992 年系统提出了产业创新理论，认为产业创新过程包括技术和技能创新、产品和流程创新、管理和市场创新等阶段，从历史变迁的角度对电力、钢铁、石油、化学、合成纤维、汽车、电子、计算机等产业的创新做了实证研究，认为各种产业的创新内容不同。

产业结构研究可从两个角度开展：一个是各产业部门的数量比例关系；另一个是结构的质量，即由技术基础更新而引起产业结构发生质的变化。前者侧重于保持产业部门的均衡发展，后者侧重于探索产业结构高级化的途径。无论是从量还是从质的方面来研究产业结构，均离不开技术进步。技术进步对产业结构演变的作用，表现在以下方面。

1）技术进步不断开拓出新的部门和行业，每次技术革命均催生一系列新兴产业。

2）技术进步促使产业结构、产品结构发生变化。在各产业部门出现不同程度的技术进步，通过影响实际的生产过程，促使各产业部门的劳动、原材料和燃料、设备等要素的投入发生变化，引起各产业部门的产品数量、质量、种类和品种的变化，进而影响需求结构变化。

3）需求结构变化反过来影响每个部门生产要素的投入，并使各部门出现不同程度的技术进步，促进产业结构变化。技术进步促使产业部门的单位时间产量提高，产品销售量不断增加，产值比例随之提高。技术进步使已有的产品不断更新换代、性能不断改进，导致需求结构变化，传统产业、传统产品萎缩甚至被淘汰。

4）产业结构是与各产业技术水平密切相关的质的问题，技术进步成为实现产业结构质的提高的关键。技术进步促进产业结构由低级向高级转化。技术进步使生产力水平迅速提高，创造出新的生产和生活需求。技术进步对不同部门影响力的差异，促使劳动力、资金向劳动生产率、资金利润率更高，资源利用更有效的行业转移，推动主导产业变迁。

5）技术进步促使产业结构变化，进而引起就业结构变化。技术进步使劳动生产率提高，相关部门的劳动力减少，其他部门的就业比例下降，反映了新技术对劳动的替代。同时，新技术发展需要劳动者素质显著提高，导致劳动者结构变化。

6）技术进步导致生产组织变化，生产社会化程度提高。技术进步引起生产体系、管理体制的变革。发达国家已把硬性生产流水线发展成为柔性生产线的生产体系。

## 2. 产业技术演化理论

产业是由若干主导企业及关联企业组成的集合体。企业通过竞争与合作，不断推动产业技术进步，延长产业生命周期。按照技术进步水平和类型，在产业演化的各个阶段，均有不同的共性技术，直接关系产业的整体生产效率。根据产业技术离技术边界的远近，可分为四个时期，各时期产业的特征如下。

起步期——产业技术远离技术边界，产业产出随时间变化呈现缓慢增长；产业的进入壁垒比较低；企业的学习能力较低，创新能力和模仿能力均处于很低的水平；企业合作水平和竞争水平较低，企业关系松散。

成长期——产业技术逐渐成熟，但离技术边界还远，产业产出递增，加速下降；企业数量剧增，产业进入壁垒提高；产业共性技术进一步成熟，企业互动水平和互动频率提高，企业竞争相对平缓，企业通过创新弱化各种选择压力。

成熟期——随着企业和产业的知识演化，产业技术接近技术边界，产业从创新竞争中选择出主导技术，产业增长速度开始递增，且增长动力明显减弱。通用性知识增长迅速，专用性知识增长缓慢，企业和产业的发展潜力降低，强烈依赖于少数主导企业，模仿其创新行为。

衰退期——产业技术达到技术边界，企业利润率停滞或不断下降，产业发展空间逐渐缩小，大量替代产品出现，原产业的市场需求减少，产品销售量下降，企业向其他产业转移资金。当正常利润无法维持或现有投资折旧完后，产业逐渐萎缩。若出现新的技术创新，产生新的、更高级的共性技术，则产业进入下一轮成长周期。

## 3. 路径依赖理论

产业演化过程总体上呈现出周期性特征，但也存在惯性力量而形成不同的路径，原因在于产业演化有其内在的路径与驱动机制。路径依赖指系统某时期的演化方向受到上一时期演化轨迹的影响，人们一旦选择了某个路径，因规模经济、学习效应、协调效应、适应性预期等因素的存在，惯性的力量会导致该路径沿着既定的方向在以后发展中不断自我强化而对该路径产生依赖，沿着固定轨迹或路径演化，技术演进或制度变迁具有类似物理学的惯性（谢雄标，2013）。

影响产业演化路径的外部因素有市场、制度和知识等方面（陆瑾，2005），尤其是技术变迁、制度变迁和资源产业演化表现出明显的路径依赖特征，由此形成不同的

老工业城市调整改造的理论与实践

路径依赖。

技术变迁——技术是产业发展路径的决定因素，技术创新的方向影响产业演化路径，不同技术及组合推动产业的不断发展。"路径依赖"是被阿瑟·刘易斯（1989）用来描述技术变迁的自我强化、自我积累的性质。新技术的采用往往具有报酬递增的性质，首先发展起来的技术凭借占先的优势地位，利用巨大规模促成的单位成本降低，利用普遍流行的学习效应，实现自我增强的良性循环。最终成为主导技术的并不一定是最有效的技术，一旦某主导技术垄断了市场并且是自动形成的，改变其路径就比较困难。

制度变迁——North（1979）把变迁机制扩展到制度变迁，用路径依赖来描述过去的绩效对现在和未来的影响，证明了制度变迁具有报酬递增和自我强化的机制。适应一项技术，最初需要大量的成本，但随着制度的推行，交易成本就会下降，形成对某制度的惯例接受和传递，当制度给企业带来巨大利益时，企业会对之产生强烈而普遍的适应性预期或认同心理，导致企业对该制度的锁定。这使制度变迁一旦走上某条路径，其既定方向在后期发展中自我强化。

资源产业演化——指资源产业发展范式长期被锁定在某条固定路径中，并通过关联性反应对产业演化产生影响，总体上受技术变迁和制度变迁的影响。路径依赖的影响因素表现为区域要素禀赋、市场环境、价值链、产业升级成本等。因发展模式缺少变革，产业停滞或因资源耗竭而衰亡；产业发展模式的改变阻力大，长期置身于某固定轨道，如遇外部环境变化，产业难以适应而导致衰亡。

产业过去做出的选择决定了产业现在及未来可能的选择。好的路径会对产业演化起到正反馈的作用，产业演化进入良性循环；不好的路径会对产业演化起到负反馈的作用，并在惯性作用下产生恶性循环，产业会被锁定在某种无效率的状态而停滞不前。一旦进入了锁定状态，要改变其发展路径十分困难，往往需要借助外部效应，引入外生变量或依靠政策变化，才能扭转原有方向。

# 第三章

# 老工业城市识别方法与结果

老工业城市识别是一个基础性的研究问题，其他章节的分析都需要建立在识别结果之上。老工业城市在学术界虽然是一个早已存在的概念，但国内外学者的相关研究表明，对老工业城市的概念内涵有着不同的科学认知，其识别形成若干不同的方法体系，而且服务于不同的研究需求。本书根据中国国情与发展需求，合理梳理学者的研究结果，总结其主要方法与关注内涵，为识别技术提供经验借鉴。

老工业城市的识别是一个理论问题，既要重视基本理念，又要关注其方法技术。因此，必须参考已有的理论研究成果，注重"老工业城市"的不同内涵与理论点，坚持"科学性"与"可操作性"相结合，坚持"定量分析为主，定性分析为辅"，科学设计其识别方法，形成可操作的识别技术路线。这也是本书的重要理论研究成果。

本章主要是科学设计老工业城市的识别方法，并识别具体城市。在回顾与梳理老工业城市的识别方法与重要参考指标的基础上，深入分析了识别方法、关注内涵与界定指标，提出了本书的老工业城市界定前提和方法。基于"三主一副"指标体系和历史事件相结合的识别方法，采用不同的识别原则与阈值门槛，对中国老工业城市进行识别。

## 第一节　老工业城市识别方法

## 一、方法综述

### 1. 老工业城市主要识别方法

虽然学术界很早就提出了老工业城市、老工业基地等概念，但长期以来学者对老工业城市的界定存在不同的理解，中国老工业城市的数量和名单的确定也存在不同的观点。但概念界定在一定程度上也反映了老工业城市的识别理念与技术方法。

关于老工业基地的概念，存在不同的界定。综合各类文献，比较具有代表性的观点，其结果主要如下所述。

郭振英等（1992）、戴伯勋等（1997）认为老工业基地是指那些在中华人民共和国成立以前及成立初期形成的、对区域经济或全国经济产生巨大影响的工业集群区域或城市，并以此为标准认上海、天津、沈阳、武汉、重庆、哈尔滨、齐齐哈尔、长春、吉林、大连、鞍山、抚顺、本溪、包头、太原、大同、洛阳、西安、兰州、成都等城市为老工业城市。戴伯勋等（1997）认为老工业城市的工业比重应比较大，集中度高，生产规模大，经济实力强，商贸发达，交通便捷，科学技术力量雄厚，国有大中型企业密集，该表述显然透视出了老工业城市的识别指标，但重视了综合性。

林凌等（2000）认为老工业城市的形成，大体上是在鸦片战争后的洋务运动、抗日战争、"一五"计划、"三线"建设时期，将沈阳、大连、抚顺、鞍山、上海、天津、武汉、重庆、太原、哈尔滨、长春、成都、西安、兰州、洛阳15个城市划定为老工业城市。

费洪平和李淑华（2000）认为老工业城市是指那些在中华人民共和国成立前及成立初期所形成的、对工业化起步产生过重要影响的、门类比较齐全的、相对集中的工业城市，将上海、天津、青岛、沈阳、大连、哈尔滨、武汉、重庆、吉林、长春、鞍山、齐齐哈尔、抚顺、太原、包头、大同、西安、兰州、洛阳、成都、武汉21个城市划定为老工业城市。根据费洪平和李淑华（2000）的概念，老工业城市的识别至少包括四个方面的指标，即形成时间、重要影响、门类齐全程度、工业比例，但这种认识重视综合工业基地而忽视了专业化基地。

刘通（2006）认为老工业城市是改革开放前形成的、工业规模大、重工业比例高、对全国经济发展起到重要带动和辐射作用的大中型工业城市，该概念过于强调重工业。刘通（2006）认为老工业城市应满足：中华人民共和国成立前形成的工业城市或1978年年底以前重点建设的城市；1984年市区大型企业产值在10亿元以上；1984年重工业比例大于30%；1984年市区人口在20万人以上，以此识别出中部六省和西部十二省（自治区、直辖市）市的58个老工业城市。

王青云（2007）认为老工业基地指在"一五"、"二五"和"三线"建设时期，国家投入较多、国有企业比较集中、城市规模较大、对中国工业化进程产生过重要影响的城市或地区，该概念忽视了中华人民共和国成立前的工业基地，且过于强调中央企业而忽视本地的集体企业，重视国家投入而忽视工业历史存量。以上概念界定均将老工业城市的形成原因作为其概念的内涵。

张可云（2009）认为萧条的老工业城市的识别，首先需要考察区域的初始形成时间，再选用失业率、传统产业比例、经济增长率、就业百分比变化、人均GDP及资源环境指标，并根据特殊体制下的特殊萧条问题，如国有企业比例、社会负担等进行综合分析。

## 2. 关注内涵

上述分析表明，老工业城市的界定或识别尚未形成权威而公认的结论。但相关观点表明，老工业城市的识别必须关注几个基本问题。

1）关注"老"的概念。"老"不仅指时间内涵，而且包括技术内涵与生产设备内涵。第一，时间内涵要求必须明确老工业城市形成时间和识别时间两个时间点位，必须反映长期的工业化过程、传统工业化与新型工业化的差异，关注与新兴工业基地相对应的内涵。关于形成时间，不需要关注具体哪个阶段或历史时期，因为多数老工业城市的工业基础是不同历史阶段的长期积累过程。第二，老工业城市必须突出"老化"的本质，包括技术的落后、体制机制的滞后、设备设施的落后、产品和产业结构的老化，而且改革开放以后由于受产业衰退、投资主体转移及市场导向的新兴工业区的挤压等多种因素影响，其发展滞后于其他新兴工业城市。

2）关注产业内涵。以"工业"为聚焦点，必须重视工业发展及由工业带动的经济增长。所识别城市是以工业为主导经济形态的城市，工业生产在社会经济中占据主导地位，工业部门在经济结构中占有重要地位，工业就业人员在人口结构和就业结构上占有较大的比例。

3）关注功能内涵。老工业城市曾经或当前在国民经济中起着重要作用，工业在全国有着较高的地位，是一个地区或国家工业化进程的重要推动力量。但这种地位可以从不同的角度或方面进行阐释，或是规模体量的比例，或是战略资源或产品的供给，或承担单一工业产品或承担多种工业产品的生产功能。

4）关注"基地"的空间内涵。在地理形态上，老工业城市表现为工业企业或产业生产活动的空间集中性，具备集聚地或基地的空间属性，是一定时期内一个国家或地区工业活动的集中地。

5）强调重要性。老工业城市必须曾经对工业化进程推动产生过重要影响，在全国工业发展中具有重要的地位和作用。

6）注意综合性与专业化的区别。老工业城市强调形成较早、目前老化的工业城市，不一定均是综合性工业城市，现实中老工业城市往往具有相对单一的产业结构，更强调专业化的工业生产。

7）老工业城市不仅强调形成发展的时间较早，而且要关注城市在新时期所呈现出的衰退特征（唐坚，2004），重视城市增长率与区域或全国平均增长率的比较。

### 3. 界定指标

在综合分析上述概念界定的基础上，本书认为老工业城市指中国在改革开放之前各历史阶段内所形成的、拥有一定工业资产存量、形成一定工业经济总量、对国家经济发展做出突出贡献、对中国工业化进程有重大影响的工业城市。

综合来看，老工业城市的识别需要关注几个前提，重视几个方面的指标，在相关原则与标准上有所突破。

关注前提主要是指老工业城市识别时应必须解决的前置性条件或需要定性分析的识别因素。

界定时间点——对老工业城市的术语，多数学者均从工业基地形成发展的历史时间去定义或界定。老工业城市的"老"在于区别改革开放以来形成的新工业城市，必须关注改革开放前的时间点，采用历史数据进行识别分析是本研究的重要特点。

重大历史事件——必须关注对中国工业化进程或工业体系构建曾产生重大影响的历史事件或重大基础性工业项目，重点关注苏联援建"156"项目、"二五"建设项目、"三线"建设，要参考这些重大工业建设对老工业城市的影响。例如，重大工程项目的数量，可以反映当时国家工业投资建设的重点方向，重大工业项目的布点可以反映国家对老工业城市的培育方向。重视投资主体的作用，中华人民共和国成立以来主要是由中央财政投资兴建工业企业。这是识别老工业城市的重要定性考虑因素。

特殊战略意义——重视老工业城市承担某些工业类型、工业产品或某些方面的生产功能，对中国工业体系构建、国防安全建设等具有重大支撑作用、战略影响或扮演基础角色。

特殊统计因素——中国统计数据有其适用范围，并未完全囊括地域的所有工业生产单元。许多城市以国防科技工业、军事工业为主体，配套部分能源、原材料和加工工业，由于国防工业和军事工业的特殊性，官方统计数据通常不包括上述涉密数据。老工业城市识别必须关注这种特殊性。

空间集聚性——老工业城市必须在工业经济体量或工业产品或工业企业等方面，具有较高的空间集聚性，形成明显的地理集中现象。

从已有研究成果看，中国老工业城市界定多是采用定性描述，相关结论缺少一定信服度，近年来部分学者开始尝试采用定性和定量相结合的方法来识别老工业城市。工业生产是一个投入－产出过程，根据生产系统，可以解构出反映工业经济的指标。工业生产是劳动力（就业）、原材料、机械设备的投入过程，是产品、价值、利润的产出过程。本书认为老工业城市识别应给予重视的指标包括以下方面。

工业规模指标——反映城市工业规模的指标可以从机械设备等资产角度，也可以从就业人数或产出总量等角度进行阐释，但工业资产总额最能反映工业规模体量与集聚水平，尤其能反映各历史阶段的最终积累结果。

工业地位指标——主要从工业产出的角度进行反映，重点包括工业利税总额、利润总额等指标，反映工业经济发展对城市系统建设乃至国家财力积累的历史贡献。

工业产能指标——主要反映当年的工业生产能力，可以分析工业总产值、工业增加值等指标。

吸纳就业指标——主要反映对城市劳动力的就业吸纳能力和劳动力的工业化水平，可以分析国有企业职工数量、国有企业职工比例等指标。

上述指标多属于量化计算的范畴，而上述关注问题则属于定性分析的范畴，但均对老工业城市的识别具有参考性或约束性。根据上述指标体系，可以根据研究需求确定哪些城市属于老工业城市，但必须进一步确定每项指标的标准阈值，而阈值的确定则与国家政策制定和国家投入财力直接关联，因为这影响着老工业城市的数量与扶持投入。王青云（2007）曾提出总量控制的识别原则，而且指出老工业城市是一个相对的概念，认为 20 世纪 80 年代中期中国城市总量为 320 多个，老工业城市数量应以全国城市总数的 1/5 左右为宜。

## 二、识别方法

### 1. 界定前提

为了科学识别老工业城市，本书需确立以下基本分析前提，以提高数据的可获得性和准确性。

1）采用 1985 年数据。1978 年十一届三中全会提出了改革开放，1979 年经济改革首先从农村地区展开，1984 年《中共中央关于经济体制改革的决定》提出，经济改革重心从农村转向城市，1985年国有企业开始放权让利。这表明对工业经济结构和工业企业产生重大影响的时间点是1985年，1985年数据反映了改革开放前各阶段所积累的工业存量与产业基础，能充分反映"老"字的内涵。

2）为了便于数据采集，本书以地级城市为地域单元进行界定，不再考虑县级城市，共计270个城市样本，占1985年城市数量的83.6%。如此，可以避免政策实施过程中产生行政级别不同等的问题。老工业基地的核心载体是城市，数据采集的地域单元是地级城市。由于该时期，中国尚存大量的"地区"和"州"，地区行署或州政府所在的县级市作为地级城市采用。部分行政区划发生调整并影响地级城市格局的地区，根据研究适当进行调整，重点是湖北的荆州和荆门、辽宁的葫芦岛与锦州。

3）老工业城市的发展壮大及全国格局的奠定是发生在中国计划经济时期，主要是依靠国家投资而建设尤其是重大工业企业项目布局而形成的，因此国家工业投资规模和重点项目数量及重大企业基地成为重要的参考标准。

4）虽然老工业城市发展是长期的历史积累，但综合分析来看，中国老工业城市的形成时间主要是"一五"（1953～1957年）、"二五"（1958～1962年）和"三线"建设时期（1964～1980年），重点项目的界定主要参考以上时期。

5）1985年数据均源于《中国城市统计年鉴（1986）》，2015年数据源于《中国城市统计年鉴（2016）》。全国层面的数据均源于各年的《中国统计年鉴》，且是各省指标汇总加和后的数据。

### 2. 界定方法

关于老工业城市的识别，多数研究采用定性分析（戴伯勋等，1997；费洪平和李淑华，2000），少数学者采用定量与定性相结合的方法（王青云，2007，2009），但指标及标准存在争议。本书在测试各种研究方法并比较所得结果的基础上，认为指标体系法仍是较为合理的界定方法。在参考其他学者研究成果的基础上，本书仍采用"定性＋定量"法，其中定性分析主要采用"历史事件"识别法，定量分析主要采用"指标＋阈值"识别方法，具体由3个核心指标和辅助指标组成，来界定中国的老工业城市。3个核心指标分别为工业固定资产原值、工业总产值、工业利税总额，辅助指标是分行业工业产值占全国该行业工业总产值的比例。

1）工业固定资产原值：固定资产原值是"固定资产原始价值"的简称，也称为"固定资产原始成本"、"原始购置成本"或"历史成本"，是进行固定资产核算、计算折旧的依据，主要指企业、事业单位建造、购置固定资产时实际发生的全部费用支出，包括建造费、买价、运杂费、安装费等。该指标反映历史上城市形成的工业资产存量，重点是固定资产投资、企业生产规模和装备水平等，体现了工业基地的长期积累基础。借鉴王青云（2009）等学者的既有研究，其阈值为市区工业固定资产原值超过5亿元（1985年现价）。

2）工业总产值：工业总产值是工业企业在一定时期内生产的以货币形式表现的工业最终产品和提供工业劳务活动的总价值量，包括生产的成品价值、对外加工费收入、自制半成品在制品期末期初差额价值三部分，是反映一定时间内工业生产总规模和总水平的重要指标。该指标反映当年城市的工业产出能力，体现了工业基地的总量地位。借鉴王青云（2009）的既有研究，其阈值为市区工业总产值超过 5 亿元（1985 年现价）。

3）工业利税总额：工业利税总额是工业企业产品销售税金及附加、应交增值税、管理费用中税金和利润总额之和，是工业在一定时期内实现的全部利润额和对社会承担义务的量化。该指标反映当年城市上缴的工业利润，体现了对国家财力积累和经济建设的贡献。根据 1985 年 324 个城市的工业利润平均值为 3.2 万元，确定该指标阈值为市区企业利润超过 3 亿元（1985 年现价）。

4）辅助指标：用于修正以上指标的评价结果，以突出某些城市在某产业领域的战略地位。具体采用分行业工业产值占全国该行业工业总产值的比例，其阈值根据比例大小而定，但大体为 3% 左右，有色金属冶炼及压延加工业放宽到 1% 左右。

# 第二节 识别过程与结果

## 一、关键指标识别

### 1. 工业固定资产原值

工业固定资产原值反映的是一定时期内城市多年工业投产累积的结果，主要反映历史上城市形成的工业资产存量，体现了工业基地的长期基础。本书将重点参考城市市区全部工业固定资产原值在 10 亿元以上的城市。

如图 3-1 和表 3-1 所示，依据该指标，全国共有 90 个城市的工业固定资产原值超过 10 亿元，占样本城市总量的 33.3%，即 1/3。其中，辽宁最多，有 12 个城市；其次，江苏有 8 个城市，山东和河南分别有 7 个城市；再次，黑龙江、湖北、河北、

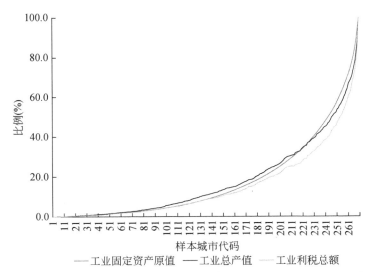

图 3-1　样本城市的工业固定资产原值、工业总产值与工业利税总额累计比例

安徽、湖南分别有 5 个城市；山西、广东、陕西分别有 3 个城市；广西、吉林、四川、内蒙古、新疆、江西、浙江分别有 2 个城市；上海、北京、重庆为其自身，贵州、福建、云南、青海、甘肃分别有 1 个城市。上述城市的工业固定资产原值大致占样本城市总量的 80%，具有较高的集中度。

**表 3-1　基于工业固定资产原值的老工业城市识别**（单位：个）

| 省（自治区、直辖市） | 城市 | 数量 | 省（自治区、直辖市） | 城市 | 数量 |
|---|---|---|---|---|---|
| 上海 | 上海 | 1 | 重庆 | 重庆 | 1 |
| 北京 | 北京 | 1 | 陕西 | 西安、咸阳、宝鸡 | 3 |
| 吉林 | 吉林、长春 | 2 | 河北 | 唐山、邯郸、石家庄、张家口、保定 | 5 |
| 湖北 | 武汉、宜昌、黄石、十堰、襄阳 | 5 | 四川 | 成都、自贡 | 2 |
| 辽宁 | 沈阳、鞍山、抚顺、大连、盘锦、本溪、辽阳、锦州、营口、丹东、阜新、铁岭 | 12 | 山东 | 东营、淄博、青岛、济南、烟台、潍坊、枣庄 | 7 |
| 黑龙江 | 大庆、哈尔滨、齐齐哈尔、牡丹江、佳木斯 | 5 | 内蒙古 | 包头、呼和浩特 | 2 |
| 贵州 | 贵阳 | 1 | 新疆 | 乌鲁木齐、克拉玛依 | 2 |
| 江西 | 南昌、九江 | 2 | 安徽 | 马鞍山、合肥、芜湖、安庆、淮南 | 5 |
| 广西 | 柳州、南宁 | 2 | 福建 | 福州 | 1 |
| 山西 | 太原、大同、阳泉 | 3 | 浙江 | 杭州、宁波 | 2 |
| 广东 | 广州、韶关、茂名 | 3 | 湖南 | 长沙、株洲、湘潭、岳阳、衡阳 | 5 |
| 江苏 | 南京、徐州、无锡、常州、苏州、南通、镇江、扬州 | 8 | 河南 | 洛阳、郑州、安阳、开封、新乡、平顶山、焦作 | 7 |
| 甘肃 | 兰州 | 1 | 青海 | 西宁 | 1 |
| 云南 | 昆明 | 1 | | | |

中国社会经济要素的空间配置模式决定了省会城市往往是一个省主要的资源集聚中心，除省会城市和计划单列市之外的地级老工业城市更具有研究意义。按此依据，中国共有 60 个地级城市的工业固定资产原值超过 10 亿元，分布在 18 个省（自治区）。其中，辽宁省仍然最多，有 10 个城市，江苏有 7 个城市，河南有 6 个城市；山东有 5 个城市，湖北、黑龙江、河北、湖南、安徽分别有 4 个城市，广东、山西、陕西分别有 2 个城市；广西、吉林、江西、四川、内蒙古、新疆分别有 1 个城市。

## 2. 工业总产值

工业总产值主要反映当年城市的工业产出能力，体现了工业基地的地位。借鉴既有研究，其阈值为市区工业总产值超过 10 亿元。

依据上述标准，由表 3-2 可知，中国共有 96 个城市的工业总产值超过 10 亿元，占样本城市总量的 35.6%。其中，辽宁最多，有 12 个城市，这同工业固定资产原值的

老工业城市调整改造的理论与实践

分析相似，江苏有 9 个城市，山东和河南均有 7 个城市。湖北和安徽分别有 6 个城市，湖南、河北和黑龙江分别有 5 个城市；广东有 4 个城市，陕西和山西分别有 3 个城市；浙江、广西、内蒙古、吉林、四川、江西、福建、新疆均有 2 个城市；天津、上海、北京、重庆为其自身，贵州、云南、甘肃、青海分别有 1 个城市。总体来看，96 个城市共占样本城市工业总产值的 84%。

表 3-2　基于工业总产值的老工业城市识别（单位：个）

| 省（自治区、直辖市） | 数量 | 城市 | 省（自治区、直辖市） | 数量 | 城市 |
|---|---|---|---|---|---|
| 天津 | 1 | 天津 | 山东 | 7 | 青岛、济南、淄博、东营、潍坊、烟台、枣庄 |
| 河北 | 5 | 石家庄、唐山、邯郸、张家口、保定 | 河南 | 7 | 郑州、洛阳、安阳、开封、平顶山、新乡、焦作 |
| 山西 | 3 | 太原、大同、阳泉 | 湖北 | 6 | 武汉、十堰、黄石、宜昌、襄阳、荆门 |
| 内蒙古 | 2 | 包头、呼和浩特 | 湖南 | 5 | 长沙、株洲、岳阳、湘潭、衡阳 |
| 辽宁 | 12 | 沈阳、大连、鞍山、抚顺、锦州、丹东、本溪、辽阳、营口、盘锦、阜新、铁岭 | 广东 | 4 | 广州、佛山、茂名、韶关 |
| 吉林 | 2 | 吉林、长春 | 广西 | 2 | 柳州、南宁 |
| 黑龙江 | 5 | 大庆、哈尔滨、齐齐哈尔、牡丹江、佳木斯 | 重庆 | 1 | 重庆 |
| 上海 | 1 | 上海 | 四川 | 2 | 成都、自贡 |
| 江苏 | 9 | 南京、无锡、常州、苏州、徐州、南通、扬州、镇江、淮阴 | 贵州 | 1 | 贵阳 |
| 安徽 | 6 | 合肥、芜湖、蚌埠、淮南、安庆、马鞍山 | 云南 | 1 | 昆明 |
| 江西 | 2 | 南昌、九江 | 陕西 | 3 | 西安、咸阳、宝鸡 |
| 北京 | 1 | 北京 | 甘肃 | 1 | 兰州 |
| 浙江 | 2 | 杭州、宁波 | 青海 | 1 | 西宁 |
| 福建 | 2 | 福州、厦门 | 新疆 | 2 | 乌鲁木齐、克拉玛依 |

剔除省会城市和计划单列市后，中国有 65 个地级城市的工业总产值超过 10 亿元，分布在 19 个省（自治区）。其中，辽宁涉及城市最多，有 10 个城市，江苏有 8 个城市；河南有 6 个城市，山东、湖北、安徽分别有 5 个城市；河北和湖南及黑龙江分别有 4 个城市，广东有 3 个城市，山西和陕西分别有 2 个城市，内蒙古、江西、吉林、新疆、福建、广西、四川分别有 1 个城市。

### 3. 工业利税总额

工业利税总额主要反映当年城市上缴的工业利润，体现了对国家财力积累和经济建设的贡献。根据 1985 年 324 个城市的工业利润平均值为 3.2 万元，确定该指标阈值为市区企业利润超过 3 亿元。

根据上述标准，中国共有 81 个城市的工业利税总额超过了 3 亿元，占样本城市的 30%。其中，辽宁仍最多，有 10 个城市，江苏有 7 个城市，山东和湖北分别有 6 个城市；河北、河南、安徽分别有 5 个城市。黑龙江、湖南、广东分别有 4 个城市，陕西有 3 个城市；山西、内蒙古、福建、吉林、浙江、广西分别有 2 个城市；天津、上海、北京、重庆为其自身，江西、四川、贵州、云南、甘肃、新疆分别有 1 个城市（表 3-3）。

表 3-3　基于工业利税总额的老工业城市识别（单位：个）

| 省（自治区、直辖市） | 数量 | 城市 | 省（自治区、直辖市） | 数量 | 城市 |
| --- | --- | --- | --- | --- | --- |
| 天津 | 1 | 天津 | 山东 | 6 | 青岛、济南、淄博、东营、潍坊、烟台 |
| 河北 | 5 | 石家庄、唐山、邯郸、张家口、保定 | 河南 | 5 | 郑州、洛阳、安阳、开封、新乡 |
| 山西 | 2 | 太原、大同 | 湖北 | 6 | 武汉、十堰、黄石、宜昌、襄阳、荆门 |
| 内蒙古 | 2 | 包头、呼和浩特 | 湖南 | 4 | 长沙、株洲、岳阳、湘潭 |
| 辽宁 | 10 | 沈阳、大连、鞍山、抚顺、锦州、丹东、本溪、辽阳、营口、盘锦 | 广东 | 4 | 广州、佛山、茂名、韶关 |
| 吉林 | 2 | 吉林、长春 | 广西 | 2 | 柳州、南宁 |
| 黑龙江 | 4 | 大庆、哈尔滨、齐齐哈尔、牡丹江 | 重庆 | 1 | 重庆 |
| 上海 | 1 | 上海 | 四川 | 1 | 成都 |
| 江苏 | 7 | 南京、无锡、常州、苏州、徐州、南通、淮阴 | 贵州 | 1 | 贵阳 |
| 安徽 | 5 | 合肥、芜湖、蚌埠、安庆、马鞍山 | 云南 | 1 | 昆明 |
| 江西 | 1 | 南昌 | 陕西 | 3 | 西安、咸阳、宝鸡 |
| 北京 | 1 | 北京 | 甘肃 | 1 | 兰州 |
| 浙江 | 2 | 杭州、宁波 | 新疆 | 1 | 乌鲁木齐 |
| 福建 | 2 | 福州、厦门 | | | |

进一步剔除省会城市和计划单列城市后，中国有 50 个地级城市的工业利税总额超过 3 亿元，分布在 15 个省（自治区）。其中，辽宁涉及城市最多，有 8 个城市；江苏和湖北分别有 6 个和 5 个城市，安徽、河北、山东、河南分别有 4 个城市，黑龙江、广东、湖南分别有 3 个城市，陕西有 2 个城市，山西、内蒙古、吉林、广西分别有 1 个城市。

按照"三项指标同时满足"的原则，对上述城市进行分析和识别，中国共有 76 个城市为老工业城市，占样本城市总量的 28%，分布在 27 个省（自治区、直辖市）。其中，辽宁最多，有 10 个老工业城市；山东和江苏分别有 6 个老工业城市，河南、湖北、河北分别有 5 个城市；湖南、黑龙江、安徽分别有 4 个老工业城市，广东和陕西分别有 3 个老工业城市。其他省（自治区、直辖市）较小，山西、内蒙古、吉林、浙江、广西分别有 2 个老工业城市，天津、上海、北京、福建、云南、重庆、江西、四川、甘肃、

老工业城市调整改造的理论与实践

新疆及贵州各有1个老工业城市（表3-4）。如果进一步剔除省会城市和计划单列市，则有46个地级老工业城市，其中辽宁有8个，江苏有5个，河北、山东、河南、湖北分别有4个，安徽、黑龙江和湖南分别有3个，广东和陕西分别有2个，山西、内蒙古、吉林、广西分别有1个。

表3-4 基于三项指标的老工业城市识别（单位：个）

| 省（自治区、直辖市） | 数量 | 城市 | 省（自治区、直辖市） | 数量 | 城市 |
|---|---|---|---|---|---|
| 天津 | 1 | 天津 | 山东 | 6 | 青岛、济南、淄博、东营、潍坊、烟台 |
| 河北 | 5 | 石家庄、唐山、邯郸、张家口、保定 | 河南 | 5 | 郑州、洛阳、安阳、开封、新乡 |
| 山西 | 2 | 太原、大同 | 湖北 | 5 | 武汉、十堰、黄石、宜昌、襄阳 |
| 内蒙古 | 2 | 包头、呼和浩特 | 湖南 | 4 | 长沙、株洲、岳阳、湘潭 |
| 辽宁 | 10 | 沈阳、大连、鞍山、抚顺、锦州、丹东、本溪、辽阳、营口、盘锦 | 广东 | 3 | 广州、茂名、韶关 |
| 吉林 | 2 | 吉林、长春 | 广西 | 2 | 柳州、南宁 |
| 黑龙江 | 4 | 大庆、哈尔滨、齐齐哈尔、牡丹江 | 重庆 | 1 | 重庆 |
| 上海 | 1 | 上海 | 四川 | 1 | 成都 |
| 江苏 | 6 | 南京、无锡、常州、苏州、徐州、南通 | 贵州 | 1 | 贵阳 |
| 安徽 | 4 | 合肥、芜湖、安庆、马鞍山 | 云南 | 1 | 昆明 |
| 江西 | 1 | 南昌 | 陕西 | 3 | 西安、咸阳、宝鸡 |
| 北京 | 1 | 北京 | 甘肃 | 1 | 兰州 |
| 浙江 | 2 | 杭州、宁波 | 新疆 | 1 | 乌鲁木齐 |
| 福建 | 1 | 福州 | | | |

## 4. 辅助指标评价

以上核心指标均是综合指标，可能屏蔽了某些专业化工业城市的信息，而作为某行业或产品的重要生产基地而形成工业城市的现象在各国普遍存在。为此，本书采用辅助指标，修正以上指标的评价结果，以突出某些城市在某产业领域的战略地位。但行业选择必须强调规模体量，为此，选择1985年工业结构位居前六位的工业行业进行分析。具体采用各行业工业产值占全国该行业工业产值的比例，其阈值根据比例大小而定，但大体为3%左右，有色金属冶炼及压延业放宽到1%左右。

对此，需要采用辅助指标对剩余城市样本进一步识别。

1）根据石油开采与加工业的产值比例，新增了濮阳（5.1%）、克拉玛依（4.8%）、荆门（3.89%）。

2）根据煤炭采选业比例，新增了平顶山（3.5%）、阳泉（3.4%）、鹤岗（3.2%）、鸡西（3.2%）。

3）根据有色金属冶炼及压延加工业，新增了白银（2.7%）、金昌（2.7%）、衡阳（1.8%）、铜陵（1.8%）。

通过辅助指标，共新增 11 个老工业城市。

# 二、历史事件识别

综合来看，中国工业化历史上的重大事件主要包括洋务运动、苏联援建"156"项目、"二五"计划重点建设和"三线"建设等。其中，洋务运动时期的工业布局较少且体量较小，仅能作为各城市的工业积累进行考虑，而其他三个工业化事件距离当前较近且影响重大，下面分析以此三个事件为主。具体研究以满足以上三项标准中任意一项的城市，为防止城市工业总体规模较少，满足上述任一条件的城市需同时具备"工业固定资产原值和工业总产值达到 5 亿元以上"的条件，才纳入老工业城市范畴。

## 1. 苏联援建"156"项目

苏联援建"156"项重点工程促使中国形成了独立自主的工业体系雏形，是中国老工业城市形成的主要基础。某个单体项目或几个项目的集中布局迅速培育了工业城市，加之这些工业项目具有基础性和大体量，并采用地域综合体的空间组织模式，促使这些工业项目形成了很强的路径依赖，由此奠定了当前中国老工业城市的基本格局。

表 3-5　苏联援建"156"项目布局城市（单位：个）

| 省（自治区、直辖市） | 项目布局城市 | | 老工业城市 | |
|---|---|---|---|---|
| | 数量 | 城市 | 数量 | 城市 |
| 北京 | 1 | 北京 | 1 | 北京 |
| 河北 | 3 | 石家庄、承德、邯郸 | 3 | 邯郸、石家庄、承德 |
| 山西 | 4 | 大同、太原、临汾、长治 | 4 | 太原、大同、长治、临汾 |
| 内蒙古 | 1 | 包头 | 1 | 包头 |
| 辽宁 | 7 | 沈阳、阜新、抚顺、大连、鞍山、本溪、葫芦岛 | 6 | 沈阳、鞍山、抚顺、大连、本溪、阜新 |
| 吉林 | 3 | 长春、吉林、辽源 | 3 | 长春、吉林、辽源 |
| 黑龙江 | 6 | 哈尔滨、鹤岗、鸡西、双鸭山、齐齐哈尔、佳木斯 | 5 | 齐齐哈尔、哈尔滨、鸡西、鹤岗、佳木斯 |
| 安徽 | 1 | 淮南 | 1 | 淮南 |
| 江西 | 2 | 赣州、南昌 | 1 | 南昌 |
| 甘肃 | 2 | 兰州、白银 | 2 | 兰州、白银 |
| 河南 | 5 | 焦作、平顶山、郑州、洛阳、三门峡 | 5 | 洛阳、郑州、平顶山、焦作、三门峡 |
| 湖北 | 1 | 武汉 | 1 | 武汉 |

| 省（自治区、直辖市） | 项目布局城市 | | 老工业城市 | |
|---|---|---|---|---|
| | 数量 | 城市 | 数量 | 城市 |
| 湖南 | 2 | 株洲、湘潭 | 2 | 株洲、湘潭 |
| 四川 | 1 | 成都 | 1 | 成都 |
| 重庆 | 1 | 重庆 | 1 | 重庆 |
| 云南 | 3 | 个旧、昆明、曲靖 | 2 | 昆明、个旧 |
| 陕西 | 3 | 铜川、西安、宝鸡 | 3 | 西安、宝鸡、铜川 |
| 新疆 | 1 | 乌鲁木齐 | 1 | 乌鲁木齐 |
| 合计 | 47 | | 43 | |

"156"项目重点布局在18个省（自治区、直辖市）的47个城市，主要建设于"一五"和"二五"计划期间，详见表3-5。辽宁涉及城市最多，有7个，具体包括沈阳、阜新、抚顺、大连、鞍山、本溪、葫芦岛。黑龙江涉及城市较多，有6个，包括哈尔滨、鹤岗、鸡西、双鸭山、齐齐哈尔、佳木斯。河南和山西分别有5个和4个城市，具体包括焦作、平顶山、郑州、洛阳、三门峡、大同、太原、临汾、长治。河北、吉林、云南、陕西分别有3个城市，具体包括石家庄、承德、邯郸、长春、吉林、辽源、个旧、昆明、曲靖、铜川、西安、宝鸡。江西、甘肃、湖南分别有2个城市，分别包括赣州、南昌、兰州、白银、湘潭、株洲。北京、重庆为其自身，内蒙古、安徽、湖北、四川、新疆分别有1个城市，分别包括包头、淮南、武汉、成都、乌鲁木齐。其中，东北地区布局建设的"156"项目最多，共计有58个项目，分布在16个城市。

## 2. "二五"计划重点建设项目

"二五"计划执行期为1958～1962年，其又分为两个阶段，1958～1960年为"大跃进"阶段，1961～1962年为调整阶段。该时期，国家围绕电力、石油、钢铁、有色金属及化工等行业领域，在全国布局建设了一批重大项目工程，尤其是"大跃进"运动以钢铁工业为核心，导致重工业迅速扩大而工业发展畸形。"二五"计划时期重点布局城市见表3-6。

表3-6 "二五"计划时期重点布局城市（单位：个）

| 省（自治区、直辖市） | 重点布局城市 | | 老工业城市 | |
|---|---|---|---|---|
| | 数量 | 城市 | 数量 | 城市 |
| 北京 | 1 | 北京 | 1 | 北京 |
| 河北 | 2 | 邯郸、承德 | 2 | 邯郸、承德 |
| 山西 | 3 | 太原、朔州、运城 | 1 | 太原 |
| 内蒙古 | 1 | 包头 | 1 | 包头 |
| 辽宁 | 4 | 沈阳、抚顺、鞍山、葫芦岛 | 3 | 沈阳、抚顺、鞍山 |
| 吉林 | 2 | 通化、吉林 | 2 | 通化、吉林 |

| 省（自治区、直辖市） | 重点布局城市 | | 老工业城市 | |
|---|---|---|---|---|
| | 数量 | 城市 | 数量 | 城市 |
| 黑龙江 | 2 | 大庆、齐齐哈尔 | 2 | 大庆、齐齐哈尔 |
| 江西 | 1 | 赣州 | | |
| 河南 | 1 | 洛阳 | 1 | 洛阳 |
| 湖北 | 2 | 武汉、黄石 | 2 | 武汉、黄石 |
| 湖南 | 5 | 株洲、衡阳、娄底、岳阳、郴州 | 4 | 株洲、衡阳、娄底、岳阳 |
| 广东 | 2 | 茂名、韶关 | 2 | 茂名、韶关 |
| 广西 | 2 | 贺州、河池 | | |
| 四川 | 1 | 西昌 | | |
| 重庆 | 1 | 重庆 | 1 | 重庆 |
| 云南 | 4 | 昆明、曲靖、玉溪、思茅 | 1 | 昆明 |
| 贵州 | 3 | 遵义、铜仁、毕节 | 1 | 遵义 |
| 甘肃 | 3 | 兰州、酒泉、白银 | 2 | 兰州、白银 |
| 新疆 | 2 | 乌鲁木齐、克拉玛依 | 2 | 乌鲁木齐、克拉玛依 |
| 合计 | 42 | | 28 | |

其中，电力工业重点布局在舒兰、沈阳、朔州、邯郸、娄底、重庆、遵义、昆明8座城市，石油工业布局在兰州、乌鲁木齐、克拉玛依、茂名、抚顺、大庆、葫芦岛7座城市，钢铁工业重点布局在鞍山、包头、武汉、酒泉、重庆（大渡口）、西昌、北京、娄底、衡阳、齐齐哈尔、大冶、太原、通化13座城市；在有色金属工业中，铜矿及冶炼主要布局在运城、白银、兰州、玉溪、大冶、洛阳等8座城市，铅锌矿开采及冶炼主要布局在临湘、葫芦岛、毕节、赣州、曲靖、株洲、思茅7座城市，铝镁工业布局在抚顺，钨矿采选及冶炼主要布局在赣州、韶关和资兴，钼矿采选及冶炼主要布局在葫芦岛，锡矿采掘及冶炼主要布局在贺州和河池，汞矿开采及冶炼主要布局在铜仁，钴矿开采及冶炼主要布局在大冶，钛矿开采及冶炼主要布局在承德。化工工业主要布局在兰州、太原、武汉、包头、酒泉、抚顺、茂名7座城市。

综合分析，这些城市共有42个，分布在19个省（自治区、直辖市），详见表3-6。其中，湖南涉及城市数量最多，有5个，包括株洲、衡阳、娄底、岳阳、郴州；辽宁和云南分别有4个城市，包括沈阳、抚顺、鞍山、葫芦岛、昆明、曲靖、玉溪和思茅；山西、贵州和甘肃分别有3个城市，包括太原、朔州、运城、遵义、铜仁、毕节、兰州、酒泉、白银。河北、吉林、黑龙江、湖北、广东、广西、新疆分别有2个城市，包括邯郸、承德、通化、吉林、大庆、齐齐哈尔、武汉、黄石、茂名、韶关、贺州、河池、乌鲁木齐、克拉玛依；北京、重庆为其自身，内蒙古、江西、河南、四川分别有1个城市，包括包头、赣州、洛阳、西昌。

### 3. "三线"建设项目

"三线"建设是以国防战备为指导思想的大规模国防、科技、工业和交通基础设施的建设，历经"三五"、"四五"和"五五"三个计划，共安排了1100个建设项目，对中国尤其是中西部和偏远地区的老工业城市培育和发展产生了深远影响。对"三线"建设的影响，本书主要以项目布局数量为标准进行分析。根据历史发展过程，"三线"建设的影响大致分为初期建设与调整搬迁两个阶段，两个阶段均对老工业城市的产生、发展与壮大存在重要影响。

表3-7　"三线"布局、迁入10项以上项目的城市（单位：个）

| 省（自治区、直辖市） | 布局10项以上城市 | | 迁入10项以上城市 | | 老工业城市 | |
|---|---|---|---|---|---|---|
| | 数量 | 城市 | 数量 | 城市 | 数量 | 城市 |
| 四川 | 8 | 成都、攀枝花、德阳、自贡、乐山、绵阳、泸州、广元 | 1 | 成都 | 7 | 成都、攀枝花、德阳、自贡、乐山、绵阳、泸州 |
| 贵州 | 4 | 贵阳、六盘水、遵义、安顺 | 2 | 贵阳、遵义 | 4 | 贵阳、六盘水、遵义、安顺 |
| 云南 | 2 | 昆明、曲靖 | 1 | 昆明 | 1 | 昆明 |
| 陕西 | 4 | 西安、宝鸡、汉中、铜川 | 1 | 西安 | 4 | 西安、宝鸡、汉中、铜川 |
| 甘肃 | 3 | 金昌、兰州、天水 | | | 3 | 金昌、兰州、天水 |
| 青海 | 1 | 西宁 | | | 1 | 西宁 |
| 宁夏 | 1 | 银川 | | | 1 | 银川 |
| 河南 | 2 | 平顶山、南阳 | | | 2 | 平顶山、南阳 |
| 湖北 | 3 | 襄樊、宜昌、十堰 | 1 | 孝感 | 3 | 襄樊、宜昌、十堰 |
| 山西 | 2 | 太原、临汾 | | | 2 | 太原、临汾 |
| 湖南 | | | 1 | 长沙 | 1 | 长沙 |
| 重庆 | 1 | 重庆 | 1 | 重庆 | 1 | 重庆 |
| 合计 | 31 | | 8 | | 30 | |

1）表3-7中，"三线"建设布局项目超过10项的城市共有31个，分布在12个省（自治区、直辖市），重点集中在西南的云南、贵州、四川和西北的陕西、甘肃、宁夏、青海及三西（湘西、鄂西和豫西）地区。其中，四川布局城市数量最多，有8个，包括成都、攀枝花、德阳、自贡、乐山、绵阳、泸州、广元。贵州和陕西分别有4个城市，涉及贵阳、六盘水、遵义、安顺和西安、宝鸡、汉中、铜川；甘肃、湖北分别有3个城市，涉及金昌、兰州、天水和襄阳、宜昌、十堰。云南、河南、山西分别有2个城市，包括昆明、曲靖、平顶山、南阳、太原、临汾；青海、宁夏和重庆分别有1个城市，包括西宁、银川及重庆。随着"三线"建设的开展，一批新建的工业城市与项目相伴在中西部内陆地区兴起。

2）20世纪80年代中期开始，国务院提出对"三线"企业制定了"调整改造、发挥作用"的重大决策，部分原企业项目开始搬迁。在"三线"企业搬迁过程中，企业主要搬迁至邻近的经济较为发达的城市，搬迁10项企业以上的城市共有8个，包括成都、贵阳、遵义、昆明、重庆、西安、孝感和长沙，分布在7个省（自治区、直辖市）。其中，贵州涉及2个城市，其他省（自治区、直辖市）均涉及1个城市。"三线"企业搬迁壮大了部分工业城市或中心城市的工业实力。

# 三、最终识别结果

　　基于前文方法，集成综合指标评价法、单项指标辅助评价法与历史事件评价法，得出全国老工业城市共有 116 个。这些城市主要布局在辽宁、黑龙江、四川、河南、湖北等省（自治区、直辖市）。如果剔除省会城市和计划单列市，地市级老工业城市共有 84 个。这些城市是改革开放之前的主要工业基地，承载了中国主要的工业经济实体。中国老工业城市范围详见表 3-8。

表 3-8　中国老工业城市范围（单位：个）

| 省（自治区、直辖市） | 数量 | 城市 |
|---|---|---|
| 安徽 | 6 | 合肥、芜湖、安庆、马鞍山、铜陵、淮南 |
| 北京 | 1 | 北京 |
| 甘肃 | 5 | 兰州、白银、金昌、嘉峪关、天水 |
| 广东 | 3 | 广州、茂名、韶关 |
| 广西 | 2 | 柳州、南宁 |
| 贵州 | 4 | 贵阳、遵义、六盘水、安顺 |
| 河北 | 6 | 石家庄、唐山、邯郸、张家口、保定、承德 |
| 河南 | 9 | 郑州、洛阳、安阳、开封、新乡、濮阳、平顶山、焦作、南阳 |
| 黑龙江 | 8 | 大庆、哈尔滨、齐齐哈尔、牡丹江、鹤岗、鸡西、双鸭山、佳木斯 |
| 湖北 | 8 | 武汉、十堰、黄石、宜昌、襄阳、荆门、孝感、荆州 |
| 湖南 | 6 | 长沙、株洲、岳阳、湘潭、衡阳、娄底 |
| 吉林 | 4 | 吉林、长春、辽源、通化 |
| 江苏 | 5 | 南京、无锡、常州、苏州、徐州 |
| 浙江 | 2 | 杭州、宁波 |
| 江西 | 2 | 南昌、赣州 |
| 辽宁 | 12 | 沈阳、大连、鞍山、抚顺、锦州、丹东、本溪、辽阳、营口、盘锦、阜新、葫芦岛 |
| 内蒙古 | 2 | 呼和浩特、包头 |
| 山西 | 4 | 太原、大同、阳泉、临汾 |
| 山东 | 5 | 青岛、济南、淄博、东营、潍坊 |
| 陕西 | 5 | 西安、咸阳、宝鸡、铜川、汉中 |
| 上海 | 1 | 上海 |
| 四川 | 8 | 成都、攀枝花、德阳、自贡、乐山、绵阳、泸州、广元 |
| 新疆 | 2 | 乌鲁木齐、克拉玛依 |
| 云南 | 1 | 昆明 |
| 福建 | 1 | 福州 |
| 重庆 | 1 | 重庆 |
| 青海 | 1 | 西宁 |

老工业城市调整改造的理论与实践

| 省（自治区、直辖市） | 数量 | 城市 |
|---|---|---|
| 宁夏 | 1 | 银川 |
| 天津 | 1 | 天津 |
| 合计 | 116 | |

第三章　老工业城市识别方法与结果

# 第四章

# 老工业城市发展历史与贡献

老工业城市是一个国家或地区推动工业化与城市化的长期积累与历史产物。在历史发展过程中，老工业城市有着不同于其他城市的形成机制与发展机理，尤其是在工业化起步较晚的中国，老工业城市有着特定的发展轨迹与动力机制。必须从历史的角度，合理梳理中国老工业城市的发展历程与历史脉络，考察其工业化与城市化的关系，为未来的调整改造寻求更加合理的发展思路与科学路径。

老工业城市的特殊职能与组织模式及发展机制，决定了在历史发展过程中，这些城市为国家的经济建设与社会发展做出了巨大的贡献，并在历史进程中占据重要的地位。分析老工业城市，必须树立正确的历史发展观，肯定其发展成就与历史贡献。只有深刻分析其历史贡献，才能对老工业城市的未来功能定位做出正确判断。

本章是对中国老工业城市的发展历程与历史贡献的梳理考察。从历史的角度，重点是从中华人民共和国成立之前、成立初期和"三线"建设时期等阶段，分析老工业城市的发展过程，着重解析工业发展与城市发展的历史脉络关系。全面分析老工业城市的历史贡献，重点从工业基础与工业体系、基础原材料输出、企业管理和人才培养、财力建设与财富积累、区域发展与城市建设等视角，分析其主要贡献与历史地位。

老工业城市调整改造的理论与实践

## 第一节　老工业城市发展历程

根据中国历史发展过程、各时期社会经济发展战略与企业布局特征，中国老工业城市的形成和发展主要分为三个历史阶段。在不同历史阶段内，中国的工业化发展战略、工业布局重点区域、产业类型及影响均存在明显的差异，但各阶段的复合积累、综合发展奠定了目前中国老工业城市的基本格局与产业结构。

### 一、中华人民共和国成立之前

中华人民共和国成立之前的民族工业呈现间断性地发展，培育了中国沿海地区、长江流域和东北地区的许多老工业城市。该时间段又大致形成了以下几个历史发展时期。

## 1. 洋务运动

中国工业的发展最早追溯到洋务运动，洋务运动启动了早期的煤炭、钢铁、铜铅等矿产资源的开采和冶炼，军用和民用工业逐步发展。该时期，部分大城市尤其省会城市集聚了部分工业尤其是矿冶业和机器制造业，工业部门畸形发展。19世纪70年代，安庆内军械所、汉阳铁厂、湖北织布官局、金陵机器制造局、江南制造总局和上海机器织布局、公和永缫丝厂、发昌机器厂、福建船政局、开平矿务局、继昌隆缫丝厂、上海轮船招商局等逐步形成，重点发展行业有缫丝、棉纺织、面粉、造纸与印刷、船舶修造、机器制造、粮油加工、枪炮制造及采矿业。武汉、上海、福州、唐山、天津、广州等成为中国工业最早布局的城市，而东南沿海地区约占全国工业总量的70%。

## 2. 清朝末年至民国初期

19世纪末（甲午战争）至20世纪初（第一次世界大战），民族工业掀起发展高潮。中国许多地方开始设置织布、纺绸等局，广为制造，1895～1913年资本在10万元以上的新建工矿企业有549家，民族工业发展速度为15%，多数是轻工业（重点是纺织业）及化学工业，采矿、冶金和机器制造等重工业少，纺织业由第一次世界大战前的231家增加到1920年的475家，冶炼业由第一次世界大战前的8家仅增至1920年的12家。这些民族工业主要分布在东南沿海地区，如南通、无锡、唐山、上海等城市，而内陆很少，但太原等城市也开始发展。该时期，中国并未形成完整独立的工业体系。

## 3. 民国期间

第一次世界大战后，民族工业衰落，但沿海大城市（如上海、天津）的机床与机器制造、电镀、发动机、压缩机等产业仍有所发展。由表4-1可知，1927～1937年，民族工业又获得了发展，交通设备、基础原材料、机械、钢铁等产业得到发展，工业多分布在中国沿海地区和江南沿河地区，工业资本、工业产值增幅和速度均表明工业迅速发展。部分学者认为1912～1936年中国工业年增长率达到9.5%，1936年达到民国工业生产的高峰，重工业的发展规模超过以往阶段。1937年，从国民政府实业部注册登记来看，符合当时工厂法规定标准的工矿企业全国有3935家，分布在江苏、上海、浙江地区的就有2336家，占全国总量的56%，上海工业资本额、工人数分别占全国总量的39.7%和31.8%。抗日战争爆发后，沿海工业决定内迁，尤其上海的工业大规模内迁，1937～1940年从沿海地区内迁到后方的工矿企业有639家，福建和浙江两省自行内迁企业有191家。这为中西部内陆城市如重庆、成都及武汉的工业发展奠定了基础，中国政府兴办的工业门类从钢铁、机械、有色金属冶炼扩大到化工、电子等方面，集中建设地区从湖南、湖北、江西扩大到四川、云南、贵州、广西、甘肃、青海等省（自治区、直辖市），形成重庆、川中、广元、昆明、贵阳等11个工业区。

表 4-1　近代各时期15种主要工业品的增长速度（单位：%）

| 历史时期 | 增长率 | 历史时期 | 增长率 |
| --- | --- | --- | --- |
| 1912～1949年 | 5.6 | 1926～1936年 | 8.3 |

| 历史时期 | 增长率 | 历史时期 | 增长率 |
|---|---|---|---|
| 1912～1920 年 | 13.4 | 1928～1936 年 | 8.4 |
| 1912～1936 年 | 9.5 | 1928～1942 年 | 6.7 |
| 1912～1942 年 | 8.4 | 1931～1936 年 | 9.3 |
| 1923～1936 年 | 8.7 | 1931～1942 年 | 6.7 |

资料来源：章长基（1987）

其他地区工业生产显著衰退，尤其是东南沿海和华中地区衰退明显。此时期内，东北重工业在日本的殖民经营下不断形成规模，如煤炭、钢铁、机械和军事工业等，华北地区发展了矿业和盐业，华中地区发展了轻工业。由表 4-2 可知，工业毛值从1912 年的 119.6 百万元增加到 1936 年的 1227.4 百万元；截至 1949 年，全国 70% 以上的工业集中于占国土面积不到 12% 的沿海地带，并且集中于上海、天津、青岛、广州、辽宁中南部及苏南少数城市，除武汉、重庆等沿江城市以外，广大内地几乎没有工业，中国工业产值大幅降至 1936 年的 50% 左右，资本在 1 万元以上的工矿企业达 1354 家。其中，轻纺工业集中在沿海港口城市和苏南地区，而重工业集中在东北地区尤其是辽中南地区。

**表 4-2　1912～1936 年工业产业值指数**

| 年份 | 工业毛值 | | 净加值 | |
|---|---|---|---|---|
| | 1933 年（百万元） | 指数（1933 年=100） | 1933 年（百万元） | 指数（1933 年=100） |
| 1912 | 119.6 | 11.9 | 58.0 | 15.7 |
| 1920 | 404.6 | 40.2 | 158.5 | 42.9 |
| 1922 | 348.9 | 34.7 | 144.1 | 39.0 |
| 1928 | 725.6 | 72.1 | 260.8 | 70.5 |
| 1933 | 1006.3 | 100.0 | 369.7 | 100.0 |
| 1936 | 1227.4 | 122.0 | 499.1 | 135.0 |

资料来源：章长基（1987）

总体来看，中华人民共和国成立之前的民族工业发展偏集于东南沿海地区。这促使沿海工业老城市的崛起，同时培育了部分内陆大城市的工业发展。

## 二、中华人民共和国成立初期

### 1. "156" 项目建设

中华人民共和国成立以后，工业基础薄弱，中国不仅在经济发展模式上借鉴苏联优先发展重工业的经验，同时接受苏联技术、资金及项目援助，走上了以重工业优先发展战略为导向的重工业城市建设道路。中国启动了大规模的工业建设，尤其是苏联援建 "156" 项目奠定了中国工业基本格局，成为多数老工业城市形成与发展的基础，从而奠定了当前中国老工业城市的主要格局。1953 年，中苏签订了《关于苏维埃社会主义共和国联盟政府援助中华人民共和国中央政府发展中国国民经济的协定》，规定苏联援助中国新建和改建 91 个工业项目，再加上 1950 年已确定的 50 个项目，总计 141 个项目，实际上正式施工的项目为 150 个。1949～1957 年国民经济恢复时期和"一五"期间，苏联援建中国 150 项工业建设项目，同时中国配套建设了上千个工业项目，这些项目主要集中在能源、冶金、机械、化学工业和国防工业等，主要是基础工业和国防工业。在这些骨干项目的带动下，中国工业快速发展，1949～1952 年工业总产值由 140 亿元增加到 343 亿元，同比增长 1.45 倍。据统计，"一五"时期，内地投资占全国总投资的 46.8%。这些项目的建成投产，形成了一系列新的工业部门，中国工业水平从中华人民共和国成立初期落后于发达国家近 1 个世纪，迅速提高到发达国家 20 世纪 40 年代的水平，促使中国形成了独立自主的工业体系雏形。苏联援建的"156"项目重点布局在 18 个省（自治区、直辖市）的 46 个城市或地级政区内，而布局最多的东北地区，布局有 58 个项目，分布在 16 个城市。由此可以看出，"156"项目建设对中国老工业城市的形成和发展具有基础性作用。在国家优先发展重工业和建设生产性工业城市的一系列政策推动下，迅速实现了由消费城市向生产城市的转变，许多行政中心城市发展成为多功能的综合性工业城市，经济发展重点始终放在能源、原材料、国防工业和重工业上，形成了一大批工业、矿业、工矿城市。苏联援建"156"项目、"二五"计划的重点布局城市及概况详见表 4-3 和表 4-4。

表 4-3　苏联援建"156"项目、"二五"时期的重点布局城市

| 省（自治区、直辖市） | "156"项目布局城市 | "二五"时期重点布局城市 |
|---|---|---|
| 北京 | 北京 | 北京 |
| 河北 | 石家庄、承德、邯郸 | 邯郸、承德 |
| 山西 | 大同、太原、临汾、长治 | 太原、朔州、运城 |
| 内蒙古 | 包头 | 包头 |
| 辽宁 | 沈阳、阜新、抚顺、大连、鞍山、本溪、葫芦岛 | 沈阳、抚顺、鞍山、葫芦岛 |
| 吉林 | 长春、吉林、辽源 | 通化、吉林 |
| 黑龙江 | 哈尔滨、鹤岗、鸡西、双鸭山、齐齐哈尔、佳木斯 | 大庆、齐齐哈尔 |
| 安徽 | 淮南 | |
| 江西 | 赣州、南昌 | 赣州 |
| 河南 | 焦作、平顶山、郑州、洛阳、三门峡 | 洛阳 |
| 湖北 | 武汉 | 武汉、黄石 |
| 湖南 | 株洲、湘潭 | 株洲、衡阳、娄底、岳阳、郴州 |
| 广东 | | 茂名、韶关 |
| 广西 | | 贺州、河池 |
| 四川 | 成都 | 西昌 |

| 省（自治区、直辖市） | "156" 项目布局城市 | "二五" 时期重点布局城市 |
|---|---|---|
| 重庆 | 重庆 | 重庆 |
| 云南 | 个旧、昆明、曲靖 | 昆明、曲靖、玉溪、思茅 |
| 贵州 | | 遵义、铜仁、毕节 |
| 青海 | | |
| 宁夏 | | |
| 甘肃 | 兰州、白银 | 兰州、酒泉、白银 |
| 陕西 | 铜川、西安、宝鸡 | |
| 新疆 | 乌鲁木齐 | 乌鲁木齐、克拉玛依 |

表 4-4　苏联援建 "156" 项目概况（单位：个）

| 行业类型 | 项目数量 | 主要布局位置 | 城市数量 |
|---|---|---|---|
| 煤炭 | 25 | 鹤岗、辽源、阜新、鸡西、潞南、焦作、大同、淮南、兴化、峰峰矿区、抚顺、双鸭山、铜川、平顶山 | 14 |
| 石油 | 2 | 兰州、抚顺 | 2 |
| 电力 | 25 | 阜新、抚顺、重庆、丰满、大连、太原、西安、郑州、齐齐哈尔、乌鲁木齐、吉林、太原、石家庄、户县、兰州、武汉、个旧、包头、佳木斯、株洲、成都、洛阳、陕县、北京 | 24 |
| 钢铁 | 7 | 鞍山、本溪、齐齐哈尔、吉林、武汉、包头、承德 | 7 |
| 有色金属 | 12 | 抚顺、哈尔滨、吉林、株洲、葫芦岛、个旧、赣南、赣州、白银、洛阳、东川、会泽 | |
| 化工 | 7 | 吉林、太原、太原、兰州 | 4 |
| 机械 | 24 | 哈尔滨、长春、沈阳、武汉、洛阳、兰州、西安、齐齐哈尔、湘潭 | 9 |
| 轻工 | 1 | 佳木斯 | 1 |
| 医药 | 2 | 石家庄、太原 | 2 |
| 军工航空 | 12 | 沈阳、西安、兴平、哈尔滨、宝鸡、南昌、株洲、沈阳、侯马 | 9 |
| 军工电子 | 10 | 成都、北京、宝鸡、太原、西安、洛南 | 6 |
| 军工兵器 | 16 | 太原、西安、包头、北京 | 4 |
| 军工航天 | 2 | 沈阳、北京 | 2 |
| 军工船舶 | 3 | 洛阳、兴平、葫芦岛 | 3 |

老工业城市调整改造的理论与实践

## 2. "二五" 建设

随后的 "二五" 时期内，中国又续建了以上项目。同时，"二五" 计划期间的 1958 ～ 1960 年为 "大跃进" 阶段，1961 ～ 1962 年为调整阶段，国家围绕电力、石油、钢铁、有色金属及化工等领域在全国一批城市建设了一些重大项目。电力工业重点布局在舒兰、沈阳、朔州、邯郸、娄底、重庆、遵义、昆明 8 座城市，石油工业布局在兰州、乌鲁木齐、克拉玛依、茂名、抚顺、大庆、葫芦岛 7 座城市，钢铁重点布局在鞍山、包头、武汉、酒泉、重庆、西昌、北京、娄底、衡阳、齐齐哈尔、大冶、太原、通化 13 座城市，有色金属中铜矿及冶炼主要布局在运城、白银、兰州、玉溪、大冶、洛阳等 8 座城市，化工工业主要布局在兰州、太原、武汉、包头、酒泉、抚顺、茂名 7 座城市。总体来看，"二五"时期的重大项目开始向更广的范围实施布局，仍是中国老工业城市形成的动力源。

## 3. "156" 项目与城市建设

苏联援建 "156" 项目对中华人民共和国城市建设具有直接促进作用，尤其是促进了省会城市和中等城市的发展。中华人民共和国成立初期，中国确定八大重点建设城市，核心驱动因素就是 "156" 项目重点工业项目布局，8 个重点城市的 "156" 项目数量和投资额占全部比例的 1/3 以上 "156" 项目在各省的分布见表 4-5。1953 年，中共中央发出《关于城市建设中几个问题的指示》，对工业建设比例较大的城市，应迅速组织力量，加强城市规划设计工作，根据国家 "一五" 计划对工业布局的初步意见，迅速拟定城市总体规划方案。随后，全国 150 多个城市先后编制了城市总体规划，国家建委正式审批了太原、兰州、西安、洛阳、包头等项目集中的 15 个城市总体（初步）规划及部分详细规划。工业化的区域指向决定了城市发展的区域分布。总体上，在重工业优先发展的战略下，特大城市、大城市得到优先发展甚至超前发展，中等城市发展最快，小城市发展却相当缓慢甚至出现相对衰退，这促使中国工业城市的类型结构、地域结构、职能结构发生了根本性的转变。

表 4-5 "156" 项目工程分布与建设投资状况

| 省（自治区、直辖市） | 正式施工 150 项工程建设 | | | 民用项目 | | | 军工项目 | | |
| --- | --- | --- | --- | --- | --- | --- | --- | --- | --- |
| | 项目数量（个） | 实际完成投资 | | 项目数量（个） | 实际完成投资 | | 项目数量（个） | 实际完成投资 | |
| | | 金额（万元） | 比例（%） | | 金额（万元） | 比例（%） | | 金额（万元） | 比例（%） |
| 辽宁 | 24 | 508 521 | 25.9 | 20 | 458 702 | 28.9 | 4 | 48 819 | 13.0 |
| 黑龙江 | 22 | 216 483 | 11.0 | 20 | 205 076 | 12.9 | 2 | 11 407 | 3.0 |
| 陕西 | 24 | 171 403 | 8.7 | 7 | 43 366 | 2.7 | 17 | 128 037 | 34.1 |
| 河南 | 10 | 159 704 | 8.1 | 9 | 155 367 | 9.8 | 1 | 4 337 | 1.2 |
| 内蒙古 | 5 | 159 003 | 8.1 | 3 | 103 535 | 6.5 | 2 | 55 468 | 14.8 |
| 湖北 | 3 | 154 805 | 7.9 | 3 | 154 805 | 9.8 | — | — | — |
| 吉林 | 10 | 145 510 | 7.4 | 10 | 145 510 | 9.2 | — | — | — |
| 甘肃 | 8 | 139 736 | 7.1 | 7 | 131 299 | 8.3 | 1 | 8 437 | 2.2 |
| 山西 | 15 | 131 880 | 6.7 | 7 | 57 231 | 3.6 | 8 | 74 649 | 19.9 |
| 云南 | 4 | 55 602 | 2.8 | 4 | 55 602 | 3.5 | — | — | — |
| 河北 | 5 | 28 264 | 1.4 | 5 | 28 264 | 1.8 | — | — | — |

| 省（自治区、直辖市） | 正式施工150项工程建设 | | | 民用项目 | | | 军工项目 | | |
|---|---|---|---|---|---|---|---|---|---|
| | 项目数量（个） | 实际完成投资 | | 项目数量（个） | 实际完成投资 | | 项目数量（个） | 实际完成投资 | |
| | | 金额（万元） | 比例（%） | | 金额（万元） | 比例（%） | | 金额（万元） | 比例（%） |
| 北京 | 4 | 25 194 | 1.3 | 1 | 9 380 | 0.6 | 3 | 15 814 | 4.2 |
| 江西 | 4 | 25 132 | 1.3 | 3 | 16 196 | 1.0 | 1 | 8 936 | 2.4 |
| 四川 | 6 | 22 082 | 1.1 | 2 | 8 594 | 0.5 | 4 | 13 488 | 3.6 |
| 湖南 | 4 | 14 255 | 0.7 | 3 | 8 362 | 0.5 | 1 | 5 893 | 1.6 |
| 新疆 | 1 | 3 275 | 0.2 | 1 | 3 275 | 0.2 | — | — | — |
| 安徽 | 1 | 1 486 | 0.1 | 1 | 1 486 | 0.1 | — | — | — |
| 合计 | 150 | 1961 335 | 100.0 | 106 | 1586 050 | 100.0 | 44 | 375 285 | 100.0 |

资料来源：董志凯和吴江（2004）

---

### 专栏 4-1　洛阳老工业城市的产生发展

洛阳是中国典型的老工业城市，其形成和发展与"156"项目的布局有直接的关联。"一五"计划期间，国家将计划安排的156项重点工程中的6项，包括第一拖拉机制造厂、洛阳轴承厂、洛阳铜加工厂、洛阳矿山机械厂、河南柴油机厂、热电厂（另加为其配套的洛阳水泥厂项目）放在了洛阳，总投资86 927万元，建起了以第一拖拉机厂为首的一批现代工业企业，并带动了一大批地方工业项目建设。1959年，洛阳拥有工业企业1082家，完成工业总产值6.5亿元。"二五"计划期间，国家又在洛阳安排了洛阳玻璃厂、耐火材料厂和棉纺厂3个重点工业项目，原牡丹江的机车工厂大部分迁至洛阳。这使洛阳形成了以机械装备工业和建材、纺织工业为主导的工业体系。同时，为了和这些重点工业项目配套，国家又投资组建了以洛阳拖拉机研究所为首的10余家部级科研单位，从而使洛阳的工业体系从科研到生产更为完备。"三五"、"四五"和"五五"计划期间，国家又在洛阳建设了当时规模最大的单晶硅厂和炼油厂。加上地方工业的迅速成长，洛阳逐步发展成为以机械装备、石油化工、建材及有色金属材料为支柱的重要工业基地。20世纪70年代末到80年代，随着"三线"企业搬迁，158厂、202厂、632厂、744厂等10余个"三线"企业进驻洛阳。截至1980年，洛阳共有工业企业1059家，职工人数28万人，完成工业产值24.9亿元。

## 三、"三线"建设时期

### 1."三线"建设

中国老工业城市的形成必须要关注一个特殊时期的工业建设，即"三线"建设，该时期的企业布局与建设推动了内陆老工业城市的形成与发展，得到了国家财力、物力和人力的支持，工业化进程得到迅速推进，详见表4-6。"三线"地区主要指甘肃乌鞘岭以东、京广铁路以西、山西雁门关以南、广东韶关以北的广大山区腹地。西南、西北地区的四川、贵州、云南和陕西、甘肃、宁夏、青海为"大三线"，各省（自治区、直辖市）自己靠近内地的腹地为"小三线"。"三线"建设始于1964年，是以战备为思想的大规模国防、科技、工业的建设时期，历经"三五"、"四五"和"五五"计划时期。"三线"建设促使许多沿海地区的工业企业搬迁到内陆地区，并新建布局了大量新工业项目。1964～1980年，国家共投入资金2052亿元，安排了1100个项目，包括大中型工矿企业、交通设施、科研院所和大专院校。"三线"建设促使内地工业产值占全国比例由1952年的32%提高到1978年的40%，"三线"地区的原煤产量由1964年的8367.2万吨增加到1975年的2.12亿吨，1980年"三线"地区的钢铁生产能力约占全国总量的27%，铝、钛、镍、钼、铅、锌、锡、单晶硅、铜、硬质合金10种有色金属产量占全国产量的一半以上，纯碱、烧碱生产能力占全国的1/5，硫酸占全国的1/3，化肥占全国的41%；水泥生产能力占全国的31%，平板玻璃占全国的27%。"三线"建设改善了中国工业布局，成为中西部工业化的助推器。

**表4-6    "三线"时期各工业行业重点建设项目**

| 工业行业 | 重点建设项目 |
|---|---|
| 交通 | 新建川黔、贵昆、成昆、湘黔、襄渝、阳安、焦枝、枝柳、太焦、青藏等铁路 |
| 能源工业 | 重点建成六盘水、渭北和宁夏石炭井煤炭基地，在豫西建设平顶山、焦作、鹤壁、义马、新密等矿区 |
| 电力工业 | 水电站重点建设湖北葛洲坝、丹江口、甘肃刘家峡、青海龙羊峡、四川乐山龚嘴、贵州遵义乌江渡、湖南沅陵凤滩等。火电重点建了平顶山姚孟电厂、西安秦岭发电站和山西朔州神头发电站。建了330千伏刘家峡—天水—关中输变电工程和500千伏平顶山—荆门—武汉输变电工程 |
| 石油工业 | 新建了中原、南阳、江汉、四川、青海、玉门、长庆、延长等石油天然气生产基地 |
| 钢铁工业 | 新建了攀枝花钢铁公司、水城钢厂、江油长城钢厂、西宁钢厂、西宁特殊钢厂、陕西钢厂、舞阳钢厂、重庆钢铁公司 |
| 有色金属工业 | 新建了贵州、郑州等氧化铝厂，新建了贵州、兰州、青铜峡、连城等电解铝厂和西北、西南等铝加工厂；新建了白银、大冶、云南等铜大型冶炼厂和西北、洛阳两个铜加工厂，新建白银和株洲冶炼厂，新建了宝鸡有色金属加工厂、宁夏有色金属冶炼厂、遵义钛厂、华山半导体材料厂和金川有色金属工业公司 |
| 化学工业 | 新建了西南合成药厂、四川长征制药厂、西北合成药厂、西北第二合成药厂、中南制药厂、湖北制药厂，在长沙、襄樊、开封、贵阳、遵义、昆明等新建油漆厂；在银川、贵阳建成轮胎工厂；在四川、云南、贵州、湖北、湖南、陕西、宁夏等省建设了8套合成氨装置，建设自贡晨光化工研究院和昆明三聚磷酸钠厂。建成株洲、白银、开封等大型硫酸厂，兰州大型硝酸厂，自贡、应城大型纯碱厂 |
| 建材工业 | 建设了峨眉、渡口、水城、湘乡、开源、光化、新化、贵州、荆门、大通、武山等水泥厂；株洲、洛阳、兰州、昆明、四川等玻璃厂 |
| 核工业 | 重点建设四川核工业基地 |
| 航空工业 | 在贵州、四川、陕西、湖北建立了飞机及零部件设计生产基地 |
| 航天工业 | 新建了贵州、四川、陕西、湖北航天工业基地和四川西昌卫星发射中心 |
| 兵器工业 | 重点建设重庆、豫西、鄂西和晋南兵器工业基地 |
| 电子工业 | 重点建设了贵阳、成都、绵阳、广元、重庆等电子工业基地 |
| 船舶工业 | 新建了以重庆为主的川东船舶基地，以宜昌为主的鄂西船舶基地，以昆明、曲靖为主的云南船舶基地 |
| 汽车制造 | 建设第二汽车制造厂、陕西汽车制造厂、四川汽车制造厂 |

| 工业行业 | 重点建设项目 |
|---|---|
| 机械制造 | 重点建设德阳第二重型机器厂、东方电站成套设备公司,贵阳磨料磨具生产基地,四川仪表总厂、甘肃光学仪器厂和贵阳新天精密光学仪器公司 |
| 纺织工业 | 棉纺织工业形成湘鄂、河南、关中、四川和山西五大基地,麻纺织工业形成湖南、湖北、河南、四川基地,毛纺织工业形成兰州、太原、武汉、重庆、西安、西宁等基地,丝绸纺织工业建成绵阳、遂宁、三台、盐亭、资中等丝绸厂。化学纤维工业在襄樊新建化纤厂,在岳阳建设棉纶厂 |

在"大分散,小集中"的布局原则下,"三线"建设总体上是"靠近资源和原材料,大体沿着铁路两侧和江河两岸布点",建成了八大新工业区:以成都、重庆为中心的成渝工业区;以攀枝花、六盘水、贵阳、昆明为中心的川黔滇工业区;以西安、咸阳、宝鸡为中心的关中工业区;以兰州、天水、金昌为中心的兰州—天水工业区;以武汉、大冶为中心的武汉—大冶工业区;以十堰、襄樊、宜昌、枝城为中心的鄂西工业区;以洛阳、平顶山、焦作为中心的豫西工业区;以长沙、株洲、湘潭为中心的湘中工业区(陈东林,2004)。

## 2. 老工业城市

根据"三线"项目布局,项目超过 10 项的城市共有 31 个,集中在西南的云南、贵州、四川和西北的陕西、甘肃、宁夏、青海等省(自治区、直辖市)及三西(湘西、鄂西和豫西)地区,详见表 4-7。1973 年,国家发文要重点建设贵阳、重庆、安顺、绵阳四个城市,成为"三线"建设的核心,详见表 4-8。"三线"建设对中西部工业城市发展起到了一定作用,一批工业城市在内陆应运而生,形成了几十个新兴工业城市,扭转了内地城市的落后状态。1964 ～ 1980 年,全国共新设城市 56 个,城市总数由 167 个增加到 223 个,增长 33.5%;其中,内地新设城市 29 个,占同期全国新设城市的 52%。重要的"三线"工业城市包括攀枝花、金昌、重庆、六盘水、德阳、宜昌、石嘴山、酒泉、十堰等。

表 4-7  "三线"项目的重点布局城市

| 省(自治区、直辖市) | "三线"项目 10 项以上城市 |
|---|---|
| 山西 | 太原、临汾 |
| 河南 | 平顶山、南阳 |
| 湖北 | 襄樊、宜昌、十堰 |
| 四川 | 成都、攀枝花、德阳、自贡、乐山、绵阳、泸州、广元 |
| 重庆 | 重庆 |
| 云南 | 昆明、曲靖 |
| 贵州 | 贵阳、六盘水、遵义、安顺 |
| 青海 | 西宁 |
| 宁夏 | 银川 |
| 甘肃 | 金昌、兰州、天水 |
| 陕西 | 西安、宝鸡、汉中、铜川 |

表 4-8　"三线"新建和扩建的主要城市功能分类

| 功能分类 | | 空间分布 |
|---|---|---|
| 重工业 | 军工 | 重庆、成都、绵阳、乐山、西昌、贵阳、遵义、安顺、都匀、凯里、西安、宝鸡、咸阳、汉中、天水、酒泉 |
| | 煤炭 | 六盘水、铜川、平顶山、焦作、鹤壁、石嘴山 |
| | 石油 | 玉门、南阳、南充 |
| | 冶金 | 重庆、成都、渡口、达县、贵阳、六盘水、昆明、个旧、东川、兰州、嘉峪关、酒泉、金昌、白银、太原、娄底、冷水江 |
| | 电力 | 三门峡、乐山、宜宾、六盘水、宜昌、太原、丹江口 |
| | 化工 | 重庆、成都、自贡、内江、泸州、宜宾、昆明、兰州、格尔木、太原 |
| | 机械电子 | 重庆；成都、德阳、绵阳、广元、乐山、西昌、自贡、内江、泸州、雅安、涪陵、万县、华蓥；贵阳、遵义、安顺、都匀、凯里；昆明、曲靖；西安、宝鸡、咸阳、汉中；兰州、天水；西宁；银川、吴忠；太原、侯马、榆次、临汾；洛阳；十堰、襄樊、荆门、怀化、洪江、常德、邵阳、吉首 |
| 轻工业 | 纺织 | 重庆、成都、达县、内江、遂宁、南充、西安、咸阳、沙市、临汾 |
| | 其他 | 乐山、绵阳、南充、宜宾、贵阳 |
| 重工业兼交通枢纽 | | 重庆、成都、贵阳、昆明、西安、宝鸡、兰州、格尔木、洛阳、焦作、怀化、太原 |

### 3. 四川老工业城市

在四川省，老工业城市在"三线"时期迅速壮大。十几年间，建立起了以攀枝花钢铁厂、德阳第二重型机器厂、东方电机厂、东方汽轮厂、东方锅炉厂为代表的300多个大中型企业，成为四川工业的主干，具备当时国家全部的 38 个重要工业部门。

在四川地区，"三线"项目主要"沿成渝、宝成、川黔、成昆等铁路干线两侧布点，一部分沿长江、嘉陵江、渠江两岸布点"。以重庆为中心的常规兵器工业基地，以攀枝花为中心的钢铁基地，以川南为主的盐化工和天然气化工生产基地，以及以成都、德阳、绵阳、广元为中心的电子、重型机械、发电设备制造工业基地的建设，为四川工业布局打下了坚实的基础。具体建设了 5 个工业区（陈东林，2004）。

川西工业区——主要由成都、绵阳、德阳、广元、乐山等城市组成，主导产业为航空、电子、机械、核工业等。

重庆工业区——主要覆盖重庆都市圈地区，主导产业为钢铁、造船、常规武器等工业部门。

自贡工业区——主要覆盖自贡地区，主导产业为盐化工。

川南工业区——主要覆盖内江、宜宾、泸州等四川南部城市，主导产业为煤炭、机械、天然气等。

攀西工业区——主要覆盖攀枝花、西昌等城市，主导产业为钢铁及有色金属工业。

# 第二节　主要贡献与历史地位

经过 100 多年尤其是近 60 多年的发展，老工业城市的发展取得了巨大成就，为中国的社会经济发展、科技进步乃至国防建设均做出了巨大贡献。

# 一、工业基础与工业体系

## 1. 中国工业体系

中华人民共和国成立之初，中国工业基础极端落后，不仅工业资本存量小，工业生产技术落后，工业结构也不合理。1949年，中国工业总产值为140亿元，工业产品中钢产量为15.8万吨，原油产量为12万吨，原煤产量为3200万吨，发电量为43亿千瓦时，水泥产量为66万吨。工业总产值中生产资料工业只占26.2%。薄弱的工业基础影响了中国的社会经济发展历程。

老工业城市拥有丰富的自然资源和矿产资源，依托这些资源和重大工业项目，中国在20世纪50年代初期确定了"优先发展重工业"的战略决策。老工业城市为中国建成独立的工业体系和国民经济做出了巨大贡献，促进了中国的工业化历程，奠定了中国工业的发展基础。围绕苏联援建"156"项目和"三线"建设项目，攸关国计民生的基础工业、代表工业化水平的重工业和捍卫国家利益的国防军事工业是发展重点，中国原本基础薄弱的钢铁、能源（火电和水电）、石油化工、有色金属、纺织、军工、机械加工、医药、航空航天、电子、原子能等工业发展迅速，形成了大量的龙头国有企业，工业迅速形成规模。在空间上，这些工业迅速扩大覆盖区域，涉及东北、华北、华东、中南、西南及西北地区。工业结构、工业体量、覆盖区域的迅速扩大，促使中国形成了独立完整的工业体系，并带动了国民经济体系的建设与全国经济的快速增长及社会事业的进步。

1953年，中国开始实施"一五"计划，确立了以重工业优先发展为主导的中国工业化发展的主要方向。"一五"期间，中国工业建设项目达1万多个，以"156"项工程为中心，均是国家工业化初步阶段所必需的行业部门与工业产品，主要分布在辽宁、黑龙江、陕西、山西、吉林、河南、内蒙古等省（自治区、直辖市），建立了中国社会主义工业化的初步基础，被誉为"中华人民共和国工业的奠基石"。一大批基础工业部门从无到有建立起来，建立了一系列新的工业部门，史无前例地形成了独立自主的工业体系雏形，构筑起中国工业的基本框架，中国工业化进程由起步阶段进入了初级阶段，为国家大发展奠定了基础。

1964～1980年，中国在13个省（自治区、直辖市）开展"三线"建设，重点在四川、陕西两省，历经三个五年计划，安排几千个建设项目，推动大规模国防、科技、工业和交通基础设施建设。这次建设成为中国中西部地区工业化的重要助推器。

1952年第一台蒸汽机车研制成功，1955年第一辆拖拉机制造成功，1956年第一辆解放牌汽车开始生产，1958年第一台黑白电视机研制成功，1962年第一台1.2万吨水压机研制成功，1964年第一颗原子弹爆炸成功。"一五"时期，中国工业总产值年均增长18.4%，其中，原煤产量增长98.5%，原油、发电量、钢、机床产量增长1～3倍，工业企业百元资金实现利税由1952年的25.4元增加到1957年的34.6元，工业比例由

1952 年的 43.1% 提高到 1957 年的 56.7%。

## 2. 核心工业基地

中华人民共和国成立初期尤其是苏联援建"156"项目的工业布局，多是学习苏联的工业化模式，采用地域综合体的空间组织模式。依托大型工业项目和龙头企业，中国积极建设了配套工业项目，形成了集聚水平较高的工业基地。这些城市集中了全国的人力、物力、财力，组织实施集中建设和生产，建立了大批工业基地，包括石油生产基地、石化基地、煤炭基地、木材基地、钢铁基地、有色金属冶炼基地、建材基地等一大批综合性或专业化产业基地，建设了鞍山、本溪、攀枝花、六盘水、齐齐哈尔、大庆、十堰等一大批重要的工业城市。这些工业基地以重化工业为主要特色。

经过建设，东北地区成为中国最大的钢铁工业基地、石油化学工业基地和机械工业基地，在国家实施振兴东北地区战略前期，原油产量占全国同类产品总量的 2/5、木材提供量占 1/2、商品粮占 1/3、电站成套设备占 1/3、乙烯产量占 1/4、造船产量占 1/3、汽车产量占 1/4。长春一汽轿车产量占全国总量的 22.1%、载重汽车占全国总量的 50%，形成了"解放"、"红旗"和"越野"三个汽车产品系列；吉林市集中了吉林化学工业公司、吉林染料厂、吉林化肥厂和吉林电石厂等"156"项目，形成了中国第一个大型化学工业基地。哈尔滨成为"中国动力之乡"，形成了以锅炉、汽轮机、电机三大动力厂为特色的工业区，齐齐哈尔富拉尔基建成了生产特殊钢与重型机械的工业区。四川是核工业的重点基地，在新型战略核武器研制、核潜艇反应堆研究设计、核电站建设、受控核聚变研究事业等方面为国家做出了突出贡献。大庆油田是世界上原油产量达到或超过 5000 万吨的少数几个特大型油田之一，为中国提供了近 1/2 的原油。

# 二、基础原材料输出

## 1. 原材料产品

老工业城市的主导产业多为原材料产业与基础性产业，主要是各产业链的上游产品，成为其他产业发展的所需原材料和燃料，为国内其他城市的工业发展提供原材料与设备设施。在长期的发展过程中，老工业城市凭借人才、设备和技术等优势，为全国各地提供了大量的原材料产品，保障了其他地区的工业建设，为国家经济建设做出了巨大贡献。

老工业城市的主要产品为汽车制造、石油化工、能源工业、煤炭工业、冶金工业、矿山设备、机床等重化工业产品及钢材、水泥、有色金属半成品等原材料，提供了大量的机械、能源、资源、装备和原材料等物质产品，成为全国原油、木材、煤炭、钢铁、多种重型装备等的供应基地。改革开放之前，老工业城市主要采用计划调拨的方式，以非常低的价格将产品运往全国各地，至今东北三省每年仍有大量的平价工业品调出。

辽宁在调出的原材料中，最多的是生铁、钢材和铜、铝、铅、锌等；1952 ～ 1988 年，净调出生铁 6113 万吨，调出铜、铝、铅、锌四种有色金属 383 万吨；净调出钢材 7949

万吨，占全省总产量的 52.9%；1981 ~ 1988 年石油加工业净调出产品产值 269.9 亿元，1952 ~ 1988 年净调出纯碱 1178 万吨（占其产量的 2/3）、烧碱 165 万吨，净调出水泥 5508 万吨。1953 ~ 1987 年，黑龙江共调出煤炭 3.06 亿吨、木材 2.69 亿立方米、原油 7.25 亿吨、粮食 6475 万吨、发电设备 2398 万千瓦及大量的冶金设备、矿山设备、机床、货车、钢材、铝材、轴承、仪表、工具等重工业产品，糖、纸、乳、麻等轻纺工业品和羊毛、油料、烤烟等农副产品。大兴安岭林区自 1964 年开发建设以来，累计为国家提供商品木材 1.2 亿立方米。

大庆、白山、辽源、太原、长治、九江、铜陵、马鞍山、安庆、安阳等老工业城市，为国家的经济建设源源不断地提供钢铁、有色金属、石油、石化、煤炭、水泥及其他基本化工材料等原材料。沈阳、长春、西安等老工业城市为中国提供了电缆、变压器、汽车、矿山设备、航空、船舶等大量物资和装备。九江石化企业投产以来，累计加工原油 6400 万吨，生产聚丙烯 107 万吨，生产尿素 580 万吨。截至 2009 年，洛阳累计为国家建设生产各类拖拉机 200 多万台、各种工程机械 4 万多台、各种系列柴油机 94.6 万台、各种矿山机械 101.2 万台、各种轴承 13.4 亿套、平板剥离 2.1 亿重箱。大同累计为全国输送优质动力煤 25 亿多吨，为全国 70% 的玻璃厂提供煤炭；阳泉累计为全国提供 10 亿吨无烟煤和为京津唐电网提供近 1000 亿度电，提供耐火材料 2000 万吨。老工业城市肩负了支援全国经济建设的重任，有力保障了全国的正常生产和人民生活。

## 2. 军工产品

国防军工是老工业城市的重要产业类型，也是一个国家的基础性工业，许多军工企业成为各地的龙头企业，但因中国统计，国防军工产业无法在数据统计中得到体现。20 世纪 50 年代以来，老工业城市生产了大批军工产品与国防设施设备、武器弹药，为中国的国防安全提供了有力的保障。在苏联援建 "156" 项目布局和 "三线" 建设时期，重要的出发点便是国防安全，"156" 项目中有 44 项为军工项目，为中国生产了大批军工产品，并在越南战争、朝鲜战争中得以应用，为国家的国防安全提供了有力的保障。"三线" 建设中建成了一批核工业、航空航天、船舶、兵器、军事电子工业生产基地，服务于国家 "备战、备荒" 的战略需求，"两弹一星"、核潜艇等重大军工产品陆续产生。

---

**专栏 4-2　国防工业**

国防工业，亦称 "军事工业"，指直接为国防建设服务，并直接为军队研制、生产武器装备及部分给养的工业生产部门，是国防经济的核心。产品主要有武器装备、国防运输工具、侦察手段、军事通信联络和指挥系统装备及军用给养工业产品等。典型特点是耗资巨大、系统复杂、保密性强，技术 "高精尖"。18 世纪末出现生产枪炮、弹药的工厂，19 世纪末至 20 世纪初，军事工业作为一个工业门类出现在各国工业体系中。中华人民共和国建立以前，中国仅有一些生产轻武器和弹药的小型工厂。中华人民共和国成立以后，逐步建立了门类比较齐全，具有一定的教学、科研、试制和生产能力的国防工业体系。2014 年 8 月，美国国防新闻网站发布新版全球军工百强企业，位列前十位的企业是美国洛克希德·马丁空间系统公司、美国波音公司、英国 BAE 系统公司、美国雷神公司、美国诺思罗普·格鲁曼公司、美国通用动力公司、欧洲空中客车集团、美国联合技术公司、法国泰勒斯公司、意大利芬梅卡尼卡集团。1997 年，国务院裁撤转制几十个部委，前后改制为 10 个特大型国有军工集团。中国军工集团主要有中国核工业建设集团有限公司、中国航天科技集团有限公司、中国电子科技集团有限公司、中国航空工业第一集团公司、中国航空工业第二集团公司、中国船舶工业集团有限公司、中国船舶重工集团有限公司、中国兵器工业集团有限公司、中国兵器装备集团有限公司、中国核工业集团有限公司。

## 三、企业管理与人才培养

老工业城市作为中国工业化的主体部分，不仅在物质方面对中国建设与发展做出了巨大贡献，在非物质领域也贡献颇丰，其工业化建设与企业管理及经营，为建立和改进中国工业企业管理制度提供了宝贵经验，为我国培养、输送了大批人才。

### 1. 企业管理制度

老工业城市是因大型工业企业布局而产生发展的，企业建设与管理一直是老工业城市的核心主题。20 世纪 50 年代，因其特殊的历史条件与发展背景，老工业城市是中国实行计划经济最早、最为彻底的区域，这些大型工业企业需要建立适应社会生产力发展和社会主义制度的企业管理制度，为中国贡献了当时最为有效的计划经济体制。这些城市往往拥有掌握着当时最先进知识的企业经营管理队伍，在工业企业尤其是国有大型企业管理模式与企业制度创建方面，探索出了大量的模式，为中国工业企业管理制度提供了宝贵的经验。

这些老工业城市积极探索建立适应社会生产力发展和社会主义制度的企业管理制度，探索出了企业管理的一整套办法，实行了简政放权、扩权让利、厂长负责制、"鞍钢宪法"和承包租赁制等一些建立和完善国有工业企业管理制度的尝试。1951 年，中央财经委员会召开的全国工业会议决定：在国有工业企业的生产行政管理工作实行厂长负责制，但同管理民主化结合起来，探索出了"五三工厂模式"。1960 年，鞍山创造了工人群众、领导干部和技术员三结合的"两参一改三结合"制度，并创造了"鞍钢宪法"，在全国大中型企业学习推广。大庆还探索出了"大庆经验"。许多企业制度在中国企业管理体制的建设中起了积极的作用，适应于大规模的工业建设，在提高劳动者的素质和积极性方面，即使在今天仍有其独特的、不可替代的作用。

### 专栏 4-3 "鞍钢宪法"与大庆经验

"鞍钢宪法"——是鞍山钢铁集团有限公司于 20 世纪 60 年代初总结出来的一套企业管理基本经验。1960 年 3 月 11 日，中国共产党鞍山市委员会向党中央作了《关于工业战线上的技术革新和技术革命运动开展情况的报告》，毛泽东在 3 月 22 日对该报告的批示中，高度评价了鞍钢的经验，提出了管理社会主义企业的原则，即开展技术革命，大搞群众运动，实行"两参一改三结合"，坚持政治挂帅，实行党委领导下的厂长负责制，实行民主管理，建立党委领导下的职工代表大会制度，实行"干部参加劳动，工人参加管理"，改革不合理的规章制度，工人群众、领导干部和技术员三结合。1961 年制定"工业七十条"，正式确认该管理制度，把这些原则称为"鞍钢宪法"，与苏联的"马钢宪法"（指以马格尼托哥尔斯克冶金联合工厂经验为代表的苏联一长制管理方法）相对立。在全国范围内推广"鞍钢宪法"模式。

"大庆经验"——是大庆油田创造的一套建设和管理企业的经验。"大庆经验"的基本内容是：从油田的实际出发，认真学习和运用毛泽东思想，在实际斗争中培育出来的"大庆精神"；发愤图强，自力更生，以实际行动为中国人民争气的爱国主义精神和民族自豪感；在困难面前，无所畏惧、勇挑重担、靠自己双手艰苦创业的革命精神；在生产建设中一丝不苟、认真负责、讲究科学、"三老四严"、踏踏实实做好本职工作的求实精神；胸怀全局、忘我劳动、为国家分担困难、不计较个人得失的献身精神。1964 年，党中央对全国工业战线提出"工业学大庆"的号召，号召工人阶级发扬"大庆精神"。

## 2. 人才培养与输出

老工业城市拥有优质的科研队伍与技术队伍，掌握着当时的企业经营管理队伍及专业素质较好的产业大军。老工业城市在生产过程中，为国家培养了大量高素质的人才，包括科技研发人员、企业管理人才与产业技能型工人，输往全国各地，有力地支援了其他地区的经济建设与工业化进程。

从企业来看，许多大型国有企业成为全国产业人才培养的"母机"。齐齐哈尔富拉尔基热电厂建成后，先后为全国 20 多个高温高压电厂培训了运行和管理人才，为国家输送了大批高温高压电厂的技术干部和管理干部。大庆油田从 1963 年开始，向全国其他油田陆续输送干部、工程技术人员和工人 8.6 万多人，为支援全国石油工业的发展做出了突出贡献。吉林化学工业公司作为中国最早的化学工业基地，仅 20 世纪 50 ~ 80 年代，就为同类企业、大专院校及一些国家培养和输送了 5.63 万余名管理干部、工程技术人员。长春第一汽车制造厂抽出 4000 多人支援二汽的建设，并为第二汽车制造厂培训了大量特殊工种的工人，1965 ~ 1970 年，长春一汽承担了二汽总装、车箱、底盘零件、铸造、锻造、车架、车身、车轮、车桥、发动机等专业厂和热处理电镀系统的设计任务及大部分工艺设备的设备制造任务，到 1985 年一汽向全国各地输送了 1.8 万多名干部和生产技术骨干。洛阳老企业对外支援和输出业务骨干达 5.3 万人。

由表 4-9 可知，1957 年以来，鞍山钢铁集团为各地钢铁企业支援了大量的人才，支援企业包括酒泉钢铁（集团）有限公司、包头钢铁（集团）有限责任公司、太原钢铁（集团）有限公司、武汉钢铁集团、马鞍山钢铁建设集团有限公司、凌源钢厂、石家庄钢铁集团、宝山钢铁股份有限公司、本溪北台钢厂、湘潭钢铁集团有限公司、唐山钢铁集团有限责任公司等同类企业，以及常州机械厂、三九公司、辽阳铁合金厂、冀东设计院、盘锦化肥炼油厂、辽阳化纤厂、青海三六厂、吉林九一四厂、陕西华山电车厂等企业。

**表 4-9 鞍钢支援三线和各地中小型企业技术骨干情况**

| 支援三线和各地中小型技术骨干 | 时期 | 外援职工人数（名） | 其中 | |
|---|---|---|---|---|
| | | | 技术干部（名） | 技术工人（名） |
| 支援酒钢，支援中小型企业干部228人，工人193人 | 1957 年 | 1 736 | 877 | 859 |
| 包钢、太钢、武钢重点企业干部2870人，工人4920人 | 1958 年 | 9 683 | 4 390 | 5 293 |
| 石钢、马钢、酒钢重点企业干部326人，工人3893人 | 1959 年 | 5 720 | 870 | 4 850 |
| 青海、宁夏重点企业干部339人，工人1776人 | 1960 年 | 3 756 | 1 151 | 2 605 |
| 包钢、白银、武钢 | 1965 年 | 14 349 | 1 800 | 12 549 |
| 水城2522人，其中，干部362人，工人2106人，随调职工54人；渡口6799人，其中，干部1253人，工人5426人，随调双职工120人；马鞍山103人，常州机械厂88人，三九公司52人，青海三六厂36人，湘钢41人，凌源钢铁90人，吉林九一四厂52人，陕西华山电车厂19人，长城钢厂16人 | 1966～1970 年 | 10 218 | 2 009 | 8 005 人；随调双职工204 人 |
| 本溪北台钢厂668人，辽阳铁合金厂134人，盘锦化肥炼油厂132人，武钢冷轧厂17人 | 1971～1974 年 | 1958 | 269 | 1688；随调双职工1 人 |
| 辽阳化纤厂360人，其中，干部45人，工人315人，鞍山钢材改制厂62人 | 1975～1976 年 | 492 | 115 | 377 |
| 冀东设计院168人，济南31人，河南4人，马鞍山7人，省计划委员会6人，北京4人 | 1977 年 | 220 | 220 | |
| 辽阳铁合金厂250人，唐山钢厂107人 | 1978 年 | 357 | | 357 |
| 宝山钢铁总厂 | 1979～1985 年 | 377 | 278 | |
| | 1957～1985 年 | 48 866 | 11 979 | 36 887 |

从城市来看，沈阳通过大规模的工业基地建设，培养造就了大批技术工人、专业技术人员和管理人才。1950～1958 年，沈阳共向全国各地输送工人、工程技术人员及企业管理干部等七万余人，其中，工程技术人员达 3000 余人，数字超过了沈阳在解放初期所拥有的全部职工和技术人员的总和。此外，还为全国其他省（自治区、直辖市）代培了几万名技术工人及几千名技术人员。调出了五万多名建筑安装技术工人，支援新工业地区的建设，并把大量的技术资料和经验提供给各地。从地区来看，东北三省为全国各地培养和输送了数十万名技术和管理人才。

## 四、财力建设与财富积累

老工业城市是当时中国经济发展的主要集聚地区和社会财富创造的主要源地，在全国的社会经济发展中占有重要地位。老工业城市通过工业发展，上缴了大量的利润和税收,一度成为计划经济时代中国税收的主要来源,有力支撑了中央、省级和地盟市的财政收入与财力建设。尤其是,众多大型、特大型工业企业的利润的大部分甚至全部上缴国家,每年老工业城市向国家上缴利税额相当巨大,许多企业上缴的利税和上缴中央财政远远超过了国家的初始投资,有些企业超过国家初始投资的数10倍以上。

（1）东北地区

以老工业城市最为集中的东北三省为代表。东北地区的工业税收一直高于全国平均水平,即使在20世纪80年代及以后相当长的一段时期,税收仍远高于东北沿海地区。黑龙江仅"一五"计划期间,向国家上缴的利润就等于国家为其工业投资的3倍多,有力地支持了国家的经济建设。1950～1952年,吉林上缴国家5.69亿元,上缴额占全省总收入的75.5%,1951年吉林财政实现了收支平衡,因此成为中华人民共和国成立以来最早实现财政收支平衡并略有结余的省（自治区、直辖市）;"一五"时期,吉林上缴中央财政16.55亿元,占全省总收入的60.1%。1953～1988年,辽宁的工业企业为国家提供的利润和税金,相当于国家投资的4倍多;1949～1985年,抚顺共向中央上缴111.33亿元,是国家给予投资的近3倍;1948～1958年,沈阳工业所创造的利润和税金,超过国家同期基本建设投资总额将近一倍。

（2）东北企业

从企业来看,许多大型的国有企业成为地方、省市乃至国家的重要税收来源。其中,大庆油田每年为中国提供原油产量的1/2,是全国上缴利税最多的一个企业,1960～1987年,财政上缴819亿元,相当于同期国家对油田投资的21倍。1951～1985年,长春第一汽车制造厂向国家上缴利税和折旧费61.6亿元,相当于建厂投资额的10倍。辽宁阜新海州煤矿自建设起的50多种上缴利税33.45亿元,是投资的10多倍。

（3）其他地区

从其他地区来看,老工业城市同样为国家财税的积累做出了贡献。其中,九江的126个老工业企业对国家财力贡献累计达62.12亿元。截至2005年,芜湖上缴安徽和中央财政315亿元,安庆上缴300亿元,是国家对企业投资的25倍。河南主要工业骨干企业,50多年来累计上缴利税520多亿元;郑州国棉三厂建厂50年来,上缴利税相当于国家投资建厂时的40倍;平顶山平煤集团自建矿以来上缴利税是初始投资的30倍;开封空分集团有限公司建厂至今累计上缴利税是国家总投资的14倍。老工业城市上缴的大量税收,为国家实现财政经济状况的根本好转做出了贡献。

# 五、区域发展与城市建设

## 1. 区域发展

任何区域差异的存在都是长期的发展过程与历史积累的结果,老工业城市的布局、建设与发展改变了各地区的产业基础、资源利用模式及发展规模,改变了区际关系,对培育中西部的经济增长点和减轻东中西部的区域差距具有重大影响。苏联援建"156"

项目布局和"三线"建设均推动了区域均衡发展，实现这种均衡发展而缩小区域差距的空间载体便是老工业城市和大中型国有企业。

（1）重点建设项目

"一五"时期，全国进行以苏联援建"156"项目为中心的工业基本建设，经济建设重点已从沿海地区转移到内陆地区。经过"一五"时期的工业建设，半殖民地半封建中国留下来的工业集中于沿海地区而内地工业很少发展的畸形状态有了一定程度的改变，在沿海地区和内地地区工业均有发展的条件下，工业得到了比较合理的分布。

（2）"三线"建设

"三线"建设是中国工业史上一次大规模的工业迁移过程。在"三线"建设之前，中国工业和国防工业多数分布在东北和华北一带。"三线"建设逐步改变了中国生产力布局，推动经济布局由东向西转移，建设重点集中在西南地区和西北地区。"三线"地区形成"大三线"和"小三线"的区别，前者是中央政府认定建设的，后者是由各省认定建设的。"大三线"地区覆盖四川、贵州、云南、陕西、甘肃、宁夏及青海等地区，"小三线"地区覆盖河北的沿太行山麓地区、辽宁的凌源、吉林的辉南、黑龙江的阿城和尚志、江苏的盱眙、浙江的云和和龙泉、江西的万载和安福、河南的济源、山东的沂源、安徽的六安、福建的三明、湖北的襄阳、湖南的娄底、广东的连江、广西的河池、甘肃的平凉、新疆的和静等地区，而上海的"小三线"地区分布在安徽的皖南地区，详见表4-10。"小三线"地区或是一个省的区域，或是一个地级行政区，甚至是一个县。

表 4-10  中国"三线"地区的覆盖范围

| 类型 | 覆盖范围 | | |
|---|---|---|---|
| "大三线" | 四川、贵州、云南和陕西、甘肃、宁夏、青海 | | |
| "小三线" | 河北、河南、湖南、湖北、广西、广东部分地区 | | |
| 省（自治区、直辖市） | "三线"地区 | 省（自治区、直辖市） | "三线"地区 |
| 河北 | 沿太行山麓 | 山东 | 沂源 |
| 省（自治区、直辖市） | "三线"地区 | 省（自治区、直辖市） | "三线"地区 |
| 辽宁 | 凌源 | 安徽 | 六安 |
| 吉林 | 辉南 | 福建 | 三明 |
| 黑龙江 | 阿城、尚志 | 湖北 | 襄阳 |
| 上海 | 皖南 | 湖南 | 娄底 |
| 江苏 | 盱眙 | 广东 | 连江 |
| 浙江 | 云和、龙泉 | 广西 | 河池 |
| 江西 | 万载、安福 | 甘肃 | 平凉 |
| 河南 | 济源 | 新疆 | 和静 |

1964～1980年，国家在属于"三线"地区的13个省（自治区、直辖市）投入了占同期全国基本建设总投资的40%多，建起了1100多个大中型工矿企业、科研单位和

大专院校，加快了交通、能源等基础设施建设。全国有 380 多个项目、14.5 万人、3.8 万台设备从沿海地区迁到"三线"地区，尤其是贵阳、重庆、安顺和绵阳 4 个城市是全国"三线"建设的核心。四川的成都主要接收轻工业与电子工业，绵阳、广元重点接收核工业与电子工业，重庆为常规兵器制造基地。贵州的贵阳主要接收光电工业，安顺主要接收飞机工业。1984 年开始，"三线"地区进入调整阶段，一些企业走出大山、山洞，陆续迁往邻近的中小城市，如咸阳、宝鸡、荆州、襄阳、汉中、广元、德阳、绵阳、天水，技术密集型企业和军工科技企业则迁往成都、重庆、西安和兰州等大城市。综合来看，"三线"建设为中西部地区工业化做出了极大贡献，尤其是促进了豫西、鄂西北、黔北、川南地区的社会经济发展。

### 2. 城市建设

工业化与城市化往往是相伴发展的两个社会经济过程，两者之间存在相互促进、互为驱动的关系。老工业城市建设与工业生产是典型的工业化过程，工业化建设促使一些地方从穷乡僻壤转变为重要的工业城市，启动了人口与社会的城市化过程，带动了一批新兴城市的迅速发展，促进了中国尤其是中西部地区的城市化进程。

"一五"时期乃至之后一段时期的大规模、有计划的重点工业化建设，带动了中国第一次城市建设高潮，涌现出一批工业城市，奠定了中国工业城市发展的基础。老工业城市的城市化水平一般都高于周边地区或邻近地区，城市发展质量与市民福利水平远高于其他地区。在"156"项目布局最集中的东北地区，工业城市最多，形成了沈阳、大连、鞍山、本溪、抚顺、吉林、长春、哈尔滨、齐齐哈尔、大庆等工业城市，1987年全国的非农业人口占 19.8%，而黑龙江达到 41.4%，是当时中国城市化水平最高的省份。

因"三线"建设而新兴的工业城市较多。其中，煤矿城市有 6 个，石油工业城市有 3 个，冶金工业城市有 17 个，电力工业城市有 7 个，化学工业城市有 10 个。

表 4-11 老工业城市的形成依赖概况

| 省（自治区、直辖市） | 老工业城市 | 依托企业 | 企业建立时间 | 城市设立时间 |
| --- | --- | --- | --- | --- |
| 黑龙江 | 大庆 | 大庆油田 | 1959 年 9 月 25 日 | 1979 年 12 月 |
| 河南 | 平顶山 | 平顶山煤矿 | 1953～1954 年 | 1968 年 3 月 |
| 湖北 | 十堰 | 东风汽车 | 1969 年 | 1969 年 12 月 |
| 湖南 | 娄底 | 涟源钢铁、锡矿山铁矿 | 1958 年 | 1960 年 2 月 |
| 四川 | 攀枝花 | 攀枝花钢铁 | 1965 年 3 月 | 1965 年 |
| 贵州 | 六盘水 | 六枝、盘县、水城煤矿 | 1965 年 11 月 | 1978 年 12 月 |
| 甘肃 | 嘉峪关 | 酒泉钢铁 | 1958 年 | 1965 年 |
| | 金昌 | 金川有色金属 | 1961 年 | 1981 年 |

在其他地区，因工业化推动而新兴的城市数量比较多，尤其是甘肃、湖北等地区，如河南的平顶山，湖北的十堰，湖南的娄底，四川的攀枝花，贵州的六盘水，甘肃的

嘉峪关、金昌等。这些城市均成为各地区的中心城市，对引领各地区的经济建设与社会发展具有重大作用（表4-11）。

因工业化发展而带动的城镇建设，促使中国城市建设与管理及规划等领域，摸索出了大量的经验，取得了许多成功的模式。因此，也带动了中国城市规划工作的开展。

# 第五章

# 老工业城市发展评价

发展特征是描述老工业城市的基本表象与途径。老工业城市是离散性的城市集群，这有别于区域研究的一般性规律。离散性特征决定了老工业城市缺少空间规律，具备或形成了脱离空间的众多特性。需要基于不同的视角，对老工业城市的发展或特性进行综合抽象，忽略相互之间的差异，形成共有的特征与一般性特征。这是老工业城市区别于其他类型城市的基本差异，也是对老工业城市的基本科学认知。

问题与矛盾是相互关联的两个概念，虽有所差异但存在叠合。老工业城市存在许多的缺陷或短处，并演进形成问题，而矛盾反映了老工业基地发展基础、环境条件与发展要求之间的冲突关系。老工业城市的"老"字突出了其问题性与矛盾性，系统梳理问题并剖析各类矛盾是分析老工业城市的必需过程。只有明确了问题与矛盾所在，才能更加针对性地设计老工业城市调整改造的总体思路与有效路径。

本章主要是系统分析中国老工业城市的一般性发展特征与存在问题。从地域和人口覆盖范围、经济发展与空间分异、产业结构与产业基地、产业技术与人才、城镇建设与社会事业等角度，全面分析目前中国老工业城市的发展现状，总结其基本特征。然后，从经济发展与财力、经济结构与矿产资源、城市更新与企业社区、资源利用与生态环境、社会与民生事业、老工业区等方面，深入解析老工业城市发展所面临的各类主要问题，揭示其可持续发展的突出矛盾，为后文的调整改造思路与路径设计提供参考。

老工业城市调整改造的理论与实践

## 第一节　发展现状与基本特征

前文所识别的老工业城市包括省会城市、计划单列市和地市老工业城市。由于行政区划的空间锁定效应，省会城市和计划单列市尤其是前者往往成为一个省（自治区、直辖市）主要社会经济资源的集中城市，并成为各类发展政策优先关注和受惠的城市。在未来，省会城市的资源集聚趋势依然存在，尤其是在中西部地区，集聚效应将进一步得到强化。本书的目的是在识别老工业城市的基础上，力图进一步识别发展存在问题的、需要推动调整改造的老工业城市。有鉴于此，后文研究将以地市级老工业城市为主要分析对象。

# 一、覆盖范围

## 1. 地域分布范围

老工业城市的分布总体上呈现离散状分布，这种分布格局是全国工业化推动路径与各省工业化推动路径的共同作用结果。老工业城市分散分布在中国的29个省（自治区、直辖市）市，除了西藏和海南未分布有老工业城市外，其他所有省级行政区均分布有老工业城市（这里不包含港澳台地区）。如果剔除省会城市，中国则有84个地市级老工业城市，分布在20个省（自治区、直辖市）。

老工业城市有着较为广阔的国土覆盖面积，影响范围大，其可持续发展对中国的社会经济发展和国土经济安全有着战略意义。由表5-1可知，根据统计，2016年，全国116个老工业城市覆盖了167.06万平方千米的国土，约占全国土地面积的17.40%。如果剔除省会城市和计划单列市，地市级老工业城市覆盖了118.4万平方千米的国土，占全国土地面积的12.33%。

表 5-1　中国老工业城市覆盖国土面积比例（单位：%）

| 省（自治区、直辖市） | 全部 | 地市级 | 省（自治区、直辖市） | 全部 | 地市级 | 省（自治区、直辖市） | 全部 | 地市级 |
|---|---|---|---|---|---|---|---|---|
| 全国 | 17.40 | 12.33 | 江苏 | 33.70 | 27.56 | 广西 | 17.20 | 7.83 |
| 北京 | 100.00 | | 浙江 | 25.10 | | 重庆 | 100.00 | |
| 天津 | 100.00 | | 安徽 | 29.10 | 20.88 | 四川 | 18.90 | 16.36 |
| 河北 | 72.70 | 65.81 | 福建 | 10.20 | | 贵州 | 32.90 | 28.35 |
| 山西 | 29.40 | 24.90 | 江西 | 28.00 | 23.59 | 云南 | 4.80 | |
| 内蒙古 | 3.90 | 2.42 | 山东 | 31.60 | 19.32 | 陕西 | 33.80 | 28.90 |
| 辽宁 | 77.40 | 60.20 | 河南 | 53.00 | 48.54 | 甘肃 | 14.90 | 11.70 |
| 吉林 | 36.10 | 25.36 | 湖北 | 61.00 | 56.37 | 青海 | 1.10 | |
| 黑龙江 | 54.80 | 43.09 | 湖南 | 31.30 | 25.75 | 宁夏 | 17.40 | |
| 上海 | 100.00 | | 广东 | 20.70 | 16.60 | 新疆 | 1.30 | 0.46 |

在各省（自治区、直辖市），老工业城市的国土覆盖呈现出不同的情况，部分省区有着较高的覆盖面积和比率，成为典型省域性质的老工业基地，在部分省（自治区、直辖市）由于历史上的工业积累较为薄弱，老工业城市国土覆盖则呈现孤立式的分布。其中，北京、天津、上海、重庆四个直辖市实现了全覆盖，这主要受行政级别的影响。辽宁、河北的老工业城市覆盖比例超过了70%，湖北超过了60%，黑龙江、河南超过了50%，吉林、江苏、山东、湖南、贵州、陕西均超过了30%，安徽、江西、广东、浙江超过了20%，四川、广西、甘肃、宁夏超过了10%，其他省（自治区、直辖市）的覆盖比例很低。如果剔除省会城市和计划单列市，河北和辽宁的老工业城市覆盖国土比例最高，分别为65.81%和60.20%；湖北也很高，达到56.37%。黑龙江和

河南的覆盖比例次之，分别为43.09%和48.54%。湖南、吉林、山西、江苏、安徽、江西、贵州和陕西的覆盖比例均介于20%～30%；甘肃、山东、广东、四川均介于10%～20%；内蒙古、广西和新疆的覆盖比例较小。

### 2. 空间分布特征

老工业城市虽然是从地级城市中筛选的离散型节点，但如果将其落到空间上，其也存在一些空间规律：分布覆盖广泛，但布局相对连续集中。

1）老工业城市的空间分布与自然环境存在一定的关联性。一类老工业城市分布在东北平原和黄淮海地区，与农业生产、人口分布有着较好的耦合性；另一类老工业城市分布在山地地区，主要包括岭南山区、黄土高原、云贵高原、武陵山及秦巴山区，这类老工业城市与国防战备、矿产资源禀赋有着较高的关联性。

2）老工业城市主要分散分布在内陆地区，在沿海地区的分布较少，仅有34个，不足30%，尤其是长江三角洲和珠江三角洲较少。而中西部的内陆省（自治区、直辖市）集中了82个老工业城市。这种格局的形成与中国当时的国防战备思想相关。

3）老工业城市主要分布在长江以北地区，大约有75个，约占2/3，长江以南地区很少且多分布在长江干流及支流沿岸地区，约占1/3。长期以来，中国北方地区偏重化工业且重化工业往往体量大，而南方城市偏轻工业，上述分析结论符合这种中国南北经济结构。

4）从区域来看，老工业城市形成明显的集聚区，大致集中在"奴鲁尔虎山—长城—黄河—伏牛山—大巴山、武陵山—长江"一线所圈定的区域内，该线范围内集中了2/3的老工业城市。

### 3. 人口覆盖范围

老工业城市涉及众多的人口，覆盖人口体量大。由表5-2可知，根据统计，2016年全国116个老工业城市涉及5.95亿人，约占全国人口的43.73%。人口覆盖比例远高于国土覆盖比例。如果剔除省会城市和计划单列市，地级老工业城市覆盖全国3.45亿人，占全国人口总量的25.34%，即1/4左右。

表5-2 中国老工业城市在各省的人口覆盖比例（单位：%）

| 省（自治区、直辖市） | 全部 | 地市级 | 省（自治区、直辖市） | 全部 | 地市级 |
|---|---|---|---|---|---|
| 全国 | 43.73 | 25.34 | 山东 | 30.03 | 15.55 |
| 北京 | 63.61 | | 河南 | 62.67 | 54.06 |
| 天津 | 69.75 | | 湖北 | 67.28 | 52.98 |
| 河北 | 66.65 | 52.62 | 湖南 | 47.59 | 37.42 |
| 山西 | 34.34 | 24.22 | 广东 | 18.51 | 10.49 |
| 内蒙古 | 18.52 | 8.96 | 广西 | 23.77 | 8.09 |
| 辽宁 | 81.74 | 51.58 | 重庆 | 113.53 | |
| 吉林 | 55.32 | 27.92 | 四川 | 46.46 | 31.31 |

| 省（自治区、直辖市） | 全部 | 地市级 | 省（自治区、直辖市） | 全部 | 地市级 |
|---|---|---|---|---|---|
| 黑龙江 | 70.94 | 45.87 | 贵州 | 51.83 | 40.64 |
| 上海 | 59.75 | | 云南 | 11.85 | |
| 江苏 | 40.32 | 32.09 | 陕西 | 58.36 | 36.69 |
| 浙江 | 23.83 | | 甘肃 | 36.24 | 23.77 |
| 安徽 | 37.70 | 25.80 | 青海 | 34.82 | |
| 福建 | 17.97 | | 宁夏 | 27.40 | |
| 江西 | 32.75 | 21.24 | 新疆 | 13.11 | 1.32 |

从各省来看，首先，北京、天津、上海、重庆四个直辖市实现人口的全覆盖。辽宁的人口覆盖比例较高，达到 81.74%，黑龙江达到 70.94%；其次，河北、河南、湖北的覆盖比例均超过 60%，吉林、陕西和贵州分别超过 50%。再次，江苏、湖南、四川均超过 40%，山西、安徽、江西、甘肃、山东、青海均超过 30%。最后，宁夏、浙江和广西的覆盖比例均超过 20%，新疆、内蒙古、广东、福建和云南均超过 10%。从地级老工业城市来看，辽宁、河南、湖北、河北的人口覆盖比例仍然较高，均超过50%；黑龙江和贵州均超过 40%，江苏、陕西、四川、湖南均超过 30%。

## 二、经济发展与空间分异

### 1. 经济地位

作为中国工业化的起点地区，老工业城市因中国重要的基础性工业产品和能源资源供应地而兴起，在不同历史时期内曾是中国的发达地区和经济优势地区。虽然在过去 30 多年的时间内有不同的发展变化，老工业城市仍然是中国社会经济的重要载体。老工业城市经济体量大，有着相当的规模和布局体系，占有中国经济和工业体系的重要部分，许多产业仍是国民经济的支柱产业，对中国的社会经济发展有着举足轻重的战略意义。2016 年，116 个老工业城市的 GDP 总量为 42.33 万亿元，约占全国 GDP 总量的 61.75%，工业总产值总量为 59.79 万亿元，占全国工业总产值总量的 66.15%，均拥有较高的比例。这表明老工业城市对维系国家经济安全具有战略意义，无论发展趋势如何，这些城市始终在中国工业体系中发挥基础性作用，尤其是在国防战备时期或其他特殊时期，始终具有维系中国经济体系稳定并确保全国经济社会系统正常运转的功能。

老工业城市拥有各省级政区或地级政区的重要经济实体。在部分省（自治区、直辖市），部分老工业城市成为区域性经济中心或所属省（自治区、直辖市）的经济中心，如十堰、天水和攀枝花。由表 5-3 可知，北京、天津、上海、重庆等的 GDP 比例达到 100%，辽宁、黑龙江、湖北的 GDP 比例超过 80%；江苏、河北、吉林、河南、湖南、四川、贵州、陕西的 GDP 比例介于 60%～70%；安徽、甘肃、宁夏的 GDP 比例介于 50%～60%，山西、浙江、山东、青海的 GDP 比例介于 40%～50%。内蒙古、江西、广西、新疆的 GDP 比例均介于 30%～40%，福建、广东、云南的 GDP 比例均低于 30%。从地级城市来看，由于省会城市的剔除，所占比例均大幅下降；其中，河北、黑龙江的 GDP 比例较高，均超过 50%，辽宁、河南、江苏、湖北的 GDP 比例均介于 40%～50%，贵州、安徽、湖南的 GDP 比例介于 30%～40%，山西、吉林、内蒙古、山东、四川、陕西、甘肃的 GDP 比例介于 20%～30%，广西和江西的 GDP 比例介于 10%～20%，广东和新疆的 GDP 比例均低于 10%。

表 5-3　2015 年老工业城市 GDP 规模占各省（自治区、直辖市）比例（单位：%）

| 所在省(自治区、直辖市) | 116 个老工业城市 | 84 个老工业城市 | 所在省（自治区、直辖市） | 116 个老工业城市 | 84 个老工业城市 |
|---|---|---|---|---|---|
| 北京 | 100.00 | — | 河南 | 65.06 | 45.30 |
| 天津 | 100.00 | — | 湖北 | 83.37 | 46.47 |
| 河北 | 68.48 | 50.23 | 湖南 | 66.87 | 37.43 |
| 山西 | 43.44 | 22.01 | 广东 | 29.80 | 4.94 |
| 内蒙古 | 38.20 | 20.87 | 广西 | 33.97 | 13.68 |
| 辽宁 | 94.45 | 42.12 | 重庆 | 100.00 | — |
| 吉林 | 68.63 | 29.31 | 四川 | 64.67 | 28.73 |
| 黑龙江 | 88.44 | 50.31 | 贵州 | 65.56 | 38.04 |
| 上海 | 100.00 | — | 云南 | 29.14 | — |
| 江苏 | 61.81 | 47.94 | 陕西 | 61.78 | 29.59 |
| 浙江 | 42.10 | — | 甘肃 | 51.52 | 20.66 |
| 安徽 | 57.77 | 32.05 | 青海 | 46.82 | — |
| 福建 | 21.62 | — | 宁夏 | 51.30 | — |
| 江西 | 35.72 | 11.80 | 新疆 | 34.97 | 6.75 |
| 山东 | 44.68 | 20.24 | | | |

## 2. 经济分异

在经济规模或体量上，老工业城市内部呈现出明显的结构分异。2015 年，116 个老工业城市占全国 GDP 总量的比例为 61.75%。从各城市来看，上海、北京占全国 GDP 总量的比例较高，均高于 3 个百分点，分别达到 3.66% 和 3.36%；广州、天津、重庆、苏州 4 个城市的 GDP 比例均超过 2%，上述城市合计占 16.48%。武汉、成都、杭州、南京等 11 个城市的 GDP 比例介于 1%～2%，合计占 14.31%。唐山、济南和西安等 18 个城市的 GDP 比例介于 0.5%～1%，合计占 12.83%。宜昌、襄阳、邯郸等 41 个城市的 GDP 比例介于 0.2%～0.5%，合计占 12.9%。其他 40 个城市的 GDP 比例均低于 0.2%，合计占 5.23%。

工业经济的分布呈现类似的特征。2015 年 116 个城市的工业总产值约占全国工业总产值的 66.15%。从具体城市来看，上海、苏州和天津的工业总产值比例较高，均高于 3%，分别达到 3.47%、3.35% 和 3.12%，重庆和广州的工业产值比例分别达到 2.37%

和 2.07%，北京、青岛、无锡、宁波、郑州等 19 个城市的工业总产值比例均介于 1% ～ 2%。上述城市占全国工业总产值的比例较高，合计占 40.23%，是中国工业经济的主要集聚地区。长春、福州、大连、洛阳、襄阳等 13 个城市的工业总产值比例较高，均介于 0.5% ～ 1%，合计占 8.64%。柳州、南阳、保定、新乡等 44 个城市的工业总产值比例均介于 0.2% ～ 0.5%，合计占 13.48%。其他 35 个城市的工业总产值比例比较低，合计占 3.8%。

### 3. 发展路径

根据历史发展过程及各时期的主要特征，老工业城市的产生具有类似的成因，并形成了类似的发展路径。老工业城市的发展始于民国时期，但主要形成于中华人民共和国成立以来的经济建设时期。这些城市形成了两条发展路径：资源开采和计划产业布局。

发展路径 I：依托本地矿产资源的开采而逐步发展并形成以资源型产业为特色的产业基地。资源开采包括煤炭、铁、铜、铝土等矿产资源和森木资源。许多城市的矿产采选业经历了上百年甚至更长时间的历史积累，如唐山、淮南等。

发展路径 II：依托中华人民共和国成立初期的苏联援建"156"项目与"三线"建设而发展起来的产业基地，东北老工业基地的发展与"156"项目密切不可分，而西南和西北地区及"三西"地区（湘西、鄂西和豫西）的老工业基地则与"三线"建设直接相关，并促使一批内陆工业城市快速发展。

## 三、产业结构与产业基地

### 1. 工业结构

经过各历史阶段的发展与积累，中国老工业城市逐步形成了一定的工业结构。从轻重工业结构来看，老工业城市呈现出明显的重化工业的特征。如图 5-1 所示，2015 年按地级行政区统计，84 个地级老工业城市的重化工业比例达到 63.68%，超出全国平均水平（56.36%）7.32 个百分点，即使合计省会城市和计划单列市后，116 个城市的重化工业比例仍达到 61.63%，比全国平均水平高出 5.27 个百分点。从具体城市来看，重化工业比例超过全国平均水平的城市有 76 个，城市数量比例为 65.5%，接近 2/3，其中，地级城市有 67 个，占地级城市数量的 79.8%。

在长期的历史发展过程中，围绕"156"项目、"三线"建设和资源开发，老工业城市工业发展迅速，培育了一批大型龙头企业，大致形成了以资源开发、冶金（包括钢铁和有色金属冶炼）、能源电力、机械加工、装备制造、纺织、医药、电子信息、化工、建材、食品加工为主体的工业体系，侧重于基础工业和国防工业，尤其是钢铁、重大装备制造、石化等原材料型产业在全国占重要地位（图 5-2）。除了少数老工业城市外，多数老工业城市的产业结构呈现出明显的重型特征，以重化工业和基础原材料产业为主。不能否认的是，省会城市和计划单列市由于资源的集中性而形成了更综合的工业结构特征，但多数地级城市的工业结构符合上述特征。

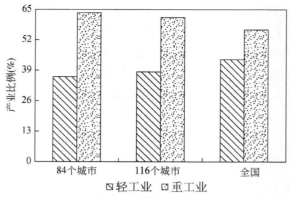

图 5-1　中国老工业城市与全国轻重工业比较

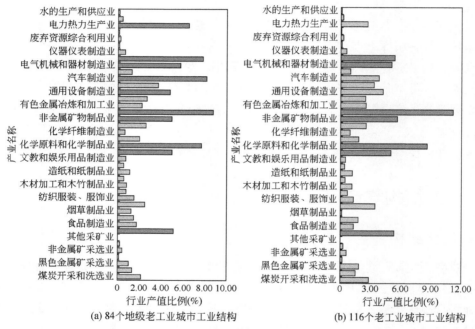

(a) 84个地级老工业城市工业结构　　(b) 116个老工业城市工业结构

图 5-2　老工业城市工业结构

老工业城市调整改造的理论与实践

## 专栏 5-1　基础工业的概念与范围

在工业体系中，工业形成了不同影响和作用的生产部门或行业类型。基础工业（basic industry）是生产基本生产资料的工业部门的总称，是重工业的重要组成部分。基础工业的多数产品或产成品主要服务于重工业发展，为制造工业和生产消费资料部门提供服务，是发展工业特别是发展重工业的物质技术基础。基础工业一般包括煤炭、石油、电力等能源工业、冶金工业、基本化学工业及部分工业部门，主要是提供能源动力、基本工业原料、生产设备（如机床）的生产部门。基础工业具有占用资金多、建设周期长等特点。一个国家在推动工业化时，往往将基础工业部门的发展与建设置于优先或超前的地位。

由表5-4可知，从84个地级老工业城市来看，黑色金属冶炼和压延加工业比例最高，达到12.085%，化学原料和化学制品业占9.307%，非金属矿物制品业占6.090%。其次，计算机和其他通信设备制造业，农副食品加工业，电气机械和器材制造业，以及石油加工、炼焦业均介于5%～6%，通用设备制造业、汽车制造业均介于4%～5%。纺织业、专用设备制造业、煤炭开采和洗选业3个行业均介于3%～4%，电力、热力生产和供应业，橡胶和塑料制品业，有色金属冶炼和压延加工业，金属制品业均介于2%～3%，黑色金属矿采选业，医药制造业，酒、饮料和精制茶制造业，石油和天然气开采业，食品制造业，纺织服装、服饰业，造纸和纸制品业，木材加工和木、竹、藤、棕、草制品业，铁路、船舶、航空航天和其他运输设备制造业，化学纤维制造业均介于1%～2%，其他产业均低于1%。

**表5-4　中国老工业城市工业结构**（单位：%）

| 产业名称 | 84个地级老工业城市 | 116个老工业城市 | 产业名称 | 84个地级老工业城市 | 116个老工业城市 |
|---|---|---|---|---|---|
| 煤炭开采和洗选业 | 3.068 | 2.169 | 化学纤维制造业 | 1.016 | 0.678 |
| 石油和天然气开采业 | 1.648 | 1.339 | 橡胶和塑料制品业 | 2.743 | 2.596 |
| 黑色金属矿采选业 | 1.998 | 1.036 | 非金属矿物制品业 | 6.090 | 4.977 |
| 有色金属矿采选业 | 0.238 | 0.130 | 黑色金属冶炼和压延加工业 | 12.085 | 8.755 |
| 非金属矿采选业 | 0.655 | 0.429 | 有色金属冶炼和压延加工业 | 2.730 | 2.222 |
| 开采辅助活动 | 0.307 | 0.213 | 金属制品业 | 2.671 | 2.685 |
| 农副食品加工业 | 5.777 | 5.119 | 通用设备制造业 | 4.543 | 4.791 |
| 食品制造业 | 1.411 | 1.758 | 专用设备制造业 | 3.583 | 3.705 |
| 酒、饮料和精制茶制造业 | 1.916 | 1.489 | 汽车制造业 | 4.111 | 8.159 |
| 烟草制品业 | 0.144 | 1.257 | 铁路、船舶、航空航天和其他运输设备制造业 | 1.049 | 1.300 |
| 纺织业 | 3.724 | 2.504 | 电气机械和器材制造业 | 5.474 | 5.744 |
| 纺织服装、服饰业 | 1.388 | 1.516 | 计算机、通信和其他电子设备制造业 | 5.802 | 7.826 |
| 皮革、毛皮、羽毛及其制品和制鞋业 | 0.756 | 0.777 | 仪器仪表制造业 | 0.631 | 0.689 |
| 木材加工和木、竹、藤、棕、草制品业 | 1.247 | 0.823 | 其他制造业 | 0.120 | 0.126 |
| 家具制造业 | 0.491 | 0.590 | 废弃资源综合利用业 | 0.300 | 0.257 |
| 造纸和纸制品业 | 1.283 | 1.120 | 金属制品、机械和设备修理业 | 0.066 | 0.113 |
| 印刷和记录媒介复制业 | 0.440 | 0.577 | 电力、热力生产和供应业 | 2.895 | 6.514 |
| 文教、工美、体育和娱乐用品制造业 | 0.545 | 0.754 | 燃气生产和供应业 | 0.279 | 0.440 |
| 石油加工、炼焦业 | 5.414 | 4.980 | 水的生产和供应业 | 0.099 | 0.148 |
| 化学原料和化学制品业 | 9.307 | 7.688 | 医药制造业 | 1.950 | 2.004 |

　　与全国的工业结构相比，老工业城市工业结构更加"偏重化"特征。由表5-4可知，在84个老工业城市中，工业产值比例高于全国平均水平0.5个百分点的行业，除纺织

业和农副产品加工业之外，均为重化工业；工业产值比例低于全国平均水平 0.5 个百分点的产业，以轻工业为主。其中，黑色金属冶炼和压延加工业高出全国平均水平 4.7 个百分点，化学原料和化学制品业，石油加工、炼焦业，黑色金属矿采选业均高出全国平均水平 1 个百分点之多，非金属矿物制品业、石油和天然气开采业均高出全国平均水平 0.5 个百分点之多，纺织业、煤炭开采和洗选业均高出 0.09 个百分点之多。而与全国相比，比例较低的行业大致分为两类（表 5-5）：一类是高端的装备制造业，其中，计算机、通信和其他电子设备制造业低于全国平均水平 2.13 个百分点，汽车制造业低 1.78 个百分点，电气机械和器材制造业低 0.81 个百分点，电力、热力生产和供应业低 2.45 个百分点；另一类是轻工业，包括农副食品加工业，皮革、毛皮、羽毛及其制品和制鞋业，纺织服装、服饰业，烟草制品业，文教、工美、体育和娱乐用品制造业均少于 1 个百分点。

表 5-5　老工业城市各产业比例与全国比例的差异（单位：%）

| 产业名称 | 84 个地级老工业城市 | 116 个老工业城市 | 产业名称 | 84 个地级老工业城市 | 116 个老工业城市 |
| --- | --- | --- | --- | --- | --- |
| 黑色金属冶炼和压延加工业 | 4.71 | 1.38 | 农副食品加工业 | -0.31 | -0.97 |
| 化学原料和化学制品业 | 1.83 | 0.21 | 皮革、毛皮、羽毛及其制品和制鞋业 | -0.51 | -0.49 |
| 石油加工、炼焦业 | 1.31 | 0.88 | 纺织服装、服饰业 | -0.58 | -0.45 |
| 黑色金属矿采选业 | 1.04 | 0.08 | 烟草制品业 | -0.71 | 0.40 |
| 非金属矿物制品业 | 0.76 | -0.35 | 文教、工美、体育和娱乐用品制造业 | -0.75 | -0.54 |
| 石油和天然气开采业 | 0.51 | 0.20 | 电气机械和器材制造业 | -0.81 | -0.54 |
| 纺织业 | 0.15 | -1.07 | 汽车制造业 | -1.78 | 2.26 |
| 煤炭开采和洗选业 | 0.09 | -0.81 | 计算机、通信和其他电子设备制造业 | -2.13 | -0.11 |
|  |  |  | 电力、热力生产和供应业 | -2.45 | 1.17 |

注：表中所示老工业城市该行业比例与全国该行业比例的差额大于 0.5% 或小于 -0.5% 的产业

## 2. 产业基地

经过中华人民共和国成立以来至"三线"建设的各历史阶段，依托一些大型工业企业，形成了冶金、装备制造、化工、建材、电子信息、纺织、食品等优势产业，成为中国重要的工业生产基地。若干工业部门都具有相当大的规模，在全国占有重要的比例，在行业内具有一定的影响力，有些产业已经成为区域性乃至全国的龙头行业，形成特色明显、专业化竞争优势突出的产业基地。但这种地位与 20 世纪 80 年代之前相比，已经大为削弱。

从 116 个老工业城市来看，烟草制品占全国同行业的比例最高，达到 83.4%，汽车制造业占 78.3%，如图 5-3 和表 5-6 所示。金属制品设备修理业，电力、热力生产和供应业，石油加工、炼焦业，黑色金属冶炼和压延加工业，石油和天然气开采业，专用设备制造业，燃气生产和供应业，通用设备制造业，黑色金属矿采选业，铁路、船舶、航空航天和其他运输设备制造业占全国同行业的比例均介于 60% ~ 70%。化学原料和化学制品业，水的生产和供应业，计算机、通信和其他电子设备制造业，食品制造业，医药制造业，金属制品业，酒、饮料和精制茶制造业，化学纤维制造业，印刷和记录媒介复制业，非金属矿物制品业，仪器仪表制造业，橡胶和塑料制品业，电气机械和器材制造业产业比例均介于50%～60%。家具制造业，造纸和纸制品业，农副食品加工业，非金属矿采选业，有色金属冶炼和压延加工业，纺织服装、服饰业，煤炭开采和洗选业产业比例均介于40%～50%。纺织业，木材加工和木、竹、藤、棕、草制品业、其他制造业、皮革、毛皮、羽毛及其制品和制鞋业、文教、工美、体育和娱乐用品制造业产业比例均介于30%～40%。

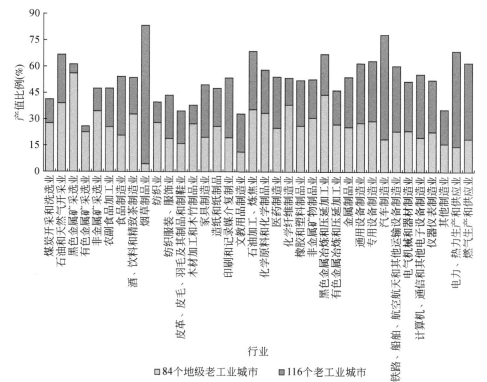

图 5-3　老工业城市各行业占全国同类行业产值比例

**表 5-6　中国老工业城市各行业占全国同类行业的比例**（单位：%）

| 产业名称 | 84个地级老工业城市 | 116个老工业城市 | 产业名称 | 84个地级老工业城市 | 116个老工业城市 |
|---|---|---|---|---|---|
| 烟草制品业 | 4.55 | 83.40 | 印刷和记录媒介复制业 | 19.41 | 53.63 |
| 开采专业及辅助性活动 | 55.42 | 80.92 | 非金属矿物制品业 | 30.75 | 52.86 |
| 汽车制造业 | 18.77 | 78.34 | 仪器仪表制造业 | 22.84 | 52.43 |
| 金属制品设备修理业 | 19.24 | 69.47 | 橡胶和塑料制品业 | 26.27 | 52.30 |
| 电力、热力生产和供应业 | 14.58 | 68.99 | 电气机械和器材制造业 | 23.45 | 51.76 |
| 石油加工、炼焦业 | 35.54 | 68.76 | 家具制造业 | 19.66 | 49.66 |
| 黑色金属冶炼和压延加工业 | 44.07 | 67.15 | 造纸和纸制品业 | 25.95 | 47.66 |
| 石油和天然气开采业 | 39.00 | 66.64 | 农副食品加工业 | 25.52 | 47.56 |
| 专用设备制造业 | 29.13 | 63.36 | 非金属矿采选业 | 34.51 | 47.50 |

| 产业名称 | 84 个地级老工业城市 | 116 个老工业城市 | 产业名称 | 84 个地级老工业城市 | 116 个老工业城市 |
|---|---|---|---|---|---|
| 燃气生产和供应业 | 18.80 | 62.30 | 有色金属冶炼和压延加工业 | 27.22 | 46.60 |
| 通用设备制造业 | 27.94 | 61.96 | 纺织服装、服饰业 | 19.02 | 43.68 |
| 黑色金属矿采选业 | 56.08 | 61.17 | 废弃资源综合利用业 | 23.54 | 42.41 |
| 铁路、船舶、航空航天和其他运输设备制造业 | 23.21 | 60.48 | 煤炭开采和洗选业 | 27.71 | 41.20 |
| 化学原料和化学制品业 | 33.51 | 58.22 | 纺织业 | 28.07 | 39.69 |
| 水的生产和供应业 | 17.92 | 56.07 | 木材加工和木、竹、藤、棕、草制品业 | 27.34 | 37.95 |
| 计算机、通信和其他电子设备制造业 | 19.68 | 55.83 | 其他制造业 | 16.01 | 35.51 |
| 食品制造业 | 20.72 | 54.32 | 其他采矿业 | 32.10 | 34.82 |
| 医药制造业 | 25.08 | 54.22 | 皮革、毛皮、羽毛及其制品和制鞋业 | 16.04 | 34.68 |
| 金属制品业 | 25.62 | 54.16 | 文教、工美、体育和娱乐用品制造业 | 11.35 | 33.05 |
| 酒、饮料和精茶制造业 | 32.83 | 53.66 | 有色金属矿采选业 | 22.47 | 25.93 |
| 化学纤维制造业 | 38.21 | 53.63 | | | |

从地级城市来看，84 个地级老工业城市的黑色金属矿采选业占全国总量的 56.08%，在全国的铁矿石采选等矿产资源开采中具有支配性的作用，这主要受矿产资源禀赋的影响。黑色金属冶炼和压延加工业比例为 44.07%。老工业城市集中了全国 66.64% 的石油和天然气开采业，地级城市比例达到 39.00%。化学纤维制造业比例达到 38.21%，石油加工、炼焦业占 35.54%，非金属矿采选业，化学原料和化学制品业，酒、饮料和精茶制造业，非金属矿物制品业等产业比例均高于 30%。专用设备制造业、纺织业、通用设备制造业、煤炭开采和洗选业、木材加工和木、竹、藤、棕、草制品业、有色金属冶炼和压延加工业、橡胶和塑料制品业、造纸和纸制品业、金属制品业、农副食品加工业、医药制造业、电气机械和器材制造业、铁路、船舶、航空航天和其他运输设备制造业、仪器仪表制造业、有色金属矿采选业、食品制造业产值比例均介于 20% ~ 30%。其他产业的比例均低于 20%。

## 3. 龙头企业

经过"一五"、"二五"和"三线"时期的建设，中国先后在老工业城市布局了一些大型的工业企业，引领全国行业发展。凭借核心技术，这些企业的发展规模日益壮大，成为各地区冶炼加工、装备制造业、能源电力、纺织轻工和高新技术产业的龙头企业，并在经济区范围内甚至全国各行业内具有引领作用，如洛阳的中国一拖集团有限公司、攀枝花的攀钢集团有限公司、十堰的东风汽车集团有限公司等企业（表 5-7）。其中，中国一拖集团有限公司已成为以农业装备、工程机械、动力机械、汽车和零部件制造为主要业务的装备制造企业集团，大功率轮式拖拉机、履带式拖拉机、非道路用中缸径柴油机、农村工程机械等产品市场占有率国内第一；压路机、中小功率轮式拖拉机等产品，市场占有率居国内前三。

**表 5-7    中国地级老工业城市的龙头企业**

| 城市 | 龙头企业 | 城市 | 龙头企业 | 城市 | 龙头企业 |
|---|---|---|---|---|---|
| 大同 | 大同煤矿集团有限责任公司、中车大同电力机车有限公司 | 包头 | 包头钢铁（集团）有限责任公司 | 通化 | 通化钢铁集团股份有限公司 |
| 阳泉 | 阳泉煤业（集团）有限责任公司 | 十堰 | 东风汽车集团有限公司 | 鞍山 | 鞍山钢铁集团有限公司 |
| 临汾 | 太钢集团临汾钢铁有限公司 | 娄底 | 涟源钢铁集团有限公司、冷水江钢铁有限公司 | 荆门 | 中国石油化工股份有限公司荆门分公司 |
| 吉林 | 中国石油吉林石化公司、一汽吉林汽车有限公司 | 柳州 | 广西柳州钢铁集团有限公司、上汽通用五菱汽车股份有限公司、东风柳州汽车有限公司 | 攀枝花 | 攀钢集团有限公司 |
| 齐齐哈尔 | 中国一重集团有限公司、中车齐齐哈尔车辆有限公司、北满特殊钢有限责任公司 | 咸阳 | 陕西柴油机重工有限公司、西安市秦岭电器厂 | 嘉峪关 | 酒泉钢铁（集团）有限公司 |
| 大庆 | 大庆油田 | 湘潭 | 江南机器（集团）有限公司、湘电集团有限公司 | 岳阳 | 中国石化长岭炼油化工有限责任公司 |
| 洛阳 | 中国一拖集团有限公司、洛阳轴承有限公司、洛阳玻璃股份有限公司 | 绵阳 | 长虹电子控股集团有限公司、四川九洲电器集团有限责任公司、攀钢集团江油长城特殊钢有限公司 | 德阳 | 中国第二重型机械集团公司、东方电机集团东方电机有限公司、东方电气集团东方汽轮机有限公司 |
| 平顶山 | 舞阳钢铁有限责任公司、平顶山煤业集团有限公司 | 宝鸡 | 长岭机器厂、宝鸡石油机械有限责任公司、秦川机床集团有限公司、陕西汽车控股集团有限公司 | 安庆 | 中国石油化工股份有限公司安庆分公司 |
| 淮南 | 淮南矿业集团公司 | 韶关 | 韶关钢铁集团 | 株洲 | 中车株洲电力机车有限公司 |
| 遵义 | 贵州茅台酒股份有限公司 | 六盘水 | 六枝工矿集团有限责任公司、首钢水城钢铁集团有限责任公司、盘江煤电集团有限责任公司 | 茂名 | 中国石油化工股份有限公司茂名分公司 |
| 嘉峪关 | 酒泉钢铁（集团）有限责任公司 | 白银 | 白银有色集团股份有限公司 | 金昌 | 金川集团股份有限公司 |
| 新乡 | 新飞电器集团股份有限公司、白鹭化纤 | 克拉玛依 | 中国石油克拉玛依石化公司 | 马鞍山 | 马鞍山钢铁集团有限公司 |

龙头企业的布局和建设，带动了一批民用企业和地方企业的发展，并围绕核心企业，逐步形成了一定水平的产业链和产业联系网络，甚至形成了地域综合体的空间组织模式明显。龙头企业与本地企业的复杂产业链关系，促使这些龙头企业成为各城市独特的产业优势和战略资源乃至形象品牌资源。这些龙头企业的发展对稳定全国行业市场秩序有着重要作用，同时在未来特殊时期将继续发挥维系国家经济安全的产业基地作用。

老工业城市的发展过程表明：老工业城市产业嵌入式特征明显，或具有政府主导的植入式工业发展模式。这种由国家主导的企业布局和产业发展，导致产业结构形成了"孤岛效应"，依托于"三线"企业而形成产业结构的老工业城市和以国防军工企业为主的老工业城市尤为明显，如襄阳的老河口。老工业基地的形成背景和发展轨迹在很大程度上为今后部分城市在从计划经济体制向市场经济体制转轨过程中出现困难甚至陷入困境埋下了隐忧。

### 4. 优势产品

这些龙头企业塑造了一批具有竞争力的优势产品，成为中国工业品牌的象征。在部分行业内，老工业城市具有相当高的技术水平，围绕这些核心技术，开发了一些核心的、技术起点高的工业产品，形成了具有国内或区域优势的新产品，在国内外具有较强的市场竞争力。这些产品填补了国内、省内空白，有的甚至替代进口。金昌是中国最大的镍钴生产基地及铂族金属提炼中心。安顺和遵义的航天制造业，南阳的防爆电机、PS 版和金刚石，汉中的电解锌和镍、宝鸡的钛材产量等产业在全国和行业内均具有领先地位。攀钢集团有限公司是中国唯一能生产在线全长淬火钢轨和最早大批量生产高速铁路用轨的企业，其重轨产品在国内市场处于领先地位，市场占有率超过 1/3，具备与国际先进企业竞争的实力；汽车大梁板、热轧酸洗板、冷轧镀锌板等产品在国内市场具有较强的竞争力，并出口到欧美等市场；其钒制品已占国内市场份额的 80% 以上，占国际市场的 15% 左右；其产品遍销国内各省（自治区、直辖市），并出口东南亚、欧洲、北美等 20 多个国家和地区。

## 四、产业技术与人才

### 1. 产业技术研发平台

20 世纪 50 年代以来中国大型工业企业布局与"三线"建设时期科研机构的内迁，促使中国老工业城市拥有较强的工业技术优势，拥有较为雄厚的科技实力和丰富的人力资源。部分城市已经相继建设了国家级工程研究中心、重点实验室、国家级高新区、特色产业基地、生产力促进中心、企业孵化器及科技中介机构等（表 5-8 和表 5-9），并形成部分大专院校。这些老工业城市将产业技术优势、人才优势和科技教育相结合，形成了一定的产业技术研发能力，拥有了一定的产品开发自主技术。这为老工业城市的产业发展提供了较强的工业技术优势和研发能力支撑。

表 5-8　部分地级老工业城市的国家级 / 省级研究所

| 地级老工业城市 | 国家 / 省级研究所 | 地级老工业城市 | 国家 / 省级研究所 |
| --- | --- | --- | --- |
| 开封 | 1 | 宜昌 | 5 |
| 通化 | 1 | 宜宾 | 5 |
| 汉中 | 1 | 新乡 | 6 |
| 新乡 | 2 | 洛阳 | 8 |

| 地级老工业城市 | 国家 / 省级研究所 | 地级老工业城市 | 国家 / 省级研究所 |
|---|---|---|---|
| 大同 | 2 | 荆州 | 10 |
| 营口 | 3 | 咸阳 | 16 |
| 新乡 | 4 | 绵阳 | 36 |
| 湘潭 | 4 | | |

**表 5-9　部分老工业城市的国家重点实验室清单**

| 老工业城市 | 实验室名称 | 依托单位 |
|---|---|---|
| 保定 | 光伏材料与技术国家重点实验室 | 英利集团有限公司 |
| 常州 | 光伏科学与技术国家重点实验室 | 常州天合光能有限公司 |
| 洛阳 | 先进耐火材料国家重点实验室 | 中钢集团洛阳耐火材料研究院有限公司 |
| 绵阳 | 空气动力学国家重点实验室 | 中国空气动力研究与发展中心 |
| 洛阳 | 矿山重型装备国家重点实验室 | 中信重工机械股份有限公司 |
| 洛阳 | 矿山重型装备国家重点实验室 | 河南科技大学 |
| 保定 | 太阳能光伏发电技术国家重点实验室 | 英利集团有限公司 |
| 攀枝花 | 钒钛资源综合利用国家重点实验室 | 攀钢集团有限公司 |
| 淮南 | 深部煤炭开采与环境保护国家重点实验室 | 淮南矿业（集团）有限责任公司 |
| 开封 | 棉花生物学国家重点实验室 | 河南大学、中国农业科学院 |

## 2. 国家级高新技术开发区

据统计，116 个老工业城市中，有 88 个城市设有国家级高新技术开发区，占老工业城市数量的 75.9%。老工业城市的国家级高新技术产业开发区数量达到 96 个，占全国国家级高新技术开发区总量的近 57.14%，地级城市有 56 个，占全国总量的 1/3。其中，辽宁和江苏城市的国家级高新技术开发区数量最多，分别达到 8 个；其次，河南、湖北和四川分别达到 7 个。安徽和陕西分别达到 5 个，河北、湖南、吉林、重庆、山东分别达到 4 个，黑龙江、浙江分别达到 3 个，上海、内蒙古、江西、北京、广西、广东、贵州和甘肃分别达到 2 个，其他相关省（自治区、直辖市）均为 1 个。地级老工业城市的统计情况见表 5-10。

**表 5-10　地级老工业城市的国家级高新技术开发区**（单位：个）

| 省（自治区、直辖市） | 数量 | 国家级高新技术开发区 | 省（自治区、直辖市） | 数量 | 国家级高新技术开发区 |
|---|---|---|---|---|---|
| 河北 | 3 | 唐山、保定、承德 | 河南 | 6 | 洛阳、焦作、平顶山、安阳、新乡、南阳 |
| 内蒙古 | 1 | 包头 | 湖南 | 3 | 株洲、湘潭、衡阳 |
| 辽宁 | 6 | 鞍山、阜新、营口、辽阳、锦州、本溪 | 湖北 | 6 | 宜昌、荆州、襄阳、黄石大冶湖、孝感、荆门 |
| 吉林 | 2 | 通化、吉林 | 广西 | 1 | 柳州 |

| 省（自治区、直辖市） | 数量 | 国家级高新技术开发区 | 省（自治区、直辖市） | 数量 | 国家级高新技术开发区 |
|---|---|---|---|---|---|
| 黑龙江 | 2 | 齐齐哈尔、大庆 | 广东 | 1 | 茂名 |
| 江苏 | 7 | 常州、徐州、常熟、苏州、武进、昆山、江阴 | 四川 | 6 | 绵阳、乐山、攀枝花、泸州、德阳、自贡 |
| 安徽 | 4 | 芜湖、马鞍山慈湖、淮南、铜陵狮子山 | 贵州 | 1 | 安顺 |
| 山东 | 2 | 淄博、潍坊 | 甘肃 | 1 | 白银 |
| 江西 | 1 | 赣州 | 陕西 | 3 | 宝鸡、咸阳、渭南 |

老工业城市曾是中国工业设备最先进、产业技术最发达、产业工人最集中、科研人员最多的城市，形成了较好的产业科技物质基础。目前，老工业城市仍拥有雄厚的科研力量，不仅表现为省会城市和计划单列市，地级城市也形成了较强的科研力量。例如，四川形成了061（航天）、011（航空）、083（电子）三大工业基地，有了一支比较强的科技人员队伍。洛阳拥有科技机构600多家，其中，原部属和省属的科研院所14家，企业技术研发机构70家；拥有各类专业技术人员10万人，有2个国家级工程技术中心，15个省级技术中心和企业技术中心；有高新技术企业252家，研究出各类科技成果7000多项，累计获得授权专利4535件。再如，襄阳军工企业拥有各类工程技术人员5445人，有7家省级以上企业技术中心，拥有高精尖设备和现代化监测设备2600多台，包括先进的数控紧密设备600多台（套）。十堰2008年有科技人员9941人，完成新产品开发项目2178项，开展研究与试验发展项目982项，获国家科技进步一等奖1项。洛阳的中国洛阳浮法玻璃集团有限责任公司是世界三大浮法技术之一——洛阳浮法剥离工艺的发明者，目前全国110多条浮法剥离生产线中，85%以上采用的是该技术。四川的老工业城市在核工业科研生产、重装机械、高分子合成材料、炭黑设计、井矿盐设计、氯碱化工、维卡纤维生产等领域尤其是国防军工领域等具有较高的技术水平。南阳拥有和掌握纤维乙醇制取、高倍聚光太阳能、核电电机等一批核心技术，具备发展壮大先进装备制造、光电产业、生物高技术产业的基础条件。部分老工业城市的发明专利拥有量见表5-11。

表 5-11　部分老工业城市的发明专利拥有量情况

| 老工业城市 | 现状发明专利授权数（件／百万人） | 老工业城市 | 现状发明专利授权数（件／百万人） |
|---|---|---|---|
| 张家口 | 25 | 南阳 | 100 |
| 大同 | 12.8 | 十堰 | 43 |
| 长治 | 9 | 宜昌 | 54 |
| 蚌埠 | 17 | 荆州 | 10 |
| 洛阳 | 610 | 衡阳 | 120 |
| 安阳 | 68.3 | 岳阳 | 110 |
| 鹤壁 | 50 | 乐山 | 10 |
| 新乡 | 45 | | |

科技人员就业比例可以反映一个城市科技人才的优势水平。116个老工业城市的科技人员占城镇单位就业人员的比例为2.92%，高于全国城市平均水平（2.35%）0.57个百分点，有39个老工业城市的比例高于全国平均水平，占老工业城市数量的33.6%，约1/3。从地级城市来看，大庆的比例最高，达到8.92%，绵阳也达到7.44%，保定为4.49%，丹东、洛阳、天水、锦州、鞍山和岳阳分别超过3%，襄阳、宜昌、柳州和遵义也均高于2.4%。

### 3. 职业教育

企业办社会的重要内容是大型企业成立了服务于自身生产的职业学院，并成为老工业城市产业人才培养的重要基础。其中，116个老工业城市分别有普通高等学校1891所和中等职业教育学校4801所，分别占全国总量的75.34%和55.08%；从地级城市来看，84个地级城市分别有普通高等学校449所和中等职业教育学校2084所，分别占全国总量的17.9%和23.9%（图5-4）。中国的教育机构多分布在省会城市和计划单列是普遍的规律，但在许多地级城市也分布有数量较多的教育机构。

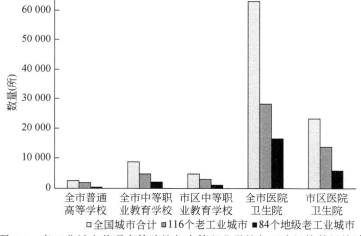

图5-4 老工业城市普通高等院校与中等职业学校与医疗机构数量统计

尤其是，苏州有21所普通高等学校，保定和潍坊分别有17所和14所普通高等学校，咸阳、双鸭山分别有13所普通高等学校，株洲和无锡分别有12所普通高等学校，绵阳、湘潭、常州、齐齐哈尔分别有10所普通高等学校，新乡、徐州和锦州分别有9所普通高等学校，衡阳、荆州、十堰、淄博、赣州、芜湖、吉林7个城市分别有8所普通高等学校。从中等职业教育学校来看，南阳、洛阳和保定分别有88所、85所和81所，数量较高；邯郸和唐山分别有67所和66所，赣州、临汾、张家口分别超过50所，大同、潍坊、开封和新乡分别超过40所。

---

#### 专栏 5-2　老工业基地高等院校与职业学院的形成

老工业基地高等院校的产生、发展与其产业经济发展和大型企业布局有着直接的联系。1952年教育部提出"及时培养供应各种建设事业（首先是工业）所必需的高、中级干部和技术人才"，按行业归口建立单科性高等院校，大力发展独立建制的工科院校，新设钢铁、地质、航空、矿业、水利等专门学院和专业。这些高等院校往往依托于某些大型企业或大型研究所，具有突出的核心专业或主导专业，且重点服务于某一行业经济领域（表5-12）。许多高等院校与大型企业的布局、行业类型、生产工艺有着直接的关系。内蒙古科技大学、辽宁科技大学拥有采矿、选矿、炼铁、炼钢、轧钢、成材等完整学科专业链，其专业覆盖了钢铁工业生产的全过程；东北石油大学、长江大学等石油院校拥有完整的石化学科体系，专业涵盖勘探、冶炼、化工等全过程。

**表 5-12　部分老工业城市的高等院校与依托企业**

| 高等院校 | 依托企业 |
| --- | --- |
| 河北能源职业技术学院 | 开滦（集团）有限责任公司 |
| 河北机车技师学院 | 中国中车集团唐山机车车辆有限公司 |
| 冀中工程技师学院 | 冀中能源邢台矿业集团有限责任公司 |
| 大同煤炭职业技术学院 | 大同煤矿 |
| 内蒙古科技大学 | 包头钢铁 |
| 辽宁石化职业技术学院 | 中国石油锦州石化公司 |
| 吉林化工学院 | 吉林化学工业公司 |
| 齐齐哈尔工程学院 | 齐齐哈尔第一机床厂 |
| 甘肃钢铁职业技术学院 | 酒泉钢铁（集团）有限责任公司 |
| 湖北汽车工业学院 | 第二汽车制造厂 |
| 湖南铁道职业技术学院 | 南方机车车辆工业集团 |
| 湖南电气职业技术学院 | 湘电集团有限公司 |
| 中钢集团衡阳重机职业技术学院 | 中钢集团衡阳重机有限公司 |
| 湖南石油化工职业技术学院 | 中国石化长岭炼油化工有限责任公司 |
| 陕西能源职业技术学院 | 陕西煤炭集团 |
| 甘肃机电职业技术学院 | 甘肃中科机械电子有限责任公司 |
| 甘肃有色冶金职业技术学院 | 金川集团股份有限公司 |

# 五、城镇建设与社会事业

## 1. 企业与城市关系紧密

特殊的发展历史决定了老工业城市工业企业布局与城市产生、发展的关系十分紧密，尤其是龙头主产企业的布局与发展直接决定了城市的发展活力，工业企业成为城市尤其是地级城市的发展根基。很多城市因某些大型工业企业布局而产生、发展并最终成为城市，某些城市因这些企业的布局而逐步扩大规模、形成一定程度上的产业结构，形成"因企/矿设市，因企/矿而兴"的发展路径模式。例如，嘉峪关、十堰、攀枝花、金昌等城市的建设与企业布局有着直接的关系，均因矿而建、因企设市而发展起来（表 5-13）。大型工业企业的布局和建设促使一些地方从穷乡僻壤转变为重要的工业城市，促进了中国尤其是中西部地区的城市化进程。

表 5-13 部分老工业城市的形成依赖概况

| 省（自治区、直辖市） | 老工业城市 | 依托企业 | 企业建立时间 | 城市设立时间 |
|---|---|---|---|---|
| 黑龙江 | 大庆 | 大庆油田 | 1959 | 1979 |
| 河南 | 平顶山 | 平顶山煤业集团有限责任公司 | 1953 | 1968 |
| 湖北 | 十堰 | 东风汽车集团有限公司 | 1969 | 1969 |
| 湖南 | 娄底 | 湖南华菱涟源钢铁有限公司、锡矿山铁矿 | 1958 | 1960 |
| 四川 | 攀枝花 | 攀钢集团有限公司 | 1965 | 1965 |
| 贵州 | 六盘水 | 盘江煤光（集团）有限责任公司 | 1965 | 1978 |
| 甘肃 | 嘉峪关 | 酒泉钢铁（集团）有限责任公司 | 1958 | 1965 |
| | 金昌 | 金川集团股份有限公司 | 1961 | 1981 |

1964～1980 年，"三线"建设形成了几十个新兴工业城市。该时期，全国共新建城市 56 个，其中内地新建城市 29 个，占同期全国新建城市的 52%（表 5-14）。这扭转了内地城市的落后状态。

表 5-14 "三线"建设新建、扩建的老工业城市

| 类型 | 名称 | 发展模式 |
|---|---|---|
| 新建 | 攀枝花、六盘水、十堰、金昌 | 在人口稀少山区新建 |
| 扩建 | 四川：德阳、绵阳、广元、自贡、泸州<br>贵州：遵义、安顺<br>陕西：宝鸡、咸阳、汉中、铜川<br>甘肃：嘉峪关、白银、天水<br>山西：临汾<br>河南：洛阳、平顶山、南阳、焦作<br>湖北：襄阳、宜昌、荆州、荆门<br>湖南：娄底 | 依托老城镇扩建 |

嘉峪关——因酒泉钢铁的建设而兴起，是西北最大的钢铁联合企业——酒泉钢铁（集团）有限责任公司所在地。1955 年国家发现肃南镜铁山铁矿，1958 年国家"一五"计划重点项目"酒泉钢铁公司"建厂，以原城镇为主，划出酒泉县、肃南县部分辖地，设立甘肃省嘉峪关市筹备委员会，1965 年建市，1971 年国务院批准为省辖地级市，由此形成新兴工业城市。目前，嘉峪关已经形成以冶金工业为主体，化工、电力、建材、机械、轻纺、食品为辅的工业体系，被称为"戈壁钢城"。

金昌——金昌缘矿兴企、因企设市，因生产镍而被誉为"祖国的镍都"。1958 年永昌县发现铜镍矿，随后成立永昌镍矿，1960 年改名为甘肃有色金属公司，1961 年甘肃有色金属公司与西北冶金建设公司合并而成立金川有色金属公司。为了加速金川镍基地建设，1962 年设立金川镇，1981 年成立金昌市，将永昌县的宁远堡、西坡 2 个公社和金川镇划归金昌市管辖。

攀枝花——随着攀枝花钢铁基地的建设，曾经是荒山野岭的攀枝花随之诞生并崛

起，是一个典型的移民城市。钛、钒、石墨储量分别位居世界第一、世界第三和全国第三，成为国内最大钒钛产品及含钒钛钢铁生产基地。1942年在攀枝花发现铁矿，1953年确认攀枝花及周围地区是巨型铁矿区。1958年中国批准了开发攀枝花的设想，1965年中国政府正式成立攀枝花钢铁（集团）公司，同步成立攀枝花特区，成为中华人民共和国首个资源开发特区；随后，将攀枝花特区改名为渡口市，1970年攀枝花钢铁（集团）公司出铁，1971年出钢，1974年出钢材，结束了中国西部没有大型钢铁企业的历史。1987年渡口市更名为"攀枝花市"。目前，攀钢已具备产铁930万吨、钢1070万吨、钢材945万吨、钒制品2.8万吨、钛精矿48万吨、钛白粉13.3万吨等生产能力，攀枝花市正由"钢铁之城"向"钒钛之都"转变，由"三线"建设城市向"四川南向门户"转变。

十堰——20世纪70年代初，十堰没有学校、商场、医院等生活服务设施。1969年9月，我国开始在十堰布局建设第二汽车制造厂，10月经国务院批准成立十堰市；1971年正式在装配线上装配汽车；1973年升格为省辖市，1975年第二汽车制造厂生产的汽车牌名正式命名为"东风"。1994年原十堰市和郧阳地区合并成新的十堰市，深山小镇发展为百里汽车城。

核心企业与城市形成密切的利益关系，形成"企业建，城市生；企业兴，城市兴；企业衰，城市衰"的企业－城市发展规律。一是老旧国有企业生产区与居民生活区混杂，尤其是老工业区已成为城市功能区的一部分，部分工业区直接成为城市的一个区，如洛阳、长春、十堰等。二是老旧国有企业经营的各类基础设施与城市市政设施已形成相互连接的网络系统，如通信、供暖、供水、供气、电网等设施，部分企业利用自身生产系统为城市提供公共服务，包括暖气、电力等。三是核心企业及所产生的各类附属企业或延伸企业，成为城市居民的主要就业载体，承载了相当比例的城市居民。四是，工业企业发展对一座城市国民经济实力的增强、税基的增大、财政的增长、居民收入的增收等有着至关重要的作用。

## 2. 企业办社会与城市社会事业

国有企业是老工业城市建设和发展的主体，企业办社会奠定了老工业城市社会事业的发展基础。企业办社会指企业建立和兴办了一些与企业生产经营没有直接联系的机构和设施，承担了产前产后服务和职工生活、福利、社会保障等社会职能。除企业后勤部分外，还包括一些公益性事业，企业除直接生产经营外，还进行大量的非生产性活动，如学校、医院、幼儿园、劳服公司、生活服务公司、企业承担离退休人员、公共设施建设，还包括一些政府行政管理职能（如公、检、法及市场管理）等。这些活动大多带有纯粹福利性、供给性和安置性特点，属于社会性事业和社会职能（表5-15）。

表5-15　部分老工业城市的企业办社会概况（单位：个）

| 老工业城市 | 企业办医院 | 企业办学校 | 企业办托儿所 | 企业办公安 | 老工业城市 | 企业办医院 | 企业办学校 | 企业办托儿所 | 企业办公安 |
|---|---|---|---|---|---|---|---|---|---|
| 天水 | 26 | 2 | 11 | | 宜昌 | 9 | | 7 | |
| 嘉峪关 | 4 | 1 | 1 | | 荆州 | 2 | | 4 | |

| 老工业城市 | 企业办医院 | 企业办学校 | 企业办托儿所 | 企业办公安 | 老工业城市 | 企业办医院 | 企业办学校 | 企业办托儿所 | 企业办公安 |
|---|---|---|---|---|---|---|---|---|---|
| 安顺 | | | 1 | | 娄底 | 16 | 9 | 12 | 6 |
| 邢台 | 2 | 1 | 4 | | 辽阳 | | 2 | | |
| 张家口 | 3 | 1 | 2 | | 宝鸡 | 7 | 3 | 6 | 2 |
| 安阳 | 5 | | 4 | 1 | 汉中 | 5 | 1 | 4 | 3 |
| 开封 | 5 | 3 | 5 | | 绵阳 | 0 | 2 | 2 | |
| 洛阳 | 30 | 1 | 19 | | 攀枝花 | 6 | | 27 | |
| 南阳 | | | 13 | | 宜宾 | 5 | 2 | 3 | |
| 牡丹江 | 12 | 11 | 35 | 4 | 自贡 | 3 | | | |
| 襄阳 | 15 | | | | | | | | |

　　企业办社会的直接效果是每个企业办一个小社会,"大而全""小而全"的企业办社会形成了大量的社会事业基础和较为完整的行业服务网络,奠定了一个城市发展社会事业的基础,包括社会保障、社会福利和社会管理等。企业经营的各类基础设施与城市市政设施已形成相互连接的网络系统,如通信、供暖、供水等设施。这为老工业城市提供了教育、医疗卫生、文化等行业的发展基础,有利于完善城市的公共服务体系。

# 第二节　存在问题与突出矛盾

　　改革开放以来,中国计划经济体制逐步向市场经济体制转变,大量新兴产业基地或产业城市涌现,而部分老工业城市的发展面临突出的困难而呈现衰退现象,老企业集中而效益较低,国有企业改革不彻底而历史遗留问题集中,计划经济体制的约束仍旧突出,企业办社会负担重,城市基础设施老化,棚户区改造任务重,环境污染较为严重,困难群体和失业人员众多,社会保障体系不完善而资金缺口大。这导致老工业城市缺乏自我调节及长期发展能力,城市生存能力和竞争力严重削弱,经济发展下滑,就业矛盾尖锐,居民收入下降,生态环境恶化,由此成为区域发展的问题区域与经济发展的难点。下面重点以问题型老工业城市为主进行分析。

## 一、经济发展与财政

### 1. 经济增长

　　老工业城市曾是全国重要的产业基地,但改革开放以来,随着东南沿海地区新兴产业基地的快速发展,老工业城市地位不断下降。尤其是,近年来经济发展进入新常态,部分城市经济增速下滑明显,经济地位不断下降。这促使老工业城市呈现出"长期地位下降"和"短期经济下滑"双重叠加的发展困境。

20 世纪 80 年代中期以来,老工业城市规模持续膨胀,但经济增长的质量和效益逐步下降,如图 5-5 所示。GDP 平均增长率是衡量地区经济发展活力最为重要的指标,1985～2015 年老工业城市 GDP 平均增长率达到 9.56%,高于全国 GDP 平均增长率 8.79%;其中地级城市 GDP 平均增长率为 9.16%,高于全国 GDP 平均增长率。但从具体城市来看,却呈现明显的差异。50 个城市的 GDP 平均增长率低于全国 GDP 平均增长率,城市数量比例为 43.1%,而 GDP 平均增长率高于全国 GDP 平均增长率的城市有 66 个。其中,鹤岗的 GDP 平均增长率最低,年均仅为 4.7%,不足全国 GDP 平均增长率的一半。齐齐哈尔、鹤岗仅为全国 GDP 平均增长率的 50%～60%,丹东、抚顺、佳木斯、牡丹江、金昌、乐山、葫芦岛、锦州 8 个城市介于全国 GDP 平均增长率的 60%～70%。上述城市主要分布在中国东北地区,这与东北老工业基地的衰败趋势一致。韶关、鞍山、大庆、阜新、广元 5 个城市介于全国 GDP 平均增长率的 70%～80%。辽阳、吉林、天水等 13 个城市介于全国 GDP 平均增长率的 80%～90%,绵阳、淮南、茂名等 22 个城市介于全国 GDP 平均增长率的 90%～100%。

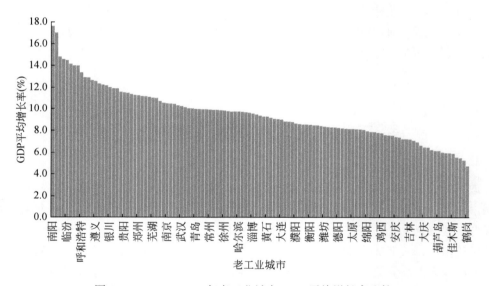

图 5-5　1999～2008 年老工业城市 GDP 平均增长率比较

近年来,随着国内外竞争压力的加大,中国部分城市经济结构的脆弱性逐渐凸显,主导产业逐步衰弱,经济增长乏力甚至负增长,城市发展陷入困境,导致日渐萧条。2013 年以来,随着中国进入新常态,老工业城市经济发展下滑明显(表 5-16)。尤其是,在资源型产品价格大幅下跌的背景下,老工业城市成为经济下行的重灾区,并成为拉低中国经济增长的核心区。尤其是以煤炭、铁矿石、铝土矿等资源型产品为主导产品的城市受到巨大冲击,企业效益明显下降。2013 年唐山、嘉峪关等市辖区 GDP 增长率为负。

表 5-16  2013 ～ 2014 年部分老工业城市的经济衰退（单位：%）

| 年份 | 老工业城市 | GDP 增长率 | |
|---|---|---|---|
| | | 全市 | 市辖区 |
| 2013 | 唐山 | 4.43 | -15.77 |
| | 阳泉 | 1.64 | -0.71 |
| | 朔州 | 1.91 | -2.15 |
| | 临汾 | 0.23 | -1.94 |
| | 吕梁 | -0.15 | -5.56 |
| | 嘉峪关 | -15.95 | -15.95 |
| | 平凉 | 5.11 | -1.71 |
| 2014 | 邢台 | 6 | -0.62 |
| | 淮南 | -0.4 | -3.42 |

## 2. 经济地位

基于 1985 年和 2015 年两个年份数据，计算老工业城市 GDP 占全国 GDP 总量的变化情况，以此反映老工业城市地位的变化趋势。

经济地位增长缓慢。1985 ～ 2015 年，随着东南沿海地区新兴产业基地的迅速发展和外向经济的迅速崛起，部分老工业城市的主导产业逐步衰退，而新兴产业发展缓慢，产业空洞化。这导致老工业城市经济发展缺少活力，财政收入萎缩，经济发展速度长期落后于其他城市，产业基地的地位有所衰退。116 个老工业城市的 GDP 比例从 1985 年的 51.08% 提高到 2015 年的 61.75%，但地级城市的 GDP 比例呈现小幅的增长，从 1985 年的 22.37% 略微提高至 2015 年的 24.49%，增长了 2.12 个百分点。

从具体城市来看，1985 ～ 2015 年，有 47 个城市的 GDP 比例呈现明显的下降，占该期间老工业城市总量的 40.52%。其中，GDP 比例下降幅度最大的城市是上海，下降了近 1 个百分点；大庆、鞍山、齐齐哈尔、抚顺、牡丹江等城市 GDP 比例均下降了 0.2 个以上百分点。乐山、丹东、锦州、吉林、韶关、佳木斯、沈阳、平顶山等城市 GDP 比例均下降了 0.1 个以上百分点。有 4 个老工业城市的 GDP 比例维持不变。这些城市在全国的经济地位均呈现小幅的弱化过程与趋势。

## 3. 财力积累与收支

多年来，老工业城市尤其是资源型城市和老工业基地，实行原材料低价政策以支持国民经济建设，形成了工业制成品和资源初级产品的剪刀差，导致城市缺少财力积累，财政实力不强而财力不足，地方经济普遍不发达。多数城市的主导产业为上游基础性产业，产品附加值远低于下游加工业，而且国有大中型企业所得税多数上缴中央财政或省级财政，对地方财政的贡献较小，造成城市财力薄弱。部分老工业城市面临着"资源丰富，经济贫困"的尴尬局面。这影响了城市的自我发展能力，促使城市发展负担重而陷入困境，日渐萧条衰落。

老工业城市的财政收入：财政支出为 0.68，高于全国城市平均水平 0.59，但地级老工业城市的财政收入：财政支出为 0.52，低于全国城市平均水平。有 71 个老工业城市的财政收入：财政支出低于全国城市平均水平，占老工业城市数量的 61.2%，而地级城市有 64 个，占地级城市总量的 76.2%，这说明超 3/4 的地级老工业城市有较低的财政收入：财政支出，入不敷出。从具体城市来看，天水、佳木斯、汉中、鹤岗等 6 个城市的财政收入：财政支出比仅介于 0.1 ～ 0.2，双鸭山、齐齐哈尔、牡丹江、娄底等 9 个城市介于 0.2 ～ 0.3，上述城市数量占 12.9%，成为财政明显困难的城市。韶关、十堰、南阳等 27 个老工业城市的财政收入：财政支出介于 0.3 ～ 0.4，城市数量比例为 23.3%，接近 1/4。安阳、荆州、德阳等 17 个城市介于 0.4 ～ 0.5，城市数量比例为 14.7%；淮南、六盘水、长春等 13 个城市介于 0.50 ～ 0.58。

从各地区的人均财政支出来看，116 个老工业城市约为 11 265 元，是全国城市平均水平的 1.2 倍，但 84 个地级城市的人均财政支出为 7359 元，为全国城市平均水平的 78.6%，即超过 3/4。有 71 个城市的人均财政支出低于全国城市平均水平，城市数量比例为 61.2%，其中包括了地级城市 68 个，占地级城市数量的 81%，即超过 4/5。荆州、茂名、鸡西、南阳、安阳 5 个城市的人均财政支出不足全国城市平均水平的 40%，平顶山、保定、开封、新乡等 12 个城市介于全国城市平均水平的 40 ～ 50%，均为地级城市；咸阳、焦作、葫芦岛等 16 个城市介于全国城市平均水平的 50% ～ 60%，除石家庄之外均为地级城市。潍坊、阜新、广元等 18 个城市介于全国城市平均水平的 60% ～ 70%，除南宁之外均为地级城市；双鸭山、湘潭、柳州等 17 个城市介于全国城市平均水平均 70% ～ 80%，除哈尔滨之外均为地级城市。辽源、大同、牡丹江、襄阳 4 个城市介于全国城市平均水平的 80% ～ 90%，均为地级城市；长春、攀枝花、芜湖等 14 个城市介于全国城市平均水平的 90% ～ 100%，包括 10 个省会城市 / 计划单列市和 4 个地级城市。

## 二、经济结构与矿产资源

### 1. 产业结构

产业结构转化一直是中国经济发展的重要议题，老工业城市的产业结构调整相对滞后。三次产业结构不尽合理，调整迟缓。如图 5-6 所示，第二产业的比例很高，第三产业的发展缓慢，尤其是生产性服务业不能满足整体社会经济发展的需要。116 个老工业城市的第一产业比例为 5.87%，比全国城市平均水平（7.74%）低 1.87 个百分点；第二产业比例为 43.86%，比全国城市平均水平（45.53%）低 1.67 个百分点，而第三产业比例为 50.27%，比全国城市平均水平（46.72%）高 3.55 个百分点，116 个老工业城市产业结构要优于全国城市平均水平。但从地级城市来看，84 个地级老工业城市的第一产业比例为 9.45%，比全国城市平均水平高 1.71 个百分点，第二产业比例为 50.21%，比全国城市平均水平高 4.68 个百分点，第三产业比例为 40.34%，比全国城市平均水平低

6.38 个百分点。

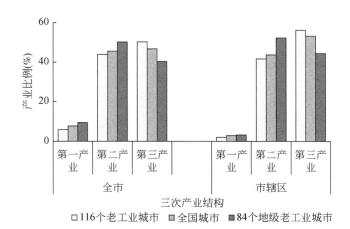

图 5-6 老工业城市三次产业结构比较

从服务业来看，116 个老工业城市中有 36 个老工业城市的第三产业比例高于全国城市平均水平，有 80 个老工业城市低于全国城市平均水平，城市数量比例高达 69%，其中地级老工业城市有 73 个，所占比例为 91.3%，占地级城市数量的 86.9%。具体来看，第三产业比例低于 30% 的城市有 5 个，包括攀枝花、宝鸡、咸阳、泸州、大庆，均为地级城市；第三产业比例介于 30%～40% 的城市有乐山、宜昌、自贡等 46 个，占老工业城市的 39.7%，均为地级城市；第三产业比例介于 40%～46.72% 的老工业城市有29 个，占老工业城市数量 25%。

## 2. 工业结构

在地级城市中，重化工业的特点突出，比例偏高，钢铁、化工、水泥建材、煤炭采选、电气机械制造、农产品加工、计算机设备制造等成为主导产业。由表 5-5 可知，钢铁工业的比例最高，达到 12.09%，比全国高出 4.7 个百分点，铁矿石采选业达到 2%，比全国高出 1 个百分点。化学原料和化学制品业的比例为 9.31%，非金属矿物制品业为 6.09%，分别比全国高出 1.83 个百分点和 0.76 个百分点；计算机、通信和其他电子设备制造业比例为 5.8%，但比全国低 2.13 个百分点。农副食品加工业，电气机械和器材制造业，石油加工、炼焦业等产业比例均高于 5%。通用设备制造业、汽车制造业等产业比例均高于 4%，纺织业、专用设备制造业、煤炭开采和洗选业均高于 3%。电力生产业、橡胶和塑料制品业、有色金属冶炼和加工业、金属制品业等产业均高于 2%。

在东北地区，能源资源、原材料、装备制造等产业占主导地位，而这些产业具有很强的周期性，大概每十年就会出现一次发展轮回，现在这些原字号产业大多处于产业发展周期的低谷期。2013 年，辽宁冶金、石化、农产品加工三大产业增加值占全省的 54%，吉林中国第一汽车集团有限公司一家企业占全省工业增加值的 19%，黑龙江能源、石化、装备制造三大产业增加值占全省的 72%，而电子及通信设备制造业比例不到 1%，金融业比例不到 4%。

### 3. 产业链

从产业链的角度来看，地级城市的产业产品结构初级化，产业链条短且不完整，产品附加值较低，工业发展相对粗放，发展质量较低。

1) 原材料工业比例大，以原材料初级生产为主，加工制造业相对薄弱，产业链条短。这导致城市工业结构刚性较大，应对外界环境变化的能力差。如图5-7所示，在矿产资源开采与洗选等采掘环节，地级城市的产值比例为7.92%，高于全国城市平均水平（6.02%）1.9个百分点，但囊括省会城市和计划单列市的116个老工业城市的采掘环节产值比例则降至5.3%，比全国城市平均水平低0.72个百分点。从初级加工环节来看，地级城市的比例达到59.03%，高于全国城市平均水平（54.49%）4.54个百分点，但116个老工业城市比全国城市平均水平低0.8个百分点。从附加值较高的制造环节来看，地级城市的比例相对较低，为32.7%，比全国城市平均水平（39.06%）低6.36个百分点，但囊括了省会城市和计划单列市的116个老工业城市比例则提高至40.62%，比全国城市平均水平还高1.56个百分点。

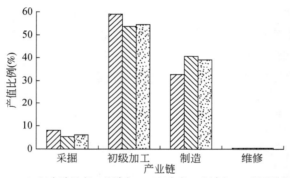

图 5-7　老工业城市与全国城市的产业链比较

2) 传统产品比例高，附加值低，工业产品门类繁多，覆盖面虽宽但附加值低的传统产品比例较大，多为初级产品特别是资源型初级产品多，产品老化严重。主产企业的产业技术进步慢，新产品开发能力较低。多数城市的产业主要是资源优势和生产优势，缺乏产品优势和经济优势，名优产品、知名品牌的市场占有率不高（表5-17）。

表 5-17　中国单一工业老工业城市分布及主导产业类型（单位：个）

| 省（自治区、直辖市） | 数量 | 地级老工业城市 |
|---|---|---|
| 安徽 | 3 | 淮南（煤炭）、马鞍山（钢铁）、铜陵（有色金属） |
| 甘肃 | 3 | 白银（有色金属）、嘉峪关（钢铁）、金昌（有色金属） |
| 广东 | 1 | 茂名（石化） |
| 广西 | 1 | 柳州（汽车） |
| 贵州 | 2 | 遵义（酿酒）、六盘水（煤炭） |
| 河北 | 3 | 邯郸（钢铁）、承德（钢铁）、唐山（钢铁） |
| 河南 | 2 | 平顶山（煤炭）、濮阳（石油开采） |

老工业城市调整改造的理论与实践

| 省（自治区、直辖市） | 数量 | 地级老工业城市 |
|---|---|---|
| 湖北 | 1 | 十堰（汽车） |
| 黑龙江 | 4 | 大庆（石油开采）、鹤岗（煤炭）、鸡西（煤炭）、双鸭山（煤炭） |
| 吉林 | 2 | 长春（汽车）、通化（医药） |
| 辽宁 | 4 | 鞍山（钢铁）、本溪（钢铁）、阜新（煤炭）、盘锦（石油开采与石化） |
| 宁夏 | 1 | 银川（煤炭） |
| 山西 | 3 | 大同（煤炭）、临汾（煤炭）、阳泉（煤炭） |
| 山东 | 1 | 东营（石化） |
| 陕西 | 1 | 铜川（煤炭） |
| 四川 | 2 | 泸州（酿酒）、广元（煤炭） |
| 新疆 | 1 | 克拉玛依（石化、石油开采） |

3）支柱产业单一，缺少替代支柱产业，结构调整呈现刚性，应对经济形势变化的能力较低。数据分析发现，在116个老工业城市中，有35个为结构单一型城市，仅包含了银川1个省会城市，其他34个均为地级城市，占地级城市总量的40.5%，"一业独大"。其中，煤炭城市包括淮南、铜川、银川、平顶山、鹤岗、鸡西、双鸭山、阜新、大同、临汾、阳泉、广元、六盘水13个，钢铁城市包括马鞍山、嘉峪关、邯郸、承德、唐山、鞍山、本溪。以有色金属冶炼为单一支柱产业的城市包括铜陵、白银、金昌，以石油开采和石油化工为单一支柱产业的城市包括茂名、濮阳、东营、克拉玛依、盘锦、大庆，以汽车制造为单一支柱产业的城市包括长春、十堰和柳州，以酿酒为单一支柱产业的城市有泸州和遵义。

---

**专栏5-3 替代产业概念与发展模式**

替代产业指与原资源产业没有关联的产业。替代产业是一个动态的内涵范围。城市经济发展的阶段性是替代产业阶段性的经济基础，前者影响下一阶段替代产业选择的基本方向和范围。在产业单一地区和资源型城市，替代产业是经济持续发展的驱动力，是城市经济结构转型升级的重要途径。替代产业的选择必须要考虑各城市的资源状况、技术水平、劳动力素质及生产能力。对许多老工业城市，发展替代产业，可以实现"范围经济效应"。

综合来看，替代产业发展主要呈现如下模式。

1）产业链延伸模式：围绕原有主导产业，有效利用现有产业的资产和资源，延长产业链，发展下游产业，扩大原有产业的生命周期。

2）产业更新模式：主要指不依赖原有资源，引入新资源或新型企业，创造全新产业，形成新的产业类型。

3）复合模式：为上述两类模式的复合，在转型初期表现为产业链延伸模式，随后新兴产业不断发展。

4）老工业城市的发展历史决定了城市往往拥有部分龙头企业，而且多为中央企业或省属企业，主导着城市工业经济发展。但这些龙头企业没有对城市中小企业或产业链条上的上下游企业产生产业联动效应，龙头产业与辅助产业发展相互脱节。

5）除了省会城市和计划单列市之外，多数老工业城市的新兴产业发展不足。过去十年，老工业城市的产业投资主要集中在传统产业改造提升和扩大规模上，城市的技术、资金和人才主要围绕传统产业组织分配，电子信息、新能源、新材料等一些战略性新兴产业发育不足、规模较小，或者缺少龙头企业，高新技术产品、市场知名品牌较少，综合竞争力薄弱。这促使地级城市接续替代产业发展严重滞后，缺乏新的支柱产业。这导致这些城市经济运行陷入困境，发展动力大幅减弱。

## 4. 落后产能

老工业城市的许多企业为老旧国有企业，甚至是中华人民共和国成立之前的企业。企业生产设备陈旧且老化，尤其是原材料产业属于资金密集型产业，受资金投入限制和设备老化的影响，重点企业的技术改造步伐缓慢，设备更新不足，许多厂房车间仍是 20 世纪 50 年代的水平，资源消耗高，落后产能与过剩产能集中。老工业城市的主导产业相对集中在煤炭采选业、冶金、化工等领域，尤其是煤炭采选业和冶金（钢铁和有色金属）等产业在全国占有重要地位。这些行业正是当前国家产能过剩的集中行业和经济发展去产能的核心领域。许多产业衰退城市是煤炭城市、钢铁城市和有色金属城市，其中 74 个城市有煤炭开采和洗选业，城市数量比例达 63.8%，拥有全国 41.20% 的该行业产值；黑色金属矿采选业覆盖 74 个老工业城市，占城市总量的63.8%，拥有全国 61.17% 的工业产值；有色金属矿采选业覆盖 54 个老工业城市，拥有全国 25.93% 的该行业总产值；黑色金属冶炼和压延加工业 113 个老工业城市，拥有全国 67.15% 的钢铁工业产值；有色金属冶炼和压延加工业覆盖 95 个城市，城市数量比例达到 81.90%，拥有全国 46.60% 的该行业产值（表 5-18）。落后产能和过剩产能集中是老工业城市的核心问题和普遍性问题，原本经济效益低、勉强维持经营的老工业城市又成为"去产能"的实施主体。长期的"产业衰退"与近期的"去产能"成为这类城市发展的突出形势。

表 5-18　老工业城市"去产能"行业概括

| 行业领域 | 城市数量（个） | 数量比例（%） | 产值比例（%） |
| --- | --- | --- | --- |
| 煤炭开采和洗选业 | 74 | 63.79 | 41.20 |
| 黑色金属矿采选业 | 74 | 63.79 | 61.17 |
| 有色金属矿采选业 | 54 | 46.55 | 25.93 |
| 非金属矿物制品业 | 116 | 100.00 | 52.86 |
| 黑色金属冶炼和压延加工业 | 113 | 97.41 | 67.15 |
| 有色金属冶炼和压延加工业 | 95 | 81.90 | 46.60 |

## 5. 能源资源利用

1）资源储量消耗快，储备资源不足。目前，重要矿产资源储量增长缓慢，找矿难度增大,矿产资源勘察开发接续基地严重不足,持续开采矛盾突出。一方面,由于前期的无序和粗放式开采,资源开采难度增大,成本提高;另一方面,资源勘探工作滞后,普遍存在缺少普探、详探、精探、深探等问题,许多资源情况数据不准确。大部分工矿企业对矿区外围勘探力度不足,石油、煤炭、铁、铝等矿产资源总体查明程度为30%左右。主导资源枯竭,大部分资源枯竭城市经过几十年甚至上百年的高强度开采,主要矿产资源保有储量大幅下降而趋于枯竭,大量主力矿山关闭,这促使传统产业日渐衰退,深刻影响了老工业城市的发展活力。多数资源枯竭城市的矿产资源保有储量仅够开采10年以下,部分城市已完全枯竭。大冶在资源枯竭以后,主导产业采掘业及资源加工业的地位逐步削弱,2007年规模以上企业(不含中央企业、省属企业)铁矿石开采量为251万吨,比鼎盛时期2001年的464万吨下降45.9%,铜矿石下降趋势基本与此相似。黄石由于资源储量有限,铁矿石和铜矿石分别存在55%和60%的缺口。许多城市的矿产资源缺口部分主要依赖进口,受国际市场波动的制约较大。

2)资源利用效率低,精深加工不足。中国长期形成的粗放型增长方式和结构性矛盾尚未根本性改变,矿业生产效益低,主要是因为矿产资源开采中采选回收率低,矿产资源综合利用水平低,深加工程度较低,资源浪费严重。矿产资源加工业和冶炼业普遍落后于采掘业,尤其是煤炭开采和洗选业、石油和天然气开采业及黑色金属矿采选业。据统计,目前中国铁矿采矿回收率为60%,有色金属为50%~60%,非金属矿为20%~60%,煤炭仅为30%。全国矿产资源平均开采利用总回收率只有30%~50%,比发达国家低20%左右,能源矿产资源总利用率仅为20%~30%,一半以上的资源没有得到有效利用。矿产品加工多以初级产品为主,忽视精深加工,深加工能力弱,高附加值、高科技含量的产品少,优势矿产如菱镁、硼、滑石等初级产品长期过剩。

3)矿产结构。矿山布局和结构不尽合理,小型矿山开采规模小、布局分散,开发技术条件落后。尤其是地方集体、个体矿业兴起后,其产品技术含量与生产工艺更为落后,开采方式粗放,许多企业仍采用半机械化生产。受企业技术和管理水平的限制,矿产资源开采回采率、选矿回收率低,资源综合利用水平低。

# 三、城市与企业社区

## 1. 城市综合功能

城市综合功能不完善是许多老工业城市存在的普遍性问题。中国计划经济体制下政府主导、"因矿设市"、"因厂设市"的城镇化道路和企业办社会的制度安排,以及"先生产、后生活"的社会经济组织模式,导致老工业城市形成矿区依赖性、城市布局的分散性和区位偏僻性,多数城市的建设与发展处在被动、临时和易于变化的状态,城市建设服务于资源开采和初级加工或重化工业的生产需求,对自身城市综合功能构建与布局没有科学的规划或缺乏长远规划,或缺乏资金实施有效的合理布局与改造。

1)老工业城市多为单一资源型城市或原材料加工型城市,城市职能单一,侧重于传统的生产职能，工业生产职能突出，城市经济职能多集中在资源型矿产开采或初级产品加工，以原材料加工为主。城市的生产和生活长期围绕厂矿区进行，城市产业工人集中，老旧企业职工的各项服务主要依靠企业办社会来完成，水、电、物业等依靠企业提供，城市综合服务功能和基本公共服务体系未能同步建立起来，城市生活功能滞后。

2）城市职能的服务范围多仅限于本地区的狭小区域，缺少服务于周边地区和更广腹地的高级职能、综合性职能和带动作用，如金融、商贸、休闲、文化等职能。其中，老工业城市高等教育和科研院所的集中水平远小于东部沿海地区，这导致其科技职能弱化，缺少区域中心城市的带动作用。

3）城市功能分区和生产力布局不合适。老旧企业或国有企业长期围绕厂矿区布局和建设生产区、辅助功能区及生活区，加之与城市内部各类功能区，相互间形成复杂的空间关系，城市空间结构混乱。

4）城市发展空间不足。许多城市是按照"靠山、分散、隐蔽"和"大分散、小集中"的要求进行建设的，形成了"山"、"散"和"洞"布局的空间模式，而且自然矿产资源分布的分散性也决定了资源型城市的独立性。这导致"山区城市"、"条带状城市"、"沟谷城市"和"河沟城市"等特征明显，大约1/4的老工业城市属于"山区城市"或"河谷城市"，许多老工业城市围绕某些重大铁路或公路线呈条带状分布，如自贡、攀枝花、十堰、张家口、阳泉、娄底等（表5-19）。这些城市地理环境偏僻闭塞，特殊的地形地貌条件决定了城市形态的缺陷，城市扩张严重受限，十堰市区绵延50公里。同时，部分城市位居资源压覆区，地下资源的开采与地上城市的建设形成了明显的冲突，为了避免地表建筑物压矿，城区建设要避开地下矿产资源区，城市增长缺少空间。该类城市有枣庄、东营、徐州、淮北、淮南、新乡、焦作等。

表 5-19  山区型城市与资源压覆区

| 城市 | 类型 | 城市 | 类型 | 城市 | 类型 |
|---|---|---|---|---|---|
| 张家口 | ■ | 白银 | ■ | 枣庄 | ☆ |
| 阳泉 | ■ | 马鞍山 | ■ | 东营 | ☆ |
| 通化 | ■ | 娄底 | ■ | 济宁 | ☆ |
| 平顶山 | ■ | 岳阳 | ■ | 莱芜 | ☆ |
| 十堰 | ■ | 承德 | ■ | 徐州 | ☆ |
| 宜昌 | ■ | 绵阳 | ■ | 淮北 | ☆ |
| 荆门 | ■ | 泸州 | ■ | 淮南 | ☆ |
| 自贡 | ■ | 韶关 | ■ | 新乡 | ☆ |
| 攀枝花 | ■ | 荆门 | ■ | 焦作 | ☆ |
| 内江 | ■ | 汉中 | ■ | 克拉玛依 | 戈壁城市 |
| 乐山 | ■ | 天水 | ■ | | |
| 宜宾 | ■ | 安顺 | ■ | | |
| 六盘水 | ■ | 遵义 | ■ | | |

注：■指山区型，☆指资源压覆区

老工业城市调整改造的理论与实践

## 2. 城镇基础设施网络

老工业城市的"老"一方面体现在产业的"老",另一方面体现在城市基础设施的"老"。由于城市建市的特殊历史时间和"先生产,后生活"的建设原则,城市市政设施主要依托老旧国有企业的社会职能进行发展,基础设施多以企业办社会的形式发展,导致城镇基础设施、市政设施建设滞后,缺少系统性,历史欠账多,改造和更新面临较大困难。很多城市的基础设施建于"一五""二五"时期甚至更早,老旧现象严重,部分东北城市的排水管线和供热设施还是抗日战争时期修建的,不少城市城区供水管网、道路、环卫、排污等基础设施已使用超过50年以上,腐蚀严重,供水漏失率超过50%。许多老工业城市道路狭窄、路面残破,供水管网和电网老化失修,管道"跑、冒、漏"、电网断路等现象严重,城市供排水和公共照明设施严重缺乏,部分城市的集中供热、供气等公共设施仍处于空白,行路难、吃水难。这促使老工业城市基础设施离"七通一平"或"九通一平"的要求相差甚远,城市公共服务供给能力不足。在反映市政设施水平的指标中,用水普及率、燃气普及率、建成区供水排水管道密度、人均道路面积、城市污水处理率等指标多低于全国平均水平(表5-20)。落后的基础设施未能培育起较高的人口和产业承载能力,很难支持较快的城镇化进程。

表5-20  2011年东北城市市政设施与全国及东部地区对比

| 市政设施指标 | 全国 | 东北地区与全国差距 | 东北与东部地区差距 |
|---|---|---|---|
| 人均日生活用水量(升) | 170.94 | -47.26 | -64.72 |
| 用水普及率(%) | 97.04 | -2.24 | -4.61 |
| 燃气普及率(%) | 92.4 | -2.76 | -7.81 |
| 建成区供水管道密度(千米/千米²) | 13.16 | -3.02 | -6.48 |
| 建成区排水管道密度(千米/千米²) | 9.5 | -3.53 | -5.98 |
| 污水处理率(%) | 83.63 | -7.67 | -9.51 |
| 污水处理厂集中处理率(%) | 78.08 | -7.05 | -9.54 |
| 人均道路面积(平方米) | 13.75 | -2.35 | -3.47 |
| 人均公园绿地面积(平方米) | 11.8 | -0.98 | -1.94 |
| 建成区绿地覆盖率(%) | 39.22 | -1.92 | -4.25 |
| 建成区绿化率(%) | 35.27 | -1.3 | -3.65 |
| 生活垃圾处理率(%) | 91.89 | -16.1 | -19.84 |
| 生活垃圾无害化处理率(%) | 79.84 | -5.7 | -11.94 |

## 3. 老旧社区与棚户区

老工业城市居民住房条件较差,棚户区改造难度巨大,涉及住户和人口众多。老旧企业建厂时坚持"先生产,后生活",住房条件差,形成了大量的棚户区。很多居民仍居住在20世纪50~70年代建设的老房子,配套家属宿舍、筒子楼、棚户区相当多,大部分以砖木和土木简易结构为主,房屋质量较差。这些居住区使用年限久、质量差、人均面积小、基础设施配套不齐全、交通不便利,治安和消防隐患大,环境卫生脏、乱、差,与周边快速发展的高楼大厦、繁华的城市中心区形成明显的城市内部二元结构。城市内部集中分布的工人居住区、棚户区等生活区域和城区老工业区、独立工矿区等生产生活混杂区域成为城市低收入者聚集的区域。企业破产或改制后，住房处于无人管护维修、无钱返修重建的状态，房屋质量和基础设施逐步老化，很多成为危旧房。由于城市经济衰退，政府财力不足，各城市棚户区的住房条件始终得不到改善，而且随着时间的推移，房屋状况愈差，破损情况严重，并出现部分垮塌，威胁住户的生命和财产安全。经过前期的棚户区改造工作后，现在剩下的多是难啃的"硬骨头"，土地置换收益低、市场化运作困难，改造难度更大。白云鄂博矿区的包头钢铁（集团）有限责任公司职工住房多为20世纪50年代修建的不足50平方米的简易工房，没有配套完整的生活公共服务设施。自贡老城区有160万平方米棚户区，涉及9万人；内江市区棚户区涉及1.15万户，近80.13万平方米；汉中工矿企业有5.7万人仍居住在棚户区，荆州有棚户区约151万平方米，居住2.5万户（表5-21）。一些已实施的棚户区改造项目则存在公共基础设施滞后、贫困人口集中居住、就业机会少等问题，未来可能出现新的刚性封闭空间，带来新隐患。

表 5-21  部分城市的棚户区概况

| 城市 | 户数（万户） | 棚户区面积（万平方米） | 城市 | 棚户区面积（万平方米） | 城市 | 棚户区面积（万平方米） |
|---|---|---|---|---|---|---|
| 自贡 | 9万人 | 160 | 娄底 | 1100 | 盘锦 | 231.3 |
| 包头 | 8.81 | | 辽源 | 352.0 | 萍乡 | 225.0 |
| 赤峰 | 3.34 | | 阜新 | 303.0 | 白银 | 176.0 |
| 洛阳 | 0.9 | 50 | 伊春 | 272.7 | 白山 | 97.8 |
| 开封 | 7.8 | 559 | 石嘴山 | 245.0 | 大冶 | 30.8 |
| 平顶山 | 1.2 | 49 | 焦作 | 241.6 | 个旧 | 13.6 |
| 安阳 | 0.5 | 32 | 十堰 | 20 | 安庆 | 125.1 |
| 鹤壁 | 0.2 | 10 | 宜宾 | 82 | 天水 | 121 |
| 新乡 | 2 | 98 | 湘潭 | 520 | 嘉峪关 | 15 |
| 南阳 | 2.9 | 167 | 吉林 | 7350 | 金昌 | 68 |
| 宝鸡 | 0.4 | 35 | 绵阳 | 260 | 宜昌 | 60 |
| 荆州 | 2.5 | 151 | | | | |
| 汉中 | 5.7万人 | 383 | | | | |
| 襄阳 | 7.93 | 400.9 | | | | |
| 内江 | 1.15 | 80.13 | | | | |

国有企业社区是老旧社区的一种类型，主要指国有企业改革之前由单位出资建设的居住区，涉及众多住户和人口。随着城市化进程的加快，这些企业老旧社区已经破旧落后，配套设施不齐，社区供电、供水、燃气等配套设施老旧。尤其是原有国有企业已经破产或因经营效益较差而衰败，缺少能力对所属社区进行维修和翻新，导致区域环境日益衰败，成为城市内部二元结构的核心集中地带。这直接影响了居民生活质量和宜居城市的建设。而且，老旧社区涉及部门较多，包括消防、城管、居委会、电信、有线电视等，协调管理难度较大。例如，荆州中心城区的城中村与棚户区的空间分布，如图5-8所示。

老工业城市调整改造的理论与实践

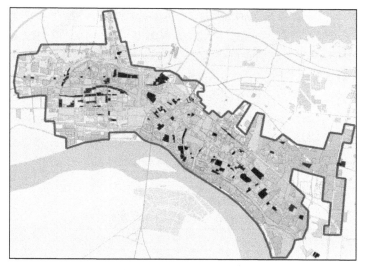

图 5-8　荆州中心城区的城中村与棚户区

## 四、资源与生态环境

由于资源禀赋的特点,长期以来老工业城市形成了以资源采掘及初级加工与重化工业为主体的产业结构。产业发展具有原材料与资源依赖等特点,资源型企业多,主要是电力、钢铁、化工、冶金等能耗和污染较高的企业,加之企业技术改造更新步伐缓慢、新技术新工艺引进和资金投入不足等原因,普遍存在资源高消耗、环境污染严重、生态系统持续恶化等资源环境问题,而且城市环境普遍"脏乱差"。这导致城市资源环境矛盾突出,已逼近甚至突破资源环境承载力红线,治理难度大。

### 1. 生态系统

长期依赖的资源采掘及初级加工与重化工业的发展,导致老工业城市的生态问题突出,生态系统不断恶化,治理难度日益增大,尤其是在地级城市表现明显。

1)资源开采矿区的生态系统破坏严重,对植被、土地、生物多样性、河流等都产生了重要影响。例如,炼磺矿区周围寸草不生,鱼虾绝迹,使矿区周围上百平方千米范围内的农作物大幅度减产,并在矿山一带形成酸雨,造成森林及农作物大面积死亡。截至 2014 年年底,全国共有尾矿库 11 359 座,其中,危库、险库 31 座,病库 741 座。

2)地质灾害较多。由于粗放式的开发,采矿活动带来一系列地质灾害,主要有崩塌、滑坡、岩溶塌陷、采空塌陷、瓦斯爆炸、矿坑突水、水土流失等。独立工矿区有 90%以上成为矿山地质灾害易发区,平均每 4 平方千米就有 1 处隐患点。大冶有塌陷区 80多处,滑坡、泥石流 30 多处,地质灾害重点防治区约 180 平方千米,次重点防治区约120 平方千米。

3)沉陷区问题突出。以资源开采为主的老工业城市,形成严重的地面沉降。在平原地区,土地沉陷导致严重的耕地毁损,大量农田无法耕种;丘陵山地地区加剧了水土流失，河流也产生河道淤塞、河床抬高。例如，河南与山西煤炭基地的地面沉降明显，平顶山煤矿地面沉降厚度为300～500米，出现了155.19平方千米的采煤沉降区，地面已形成97个主要采空区。20世纪80年代以来，山西累计生产原煤1000亿吨，煤炭开采为生态本就脆弱的当地留下了大面积的采空区和沉陷区，数千村庄房屋倒塌，居民饮水困难，耕地遭遇破坏；全省采煤采空区面积近5000平方千米（约占全省土地面积的3%），其中沉陷区面积约3000平方千米（占采空区面积的60%），受灾人口约230万人。截至2010年年底，淮北沉陷区面积达71.09平方千米，市辖区沉陷区面积占市辖区面积的2.6%（表5-22），铜川沉陷区面积达467平方千米，而长治、大同、临汾、阳泉、晋中沉陷区总面积约1533平方千米。

**表 5-22　部分老工业城市沉陷区面积及比例**

| 城市 | 沉陷区面积（平方千米） | 占市辖区面积的比例（%） | 治理资金（亿元） |
|---|---|---|---|
| 抚顺 | 53.47 | 7.5 | |
| 淮北 | 71.09 | 2.6 | |
| 阜新 | 101.3 | 2.5 | |
| 平顶山 | 155.19 | | 31 |
| 郑州 | 46.81 | | 9.1 |
| 濮阳 | 5.8 | | 1.2 |
| 鹤壁 | 64.38 | | 12.9 |
| 焦作 | 67.2 | 1.8 | 15.7 |
| 萍乡 | 51.7 | 1.0 | |
| 白山 | 28.7 | 0.5 | |
| 大冶 | 6.5 | 0.4 | |
| 辽源 | 18.8 | 0.1 | |
| 白银 | 23.1 | 0.1 | |

4）城市景观较差。城市景观是矿业开采和加工活动的真实写照，老工业城市在建筑形态上是烟囱林立、厂房遍地、凌空管道及分割交叉的铁路和公路道口等，色调上是"黑乎乎，灰蒙蒙"的，城市一片黑灰色，如煤炭城市多呈现黑色，而水泥城则呈现灰色。城市缺乏以绿色为基调、城市建筑物与自然环境融为一体的人文景观。

## 2. 能源资源利用

部分老工业城市受经济结构和技术水平影响，资源和能源消耗大，远高于全国平均水平，节能减排困难重重。这与两型社会、生态文明建设的主题目标相冲突。

1）水资源利用。老工业城市的许多产业属于高耗水产业，水资源利用效率较低，水资源浪费现象明显。2016年，116个老工业城市单位GDP水资源消耗强度达到10.51吨/万元，是全国城市平均水平11.05吨/万元的95.1%；从地级城市看，单位GDP水资源消耗强度达到12.7吨/万元，是全国城市平均水平的1.15倍。从具体城市来看，69个城市高于全国城市平均水平，城市数量比例达到59.5%，包括54个地级城市，所占比例为 78.3%。其中，牡丹江是全国城市平均水平的 6 倍之多，单位 GDP 水资源消耗强度高达 72.99 吨 / 万元；本溪、鹤岗、鸡西、吉林、白银、鞍山、阜新、柳州、通化、衡阳、安庆、锦州 12 个城市是全国城市平均水平的 2 ~ 3 倍。

2）能源利用。老工业城市工业生产的能源消耗主要是煤炭、石油资源及二次能源电力。2016 年，116 个老工业城市的单位工业产值耗电量达到 292 千瓦时 / 万元，是全国城市平均水平（283.9 千瓦时 / 万元）的 1.03 倍，尤其是地级城市的单位工业产值耗电量达到 408.1 千瓦时 / 万年，是全国城市平均水平的 1.44 倍。从具体城市来看，超过一半的老工业城市高于全国城市平均水平，数量达到 67 个，包括 55 个地级老工业城市，所占比例为 82.1%。其中，双鸭山最高，达到 2436.9 千瓦时 / 万元，是全国城市平均水平的 8.6 倍；临汾、安阳、鹤岗、鞍山、包头 5 个城市是全国城市平均水平的 5 ~ 7 倍，阳泉、抚顺、西宁等 8 个城市是全国城市平均水平的 3 ~ 5 倍，阜新、乐山、本溪、太原等 14 个城市是全国城市平均水平的 2 倍左右。这表明老工业城市节能减排的任务重，而且成本很高。

### 3. 环境污染

由于老工业城市的产业类型和主导产业，各类污染物排放较多，对环境的影响大，尤其是地级城市和省级城市老旧社区的人居环境较差。一些城市尽管取得了较快的经济增长，但普遍存在环境污染等问题，其中资源开发型和原材料制造型城市普遍比较严重，存在水污染和大气污染问题。部分城市还存在较高的环保建设历史欠账，生产工艺落后，环保设施严重不足。部分城市由于产业性质，严重限制了其节能减排和削减污染物排放的空间。

1）工业废水。老工业城市往往有着较高的污水排放强度，单位工业产值工业废水排放量达到 1.59 吨 / 万元，略低于全国城市平均水平（1.74 吨 / 万元），相当于全国城市平均水平的 91.4%，但地级城市是全国城市平均水平的 1.1 倍，达到 1.92 吨 / 万元。全国有 54 个老工业城市高于全国城市平均水平，城市数量比例达到 46.6%。其中，鹤岗的排放强度最高，达到 20.52 吨 / 万元，是全国城市平均水平的 11.8 倍；双鸭山达到 13.82 吨 / 万元，是全国城市平均水平的 7.94 倍；淮南和丹东分别达到 9.38 吨 / 万元和 8.46 吨 / 万元，是全国城市平均水平的 5.4 倍和 4.9 倍；鸡西和通化是全国城市平均水平的 3 倍左右，齐齐哈尔、大连、阜新等 10 个城市是全国城市平均水平的 2 ~ 3 倍。襄阳的汉江段在 1992 年、1998 年、2000 年和 2003 年连续四次发生"水华"。水源重金属污染是资源型城市普遍的现象，矿山附近的地表水体常作为废水、废渣的排放场所而遭受严重污染。韶关从 20 个世纪 70 年代开始开采金属矿产，北江支流马坝河、浈江、瀚江受韶关冶炼厂镉、铊污染严重，大宝山矿区周边村落素有广东"癌症村"之称，湖南水口山矿区的重金属污染范围达到 1.98 万公顷。

2）工业废气。由于能源消费结构以煤炭为主，老工业城市往往有着较高的废气排放强度，严重污染大气环境，这也是生态环境问题突出的重要原因。116 个老工业城市的单位工业产值二氧化硫排放量为 12.14 吨 / 万元，略低于全国城市平均水平（12.86 吨 / 万元），相当于全国城市平均水平的 94%，但地级城市为 16.66 吨 / 万元，是全国城市平均水平的 1.3 倍。从具体城市来看，70 个城市高于全国城市平均水平，占样本总量的 60.3%，包括 57 个地级城市，所占比例达到 81.4%。其中，阜新、阳泉、白银、金昌 4 个城市的排放水平最高，均是全国城市平均水平的 10 倍还多，尤其是阜新达到 189.07 吨 / 万元；六盘水和大同均是全国城市平均水平的 7 倍左右，丹东、鹤岗、鸡西、双鸭山、嘉峪关、葫芦岛 6 个城市均是全国城市平均水平的 5 ～ 6 倍，淮南、安顺、包头等 7 个城市是全国城市平均水平的 4 ～ 5 倍，鞍山、张家口、平顶山等 20 个城市是全国城市平均水平的 2 ～ 3 倍。

3）固体废弃物与工业粉尘。长期以来，工业固体废弃物大量堆放，侵占大量土地。露天矿开采和各种废渣、废石、尾矿的堆放与储存等，直接破坏与侵占的土地已达 1.4 万 ～ 2.0 万平方千米，以每年约 200 平方千米的速度增加。矿产资源开采与资源型产业发展，导致老工业城市的工业粉尘排放量较大，排放强度较高。116 个老工业城市单位工业产值工业粉尘排放量达 11.18 吨 / 万元，低于全国城市平均水平 12.73 吨 / 万元，是全国城市平均水平的 87.8%；但从地级城市来看，单位工业产值工业粉尘排放量达 18.69 吨 / 万元，是全国城市平均水平的 1.5 倍。有 53 个城市高于全国城市平均水平，占老工业城市数量的 45.7%，以地级城市为主，达到 46 个，比例达到 86.8%，占地级老工业城市总数的 54.8%。从具体城市来看，株洲最高，达到 407.58 吨 / 万元，是全国城市平均水平的 32 倍。双鸭山和鸡西分别高于 140 吨 / 万元，是全国城市平均水平的 11 倍左右；铜川、鹤岗和本溪是全国城市平均水平的 7 倍左右，抚顺和丹东分别是 5 ～ 6 倍，临汾、阜新、嘉峪关、阳泉、齐齐哈尔和大同等城市是全国城市平均水平的 4 倍左右，唐山、西宁、六盘水、娄底、邯郸、营口、平顶山、安阳 8 个城市是全国城市平均水平的 3 倍左右。抚顺有三个由露天矿开采剥离物堆积形成的排土场，在露天堆积条件下，每立方米空气中悬浮颗粒高达 0.339 毫克，弃渣中产生大量的有害气体。包头昆都仑区有包头钢铁（集团）有限责任公司 40 年生产形成的近亿吨尾矿，对周边 11 个社区生态环境和居民住房造成严重威胁。萍乡煤炭开采产生的煤矸石堆积如山，目前累计堆存量上亿吨，占用土地达 8000 余亩（表 5-23）。

表 5-23　污染排放为全国城市平均水平 2 倍以上的老工业城市（单位：吨 / 万元）

| 城市 | 单位工业产值废水排放量 | 单位工业产值二氧化硫排放量 | 单位工业产值工业粉尘排放量 |
|---|---|---|---|
| 鹤岗 | 20.52 | 75.27 | 95.62 |
| 双鸭山 | 13.82 | 71.91 | 149.89 |
| 丹东 | 8.46 | 76.36 | 67.26 |
| 鸡西 | 5.95 | 74.44 | 147.25 |
| 齐齐哈尔 | 4.98 | 31.62 | 55.87 |
| 阜新 | 4.86 | 189.07 | 60.89 |
| 韶关 | 4.58 | 27.09 | 27.96 |
| 辽阳 | 4.40 | 31.16 | 29.45 |
| 临汾 | 3.94 | 53.06 | 62.85 |
| 大同 | 3.53 | 91.04 | 55.30 |

# 五、社会与民生事业

长期以来，由于国有企业改制、兼并和破产等原因，各类历史遗留问题和新产生的社会问题、民生问题相叠加，开始逐步影响老工业城市的社会和谐和稳定安全。

## 1. 历史遗留问题

历史遗留问题指在以往的老工业城市发展中，因各种因素制约而未能得到及时解决并不断积累的问题。这些问题年久日长，时过境迁，错综复杂，涉及面广，影响范围大，处理起来往往牵一发而动全身，也称为"老大难"或"棘手问题"。由于老工业城市的特殊体制，形成了系列的历史遗留问题，包括历史欠税、银行贷款、厂办大集体、壳企业、企业办社会等。经过多轮改革后，上述历史遗留问题尚未能彻底解决，特别是集中在煤矿、钢铁等大型工矿企业，深刻影响企业改制与再生，并成为企业发展的主要瓶颈。

厂办大集体指20世纪70～80年代由国有企业批准或资助兴办，以安置富余人员、返城知青、职工子女为目的，向主办企业提供配套产品或劳务服务的企业，在市场化过程中出现机制不活、人员富余、转型困难等问题，因产权关系复杂、职工安置困难、改制资金缺乏，无法正常破产而多处于工厂停产和职工失业状态。随着物价水平的提高，改制费用与职工安置费等改革成本越来越高，成为国有企业改革和转型升级的"绊脚石"。2005年，国务院批准在东北进行厂办大集体改革试点，取得初步成效，但厂办大集体企业仍存在明显的问题。荆州国有企业改革中，安置标准仍按1999年社会平均工资标准（4695元）计算职工安置费用，改制企业职工安置费用尚有15亿元未兑现，涉及职工7.5万人，破产、关闭企业安置职工资金缺口14.5亿元；内江要彻底完成28家国有企业改制，资金缺口超过3.5亿元。

壳企业指不具备企业基本生存条件、没有生产经营能力与有效资产、重新启动生产的基本条件与要素不具备、企业无偿债能力、冗员和债务包袱沉重，又因客观条件限制没有注销的名存实亡的企业。老工业城市在国有企业和集体企业改制过程中产生了大量的壳企业和僵尸企业，"空壳"现象突出，影响了新经济秩序的构建。安阳有74家壳企业，总债务约13亿元，涉及职工人数8480人。南阳有壳企业34家，涉及人员4465人，负债4.8亿元，抚顺有壳企业105户。老工业城市尚有大量的已停产、半停产、连年亏损、资不抵债的僵尸企业，关而不清、倒而不破，长期悬搁债权债务，主要依靠政府补贴和银行续贷维持。

国有企业办社会职能指由于历史等原因，国有企业承办了本应由社会化经营主体或公共机构承办的各种社会服务职能。全国国有企业办社会职能机构还有1.7万个，其中国有企业办医疗机构2500多个、教育机构1600多个、其他市政机构1800多个，国有企业负责管理和维护的职工家属区涉及1100多万人。目前，东北地区和中西部的部分领域和部分企业仍有较大规模的办社会问题，职工住宅"三供一业"（供水、供电、供热、物业）、离退休人员管理、承办教育机构、医疗机构和消防市政等机构移交改造费用巨大。2013 年黑龙江龙煤集团"三供一业"职工人数近 8000 人，年现金负担 7000 多万元，移交费用高达 43 亿元（表 5-24）。

表 5-24　2013 年部分老工业城市的历史遗留问题（单位：亿元）

| 城市 | 国有企业的债务额 | 国有企业的历史欠税额 | 彻底剥离企业办社会所需的资金缺口 | 彻底解决离退人员社会保障的资金缺口 | 待解决的养老保险金额缺口 | 待解决的医疗保险金额缺口 |
|---|---|---|---|---|---|---|
| 天水 | 42.92 | | 6.87 | 9.41 | 2.01 | 0.46 |
| 嘉峪关 | 474.85 | | | 2.50 | 0.11 | 0.04 |
| 邢台 | 44.04 | 0.70 | 0.02 | 172.51 | 0.15 | 3.87 |
| 张家口 | 197.00 | 2.70 | 0.10 | | 0.01 | 0.15 |
| 安阳 | 2.78 | 1.86 | 0.06 | 2.08 | 37.00 | 3.00 |
| 开封 | 7.00 | 0.50 | | | 0.07 | 0.10 |
| 南阳 | 968.00 | 753.00 | 1.36 | 5.80 | 2.80 | 0.01 |
| 平顶山 | 20.82 | 0.12 | 0.20 | 0.05 | | |
| 牡丹江 | 170.00 | 16.50 | 2.70 | | 1.30 | 1.00 |
| 齐齐哈尔 | 206.50 | 2.20 | | | 23.20 | 8.20 |
| 襄阳 | 205.81 | 2.00 | 16.90 | 39.59 | 1.28 | 1.98 |
| 宜昌 | 414.81 | 2.30 | 12.30 | 8.90 | | |
| 荆州 | 61.00 | 14.00 | 15.00 | 25.00 | | |
| 娄底 | 311.40 | 3.11 | 11.56 | 6.45 | 3.15 | 1.32 |
| 岳阳 | 113.00 | 0.30 | 1.00 | 2.00 | | |
| 辽阳 | 2.02 | 18.75 | 1.46 | 0.93 | 3.08 | 2.45 |
| 宝鸡 | 16.83 | 0.46 | 4.50 | 0.12 | | |
| 汉中 | 20.06 | 1.98 | 9.00 | 0.26 | 0.01 | 0.00 |
| 宜宾 | 110.13 | 1.71 | 8.31 | 0.87 | | |

历史欠税和银行贷款是老工业城市国有企业普遍存在的问题。银行贷款指企业为了生产经营需要向银行或其他金融机构按规定利率和期限的借款，主要用来进行固定资产购建、技术改造等大额长期投资。历史欠税主要指转轨过程中部分企业因历史包袱沉重、经济效益不佳而造成欠税难以清缴，涉及增值税、消费税、所得税等在内的各种工商税收。2006 年，财政部和国家税务总局联合下发《财政部国家税务总局关于豁免东北老工业基地企业历史欠税有关问题的通知》，对东三省在 1997 年 12 月 31 日前形成的历史欠税予以豁免，但在其他地区，历史欠税仍存在。2010 年，荆州市区存在历史欠税的国有老企业有 315 家，历史欠税达 2 亿元，历史各银行贷款本息约 12.5 亿已无能偿还。截至 2010 年，十堰市区欠税老国有企业有 10 家，欠缴税 0.9 亿元，欠银行贷款本息超过 2 亿元。襄阳历史欠税达 7.34 亿元，不良资产和表外欠息高达 95.17

亿元。

这些历史遗留问题如果处理得当，可减轻负担，消除隐患，促进稳定发展；如果处理不当，则可能背上包袱，影响和谐稳定。

## 2. 就业与收入

老工业城市主导产业与老企业的特点，决定了在改革开放的过程中产生了大量的下岗人员，失业率比较高，就业压力大。产业结构单一决定了就业结构也呈现单一的特征。以资源采掘业和重化工业为主的城市，从业人员高度集中于某一两个行业。2016 年，116 个老工业城市的资源采掘业就业比例达到 2.53%，低于全国城市平均水平（2.74%），但 84 个地级城市的资源采掘业就业比例达到 5.48%，是全国城市平均水平的 2 倍。其中，阳泉比例最高，达到 42.4%，克拉玛依达到 41%；大同、淮南、六盘水均超过 30%，东营、双鸭山均超过 25%，铜川、大庆、阜新、平顶山和盘锦均超过 20%。

因国有企业改制、资源枯竭、产业衰退与空心化等问题的综合作用，部分企业效益下滑甚至倒闭破产，造成就业岗位严重不足，大批职工下岗。抚顺矿区各集体企业与原单位脱钩后，92.5% 的独立法人关闭，下岗职工达 6 万人，加上新增下岗人员，累计下岗职工达 28 万人，占城区人口的 20%。特别是中国长期实行"高就业、低工资、低效率"的就业制度和政策，使中国在职"隐蔽性失业"的规模庞大。例如，十堰下岗职工迅速增加，每年下岗的职工都有 5 万多人；泸州尚有下岗失业人员 4.5 万人，而内江因国有企业破产改制而分流的下岗失业人员达 15 万余人，尚有 3.5 万人未实现就业；荆州近 2 万人长期处于不稳定就业状态，2009 年在岗职工比 2001 年减少 2.1 万人，登记失业率达 13.7%。2005 年韶关关闭全部煤矿企业，导致近 5 万名工人失业。据统计，独立工矿区失业矿工人数达到 36 万人。阳泉市从 2015 年开始进入了新一轮"轮岗"。多数失业人员年龄大，文化程度低，技能单一，再就业能力缺乏。这成为老工业城市发展的潜在隐患。

老工业城市的经济发展水平与就业状况，决定了居民的收入水平较低。由表 5-25 可知，2015 年，116 个老工业城市在岗职工工资为 6.8 万元，比全国城市平均水平（6.26 万元）高，为全国城市平均水平的 1.09 倍，84 个地级城市为 6.72 万元，是全国城市平均水平的 1.07 倍。但从具体城市来看，88 个城市低于全国城市平均水平，城市数量比例达到 75.9%，包括 77 个地级城市，所占比例达到 91.7%。其中，丹东最低，仅为全国城市平均水平的 60%（比例等级 0.6）；孝感、荆门、荆州等 14 个城市为全国城市平均水平的 60%～70%（比例等级 0.6～0.7），城市数量比例为 12.07%。开封、濮阳、鞍山等 28 个城市为全国城市平均水平的 70%～80%（比例等级 0.7～0.8），城市数量比例为 24.14%，接近 1/4；安庆、抚顺、铜川等 22 个城市为全国城市平均水平的 80%～90%（比例等级 0.8～0.9），城市数量比例为 18.96%，铜陵、淄博、广元等 23 个城市为全国城市平均水平的 90%～100%（比例等级 0.9～1.0），城市数量比例为 19.83%（表 5-25）。大量失业人员和低收入促使困难群体人数增多，最终导致和滋生众多的社会问题，包括就医难、子女上学难、生活难、住房难。

表 5-25　中国老工业城市收入结构

| 比例等级 | 城市 | 数量（个） | 比例（%） |
|---|---|---|---|
| < 0.6 | 丹东 | 1 | 0.86 |
| 0.6～0.7 | 孝感、荆门、荆州、鸡西、新乡、鹤岗、安阳、盘锦、黄石、焦作、双鸭山、十堰、南阳、宜昌 | 14 | 12.07 |
| 0.7～0.8 | 开封、濮阳、鞍山、本溪、辽源、娄底、通化、衡阳、平顶山、咸阳、天水、岳阳、阜新、洛阳、阳泉、邯郸、佳木斯、齐齐哈尔、葫芦岛、牡丹江、锦州、襄阳、临汾、张家口、营口、承德、吉林、宝鸡 | 28 | 24.14 |
| 0.8～0.9 | 安庆、抚顺、铜川、赣州、保定、辽阳、白银、汉中、湘潭、泸州、金昌、郑州、茂名、自贡、呼和浩特、嘉峪关、柳州、徐州、石家庄、乐山、韶关、唐山 | 22 | 18.96 |
| 0.9～1.0 | 铜陵、淄博、广元、潍坊、芜湖、株洲、六盘水、南昌、西宁、哈尔滨、大同、绵阳、德阳、淮南、包头、马鞍山、太原、安顺、沈阳、攀枝花、昆明、重庆、兰州 | 23 | 19.83 |
| 1.0～1.1 | 福州、长春、西安、贵阳、银川、武汉、合肥、南宁、大庆、遵义、长沙、东营、乌鲁木齐 | 13 | 11.21 |
| 1.1～1.2 | 济南、成都、大连、青岛、常州、苏州 | 6 | 5.17 |
| 1.2～1.3 | 宁波、无锡、杭州 | 3 | 2.59 |
| 1.3～1.4 | 南京、广州、天津、克拉玛依 | 4 | 3.45 |
| 1.6～1.7 | 上海 | 1 | 0.86 |
| 1.8～1.9 | 北京 | 1 | 0.86 |

## 3. 社会保障

　　长期以来，由于老工业城市形成的特定历史时期与特殊体制，经济转型时产生了各种矛盾和困难，各类社会问题突出。目前，各类社会保障事业均存在明显的资金缺口，需要巨额资金解决养老保险、医疗保险、失业保险等社会问题，这制约了老工业城市的发展。1998 年至今内江，国有企业改制破产造成社保基金缺口达 13.08 亿元；目前襄阳每年仍需支付 3000 万～4000 万元解决职工遗留问题；荆州社会保险欠费一直保持在 12 亿元，预留养老保险资金缺口达 1.25 亿元，涉及人数 1.5 万人，改制企业职工预留医疗费资金缺口达 18.5 亿元，改制破产企业的工伤人员保险缺口达 1.17 亿元，社会保险缺口达 5514 万元，实际接续率不足 70%。十堰社会保险欠缴 2 亿元，预留保险资金缺口达 1.8 亿元，改制企业职工预留医疗费资金缺口达 1.2 亿元，改制破产企业的工伤人员保险缺口达 0.8 亿元，1/3 的企业无缴费能力。萍乡国有资源型企业累计拖欠养老保险费、失业保险费、工伤保险费达 11.79 亿元，对国有资源型困难企业进行破产改制，经测算要支付经济补偿、失业保险、养老保险、伤残补助等改制成本达 30 亿元。

## 4. 公共事业与民生条件

　　城市公共事业指负责维持公共服务基础设施的事业，一般包括电力、供水、废物处理、污水处理、燃气供应、交通、通信等事业。社会事业指国家为了社会公益目的、由国家机关或其他组织举办的社会服务，是政府领导的社会建设和社会服务业，是与行政部门和企业行为相并列的活动，具体包括教育、医疗卫生、劳动就业、社会保障、科技、文化、体育、社区建设、人口与计划生育等方面。

老工业城市的企业布局与城市建设历史，决定了各城市的基础设施建设滞后，尤其是社会事业与公共服务水平较低、供给服务能力不足、质量偏低，这影响了居民的生活质量与城市品质。加之各城市的财力有限，教育、医疗卫生、文化体育、交通等公共服务供给不足，社会事业和民生建设尚存在诸多问题，甚至部分国有企业仍然承担着公共服务职能，形成公共事业"企业投入不起，政府不愿投入"的现象，导致公共服务缺失。主要体现在：① 2016 年，116 个老工业城市有 41 个城市天然气覆盖人口比率低于全国城市平均水平，城市数量比例达到 35.3%，其中地级城市为 35 个，占 85.4%，占地市城市总量的 41.7%。②拥有医生与床位的数量是反映地区医疗供应能力的重要指标。2016 年，116 个老工业城市中有 55 个城市的万人医院床位数低于全国城市平均水平，城市数量比例达到 47.4%，其中地级城市为 31 个，比例为 56.4%。其中，泸州每万人医院床位数不足 30 张。③城市交通也呈现较低的供给能力，有 61 个城市的万人公共汽车数量低于全国城市平均水平，其中地级城市为 59 个，比例为 96.7%，占地级城市总量的 70.2%。

# 六、老工业区问题

## 1. 老工业区

老工业区是很多国家在工业化和城镇化推进过程中所形成的产物，目前在许多城市内部呈现出破败的现象。20 世纪 60 年代后，随着集装箱运输的发展，伦敦东区逐步衰落，成为伦敦城区经济最落后、失业率和犯罪率最高的区域，优质企业、中产阶级逐步向伦敦西部聚集，伦敦东部越来越衰败，并由此形成恶性循环。

在中国的工业化和城镇化过程中，许多城市形成了明显集聚且破败的老工业区。根据初步统计，全国共有位于中心城区的老工业区 240 多个，涉及大中型企业 8200 多家，在职职工 550 万人。其中，急需改造的老工业区有 80 个左右，困难突出、亟待改造的独立工矿区有 130 多个。典型老工业区如表 5-26 所示。这些老工业区的发展面临很多问题和困难，成为城市的"锈斑"，成为城市市区的问题区域与困难区域。这些老工业区与独立工矿区多分布在东北和中西部地区。

表 5-26　中国城市老工业区清单

| 省（自治区、直辖市） | 数量（个） | 名称 |
| --- | --- | --- |
| 北京 | 1 | 首钢老工业区 |
| 河北 | 5 | 张家口宣化与下花园、石家庄长安、保定市城区、邢台市桥东区、邯郸市城区 |
| 山西 | 4 | 太原万柏林、阳泉市城区、临汾市尧都区、大同平旺地区 |
| 内蒙古 | 1 | 包头市城区 |
| 辽宁 | 3 | 鞍山大孤山、本溪溪湖区、锦州西海工业区 |
| 吉林 | 2 | 通化二道江区、吉林哈达湾区 |
| 黑龙江 | 4 | 鸡西滴道区、佳木斯东风区、齐齐哈尔富拉尔基区、牡丹江爱民区 |

| 省（自治区、直辖市） | 数量（个） | 名称 |
|---|---|---|
| 江苏 | 4 | 徐州鼓楼、南京大厂、镇江城区、常州城区 |
| 安徽 | 6 | 合肥瑶海、芜湖镜湖与四褐山、马鞍山华山、安庆桐城老梅工业区、蚌埠东市区、淮北相山 |
| 江西 | 4 | 南昌青云谱、景德镇城区、萍乡城区、九江城区 |
| 山东 | 3 | 济南东部、淄博周村、枣庄市中 |
| 河南 | 7 | 洛阳涧西、鹤壁山城、南阳油田工业区、新乡北郊、平顶山湛南与平煤矿区、开封东郊老工业区、安阳铁西 |
| 湖北 | 7 | 武汉古田、襄阳樊西、宜昌伍家岗、十堰城区、荆州沙市区、荆门象山、黄石环滋湖 |
| 湖南 | 7 | 株洲清水潭、湘潭湘钢工业区、长沙开福、岳阳城西、娄底骡子坳、邵阳小江湖、衡阳合江套 |
| 广东 | 1 | 茂名河西 |
| 广西 | 2 | 柳北工业区、桂林城区 |
| 重庆 | 3 | 大渡口滨江、九龙坡东区、綦江古南三江 |
| 四川 | 8 | 自贡自流井区、内江马鞍山、成都青白江、攀枝花攀钢工业区、泸州沙茜－蓝田、绵阳跃进、乐山五通桥、宜宾江北 |
| 贵州 | 3 | 贵阳小河、安顺城区、遵义东南郊工业区 |
| 陕西 | 3 | 西安棉纺织、汉中甘河工业区、咸阳市老城区 |
| 甘肃 | 5 | 兰州七里河、天水城区、嘉峪关老城区、白银城区、金昌城区 |

## 2. 城市内部二元结构

城市内部二元结构是中国城镇化过程形成的普遍性问题，尤其是在老工业城市表现尤为明显。在许多城市，呈现出新城新区建设快而老旧城区改造缓慢的现象。其中，老工业区破旧厂房林立，市政设施老旧，多数居民是企业职工及家属，退休和失业人员多，收入水平低，居住条件差，棚户区集中，民生问题突出，贫困群体刚性封闭，社会矛盾集中。老工业区与周边的城市环境和城市繁华地带形成强烈反差，成为城市内部"二元结构"的典型区域，一边是高楼林立、设施完善的中心城区和新城城区，一边是低矮破败的棚户区和危旧房集中分布的老旧城区，在城市内部形成"一边是棚户连天，一边是高楼大厦"。破败的、功能不完整的老旧城区一般均呈大面积的块状分布。城市内部二元结构的实质是城市内部贫困人群集聚而造成的不同社会群体分化和城市内部发展失衡。

## 3. 用地布局

城市工业企业的布局与城市发展是一个历史过程，因工业化与城镇化路径交叉，工业城市形成过程中建立的各类工业集聚区已与城市发展要求不相适应。随着城市的持续拓展，工业企业开始与其他城市社会经济实体相融合，工业企业与其他城市功能实体交杂分布，在城市内部工业用地与居住用地、商贸用地混杂，生产、生活和公共服务混杂，老工业区为城市所包围，影响了城市的空间拓展。典型案例如图5-9所示。随着城市规模的增长和城市空间的扩张，老工业区与城市区的空间关系不断变化，远离市区的工业

老工业城市调整改造的理论与实践

区和矿区逐步演变为城市区，老工业区周边的各类城市要素不断发展，逐步形成居住、商贸、文化等功能板块，并包围了老工业区。由于工业企业、工业区与居民区、商业区距离较近，噪声、粉尘和污水导致周围环境污染严重。而且，因工业布局的历史，原本生产区与职工宿舍区相隔离，但因后期生产厂区和职工社区的持续扩大，两者开始混杂交叉。这表明城市与工业的空间关系进入了需要调整的新阶段。包头市区集中分布的老工业区占地面积超过 40 平方千米，其中工业用地面积为 19.6 平方千米，集中了 180 多家工业企业，混杂居住有 3 万余户职工。

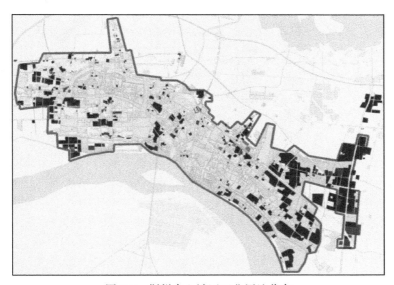

图 5-9　荆州中心城区工业用地分布

### 4. 企业发展

老工业区的形成和发展有其历史原因，加之市域和市区产业结构的拓展和完善，促使老工业区产业结构不优，传统产业仍为主体，发展缓慢，高新技术产业发展不足，数量少且规模偏小。老旧企业多是 20 世纪 60 ~ 70 年代甚至更早时期布局发展的，随着生产技术的进步和城市规模的扩张，企业发展受到众多的限制。老工业区是老旧国有企业的集中区域，许多老旧企业处于亏损、停产或破产状态。随着城市的扩张，企业周边的农用地和隔离区或绿化带逐步转变为城市用地，形成商业、居住和其他城市用地。许多厂区与居民区的间距已突破安全生产标准，企业生产的安全距离遭到了城市扩张的蚕食，各类环境问题和安全隐患由此产生。同时，随着生产技术的发展，具有生长潜力的企业扩大生产线和增加企业用地的空间受到限制，临近地区已无适用工业生产和企业布局的用地。这导致企业往往形成了分厂和总厂相分离的现象。即使如此，随着城市的持续增长，分厂也逐渐面临与城市相混居的趋势与情景。

## 七、体制与机制约束

老工业城市的形成和发展有着其特殊的历史背景和国内外环境，许多城市的建设并未遵循产业基地建设的规律，由此形成系列的特殊经济、社会、管理体制，社会经济发展也形成特殊机制，包括国有经济体制、行政管理体制、财税和金融体制、民生社会事业体制和对外开放体制等。在市场经济建设过程中，老工业城市仍然面临着突出的深层次体制性，仍然束缚着城市的活性发展。

### 1. 对外开放特征

除了省会城市和计划单列市之外，许多老工业城市多位居内陆地区，远离交通干线，区位相对闭塞，对外开放水平不高，远离国内和国际市场，国际市场的融入水平较低。这促使城市经济发展动力不足，影响了经济结构调整的力度和发展活力的积淀。经济外向度较低，经济结构的开放性较低，对外经济联系薄弱。

在老工业城市的工业企业数量中，内资型企业数量占85.05%，与全国城市平均水平85.9%仅差0.85个百分点，港澳台和外资企业数量仅占14.95%；但地级城市的内资型企业比例为89.2%，比全国城市平均水平高3.3个百分点。从具体城市来看，内资型企业数量高于全国城市平均水平的城市有104个，城市数量比例达到89.7%，仅杭州、赣州、常州、北京、南京、宁波、无锡、大连、天津、青岛、广州、上海和苏州的比例低于全国城市平均水平，这些城市主要为东南沿海城市。从工业产值结构来看，老工业城市的内资企业工业产值约占75.24%，比全国城市平均水平（77.25%）低2.01个百分点，但地级城市的比例高达83.54%，高出全国城市平均水平6.3个百分点。具体来看，有95个城市的内资型企业工业产值比例高于全国城市平均水平，占老工业城市总量的81.9%，有72个城市的内资型企业工业产值比例高于90%，尤其是嘉峪关、金昌达到100%，克拉玛依、鹤岗、六盘水、攀枝花、承德、遵义、安阳、泸州和汉中均高于98%。

### 2. 国有企业改革

老工业城市的特殊发展历史决定了大型企业的主导地位，这些龙头企业不但主导了地区的经济发展与经济结构，成为地方财政收入的主要来源，而且承担了大量的社会职能，影响着城市社会事业的发展。

各地区的国有企业比例大、单体企业比较大，许多老工业城市的国有经济仍高达80%以上，并集中在能源电力、石油化工、钢铁冶金和汽车等领域。14个典型的煤炭城市国有及国有控股工业总产值比例平均为71%，5个典型冶金城市为83%，大庆、六盘水、东营和伊春的国有及国有控股工业总产值比例分别达到92%、91%、85%和70%。金昌市支柱企业金川有色金属公司的工业总产值、利税、职工人数分别占全市的91%、98%和77%。黑龙江省鹤岗矿业集团有限责任公司年工业产值和税收均占全市的60%以上。

国有企业改革不彻底，在企业改制、建立现代企业法人治理结构、推进股份制改革等方面的改革还不到位，在分离企业办社会、离退休人员安置等方面遗留了大量问题，造成了国有企业包袱依然沉重，机制不活。在20世纪80年代末90年代初的老工业城市国有企业和集体企业改制过程中，进行了股份制改造试点，企业职工持股在各地悄然兴起，职

老工业城市调整改造的理论与实践

工持股形式不够规范，股权过于分散，并使内部职工股呈现出一片混乱状态，超范围超比例现象严重，带来了大量的遗留问题，并成为许多企业上市不可逾越的障碍。

---

**专栏 5-4　国有企业改革**

国有企业改革是经济体制改革的中心环节，目的是使国有企业形成适应市场经济要求的管理体制和经营机制。国有企业改革经历了五个阶段：1978～1980年，以扩大企业自主权试点为突破口，扩权、减税、让利，给企业一定的自主财产和经营权利。1981～1982年，试运行经济责任制，在部分地区企业试行多种形式的盈亏包干责任制和记分计工资、计件工资、浮动工资等办法。1983～1986年，实施利改税。1987～1991年，实行以"包死基数、确保上交、超收多留、欠收自补"为主要内容的企业承包制。1992年后，实施以建立现代企业制度为目标的改革。

---

国有经济比例过大、国有企业改革滞后挤压了民营经济的发展空间，市场经济发展的土壤尚未完全形成，导致民营经济发展滞后，非公有经济发展缓慢，私营、外商投资等非公有经济发展缓慢（表5-27）。

**表 5-27　2010 年部分城市国有经济比例**

| 国有经济比例 | 城市 |
|---|---|
| ＞70% | 金昌、安顺 |
| 50%～70% | 十堰 |
| 30%～50% | 娄底、荆门、鞍山、宜昌、平顶山、天水、吉林、株洲、洛阳 |
| 10%～30% | 新乡、襄阳、汉中、六盘水、南阳、鹤壁、鞍山、安庆、岳阳 |
| ＜10% | 营口、通化、嘉峪关、自贡、辽阳、齐齐哈尔、湘潭、安阳、九江、芜湖、荆州、咸阳、牡丹江、开封、衡阳 |

注：数据源于各地方上报数据

### 3. 城企关系

老工业城市经营管理与主产龙头企业关系复杂，深刻影响了老工业城市转型发展。受历史发展的影响，许多老工业城市因工业企业布局而产生发展，多数资源型城市依托一两个资源型企业而形成，在城市发展初期，无论是石油、煤炭、冶金还是森工城市，多采用政企合一的管理体制，主产企业与城市形成了"企业建，城市生；企业兴，城市兴；企业衰，城市衰"的利益攸关关系，部分城市以大型国有企业为主体，大型国有企业和地方政府在资源配置中尚未形成合理的角色和分工，导致企业和城市发展缺乏活力。虽然经过企业改制后，多数企业实现了政企分离，但政企合一的各种影响仍然存在，甚至到目前，部分城市仍然保留矿政企合一的体制。例如，中国石油天然气集团有限公司的总经理担任克拉玛依的市长，企业领导与政府领导相同。

但部分城市形成相反的格局，因体制和嵌入式企业布局，产业发展与地方发展的互动性较弱。大中型企业隶属于中央，城市政府作为管理主体，却难以参与产业和企业的生产要素配置，中央直属企业游离于城市经济体系之外，形成资源赋存主体与资源开发主体在发展目标、发展利益上的错位。许多城市的国有企业、国防军工企业未能与地方尤其所在城市经济融合发展、相互支撑，相互之间产业脱节，中央企业形成明显的孤岛发展模式，与地方经济的关联度较低。老工业城市未能围绕中央企业、国防军工企业形成配套产业和协作企业，龙头企业的联动不强，与辅助产业发展相脱节，许多技术未能民用化、产业化，未能形成产业链式发展。甚至中央企业与地方政府发展存在利益冲突，由于两者之间管理体制的差异，双方在利益协调上存在一定问题，中央企业生产在地方、包袱和负担在地方、收益多上缴中央，央企与地方尚未形成合理的利益共享机制。

企业与城市的利益攸关关系，就决定了企业变迁会深刻影响城市的发展。在十堰，汽车产业约占十堰工业总产值的80%以上，而东风汽车集团有限公司占整个汽车产业的80%，十堰在社会生产中依附于东风公司；1994～2002年，十堰的工业效益综合指数平稳上升，但2003～2005年，该指数呈下滑趋势，这与东风汽车2003年的迁址密不可分；2002年1～9月，十堰实现销售收入102亿元，实现税收3.66亿元，然而注册地、总部迁往武汉，部分税收随之转移，十堰的税收锐减，直接影响了十堰的其他社会经济建设。

# 八、工业技术与人才

老工业城市虽然拥有较强的技术优势与产业优势，但企业设施设备落后，员工数量多，技术水平较低，工业生产效率低，创新能力低，这影响了城市的工业经济创新发展。

## 1. 工业设施设备

生产设施与生产设备是工业生产的基础工具，是在工业企业中直接参加生产过程或直接为生产服务的机器设备，在生产过程中被生产工人操纵的，直接改变原材料属性、性能、形态或增强外观价值所必需的劳动资料或器物，如高炉、机床等。企业生产设施设备的技术水平和装备水平，直接决定了工业产品或制成品的质量、精度、产量，基本反映了最新工业技术与生产效率。

多数老工业城市的工业企业建设较早，发展历史悠久，很多企业都很老甚至是中华人民共和国成立之前的老旧企业，企业生产设备与设施陈旧。主产领域的企业生产设施与生产设备老化，工业技术与生产工艺落后。尤其是资源采掘业和原材料产业属于资金密集型产业，受资金投入限制和设备老化的影响，重点企业的技术改造步伐缓慢，设备更新不足，许多厂房车间仍是20世纪50年代的水平。这促使工业企业生产效率较低，生产故障较多，资源消耗较高，污染排放较高。以柳州为例，30%的企业工艺装备水平相当于20世纪90年代的水平，属于70～80年代水平的企业占15%，还有15%的企业属于50～60年代或以前的水平。老工业城市的现代化生产急需先进的成套装备和高质量、高性能材料，对装备进行升级换代。但企业技术设备的改造需要大量资金，如宝鸡市区的姜城堡、姜谭、福临堡、上马营供、卧龙寺等老工业区，完成国有企业的技术改造就需要 200 亿～ 300 亿元。

　　老工业城市的企业多数比较老，多为国有企业，由于生产设备老化、企业员工数量庞大、工艺技术水平落后等原因，劳动生产效率比较低，经济效益比较低。由表 5-28 可知，26 个老工业城市人均劳动生产效率低于全国城市平均水平，比例达到 22.4%。阳泉、大同、天水的人均劳动生产效率最低，均不足全国城市平均水平的 50%；淮南、平顶山等城市很低，不足全国城市平均水平的 60%；韶关、乐山、安顺、张家口、六盘水等城市不足全国城市平均水平的 80%。这些城市尤其集中在煤炭城市。国有企业有大量的就业人员是这些城市工业发展效率低下的主要原因。

表 5-28　部分老工业城市人均劳动生产效率

| 地区 | 人均劳动生产效率 | 地区 | 人均劳动生产效率 | 地区 | 人均劳动生产效率 |
|---|---|---|---|---|---|
| 阳泉 | 419 | 六盘水 | 902 | 岳阳 | 2525 |
| 大同 | 449 | 绵阳 | 949 | 芜湖 | 2743 |
| 天水 | 540 | 开封 | 959 | 娄底 | 1068 |
| 淮南 | 681 | 石嘴山 | 971 | 常州 | 1074 |
| 平顶山 | 704 | 宝鸡 | 1011 | 遵义 | 1097 |
| 韶关 | 713 | 宜宾 | 1017 | 南阳 | 1121 |
| 乐山 | 732 | 临汾 | 1018 | 攀枝花 | 1169 |
| 安顺 | 870 | 铜川 | 1019 | 株洲 | 1175 |
| 张家口 | 891 | 自贡 | 1064 | 全国 | 1179 |

## 2. 研发投入

　　老工业城市虽然拥有较强的技术优势与产业优势，但高技术含量高的产品仍然有限，市场占有率低，产业自主创新能力明显不足，部分科技资源未能转化成产业优势与经济优势。由于老工业城市多处于内陆地区及中西部，城市较为偏僻且区位条件较差，导致高校、科研机构与科技中介机构不仅数量较少而且发展缓慢、功能缺失。科研队伍主要服务于政府和大型国有企业，科技成果转化率偏低。政府和企业研发投入过低而不足，科技人员少，实验室建设严重滞后，技术创新发展能力弱，技术引进明显滞后，长期积累的核心技术和关键技术优势不断削弱甚至丧失。

　　多数城市的 R&D 经费占城市 GDP 比例低于全国城市平均水平。所有老工业城市的科技财政支出比例为 2.77%，比全国城市平均水平（3.5%）低 0.73 个百分点，地级城市的科技财政支出比例为 1.83%，比全国城市平均水平低 1.67 个百分点，仅相当于全国城市平均水平的 52.3%。由表 5-29 可知，116 个城市中，有 14 个城市的科技支出比例高于全国城市平均水平，城市数量比例为 12.1%，有 102 个城市低于全国城市平均水平。其中，襄阳和马鞍山相当于全国城市平均水平的 90%～ 100%；太原、沈阳、贵阳相当于全国城市平均水平的 80%～ 90%，分别有 7 个和 6 个城市介于全国城市平均水平的 70%～ 80%、60%～ 70%；分别有 7 个和 9 个城市相当于全国城市平均水平的 50%～ 60% 和 40%～ 50%。大量城市低于全国城市平均水平的 40%，其中分别有

19 个和 20 个分别低于全国城市平均水平的 30%～40% 和 20%～30%，城市数量分别高达 16.38% 和 17.24%，有 1/4 的城市不足全国平均水平的 20%。

表 5-29　老工业城市科技财政支出比例（单位：%）

| 比例 | 相当于全国城市平均水平 | 全部 | | 地级 |
| --- | --- | --- | --- | --- |
| | | 城市名称 | 城市比例 | 城市比例 |
| > 7% | > 200% | 芜湖、铜陵 | 1.72 | 2.35 |
| 3.6%～7% | 100%～200% | 杭州、苏州、广州、武汉、北京、南京、合肥、常州、上海、无锡、宁波、天津 | 10.34 | 3.53 |
| 3.15%～3.6% | 90%～100% | 襄阳、马鞍山 | 1.72 | 2.35 |
| 2.8%～3.15% | 80%～90% | 太原、沈阳、贵阳 | 2.59 | 0.00 |
| 2.4%～2.8% | 70%～80% | 西安、孝感、成都、长沙、淄博、宜昌、徐州 | 6.03 | 4.71 |
| 2.1%～2.4% | 60%～70% | 昆明、青岛、潍坊、株洲、安庆、荆门 | 5.17 | 4.71 |
| 1.75%～2.1% | 50%～60% | 荆州、通化、大连、自贡、乌鲁木齐、韶关、洛阳 | 6.03 | 5.88 |
| 1.4%～1.75% | 40%～50% | 济南、克拉玛依、郑州、焦作、绵阳、淮南、南昌、攀枝花、安阳 | 7.76 | 7.06 |
| 1.05%～1.4% | 30%～40% | 福州、包头、赣州、石家庄、六盘水、重庆、兰州、南阳、德阳、长春、柳州、泸州、湘潭、十堰、南宁、哈尔滨、唐山、黄石、银川 | 16.38 | 14.12 |
| 0.7%～1.05% | 20%～30% | 东营、新乡、濮阳、岳阳、开封、吉林、鞍山、本溪、安顺、抚顺、平顶山、邯郸、遵义、乐山、铜川、宝鸡、嘉峪关、辽源、呼和浩特、西宁 | 17.24 | 21.18 |
| 0.33%～0.7% | 10%～20% | 鸡西、盘锦、丹东、辽阳、牡丹江、汉中、阳泉、齐齐哈尔、承德、广元、营口、白银、娄底、天水、佳木斯、衡阳、鹤岗、锦州、保定、咸阳、葫芦岛、金昌 | 18.97 | 25.88 |
| < 0.33% | 0～10% | 双鸭山、临汾、阜新、张家口、大同、大庆、茂名 | 6.03 | 8.24 |

在地级城市中，仅有芜湖、铜陵、苏州、常州和无锡的科技财政支出比例高于全国城市平均水平，79 个城市低于全国城市平均水平，比例高达 94.0%。其中，襄阳和马鞍山相当于全国城市平均水平的 90%～100%。孝感、淄博、宜昌和徐州 4 个城市相当于全国城市平均水平的 70%～80%，潍坊、株洲、安庆和荆门相当于全国城市平均水平的 60%～70%。分别有 5 个和 6 个地级城市低于全国城市平均水平的 50%～60% 和 40%～50%。包头、赣州等 12 个地级城市的科技财政支出比例介于全国城市平均水平的 30%～40%，城市数量比例达到 14.3%；东营、新乡、濮阳等 18 个地级城市介于全国城市平均水平的 20%～30%，城市数量比例达到 21.4%，高于 1/5。鸡西、盘锦和丹东等 22 个地级城市即超过 1/4 的地级城市仅相当于全国城市平均水平的 10%～20%，而双鸭山、临汾、阜新、张家口、大同、大庆、茂名不足全国城市平均水平的 10%。贵州社会科技研发投入占生产总值的比例仅为 0.7%，襄阳企业自身研发投入占发展再生产的比例仅有 2%～3%。这造成老工业城市缺少核心技术和关键技术，具有自主知识产权的品牌偏少，高技术含量、高附加值产品比例偏低，自主创新

老工业城市调整改造的理论与实践

能力不足，产业发展创新不足。例如，荆州 2009 年重新认定的高新技术企业仅 47 家，国家级和省级技术中心仅 17 家，襄阳大部分企业缺乏创新能力，科技成果转化率只有 25%。这导致高技术产业的培育能力不足，襄阳高新技术产业化指数仅为 35.1%，接续替代产业发展不足。

## 3. 人才流失

在中国历史上，曾经的"三线"地区和苏联援建"156"项目城市是多数清华大学、北京大学等理工科院校毕业生报效祖国的重要战场，老工业城市曾是科技人员集中奔赴的地区，促使许多城市集聚了大量的各类人才。但由于地理区位、经济基础、生活环境、工作条件、文化生活、福利待遇等方面的影响，许多老工业城市面临着人才流失、人力资源大量外流的严峻形势。尤其是改革开放以来，沿海发达的经济和相对规范的发展环境，导致老工业城市的人才外流，许多城市成为人口净迁出地区，大量高素质的技术人才和管理人才不断流向沿海地区的城市或以省会城市为主体的大城市。荆州从事科技活动人员的绝对人数逐年下降，2001 年比 2000 年减少 1900 人，到 2004 年仅有 2900 人。内江流失人才集中在机械、金融和外贸等领域，年龄在 28 ～ 46 岁，高新技术人才拥有量不到实际需要的 20%。人才流失已成为老工业城市可持续发展的最大瓶颈。

企业技术创新和技术源获取主要有原始创新、引进消化吸收再创新和集成创新等途径，均以人才作为基础。多数老工业城市面临人才大量外流的压力，但新的高素质人才很少到发展条件相对不好的老工业城市就业，高端人才引不来、留不住。这造成企业技术人才和管理人才青黄不接，后继无人。没有高技术人才支撑新型产业的研发，企业的自主创新与发展丧失动力源，没有足够的熟练工业无法发挥企业竞争优势。地级城市长期积累的产业技术优势和人才优势逐渐削弱，自主创新与发展丧失动力源，企业发展能力明显下降。近两年来，东北老工业基地人才净流出，每年流出 180 万人左右。每年属地生源的大学生很少回本地就业，如朝阳的返回率不足 10%。2009 年人事部门在襄阳办理了 349 人的调动手续，调进、引进人才只有 1/10，且没有一个高级职称，襄阳 70% 以上的大学毕业生选择外地就业。

# 第六章

# 老工业城市发展分化

类型是各特殊事物或现象抽取出来的共同点。任何要素或事物，由于其发展特征与属性的差异而形成类型的分异。由于老工业城市的离散性，各城市的发展呈现出不同的特征，形成了不同的发展类型，反映了不同城市之间属性的同质性与异质性。这需要从不同的视角科学梳理或评价老工业城市的发展类型，寻找共同的特征与问题。

发展状态是城市发展水平、特征及趋势的综合形态，不同状态的判断就是对老工业城市发展效益与效率及问题、矛盾的综合比较。发展状态的不同就决定了各城市的发展思路、理念及路径的差异，以及相互之间的优先次序或重要性水平均存在明显差异。尤其是，对具有问题特征或趋差状态的城市识别就更加重要，因为这更有利于制定科学的调整改造路径。

本章主要是全面分析老工业城市的类型分异。从行政级别、空间区位和规模级别等角度，分析了老工业城市的基本类型分异，尤其是分析空间集聚分布类型。分析老工业城市的产业类型分异，细分为各类专业化产业基地和综合性产业基地。设计数理模型与评价指标，对老工业城市的发展状态进行评价，细分为不同的发展状态类型，尤其是识别出衰退滞后型城市，为后文的调整改造路径研究奠定基础。

## 第一节 基本类型分异

### 一、行政级别类型

中国老工业城市是典型计划经济的产物，行政机制往往在老工业城市的发展中具有重要作用，而行政级别则是行政机制的基础。如前文所述，老工业城市有着不同的行政级别，包括省会城市、计划单列市和地市级三种基本类型，行政级别类型的差异也往往决定着老工业城市的发展能力与发展状态。

从行政级别类型来看，老工业城市的分布呈现出不同的特点。

1）老工业城市分布广泛，覆盖了29个省（自治区、直辖市）（不含港澳台地区）。除了西藏、海南之外，其他所有省（自治区、直辖市）均有老工业城市分布，省级单位的覆盖比例达到93.4%。老工业城市共涉及116个行政单元，占全国地级行政区总量的34.7%，超过1/3。这说明了中国老工业城市分布分散的空间特点。

2）老工业城市中，省级城市成为中坚部分，共有 32 个省级城市，占老工业城市总量的 27.6%。其中，省级单位的 27 个省会城市和 4 个直辖市中，仅西藏的拉萨、海南的海口未能成为老工业城市，同时还包括大连、青岛、宁波 3 个计划单列市，即省会城市占据老工业城市总量的 1/4。在各省的经济建设中，工业集中布局在省会城市和计划单列市也是省域经济发展的一般性规律，这决定了省会城市往往是省域经济的中心地。同时，这些城市在经济转型与结构调整及城市建设中往往具备较强的能力，能够优先实现调整改造。

3）地级老工业城市共有 84 个，数量较多，占老工业城市总量的 72.4%（表 6-1）。地级老工业城市占全国地级行政单元总量的 28.3%。老工业城市在各省的覆盖程度不同，这反映了老工业基地的连续分布水平。从地级行政区覆盖比例来看，辽宁的覆盖比例最高，达到 76.92%，超过 3/4，为典型的老工业基地；黑龙江、河北、湖北和河南的覆盖比例均超过 50%（含 50%），全省老工业基地色彩浓厚；上述地区均为中华人民共和国成立以来工业建设的重点地区和集聚地区。陕西的覆盖比例达到 44.44%，安徽、吉林、江苏、贵州、四川、山西、湖南、甘肃均超过 30%（含 30%）。山东、江西、广东均超过 10%（含 10%），而内蒙古、广西和新疆的覆盖比例均低于 10%，上述省（自治区、直辖市）在历史上工业发展的基础比较薄弱，而且以沿海地区、西南地区和西北地区的省（自治区、直辖市）为主。

表 6-1　老工业城市在各省（自治区、直辖市）的行政单元覆盖比例

| 省（自治区、直辖市） | 全部 | | 地市级 | | 省（自治区、直辖市） | 全部 | | 地市级 | |
|---|---|---|---|---|---|---|---|---|---|
| | 数量（个） | 比例（%） | 数量（个） | 比例（%） | | 数量（个） | 比例（%） | 数量（个） | 比例（%） |
| 北京 | 1 | 100 | | | 河南 | 9 | 52.94 | 8 | 50 |
| 天津 | 1 | 100 | | | 湖北 | 8 | 61.54 | 7 | 58.33 |
| 河北 | 6 | 54.55 | 5 | 50 | 湖南 | 6 | 42.86 | 5 | 38.46 |
| 山西 | 4 | 36.36 | 3 | 30 | 广东 | 3 | 14.29 | 2 | 10 |
| 内蒙古 | 2 | 16.67 | 1 | 9.09 | 广西 | 2 | 14.29 | 1 | 7.69 |
| 辽宁 | 12 | 85.71 | 10 | 76.92 | 重庆 | 1 | 100 | | |
| 吉林 | 4 | 44.44 | 3 | 37.5 | 四川 | 8 | 38.1 | | 35 |
| 黑龙江 | 8 | 61.54 | 7 | 58.33 | 贵州 | 4 | 44.44 | 3 | 37.5 |
| 上海 | 1 | 100 | | | 云南 | 1 | 6.25 | | |
| 江苏 | 5 | 38.46 | 4 | 33.33 | 陕西 | 5 | 50 | 4 | 44.44 |
| 浙江 | 2 | 18.18 | | | 甘肃 | 5 | 35.71 | 4 | 30.77 |
| 安徽 | 6 | 35.29 | 5 | 31.25 | 青海 | 1 | 12.5 | | |
| 福建 | 1 | 11.11 | | | 宁夏 | 1 | 20 | | |
| 江西 | 2 | 18.18 | 1 | 10 | 新疆 | 2 | 14.29 | 1 | 7.69 |
| 山东 | 5 | 29.41 | 3 | 18.75 | | | | | |

## 二、空间区位类型

区位是分析任何地理要素的基础，是其基本的空间属性。老工业城市的形成条件与发展历史决定了独特的区位，其区位类型与区位条件往往影响了老工业城市的发展潜力，并反映出其调整改造的基本条件优劣程度。

### 1. 四大板块

长期以来，中国形成了三大区域的划分，即东中西部，2010 年开始形成了四大板块的划分，即东部、东北、中部、西部。从四大区域来看，老工业城市的空间分布呈现出不同的特征，形成中部、西部、东部、东北地区依次减少的现象，地市级老工业城市则呈现中部、西部、东北（西部与东北持平）、东部依次减少的格局。中部和西部是老工业城市的主要集聚地区，这种格局的形成主要受中国工业化的历史过程影响。

由表 6-2 可知，具体来看，中部地区的老工业城市数量最多，有 37 个，所占比例达到 31.90%，其次是西部地区有 30 个，比例为 25.86%，中西部合计比例达到 57.76%；东部地区有老工业城市 25 个，东北地区有 24 个。从地市级老工业城市来看，主要集中在中部地区，共有 30 个，比例达到 35.71%，超过 1/3；西部和东北地区均有 20 个，比例均为 23.8%，东部地区仅有 14 个，比例为 16.67%，即 1/6。

表 6-2　老工业城市的分布结构

| 地区 | 老工业城市 | | 地市级老工业城市 | |
|---|---|---|---|---|
| | 数量（个） | 比例（%） | 数量（个） | 比例（%） |
| 东部 | 25 | 21.55 | 14 | 16.67 |
| 中部 | 37 | 31.90 | 30 | 35.71 |
| 西部 | 30 | 25.86 | 20 | 23.81 |
| 东北 | 24 | 20.69 | 20 | 23.81 |

直接沿海的老工业城市较少，仅天津、上海、大连、青岛、杭州、宁波、南京、广州、福州、唐山、无锡、常州、苏州、东营、潍坊、丹东、锦州、盘锦、营口、葫芦岛、茂名 21 个城市，占老工业城市总量的 18.1%，其中地市级老工业城市占全国地市级老工业城市总量的 14.3%，占沿海老工业城市总量的 57.1%。这反映了 20 世纪 80 年代之前中国工业布局与历史积累、国防战略的空间关系。

### 2. 省（自治区、直辖市）分布

老工业城市在全国各省（自治区、直辖市）的分布呈现明显的差异。由表 6-3 可知，辽宁的老工业城市最多，数量达到 12 个，占全国老工业城市总量的 10.3%，这反映了辽宁老工业基地的基本属性，也反映出辽宁曾是中国工业化的历史建设重点。河南有 9 个老工业城市，比例为 7.8%；湖北、四川、黑龙江均有 8 个，均占全国老工业城市总量的 6.9%。上述五个省（自治区、直辖市）共有 45 个老工业城市，合计占全国总量的

38.8%，具有相对的空间集聚性。以上省（自治区、直辖市）集中了60%的老工业城市，这些省（自治区、直辖市）也是当前中国经济的主要集聚区。河北、安徽、湖南均有6个老工业城市，均占全国总量的5.2%；江苏、山东、陕西、甘肃均有5个老工业城市，所占比例均为4.3%。吉林、贵州、山西均有4个老工业城市，所占比例均为3.4%；广东有3个，内蒙古、广西、浙江、江西、新疆均有2个老工业城市。北京、上海、天津、福建、重庆、云南、青海和宁夏均有1个老工业城市。

表6-3　老工业城市的省（自治区、直辖市）分布结构

| 省（自治区、直辖市） | 全部 | | 地市级 | | 省（自治区、直辖市） | 全部 | | 地市级 | |
| --- | --- | --- | --- | --- | --- | --- | --- | --- | --- |
| | 数量（个） | 比例（%） | 数量（个） | 比例（%） | | 数量（个） | 比例（%） | 数量（个） | 比例（%） |
| 北京 | 1 | 0.9 | | | 河南 | 9 | 7.8 | 8 | 9.5 |
| 天津 | 1 | 0.9 | | | 湖北 | 8 | 6.9 | 7 | 8.3 |
| 河北 | 6 | 5.2 | 5 | 6.0 | 湖南 | 6 | 5.2 | 5 | 6.0 |
| 山西 | 4 | 3.4 | 3 | 3.6 | 广东 | 3 | 2.6 | 2 | 2.4 |
| 内蒙古 | 2 | 1.7 | 1 | 1.2 | 广西 | 2 | 1.7 | 1 | 1.2 |
| 辽宁 | 12 | 10.3 | 10 | 11.9 | 重庆 | 1 | 0.9 | | |
| 吉林 | 4 | 3.4 | 3 | 3.6 | 四川 | 8 | 6.9 | 7 | 8.3 |
| 黑龙江 | 8 | 6.9 | 7 | 8.3 | 贵州 | 4 | 3.4 | 3 | 3.6 |
| 上海 | 1 | 0.9 | | | 云南 | 1 | 0.9 | | |
| 江苏 | 5 | 4.3 | 4 | 4.8 | 陕西 | 5 | 4.3 | 4 | 4.8 |
| 浙江 | 2 | 1.7 | | | 甘肃 | 5 | 4.3 | 4 | 4.8 |
| 安徽 | 6 | 5.2 | 5 | 6.0 | 青海 | 1 | 0.9 | | |
| 福建 | 1 | 0.9 | | | 宁夏 | 1 | 0.9 | | |
| 江西 | 2 | 1.7 | 1 | 1.2 | 新疆 | 2 | 1.7 | 1 | 1.2 |
| 山东 | 5 | 4.3 | 3 | 3.6 | | | | | |

地市级老工业城市的分布呈现出类似的特征。辽宁仍分布有最多的老工业城市，达到10个，占全国地市老工业城市总量的11.9%，分布最密集。河南有8个老工业城市，比例为9.5%；湖北、四川和黑龙江均有7个，所占比例均为8.3%。安徽、河北、湖南的老工业城市均有5个，比例为6.0%，江苏、甘肃和陕西均有4个，所占比例均为4.8%。其他省（自治区、直辖市）的老工业城市比较少，其中，山西、吉林、山东和贵州均有3个，所占比例均为3.6%，广东有2个，江西、内蒙古、新疆、广西均有1个。

### 3. 空间集聚性

从空间连续性、集聚性及与周边城市的融入性来看，各老工业城市有着不同的特点，由此形成发展的分异。大致形成了集中连片型和孤立分布型，同时形成城市群成员型。

（1）集中连片型

部分老工业城市在空间布局上连续成片，或在某省内连续分布或邻省相连，形成

空间上连续集中的老工业基地,面积较大。尤其是在东北地区、华北地区和"三线"地区,老工业城市有着明显的集聚性和连片性。但在各地区,连续成片型的老工业基地有着不同的空间形态,有的呈现带状,有的呈现团簇状。总体上,集中连片型老工业基地大致有以下10个。下述集中区分布有94个老工业城市,所占比例为81.7%。具体如表6-4所示。

表6-4　老工业城市集中区的分布与构成

| 集中区名称 | 老工业城市 | 数量(个) | 所辖省(自治区、直辖市) |
|---|---|---|---|
| 东北集中区 | 沈阳、大连、鞍山、抚顺、本溪、丹东、锦州、营口、阜新、辽阳、盘锦、葫芦岛、长春、吉林、辽源、通化、哈尔滨、齐齐哈尔、鸡西、鹤岗、大庆、双鸭山、佳木斯、牡丹江 | 24 | 辽宁、吉林、黑龙江 |
| 冀中北集中区 | 北京、天津、石家庄、唐山、保定、张家口、承德、阳泉、太原、大同 | 10 | 北京、天津、河北、山西 |
| 胶济沿线集中区 | 济南、青岛、淄博、潍坊、东营 | 5 | 山东 |
| 冀南豫北集中区 | 邯郸、新乡、安阳、焦作、濮阳、开封、郑州 | 7 | 河北、河南 |
| 豫西鄂西集中区 | 洛阳、平顶山、南阳、十堰、宜昌、襄阳、荆门、荆州、孝感、武汉、黄石、汉中 | 12 | 湖北、河南、陕西 |
| 长江下游集中区 | 上海、南京、无锡、常州、苏州、合肥、芜湖、马鞍山、铜陵、安庆 | 10 | 上海、江苏、安徽 |
| 湘中集中区 | 长沙、株洲、湘潭、衡阳、岳阳、娄底 | 6 | 湖南 |
| 粤北赣南集中区 | 赣州、韶关、广州 | 3 | 江西、广东 |
| 川南黔北集中区 | 重庆、自贡、泸州、乐山、贵阳、遵义、六盘水、安顺 | 8 | 四川、重庆、贵州 |
| 秦巴－关中集中区 | 广元、德阳、绵阳、西安、铜川、宝鸡、咸阳、成都、天水 | 9 | 四川、陕西、甘肃 |

东北集中区:主要分布在东北中部和东部地区,呈现明显的带状分布。共有24个老工业城市,分布在辽宁、吉林和黑龙江。老工业城市有着广阔的覆盖性,东北地区共有41个地级行政区,有24个为老工业城市,覆盖比例为58.5%。老工业城市的集中性说明东北等老工业基地振兴战略的科学性。

冀中北集中区:主要分布在华北北部地区,呈现明显的团簇状。该地区共有10个老工业城市,分布在北京、天津、河北和山西,包括北京和天津,河北的石家庄、唐山、保定、张家口、承德,山西的阳泉、太原、大同。该集中区以钢铁工业和煤炭工业为主,是典型的煤铁型老工业基地。

胶济沿线集中区:主要分布在山东省内部,沿着胶济铁路进行集聚布局,包括济南、淄博、潍坊、青岛、东营5个老工业城市,城市数量较少。该集中区是山东省工业化的发源地,也是当前山东工业经济的主要分布地区,其工业结构呈现相对综合的特征。

冀南豫北集中区:包括河北省的邯郸,河南省的新乡、焦作、安阳、开封、郑州、濮阳7个老工业城市,主要分布在黄河以北地区。该集中区以钢铁工业和煤炭工业为主,是煤铁型老工业基地。

长江下游集中区:主要覆盖上海、江苏和安徽沿江地市,共有10个老工业城市,

老工业城市调整改造的理论与实践

包括上海，江苏的南京、无锡、常州、苏州，安徽的合肥、芜湖、马鞍山、铜陵和安庆。这些老工业城市主要沿长江分布，形成沿长江分布的沿岸型老工业基地，长江航运对该集中区的形成和发展具有重要的支撑作用。

豫西鄂西集中区：主要分布在伏牛山、武当山等地区，覆盖河南西部和湖北西部、西北部地区。该集中区是典型的"三线"老工业基地，包括河南的洛阳、平顶山、南阳，湖北的十堰、荆门、襄阳、荆州、宜昌、汉中、武汉和黄石，共计12个老工业城市。该集中区为综合性的工业基地，各老工业城市的主导产业类型均明显不同。

湘中集中区：主要分布在湖南湘江流域，包括湖南的株洲、湘潭、娄底、长沙、衡阳、岳阳6个老工业城市。该地区是湖南工业经济的主要分布地区，其产业以冶金工业为主。

粤北赣南集中区：主要覆盖广东北部和江西南部地区，包括赣州、韶关、广州，数量虽然少，但覆盖面积较大。

川南黔北集中区：分布在川黔交界处，包括四川的泸州、乐山、自贡，贵州的遵义和六盘水，以及重庆。该集中区以轻工业为主，部分地区构成中国白酒"金三角"。

秦巴–关中集中区：主要覆盖四川北部、陕西南部及甘肃部分地区，共有9个老工业城市，包括四川的成都、广元、德阳、绵阳，陕西的西安、铜川、宝鸡、咸阳，甘肃的天水。该地区仍然是典型的苏联援建"156"项目和"三线"建设的集中布局地区。

此外，包头和呼和浩特、白银和兰州分别相连，形成小面积的老工业基地。

（2）孤立分布型

部分老工业城市呈现明显的孤立分布，位居各省的偏僻地区。孤立分布型老工业城市共有18个，占全国老工业城市总量的15.5%。这些孤立型老工业城市主要分布在西北地区、西南地区、闽赣地区、浙江地区、淮河流域。

西北地区——甘肃分布有嘉峪关、金昌两个孤立分布型老工业城市，青海和宁夏分布有西宁和银川，新疆分布有乌鲁木齐和克拉玛依。

西南地区——广西分布有柳州和南宁，四川和云南分布有攀枝花和昆明，广东分布有茂名。

其他地区——浙江分布有杭州和宁波，江苏和福建分别分布有徐州和福州，山西、安徽和江西分别分布有临汾、淮南和南昌。

（3）城市群成员型

部分城市因区位优势而临近某个城市群，或属于城市群的城市成员，这种区位条件决定了该类老工业城市的发展具有不同的路径。从国家公布的城市群来看，部分老工业城市分别属于京津冀都市圈、太原都市圈、辽中南城市群、哈长城市群、长三角城市群、皖江城市群（表6-5）。

表6-5　中国城市群与老工业城市的关系

| 城市群 | 老工业城市 | 数量（个） |
|---|---|---|
| 京津冀都市圈 | 北京、天津、唐山、保定、张家口、承德 | 6 |
| 太原都市圈 | 太原、阳泉 | 2 |
| 辽中南城市群 | 沈阳、大连、鞍山、抚顺、本溪、锦州、辽阳、盘锦 | 8 |

| 城市群 | 老工业城市 | 数量（个） |
|---|---|---|
| 哈长城市群 | 长春、吉林、哈尔滨、齐齐哈尔、大庆 | 5 |
| 长三角城市群 | 上海、南京、无锡、常州、苏州、杭州、宁波 | 7 |
| 皖江城市群 | 合肥、芜湖、马鞍山、铜陵、安庆 | 5 |
| 海西城市群 | 福州 | 1 |
| 环鄱阳湖城市群 | 南昌 | 1 |
| 济南都市圈 | 济南、淄博、东营 | 3 |
| 青岛都市圈 | 青岛 | 1 |
| 中原城市群 | 郑州、开封、洛阳、安阳、新乡、焦作 | 6 |
| 武汉都市圈 | 武汉、黄石、襄阳 | 3 |
| 长株潭城市群 | 长沙、株洲、湘潭、娄底 | 4 |
| 珠三角城市群 | 广州 | 1 |
| 成渝城市群 | 重庆、成都、自贡、泸州、德阳、绵阳、乐山 | 7 |
| 黔中城市群 | 贵阳、六盘水、安顺 | 3 |
| 滇中城市群 | 昆明 | 1 |
| 关中城市群 | 西安、铜川、宝鸡、咸阳 | 4 |
| 天山北坡城市群 | 乌鲁木齐 | 1 |

京津冀都市圈：主要包括天津、北京、唐山、保定、张家口、承德6个老工业城市。其中，天津、北京是中心城市，而其他4个老工业城市是疏解北京非首都功能的重要承接城市。

太原都市圈：主要包括太原和阳泉，其中太原是核心城市，而阳泉位居太原的直接辐射范围内。

辽中南城市群：该城市群覆盖了沈阳、大连、鞍山、抚顺、本溪、锦州、辽阳和盘锦8个老工业城市，其中沈阳和大连为龙头城市，其他6个城市均为该城市群的重要成员。

哈长城市群：该城市群覆盖长春、吉林、哈尔滨、齐齐哈尔和大庆5个老工业城市。其中，长春和哈尔滨是中心城市，齐齐哈尔和大庆为哈大齐工业走廊的主要城市，吉林与长春形成双核空间结构。

长三角城市群：该城市群覆盖范围较广，囊括了上海、南京、无锡、常州、苏州、杭州和宁波7个老工业城市。其中，上海、南京和杭州是该城市群的三个核心城市，其他4个城市均为港口城市。

皖江城市群：囊括了合肥、芜湖、马鞍山、铜陵、安庆，沿着皖江呈现带状的城市分布格局，均为港口城市。

济南都市圈：囊括了济南、淄博和东营3个老工业城市，其中济南是中心城市。

中原城市群：该城市群覆盖范围较广，囊括了郑州、开封、洛阳、安阳、新乡、焦作6个老工业城市。其中，郑州是该城市群的中心城市，其他城市也均位居纵向和横向发展主轴。

武汉都市圈：囊括了武汉、黄石和襄阳3个老工业城市，其中武汉是该都市圈的龙头城市。

长株潭城市群：囊括了长沙、株洲、湘潭和娄底4个老工业城市，其中前3个城市构成了该城市群的核心架构。

成渝城市群：该城市群覆盖范围较广，囊括了重庆、成都、自贡、泸州、德阳、绵阳、乐山7个老工业城市。其中，重庆和成都构成了成渝城市群的两个极核。

黔中城市群：包括了贵阳、六盘水和安顺3个老工业城市。其中，贵阳为该城市群的中心城市，六盘水和安顺也为该城市群的主要成员。

关中城市群：包括了西安、铜川、宝鸡和咸阳4个老工业城市。其中，西安为该城市群的核心城市。

其他城市群：包括海西城市群、环鄱阳湖城市群、青岛都市圈、珠三角城市群、滇中城市群、天山北坡城市群，福州、南昌、青岛、广州、昆明和乌鲁木齐分别成为上述城市群或都市圈的中心城市。这些老工业城市对各城市群的空间组织与产业布局及城镇建设均具有引领作用。

# 三、规模级别类型

## 1. 经济规模类型

老工业城市的经济规模呈现出明显的等级差异，这种差异的形成主要是省会城市、直辖市和地级城市的交汇导致。如图6-1所示，从市辖区GDP规模来看，上海、北京、天津、重庆4个直辖市及广州有着最高的GDP规模，均属于"万亿元俱乐部"，城市数量虽然仅占4.3%，但经济规模接近10万亿元（95 698亿元），占老工业城市市辖区经济总量的32.7%，接近1/3。市辖区GDP规模介于9000亿～10 000亿元的城市仅有南京，所占比例为3.3%。介于8000亿～9000亿元的老工业城市有武汉、杭州、成都，经济比例为8.9%，仅苏州介于7000亿～8000亿元。之后区段，老工业城市数量依次增多。

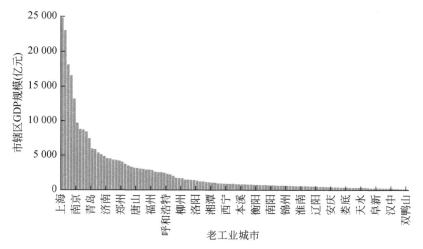

图6-1 部分老工业城市的市辖区GDP规模位序

青岛、沈阳、长沙和西安介于 5000 亿～6000 亿元，经济比例为 7.6%。分别有 7 个城市介于 4000 亿～5000 亿元和 3000 亿～4000 亿元，经济比例分别为 10.6% 和 7.9%。介于 2000 亿～3000 亿元的老工业城市开始增多，达到 10 个，数量比例为 8.6%，而经济比例为 8.7%；有 14 个城市介于 1000 亿～2000 亿元，数量比例为 12.1%，经济比例为 6.5%。多数老工业城市介于 500 亿～1000 亿元和 100 亿～500 亿元，数量比例分别为 29.3% 和 25.9%，经济比例却仅为 8.1% 和 3.2%。

从地市级老工业城市来看，多数城市的市辖区 GDP 规模低于 8000 亿元，尤其是低于 5000 亿元之下（表 6-6）。仅有苏州的 GDP 规模介于 7000 亿～8000 亿元，但经济比例较高，达到 9.1%；常州和无锡的 GDP 规模介于 4000 亿～5000 亿元，上述三个城市均位于长江三角洲，经济比例达到 10.8%。介于 3000 亿～4000 亿元和 2000 亿～3000 亿元的老工业城市均有 3 个，分别为包头、淄博、唐山和徐州、大庆、东营，经济比例分别达到 11.8% 和 9.0%。有 13 个城市介于 1000 亿～2000 亿元，城市数量比例为 15.5%，经济比例达到 21.0%，超过 1/5。介于 500 亿～1000 亿元区段的城市有 32 个，数量比例为 38.1%，超过 1/3，经济比例为 26.9%，超过 1/4。有 30 个老工业城市介于 100 亿～500 亿元，城市数量比例为 35.7%，经济比例达到 11.5%。

**表 6-6　老工业城市的市辖区 GDP 规模结构**

| GDP（亿元） | 全部 | | | | 地市级 | | | |
|---|---|---|---|---|---|---|---|---|
| | 城市数量（个） | 比例（%） | GDP 规模（亿元） | 比例（%） | 城市数量（个） | 比例（%） | GDP 规模（亿元） | 比例（%） |
| 10 000～25 000 | 5 | 4.3 | 95 698 | 32.7 | | | | |
| 9 000～10 000 | 1 | 0.9 | 9 721 | 3.3 | | | | |
| 8 000～9 000 | 3 | 2.6 | 25 988 | 8.9 | | | | |
| 7 000～8 000 | 1 | 0.9 | 7 494 | 2.6 | 1 | 1.2 | 7 497 | 9.1 |
| 5 000～6 000 | 4 | 3.5 | 22 393 | 7.6 | | | | |
| 4 000～5 000 | 7 | 6.0 | 30 930 | 10.6 | 2 | 2.4 | 8 887 | 10.8 |
| 3 000～4 000 | 7 | 6.0 | 23 094 | 7.9 | 3 | 3.6 | 9 696 | 11.8 |
| 2 000～3 000 | 10 | 8.6 | 25 363 | 8.7 | 3 | 3.6 | 7 392 | 9.0 |
| 1 000～2 000 | 14 | 12.1 | 19 007 | 6.5 | 13 | 15.5 | 17 266 | 21.0 |
| 500～1 000 | 34 | 29.3 | 23 854 | 8.1 | 32 | 38.1 | 22 101 | 26.9 |
| 100～500 | 30 | 25.9 | 9 414 | 3.2 | 30 | 35.7 | 9 414 | 11.5 |

### 2. 人口规模类型

从市辖区人口规模来看，老工业城市覆盖了超大城市、特大城市、大城市、中等城市和小城市类型。具体如图 6-2 所示。

1）全国有 5 个老工业城市为超大城市，城市数量比例仅为 4.3%，但人口比例很高，达到 28.9%，超过 1/4，具体包括北京、上海、天津、重庆、广州。

2）属于特大城市的老工业城市有 9 个，城市数量比例为 7.9%，人口比例为

老工业城市调整改造的理论与实践

19.1%。其中，成都的人口规模介于 900 万～1000 万人，人口比例为 2.8%；南京的人口规模为 822.60 万人，人口比例为 2.5%。武汉、西安和杭州的人口规模介于 700 万～800 万人，人口比例为 6.8%。沈阳的人口规模为 647.40 万人，比例为 2.0%；哈尔滨、苏州和郑州的人口规模介于 500 万～600 万人，人口比例为 5.0%。

3）属于大城市的老工业城市数量比较多，达到 67 个，数量比例为 57.8%，人口比例为 44.4%。其中，青岛、石家庄、济南和长春的人口规模均介于 400 万～500 万人，人口比例为 5.6%。全国有 16 个城市介于 300 万～400 万人，城市数量比例为 13.8%，人口比例为 17.1%。介于 200 万～300 万人的城市有 7 个，城市数量比例为 6.0%，人口比例为 5.1%。全国有 40 个城市的人口规模介于 100 万～200 万人，城市数量比例为 34.5%，超过 1/3，人口比例为 16.6%，约 1/6。

4）属于中等城市的老工业城市有 27 个，人口规模介于 50 万～100 万人，城市数量比例达到 23.3%，即接近 1/4，人口规模比例为 6.5%。

5）属于小城市的老工业城市比较少，有 8 个，城市数量比例为 6.9%，人口比例更低，仅为 1.0%。

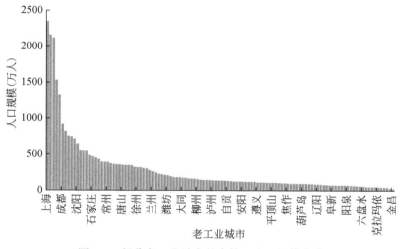

图 6-2　部分老工业城市的市辖区人口规模位序

从地市级老工业城市来看，特大城市仅有 1 个，为苏州，人口比例为 4.9%（表 6-7）。属于大城市的老工业城市有 48 个，城市数量比例达到 57.2%，人口比例达到 73.0%。有 27 个老工业城市的人口规模介于 50 万～100 万人，为中等城市，占地市老工业城市总数的 32.1%，人口比例达到 19.2%。有 8 个城市为小城市，人口规模均介于 20 万～50 万人，城市数量比例为 9.5%，人口比例为 3.0%。

表 6-7　中国老工业城市的人口等级划分

| 城市等级 | 区段（万人） | 全部 | | | | 地市级 | | | |
|---|---|---|---|---|---|---|---|---|---|
| | | 城市数量（个） | 比例（%） | 人口规模（万人） | 比例（%） | 城市数量（个） | 比例（%） | 人口规模（万人） | 比例（%） |
| 超大城市 | ＞1000 | 5 | 4.3 | 9493.43 | 28.9 | | | | |

| 城市等级 | 区段（万人） | 全部 | | | | 地市级 | | | |
|---|---|---|---|---|---|---|---|---|---|
| | | 城市数量（个） | 比例（%） | 人口规模（万人） | 比例（%） | 城市数量（个） | 比例（%） | 人口规模（万人） | 比例（%） |
| 特大城市 | 900～1000 | 1 | 0.9 | 920.04 | 2.8 | | | | |
| | 800～900 | 1 | 0.9 | 822.60 | 2.5 | | | | |
| | 700～800 | 3 | 2.6 | 2217.00 | 6.8 | | | | |
| | 600～700 | 1 | 0.9 | 647.40 | 2.0 | | | | |
| | 500～600 | 3 | 2.6 | 1649.00 | 5.0 | 1 | 1.2 | 548.76 | 4.9 |
| 大城市 | 400～500 | 4 | 3.5 | 1851.76 | 5.6 | | | | |
| | 300～400 | 16 | 13.8 | 5625.94 | 17.1 | 5 | 6.0 | 1753.8 | 15.7 |
| | 200～300 | 7 | 6.0 | 1678.73 | 5.1 | 5 | 6.0 | 1199 | 10.7 |
| | 100～200 | 40 | 34.5 | 5465.64 | 16.6 | 38 | 45.2 | 5201.7 | 46.6 |
| 中等城市 | 50～100 | 27 | 23.3 | 2139.37 | 6.5 | 27 | 32.1 | 2139.4 | 19.2 |
| 小城市 | 20～50 | 8 | 6.9 | 330.38 | 1.0 | 8 | 9.5 | 330.38 | 3.0 |

# 第二节　产业类型分异

## 一、工业结构类型

### 1. 总体结构

从轻重工业结构来看，老工业城市呈现出明显的重化工业特征。2015年按地级行政区统计，84个地市级老工业城市的重化工业比例达到63.68%，超出全国平均水平（56.36%）7.32个百分点，即使合计省会城市和计划单列市后，116个老工业城市的重化工业比例仍达到61.63%，比全国平均水平高出5.27个百分点。重化工业比例超过全国平均水平的城市有76个，城市数量比例为65.5%，接近2/3，其中地市级老工业城市有67个，占地级老工业城市数量的79.8%。

### 2. 城市分类

从具体城市来看，则呈现出不同的特征（表6-8）。

表6-8　中国老工业城市重化工业比例

| 比例区段 | 城市名称 | 城市数量（个） | 城市比例（%） | 地级老工业城市数量（个） | 地级老工业城市比例（%） |
|---|---|---|---|---|---|
| ＞90% | 克拉玛依、嘉峪关、阳泉、六盘水、临汾、攀枝花、金昌、唐山、大同 | 9 | 7.76 | 9 | 10.71 |

| 比例区段 | 城市名称 | 城市数量（个） | 城市比例（%） | 地级老工业城市数量（个） | 地级老工业城市比例（%） |
|---|---|---|---|---|---|
| 80%～90% | 白银、承德、包头、本溪、十堰、大庆、柳州、盘锦、娄底、黄石、铜陵、铜川、兰州、辽阳、乌鲁木齐、邯郸、洛阳、淮南、葫芦岛、淄博、株洲 | 21 | 18.10 | 19 | 22.62 |
| 70%～80% | 西宁、银川、长春、马鞍山、安阳、张家口、鞍山、平顶山、茂名、抚顺、东营、太原、安顺、营口、西安、自贡、韶关、乐山 | 18 | 15.52 | 13 | 15.48 |
| 60%～70% | 宝鸡、北京、鹤岗、南京、呼和浩特、鸡西、郑州、大连、天津、济南、吉林、广州、汉中、武汉、锦州、长沙、昆明、芜湖、辽源、重庆 | 20 | 17.24 | 8 | 9.52 |
| 56.4%～60% | 沈阳、德阳、湘潭、咸阳、常州、宁波、贵阳、宜昌 | 8 | 6.90 | 5 | 5.95 |
| 50%～56.4% | 上海、新乡、衡阳、阜新、无锡、荆门、潍坊、焦作、保定、齐齐哈尔、丹东、襄阳、岳阳、南阳 | 14 | 12.07 | 13 | 15.48 |
| 40%～50% | 合肥、杭州、石家庄、青岛、徐州、南昌、安庆、成都、天水、赣州、哈尔滨、开封、濮阳、遵义、南宁、双鸭山、广元 | 17 | 14.66 | 9 | 10.71 |
| 30%～40% | 荆州、牡丹江、孝感、苏州、绵阳、佳木斯、福州、通化 | 8 | 6.90 | 7 | 8.33 |
| 20%～30% | 泸州 | 1 | 0.86 | 1 | 1.19 |

——克拉玛依、嘉峪关、阳泉、六盘水、临汾、攀枝花、金昌、唐山、大同9个城市的重化工业比例均高于90%，为绝对的重化工业城市，而且均为地级老工业城市，以北方城市为主，以煤炭、钢铁、石油、有色金属等产业为主。

——白银、承德、包头等21个城市的重化工业比例介于80%～90%，城市数量比例为18.10%，以地级城市为主，包括19个地级老工业城市，占地级老工业城市总量的22.62%，省会城市仅有兰州和乌鲁木齐。

——西宁、银川、长春、马鞍山等18个城市的重化工业比例介于70%～80%，城市数量比例为15.52%，仍以地级城市为主，数量达到13个，占地级老工业城市总量的15.48%。

——宝鸡、北京、鹤岗等20个城市的重化工业比例介于60%～70%，城市数量比例为17.24%，以省会城市和计划单列市为主，包括了8个地级老工业城市。这些城市的经济结构虽然略微偏重工业，但也开始轻型化。

——沈阳、德阳、湘潭、咸阳等8个城市的重化工业比例介于56.4%～60%，城市数量比例为6.90%，包括5个地级老工业城市。

——上海、新乡、衡阳等14个城市的重化工业比例介于50%～56.4%，城市数量比例为12.07%，以地级老工业城市为主，数量达到13个，占地级老工业城市总量的15.48%。

——合肥、杭州、石家庄等17个城市的重化工业比例介于40%～50%，城市数量比例达到 14.66%，省会城市 / 计划单列市和地级城市各占一半左右。

——荆州、牡丹江、孝感、苏州、绵阳、佳木斯、福州、通化 8 个城市的重化工业比例介于 30% ~ 40%，城市数量比例为 6.90%，以地级老工业城市为主，仅福州为省会城市。

——仅有泸州的重化工业比例介于 20% ~ 30%，为典型的轻工业城市，以白酒业为主。

# 二、主导产业类型

## 1. 主导产业分类

（1）产业分异

各地区有着不同的资源禀赋条件、地理环境及区位条件，对发展不同的工业部门有着不同的适宜性，而且各工业部门有不同的生产工艺、原材料及产品结构。这促使各地区形成了不同的工业结构，有的地区重点发展某一两个重点行业，形成专业化工业体系，有的城市工业门类比较齐全，结构相对完整，形成综合性工业体系。按照各产业的规模与比例关系，工业结构大致分为综合性和专业化两类。占据主要地位的主导产业，甚至形成了绝对的经济地位与就业载体。由于工业类型构成众多，各地区形成不同类型的产业基地。

（2）主导产业特征

主导产业指在经济发展的一定阶段，本身成长性很高并具有很高的创新率，能迅速引入技术创新，对一定时期的技术进步、产业结构升级转换具有关键性的导向作用和推动作用，对经济增长具有很强的带动性和扩散性的产业。

主导产业往往具备如下特征。

1）主导产业是能对较多产业产生带动和推动作用的产业，是前后向关联和旁侧关联度较大的产业。

2）不同地区或同一地区在不同阶段，其主导产业不一样，受资源、体制、环境等因素的变化而演替。

3）主导产业具有序列演替性，这是因为主导产业能够诱发新一代主导产业，并被新一代的主导产业所替代。

4）主导产业应具有多层次性，应是一个主导产业群，并呈现多层次的特点，实现多重化的目标。

（3）主导产业分类

老工业城市虽然分布在不同行业领域内，但存在明显的集中性。根据各城市的工业发展情况和行业特点，以当前的主导产业为标准进行分析和评价。分析结果发现，中国老工业城市的主导产业主要集中在煤炭开采和洗选业，黑色金属冶炼和压延加工业，有色金属冶炼和压延加工业，石油加工、化工，纺织业，农副食品加工业，酒、饮料和精制茶制造业，烟草制品业等产业。

老工业城市围绕着矿产资源开采，如铁矿石、煤炭、铜矿、铝土矿等，已经形成了具有一定产业联系的产业链条。具体看，形成了以下四条产业链。

煤电焦产业链——煤炭是基础性能源和关键性基础原料，主要应用于电力、钢铁、水泥和化工等产业。依托煤炭资源开采，老工业城市发展了煤炭开采、火电生产、煤化工等产业链，形成"煤头化尾"链条，形成了典型的煤电化产业基地。这是中国老工业城市最主要的产业链。

石油化工产业链——依托本地的石油、天然气开采及外来的原油资源等原料，围绕油气裂解，老工业城市积极发展了石油和天然气勘探与开采、石油冶炼业、基础化工生产与精细化工等产业，下游化工产业范围广、产品多。

钢铁装备制造产业链——装备制造业是为各部门进行简单加工和扩大再生产提供装备的各类制造业的总称，是机械工业的核心部分，为各部门提供"工作母机"。在部分老工业城市，围绕钢铁产业形成了铁矿石开采、钢铁冶炼、钢铁初加工、重大装备制造等产业链。

有色金属产业链——围绕有色金属，形成了有色金属矿产勘探与开采、金属冶炼、金属加工（含粗加工和精深加工）等生产环节，形成有色金属产业链，培育了部分以有色金属为主导产业的老工业城市。有色金属是铁、锰、铬以外的所有金属的统称，又可以分为重金属（如铜、铅、锌）、轻金属（如铝、镁）、贵金属（如金、银等）及稀有金属（如钨、钼等）。

## 2. 判断指标

如何确定产业基地的识别指标，并确定评价阈值是本研究的关键。部分学者针对某些类型的单一结构城市开展了界定指标与判别阈值设置的分析，重点集中在老工业城市和矿业城市。其中，杨玲（2005）分析了矿业城市的界定指标与判别阈值，王青云（2007）、王成金和王伟（2013）考察了老工业城市的界定指标与判别阈值，综合来看，产业产值与就业人口比例成为关键的识别指标。部分学者关注到不同空间尺度单元应采取不同的界定指标与判别阈值（杨玲，2005）。

产值比例一直是学者识别主导产业和产业基地的重要指标。例如，张耀辉和路世昌（1999）则认为某一类产业产值占总产值的比例超过5%即支柱产业，有的学者则认为判别阈值标准应为15%，而部分学者则认为产业链产值占工业总产值的50%即主导产业。但总体来看，形成了某单项行业产值与某资源产业链产值的界定方法；对前者，学者的争议在于判别阈值的界定。

第一，工业产值比例。采用工业产值指标，识别工业产值城市，确定清单。工业行业分类采用两位数分类划分。

第二，分类识别。在单一产值结构的识别中，分别通过"单项行业"和"产业链"两个子指标进行评价，评价方法采用"单一指标满足法"，即可纳入各类产业基地，分别确定清单。

重点产业链包括煤电焦产业链、石油化工产业链、钢铁产业链、木材加工产业链、化工产业链、非金属矿物产业链、农产品加工产业链、装备制造产业链、有色金属产业链、纺织服装产业链，主要反映关联产业所形成的工业单一性（表6-9）。

表6-9 具体行业类型与产业链名称对应

| 产业链名称 | 详细行业名称 | 产业链名称 | 详细行业名称 |
|---|---|---|---|
| 煤电焦产业链 | 煤炭开采和洗选业 | 农产品加工产业链 | 农副食品加工业 |
| | 电力、热力生产和供应业 | | 食品制造业 |
| | 石油加工、炼焦加工业 | 纺织服装产业链 | 纺织业 |
| 石油化工产业链 | 石油加工、炼焦加工业 | | 纺织服装、服饰业 |
| | 石油和天然气开采业 | 木材加工产业链 | 木材加工和木、竹、藤、棕、草制品业 |
| 钢铁产业链 | 黑色金属矿采选业 | | 家具制造业 |
| | 黑色金属冶炼和压延加工业 | 化工产业链 | 化学原料和化学制品制造业 |
| 有色金属产业链 | 有色金属矿采选业 | | 化学纤维制造业 |
| | 有色金属冶炼和压延加工业 | 装备制造产业链 | 通用设备制造业 |
| 非金属矿物产业链 | 非金属矿采选业 | | 专用设备制造业 |
| | 非金属矿物制品业 | | 铁路、船舶、航空航天和其他运输设备制造业 |

在地级行政区尺度上，行业工业产值占工业总产值的比例超过40%，产业链产值占工业总产值的比例超过50%，则被界定为某类产业基地。

# 三、专业化产业基地

各老工业城市的产业结构存在明显不同的特点，部分城市形成了由一两个工业部门为核心的专业化工业体系，形成了专业化工业基地。根据各城市主导产业的行业类型与发展情况，以及在全国或区域中的战略定位和主要功能，将老工业城市分为煤炭工业类、钢铁工业类、有色金属类、石油化工类、装备制造类、纺织轻工类、饮料制造类等类型。

## 1. 煤炭工业类

煤炭开采一直是中国的传统优势产业。中国拥有大量的煤炭生产基地，很多老工业城市都与煤炭产业相关，或是煤炭生产基地或是需要煤炭作为基础原料，其主导产业与煤炭有着紧密的联系。围绕煤炭产业，各老工业城市发展了火电、焦化、钢铁及建材等下游产业，形成了煤炭开采和洗选、煤炭开采和洗选＋火电、煤炭开采和洗选＋焦化、煤炭开采和洗选＋钢铁等产业链。

在116个老工业城市中，有79个老工业城市发展了煤炭开采和洗选业，城市数量比例达到68.1%。其中，大同、六盘水、阳泉、临汾等城市占全国煤炭开采和洗选业的比例均超过2%，唐山、平顶山、邯郸、咸阳、重庆、银川、淮南、太原、淄博等城市的比例均超过 1%。

表 6-10　煤炭型老工业城市

| 类型 | 城市（产业产值比例） |
|---|---|
| 煤炭开采和洗选业 | 阳泉（84.58%） |
| 煤炭开采和洗选 + 火电产业 | 大同（66.37%+9.85%）、鸡西（44.42%+7.6%）、鹤岗（43.94%+9.07%）、淮南（31.23%+25.1%） |
| 煤炭开采和洗选 + 火电 + 炼焦产业 | 银川（焦 22.67%+ 火电 26.38%+18.24%） |
| 煤炭开采和洗选 + 钢铁 + 火电产业 | 六盘水（55.44%+17.84%+13.21%） |
| 火电产业 | 呼和浩特（火电 40.8%） |
| 煤炭开采和洗选 + 建材产业 | 铜川（33.47%+35.46%）、平顶山（24.25%+11.35%） |

以煤炭产业链为主导产业的老工业城市有 10 个，包括阳泉、大同、鸡西、鹤岗、淮南、银川、六盘水、呼和浩特、铜川、平顶山，这些城市成为中国重要的煤炭生产基地（表 6-10）。其中，阳泉是典型的煤炭开采和洗选基地，以煤炭资源开采、洗选为主，煤炭开采和洗选业占该市工业产值的 84.58%。煤电产业城市较多，包括大同、鸡西、鹤岗、淮南，重点形成煤炭开采和洗选、火电两个主导产业，大同的煤电产业比例达到 76.22%，鸡西和鹤岗分别为 52.02% 和 53.01%，淮南达到 56.33%。银川则在煤电产业的基础上进一步发展焦化产业，三类产业合计占 67.3%；呼和浩特是火电产业基地，火电产值比例达到 40.8%。六盘水将煤炭、钢铁和火电三种产业集成起来，形成典型的煤电铁基地，三种产业产值比例合计超过 86%。利用煤炭资源的废弃资源和伴生资源发展建材产业始终是煤炭基地的重要发展方向，铜川和平顶山均是如此，其煤炭产业链比例分别达到 68.93% 和 35.60%。

---

**专栏 6-1　部分城市的矿务局与 2012 年原煤产量**

煤炭产量是反映煤炭城市生产能力的基本指标，而矿务局的设立则反映了煤炭城市的"老"与"国"的概念内涵。

阳泉——阳泉矿务局，1950 年成立，现改制为阳泉煤业（集团）有限责任公司，2012 年原煤产量达到 6094 万吨，是全国最大的无烟煤生产基地、最大的冶金喷吹煤基地、最大的无烟煤出口基地。

大同——大同矿务局，1949 年成立，现改制为大同煤矿集团有限责任公司，2012 年原煤产量达到 1.056 亿吨。

鸡西——鸡西矿务局，成立于 1948 年，2001 年改制为鸡西矿业集团有限责任公司，拥有煤矿 13 个，2012 年原煤产量达到 2537 万吨，以主焦煤、1/3 焦煤和动力煤为主。

鹤岗——鹤岗矿务局，成立于 1945 年，现已改制为鹤岗矿业（集团）有限责任公司，拥有 8 个矿井，2012 年原煤产量达到 1740 万吨，以 1/3 焦煤和气煤为主。

淮南——淮南矿务局，1950 年成立，现改制为淮南矿业（集团）有限责任公司，2012 年原煤产量达到 6823 万吨。

六盘水——水城矿务局（1964年成立）、六枝矿务局（1970年成立）和盘江矿务局（1966年成立），现分别改制为贵州水城矿业（集团）有限责任公司、六枝工矿（集团）有限责任公司和盘江煤电（集团）有限公司，2012年原煤产量达到6688万吨。

铜川——铜川矿务局，1955年成立，现改制为陕煤铜川矿业有限公司，2012年原煤产量达到1600万吨。

平顶山——平顶山矿务局，1952年成立，现改制为中国平煤神马集团，2012年原煤产量达到4042万吨。

## 2. 钢铁工业类

黑色金属主要指铁、锰和铬，但规模化的黑色金属利用主要指铁矿石。长期以来，依托丰富的铁矿石资源与煤焦资源，老工业城市成为中国主要的钢铁生产基地，对中国钢铁产业的发展有着决定性的作用。116个老工业城市中，有82个老工业城市拥有铁矿石采选业，有116个城市发展了钢铁产业，城市数量比例分别达到70.7%和100%，钢铁行业成为老工业城市普遍发展的一类产业。

不同的城市围绕着钢铁产业，构建了不同的延伸产业链，尤其是延伸钢铁冶炼的上游原材料、辅料和下游副产品及精深加工形成若干产业链。其中，延伸上游的铁矿石和动力，形成"铁矿石采选→钢铁冶炼"、"铁矿石采选→钢铁冶炼→煤炭开采和洗选→火电产业链"；延伸上游铁矿石和辅料焦炭，形成"钢铁冶炼→煤炭开采和洗选→煤炭焦化"；延伸工业废弃物和下游副产品，形成"钢铁冶炼→煤炭开采和洗选→煤化工"、"钢铁冶炼→建材"、"钢铁冶炼→机械制造"等产业链。

老工业城市的钢铁产业大约占全国钢铁产业工业总产值的60%以上，其中钢铁冶炼业大约占全国的67.2%。部分老工业城市形成了较强的钢铁冶炼和加工能力，成为中国重要的钢铁生产基地，比较典型的钢铁工业城市包括承德、嘉峪关、马鞍山、娄底、抚顺、本溪、邯郸、唐山、临汾、太原、张家口、攀枝花、包头、鞍山、安阳、汉中、韶关。从各城市钢铁工业产值占全国的比例来看，唐山最高而达到7.64%，天津为5.04%，苏州和邯郸分别为3.43%和3.05%，无锡、武汉和本溪分别达到2.42%、2.36%和2.11%，常州、上海、承德、包头、鞍山、安阳、马鞍山、石家庄、太原、柳州等城市均超过1%。

从具体城市来看，承德的铁矿石开采和洗选和钢铁冶炼合计比例很高，达到73.4%，本溪和唐山分别达到73.95%和60.93%。嘉峪关的钢铁冶炼产值比例达到87.22%，本溪、邯郸和唐山达到59.4%、49.5%和47.43%，马鞍山、临汾、太原、攀枝花、娄底、包头、安阳、汉中等城市介于30%～40%，张家口、鞍山、韶关等城市的比例介于20%～30%（表6-11）。

表6-11　钢铁型老工业城市

| 类型 | 城市 |
| --- | --- |
| 铁矿石采选＋钢铁冶炼产业 | 承德（39%+34.4%） |
| 钢铁冶炼产业 | 嘉峪关（87.22%）、马鞍山（37%）、汉中（34.13%） |

| 类型 | 城市 |
|---|---|
| 钢铁冶炼＋焦化产业 | 娄底（31.62%+17.21%）、抚顺（焦22+铁矿石开采和洗选7.86+钢铁8.97） |
| 钢铁冶炼＋铁矿石采选业 | 本溪（59.4%+14.55%）、邯郸（49.5%+7.9%）、唐山（47.43%+13.5%） |
| 钢铁冶炼＋煤炭开采和洗选业 | 临汾（钢铁35.8%+煤炭开采和洗选31.7%+炼焦14.5%+钢铁开采和洗选6.46%）、太原（钢铁35.7%+计算机17.7%+煤炭开采和洗选13.9%） |
| 钢铁冶炼＋铁矿石开采和洗选＋火电 | 张家口（27.07+12.23+16.03） |
| 钢铁冶炼＋铁矿石开采和洗选＋煤炭开采和洗选＋化工产业 | 攀枝花（34.6%+13.5%+12.7%+10.5%） |
| 钢铁冶炼＋铁矿石开采和洗选＋煤炭开采和洗选＋汽车制造 | 包头（35.3%+9.3%+8.5%+6.3%） |
| 钢铁冶炼＋建材产业 | 鞍山（29.2%+22.9%） |
| 钢铁冶炼＋焦化＋建材＋汽车产业 | 安阳（35.57%+7.4%+8.37%+8.33%） |
| 钢铁冶炼＋化工产业 | 韶关（27.76%+11.35%） |

在中国钢铁工业发展过程中，部分城市建设了一些重大的钢铁冶炼企业，形成了较强的钢铁冶炼能力。

承德——主要钢铁企业有承德钢铁集团有限公司、盛丰钢铁有限公司、兆丰钢铁集团有限公司、建龙特钢特殊钢有限公司。承德钢铁集团成立于1954年，是"156"苏联援建项目。2015年，承德铁矿石原矿产量达到2.2亿吨，生铁产量达到1329万吨，粗钢产量达到1280万吨。

本溪——拥有本钢集团有限公司、北台钢铁（集团）有限责任公司等企业。本钢有限公司始建于1905年。目前，本溪形成了2000万吨的钢铁产能。

唐山——是钢铁大市，分布有唐山钢铁集团有限责任公司、首钢京唐钢铁联合有限责任公司、首钢股份公司迁安钢铁公司等大型国有钢铁企业及国丰钢铁有限公司、银丰、瑞丰、港陆、建龙、九江、天柱、津西等一大批民营钢铁企业，地方钢铁企业一度达到158家，从业人员达到10余万人。钢铁总产能大约为2亿吨，粗钢产量占全国的1/7，是全国最大的钢铁生产地级市，素有"世界钢铁看中国，中国钢铁看河北，河北钢铁看唐山"的说法。

嘉峪关——因企设市，因关得名，美誉为"戈壁钢城"。因1955年发现肃南镜铁山铁矿而开始发展钢铁产业。酒泉钢铁（集团）有限责任公司是"一五"重点建设项目，1958年成立，1965年设立嘉峪关市。目前，酒泉钢铁（集团）有限责任公司钢铁主业拥有碳钢、不锈钢两大生产体系，形成了年产钢1200万吨、不锈钢120万吨的生产能力。

邯郸——原有39家钢铁企业，拥有新兴铸管、邯郸钢铁、天铁3家大型国有钢铁集团及文安钢铁、纵横钢铁等企业。其中，邯郸钢铁于1958年建厂，2013年曾形成5000万吨/年的钢铁产能。

马鞍山——因钢铁设市，拥有马鞍山钢铁股份和长江钢铁等大型企业，小型私营钢铁企业数量多。1953年成立马鞍山铁矿厂，1958年马鞍山钢铁公司成立，目前具备1200万吨的钢铁生产能力。1957年，马鞍山生铁产量仅为20万吨，2015年生铁产量达到1700万吨，粗钢产量达到1768万吨。

临汾——现有钢铁联合企业 7 家和独立炼铁企业 6 家，包括太钢集团临汾钢铁有限公司、酒钢集团翼城钢铁有限责任公司、星原钢铁、中升钢铁、东方恒略精密铸造有限公司、新金山特钢有限公司、众泰冶炼实业有限公司、立恒钢铁集团股份有限公司、华强钢铁等，其中临汾钢铁公司建于 1958 年。目前，临汾生铁产能达到 118 万吨，粗钢产能约 1650 万吨，钢材产能约 1540 万吨。

攀枝花——是中国最大的钒制品和铁路用钢生产基地、中国品种结构最齐全的无缝钢管生产基地、中国最大的钛原料生产基地，被誉为"中国钢铁工业的骄傲"。攀枝花拥有攀钢集团有限公司、蓝天特钢有限公司、白云铸造有限责任公司、西大门特钢、同德型钢等钢铁企业。攀钢集团有限公司 1965 年开始建设，1970 年生产出生铁，已经形成生铁 830 万吨、钢 940 万吨、钢材 890 万吨的生产能力。

娄底——拥有湖南华菱涟源钢铁有限公司和冷水江钢铁有限责任公司，均为 1958 年建厂。冷水江钢铁有限责任公司产能达到 300 万吨 / 年，湖南华菱涟源钢铁有限公司产能达到 450 万吨 / 年，以超薄板带材、汽车板、硅钢为主。

包头——包头是稀土矿和铁矿共生矿脉的地质结构，周边组合条件好，发展钢铁工业具有优势。目前，共有规模以上钢铁企业 103 户，包括冶炼企业 8 家，分别为包头钢铁（集团）有限责任公司、大安、吉宇钢铁有限公司、内蒙古亚新隆顺特钢有限公司、石宝宝鑫、德顺、内蒙古华业特钢股份有限公司、海明炉料，钢压延加工企业 63 户，铁合金企业 32 户，是中国主要的钢轨生产基地、无缝钢管生产基地。包头钢铁（集团）有限责任公司成立于 1954 年，是"156"苏联援建项目。2012 年包头的生铁、粗钢产量分别为 1590 万吨和 1835 万吨。

安阳——拥有安阳钢铁集团有限责任公司、新普钢铁有限公司、日新钢铁有限责任公司和永兴钢铁、亚新钢铁、凤宝、鑫源、博鑫、永通、汇鑫、林州钢铁厂等钢铁企业。安阳市的钢铁产能大约为 2600 万吨 / 年，占河南总量的 61%。安阳钢铁集团有限责任公司成立于 1958 年，重点生产中厚板、高速线材、中小型材等。

汉中——拥有陕西汉中钢铁集团有限公司和陕西略阳钢铁有限责任公司，前身为汉江钢铁厂和略钢铁厂，为"四五"计划时期建设的百万吨级钢铁基地，主要产品为钢带。拥有铁矿山 1 座，年生产生铁 110 万吨。

张家口——拥有宣化钢铁集团有限责任公司，始建于 1919 年，前身为龙烟铁矿股份有限公司。拥有炼铁高炉 5 座，形成铁 650 万吨、钢 600 万吨、钢材 650 万吨的规模能力。

鞍山——因鞍钢而立，因鞍钢而兴。鞍山铁矿石资源丰富，已探明铁矿石储量占全国储量的 1/4。鞍山钢铁集团有限公司是一家特大型国有企业，始建于 1916 年，前身是鞍山制铁所和昭和制钢所，1948 年鞍钢成立，被誉为"中国钢铁工业的摇篮""共和国钢铁工业的长子"，生铁产能达到 1600 万吨 / 年。

韶关——拥有韶关钢铁集团有限公司，始建于 1966 年。年产钢能力为 650 万吨，是中国重要的船板钢、工程机械和水电站用高强钢板、建筑结构用高建板、桥梁板、锅炉用钢板生产基地。

老工业城市调整改造的理论与实践

### 3. 有色金属类

有色金属包括众多的类型，如金、铟、银、镍等，在中国形成了复杂的产业基地分布格局。同时，由于有色金属往往是伴生矿产，许多城市呈现出综合有色金属产业基地。依托特色有色金属资源，部分城市形成了集开采、冶炼、加工于一体的有色金属生产加工基地。依托不同的有色金属矿石开采和洗选，各城市围绕着主导产业和上下游产业，形成了"矿石开采和洗选→有色金属冶炼→有色金属加工"、"有色金属冶炼→建材"和"有色金属冶炼→精细化工"等产业链。

中国有色金属产业的发展始于 1949～1952 年，首先东北地区的一批有色金属企业恢复生产，云南、湖南、安徽和江西等地区的有色金属矿山相继恢复了生产。"一五"计划时期，中国有色金属工业开始大规模建设，苏联援建"156"项目中有 13 个有色金属项目，新建、扩建了一批有色金属矿山、冶炼和加工企业。在"大跃进"时期，一批骨干企业相继建成投产。在"三线"建设时期，西南和西北地区建设了一大批有色金属企业。上述历史建设过程，培育了中国的有色金属城市。

在 116 个老工业城市中，有 54 个老工业城市拥有有色金属开采和洗选业，城市数量比例达到 45.7%，产值比例达到 25.9%；有 102 个老工业城市拥有有色金属冶炼加工业，城市数量比例达到 87.9%，分布具有遍布性，产值比例达到 46.6%。从全国来看，无锡和铜陵具有最高的比例，其有色金属工业产值占全国同类工业产值的比例分别达到 3.66% 和 3.64%，东营、天津和郑州分别为 2.92%、2.23% 和 2.15%，黄石、昆明、宁波、苏州、杭州、广州、上海、洛阳、重庆和长沙分别超过 1%。

从各城市工业结构来看，以有色金属为主导产业的老工业城市有金昌、白银、铜陵、黄石等。其中，金昌的有色金属产业比例超过 80%，是中国最大的有色金属产业基地，而白银超过 60%，铜陵超过 40%。

金昌——因矿兴市、因企设市，其发展始于 20 世纪 50 年代，誉称"中国的镍都"，以有色金属为主导产业，中国最大的镍钴铜金属盐生产基地、镍钴铂族金属提炼中心、最大的印花镍网生产基地，西北地区最大的电池正负极原材料生产基地和最大的新型无机纤维材料生产基地。金昌拥有世界著名的多金属共生大型硫化铜镍矿床，已探明镍储量（550 万吨）居世界第二位，其伴生的其他稀有金属的储量和品位均居全国首位，临近能源基地和交通干线。拥有金川集团等核心企业，金川集团被称为中国的"镍霸"。其中，金川集团以矿业和金属为主业，开采和洗选冶化深加工联合配套，重点生产镍、铜、钴、稀贵金属，镍产量居全球第三位，铜产量居全国第三位，钴产量居全球第四位，铂族金属产量居亚洲第一位。

白银——临矿设企、因企设市，素有中国"铜城"之称。境内有矿产 45 种，金属矿藏有铜、铅、锌、金、银等 30 多种，凹凸棒资源初步探明储量占世界总量的 70%。采矿历史可追溯到明朝早年，20 世纪 50 年代开始进入规模化的开采和冶炼阶段。1954 年，"一五"重点建设项目白银有色金属公司和银光化学工业公司建成。截至 1978 年，白银有色金属公司曾经连续 18 年铜硫产能居全国首位，目前具有年采选矿量 200 万吨、铜铅锌 30 万吨、黄金 3000 千克、白银 100 吨、有色金属加工材 5.65 万吨、硫酸 63 万吨、氟化盐产品 7 万吨的生产能力。白银是中国重要的有色金属生产基地，累计生产铜铝铅锌四种有色金属产品 550 多万吨。

铜陵——因铜得名、以铜而兴，素有"中国古铜都，当代铜基地"之称。采冶铜的历史始于商周，盛于汉唐，中国第一炉铜水、第一块铜锭出自铜陵。拥有铜陵有色金属集团控股有限公司，集铜金属采选、冶炼、加工于一身。2017 年，精炼铜（电解铜）达 129.4 万吨，铜材为 176.9 万吨，硫酸为 512.1 万吨。

黄石——黄石具有多种矿产资源，其中铁、金、铜、煤、石灰石等是优势矿产。有色金属产业主要集中在大冶，1953 年大冶有色金属集团控股有限公司建成，为集采矿、选矿、冶炼、化工、压延加工、余热发电于一身的特大型铜业联合企业，已形成采矿 360 万吨、选矿 450 万吨、阴极铜 38 万吨、黄金 10 万吨、白银 300 万吨、铁精矿 35 万吨的产能。

### 4. 石油化工类

石化产业是中国的支柱产业，主要是对原油、天然气进行勘探、油气田开发、石油炼制、化工生产的产业，主导产品包括柴油、煤油、汽油、沥青、塑料、橡胶和化学品等，与居民的衣食住行密切相关。石油和天然气开采也成为重要的资源型产业。部分老工业城市成为中国重要的石油化工基地，对中国石油和天然气开采、化工产业的发展有战略意义。

全国共有 26 个老工业城市拥有石油和天然气开采业，城市数量比例达到 22.4%，产值比例达到 66.6%，即 2/3。有 109 个老工业城市发展了石油加工、炼焦产业，城市数量比例达到 94%，产值比例达到 68.8%。从全国来看，东营拥有最高的产值比例，达到 6.03%，大庆和天津的产值比例分别达到 5.65% 和 5.08%，上海、西安、盘锦和宁波等城市的产值比例介于 3%～4%，克拉玛依、大连、淄博、茂名、南京等城市的产值比例介于 2%～3%，青岛、兰州、北京、广州、岳阳、乌鲁木齐、潍坊、抚顺等城市的石油化工产业链产值比例均超过 1%。

部分城市形成以石油化工为主导产业的工业结构，由此成为全国著名的石油化工基地。从具体城市来看，各城市有着不同的细分行业构成。其中，克拉玛依拥有最高的比例，石油化工业产业链产值比例达到 83.8%，包括石油冶炼业 55.1%、石油化工业 28.7%。大庆的比例达到 66.24%，其中石油采选业占 42.2%，石油炼化业占 24.04%。盘锦达到 69.25%，包括石油冶炼业 45.5%、石油采选业 13.15% 及石油化工业 10.6%。茂名达到 66.24%，包括石油冶炼业 55.44% 和石油化工业 10.8%。东营的石化产业链产值比例也达到 40.4%，兰州和吉林也分别达到 33.4% 和 30.7%。

克拉玛依——因油而兴、因企设市。准噶尔盆地有着丰富的油气资源，储量达 107 亿吨，中哈原油管道和西气东输二线途经克拉玛依。1909 年独山子开始采油，1955 年发现克拉玛依油田。拥有中石油克拉玛依石化等企业，石油炼化能力达到 2200 万吨/年，乙烯生产能力达到 122 万吨／年，建成了 647 万立方米石油和 45 亿方天然气的油气储备基地，成为中国最大的石油化工基地，累计生产原油 3.4 亿吨、天然气 700 多亿立方米。

大庆——别称"油城""油都""绿色油化之都"，是中国最大的石油石化基地。

大庆是中国第一大油田和世界第十大油田所在地。自1963年全面开发建设以来，大庆油田的产量以300万吨/年的速度高速增长，1976年稳定在5000万吨/年的产量，20世纪末期，油田的石油开采愈加困难，油田剩余可采储量仅剩1.97亿吨，年产油量逐步下降，近几年维持在4000万吨左右，创造了连续27年稳产5000万吨、12年4000万吨的业绩，累计为国家贡献石油23.5亿吨。形成"千万吨炼油、百万吨乙烯"的石油石化基地，炼油能力超过2000万吨/年，乙烯产量达到177万吨/年。

盘锦——为辽河油田总部所在地，分布有丰富的石油、天然气资源，辽河油田累计探明石油储量21亿吨、天然气1784亿立方米。它是中国最大的稠油与高凝油生产加工基地，最大的高等级道路沥青生产基地和最大的防水材料生产基地。已经开发建设32个油气田，建成12个油气生产单位，原油开采能力为1350万吨/年，天然气开采能力为8亿立方米/年。工业形成以油气开采为龙头，以石油化工、合成树脂和装备制造等为主的工业体系，原油加工量为1500万吨/年，沥青生产能力为450万吨/年。

茂名——茂名分布有油页岩，但主要依赖海上石油资源发展石油化工产业。1995年茂名石化公司在北山岭建成25万吨级原油接卸系统。目前，茂名原油炼化能力达到2000万吨/年，乙烯产能达到100万吨/年。

兰州——为中国西部地区重要的炼油基地。兰炼和兰化均为"156"苏联援建项目，1958年开始投产。兰州石化公司拥有1050万吨/年原油一次加工能力和70万吨/年乙烯生产能力，主要生产装置达到50余套。

东营——是胜利油田的所在地，因油而建、因油而兴。截至2010年年底，胜利油田共发现77个油气田，累计探明石油地质储量50.42亿吨，原油产量保持在2300万吨/年以上。近几年来，胜利油田开始资源接续不足，开采成本趋高，部分低效油井关闭；东营港每年上岸原油500万吨。东营共有规模以上石化企业129家，石油地方炼化企业较多，其中有10家地方炼化企业获批原油进口使用权。目前，东营原油加工能力达到6900万吨/年。

吉林——吉林原油加工能力达到1000万吨/年，乙烯生产能力为85万吨/年，主要炼化产品有115种。

### 5. 装备制造类

装备制造业是为国民经济各部门进行简单生产和扩大再生产提供装备的各类制造业的总称，是机械工业的核心部分，是工业的心脏和支撑国家综合国力的重要基石。按照国民经济行业划分，装备制造业包括7个行业大类中的重工业：金属制品业，通用设备制造业，专用设备制造业，铁路、船舶、航空航天和其他交通运输设备制造业，电气机械及器材制造业，计算机、通信及其他电子设备制造业，仪器仪表制造业，但不包括其中的部分小行业。

长期以来，老工业城市为中国重要的装备制造业基地，但改革开放以来，装备制造业发展不断衰弱，2015年，所有老工业城市均发展了装备制造业，城市覆盖率达到100%，装备制造业产值占全国装备制造业产值的比例在60.67%以上。其中，上海和苏州的装备制造业占全国的比例最高，分别为 5.38% 和 5.27%；天津、重庆、北京、广州、无锡、青岛、沈阳等城市介于 2%～3%，长春、南京、武汉、成都、宁波、合肥、常州、大连、郑州、长沙、杭州 11 个城市的比例介于 1%～2%。

从各城市内部来看，十堰的装备制造业比例最高，达到 74.44%，长春达到 66.7%，而柳州、苏州、上海、重庆、合肥、芜湖、成都、天水 8 个城市的比例介于 50%～60%。绵阳、武汉、无锡、沈阳、常州、北京、长沙、湘潭、自贡、青岛、济南、保定、襄阳、南京、广州 15 个城市的比例介于 40%～50%，而德阳、株洲、大连、宁波、新乡、天津、西安、郑州、衡阳、南昌、洛阳、葫芦岛和宝鸡 13 个城市介于 30%～40%。

从单个行业来看，汽车生产基地包括十堰、长春、柳州、株洲。其中，十堰的汽车制造业产值达到 71.8%，长春达到 60.02%，柳州也达到 46.05%，尤其是长春和十堰成为主要的汽车生产基地，集聚了中国主要的汽车产能和龙头企业——中国第一汽车集团有限公司、第二汽车制造厂。装备制造城市主要指自贡，其通用设备制造业产值比例达到 33.85%。以电子信息产业为主导产业的老工业城市有绵阳和苏州，其中绵阳的电子信息产业比例达到 34.2%，而苏州达到 33.2%。

---

### 专栏 6-2　中国汽车城

在汽车产业的历史布局及改革开放以来新一轮布局过程中，部分城市成为中国汽车的主要生产基地。中国汽车城主要有长春、十堰、上海、广州、重庆、柳州、株洲等城市。以下重点介绍老工业城市中的汽车城。

长春——是中国汽车产业的发源地，中国一汽的总部所在地。中国第一辆汽车诞生在长春。最早发展于 1953 年，目前已形成以中国第一汽车集团有限分司为依托，以出产中高档轿车、中重型货车、专用车及零部件为重点，集研发、出产、效劳为一体，上下游紧密连接的轿车工业。

重庆——是长安汽车的总部所在地。长安汽车不仅销量居自主品牌之首，还成为首个年销量突破百万台的自主品牌。

柳州——是五菱宏光的产地，也是全国唯一拥有中国第一汽车集团有限分司、东风汽车集团公司、上海汽车集团股份有限公司和中国重型汽车集团有限公司四大汽车集团整车生产企业的城市，具备 100 万辆整车生产能力。

十堰——是建设在汽车上的城市，是中国二汽（东风）的所在地，原东风汽车集团公司总部所在地。目前是国内规模最大的商用车生产基地，包括载重车、客车、专用车及其零部件。

株洲——具备从研发设计，到零部件生产、整车制造的完整新能源汽车产业链。拥有华泰汽车集团、中车时代电动和北京汽车集团有限公司等汽车生产企业，聚集了近 200 家汽车整车、零部件企业。

老工业城市调整改造的理论与实践

### 6. 纺织轻工类

轻工业是以提供城市居民生活消费品为主的工业门类，按其所使用原料的不同分为两类，即以农产品为原料的轻工业和以非农产品为原料的轻工业。①以农产品为原料的轻工业，如棉、毛、麻、丝的纺织及缝纫，皮革及其制品，纸浆及造纸，以及食品制造等工业。②以非农产品为原料的轻工业，如日用金属、日用化工、日用玻璃、日用陶瓷、化学纤维及其织品、火柴、生活用木制品等工业。轻工业主要包括食品、纺织、皮革、造纸、日用化工、文教艺术体育用品工业等。

部分城市拥有比较集中的纺织工业，形成主导优势产业，超过或接近于40%，成为颇具特色的纺织工业基地。纺织工业原来是重要工业类型，但在改革开放以来的发展过程中，纺织工业迅速衰退。比较典型的城市如荆州。

比较典型的轻工业城市有通化（表6-12）。通化的医药产业工业产值比例超过46.94%，工业增加值比例达58.1%，拥有修正药业集团股份有限公司、万通药业集团有限公司、通化东宝药业股份有限公司、集安益盛药业股份有限公司等医药高新技术企业43户，2013年通化医药高新技术产业开发区晋升为国家级，成为中国第二家以医药特色产业命名的国家级高新区。通化有"斯达舒""甘舒霖""新开河""唯达宁"等13个驰名商标，被称为"医药城"。

**表6-12　老工业城市的产业基地类型**

| 工业基地类型 | | 数量（个） | 城市 |
|---|---|---|---|
| 专业化工业基地 | 石油化工 | 7 | 大庆、克拉玛依、兰州、茂名、盘锦、东营、吉林 |
| | 煤炭能源 | 10 | 阳泉、大同、鸡西、鹤岗、淮南、银川、六盘水、呼和浩特、铜川、平顶山 |
| | 钢铁 | 17 | 承德、嘉峪关、马鞍山、娄底、抚顺、本溪、邯郸、唐山、临汾、太原、张家口、攀枝花、包头、鞍山、安阳、汉中、韶关 |
| | 有色金属 | 4 | 金昌、白银、铜陵、黄石 |
| | 装备制造 | 38 | 十堰、长春、柳州、苏州、上海、重庆、合肥、芜湖、成都、天水、绵阳、武汉、无锡、沈阳、常州、北京、长沙、湘潭、自贡、青岛、济南、保定、襄阳、南京、广州、德阳、株洲、大连、宁波、新乡、天津、西安、郑州、衡阳、南昌、洛阳、葫芦岛、宝鸡 |
| | 轻工业 | 4 | 通化、泸州、遵义、宜宾 |
| | 农产品加工 | 5 | 双鸭山、佳木斯、齐齐哈尔、哈尔滨、荆州 |
| 综合型工业基地 | 综合性工业 | 37 | 安顺、乐山、武汉、天津、石家庄、长沙、郑州、重庆、北京、成都、福州、濮阳、南宁、焦作、贵阳、济南、昆明、安庆、保定、赣州、无锡、宜昌、天水、宁波、南昌、青岛、潍坊、岳阳、淄博、南京、衡阳、襄阳、杭州、广州、合肥 |
| | 综合性重工业 | 26 | 西安、乌鲁木齐、葫芦岛、西宁、新乡、阜新、辽阳、株洲、丹东、齐齐哈尔、宝鸡、洛阳、常州、大连、德阳、芜湖、咸阳、哈尔滨、徐州、锦州、辽源、湘潭、沈阳、荆门、上海、营口 |
| | 综合性轻工业 | 6 | 广元、南阳、孝感、牡丹江、开封、荆州 |

## 7. 饮料制造类

饮料制造是一类特殊的轻工业，主要包括酒精、酒、软饮料、精制茶加工等行业，主要产品为白酒、啤酒、碳酸饮料、茶饮料和瓶（罐）装饮用水等。116 个老工业城市的饮料制造业占全国该行业产值总量的 53.66%，其中泸州的比例最高，达到 6.14%，宜昌达到 3.49%，遵义和徐州分别为 2.95% 和 2.19%，广州、杭州、武汉、沈阳、北京、青岛、成都、重庆、南阳、焦作 10 个城市的比例均超过 1%。部分老工业城市形成了著名的酒饮料制造基地，主要包括泸州、遵义、宜宾等城市，其中泸州的酒饮料制造业产值达到 63.26%，遵义达到 40.5%。

泸州——别称"酒城"，是世界级白酒产业基地，以生产国家名酒"泸州老窖"和"郎酒"而驰名中外，享有"中国酒城"美名。2017 年，泸州白酒产量达到 $205.61 \times 10^7$ 升，拥有泸州老酒、泸州巴蜀液酒业集团等大型企业，形成中国酒镇——大渡口镇。

遵义——中国名酒茅台酒的故乡，为世界酱香白酒产业基地。遵义拥有白酒企业 1400 余家，拥有茅台、董酒、习酒等知名品牌，其中规模以上白酒企业 113 家。2017 年，遵义实现白酒产量 $42.7 \times 10^7$ 升，约占全国总量的 3.6%。

宜宾——称为"中国白酒之都"，是中国酒文化的缩影，"川酒甲天下，精华在宜宾"。拥有五粮液等名优酒品牌。拥有规模以上白酒企业 66 家，白酒产量达到 $72.97 \times 10^7$ 升。

---

**专栏 6-3　中国白酒"金三角"区域**

中国白酒"金三角"位于四川和黔北地区，重点围绕宜宾、泸州和遵义三个地区而形成。该区域位于地球同纬度上最适合酿制优质纯正蒸馏酒的生态区，核心区位于最佳酿酒纬度带的长江（宜宾—泸州）、岷江（宜宾段）和赤水河流域，拥有集气候、水源、土壤"三位一体"的天然生态环境，土地肥沃，盛产水稻、小麦、糯米、高粱等粮食作物及甘美的泉水，为酿酒业的发展提供了得天独厚的自然条件，赤水河被称为"中国美酒河"。该地区拥有上千年的酿酒史，形成了中国最大的白酒产业集群和最大的品牌集群。核心区拥有酿酒窖池 34 000 余口，其中 100 年以上窖池 1600 余口，20 年以上窖池 14 400 余口。该地区已经孕育形成了享誉全球的五粮液、茅台、剑南春、沱牌、水井坊、泸州老窖、郎酒等白酒品牌。

---

农产品加工业是以农业物料、人工种养或野生动植物资源为原料进行工业生产活动的总和。广义的农产品加工业是以农、林、牧、渔产品及其加工品为原料所进行的工业生产活动，狭义的农产品加工业是以人工生产的农业物料和野生动植物资源及其加工品为原料所进行的工业生产活动。所有老工业城市均发展有农产品加工业，是一

种遍布性的工业门类，116个老工业城市占全国农产品加工业的比例达到49.13%。其中，天津、沈阳、青岛等城市的农产品加工业比例均介于2%～3%，大连、潍坊、长春、哈尔滨、上海、广州、襄阳、岳阳、重庆9个城市介于1%～2%。从各城市来看，双鸭山的农产品加工业产值比例达到55.08%，佳木斯超过44.65%，齐齐哈尔、哈尔滨和荆州均介于30%～40%，上述城市主要分布在东北地区。

## 四、综合性工业基地

综合性工业基地的数量较多，但从工业结构的轻重化程度仍可以识别出综合性、重化工性与轻工型综合产业基地。

### 1. 综合性工业基地

综合性工业基地主要指轻重工业的比例关系相对协调、差距较小的工业城市，占决定优势的主导产业不突出，呈现出多元化的发展态势，但轻工业和重工业又比较齐全，形成综合型工业城市。该类老工业城市共有35个，具体包括安顺、乐山、武汉、天津、石家庄、长沙、郑州、重庆、北京、成都、福州、濮阳、南宁、焦作、贵阳、济南、昆明、安庆、保定、赣州、无锡、宜昌、天水、宁波、南昌、青岛、潍坊、岳阳、淄博、南京、衡阳、襄阳、杭州、广州、合肥。这些老工业城市多是省会城市或区域中心城市，产业结构相对多元化，各类工业部门发展较为均衡。

### 2. 综合性轻工业城市

综合性轻工业城市主要包含由轻工业构成的工业类型，但某一轻工业突出的现象并不突出。从数据分析来看，综合性轻工业城市主要有6个，具体包括广元、孝感、南阳、开封、荆州、牡丹江。这些城市的轻工业主要集中在农产品加工、电子、纺织、建材、木材加工等产品。

### 3. 综合性重工业城市

综合性重工业城市的工业结构呈现典型的重化特征，但占绝对优势的主导产业并不明显，各类重化产业之间的规模与比例虽有所差异，但差距较小。该类综合性工业城市共有26个，具体包括西安、乌鲁木齐、葫芦岛、西宁、新乡、阜新、辽阳、株洲、丹东、齐齐哈尔、宝鸡、洛阳、常州、大连、德阳、芜湖、咸阳、哈尔滨、徐州、锦州、辽源、湘潭、沈阳、荆门、上海、营口，占老工业城市数量的22.4%。这些城市的重工业主要包括石油化工、交通设备制造、冶金、机械设备制造、矿产资源开采、建材等产业。例如，西安石油开采业占24.36%，汽车制造占15.37%，电力生产占11.6%，电器机械占7.67%，四者合计占59%。

# 第三节 发展状态分化

## 一、概念与方法

### 1. 状态内涵

针对 20 世纪 80 年代以来的 30 多年尺度，对老工业城市进行类型划分，形成各种类型清单，尤其是聚焦分析衰退型老工业城市与发展型老工业城市。这是中央政府、地方政府制定政策的基础。总结发展型老工业城市的成功经验与成功模式，揭示衰退型老工业城市的形成机理，探索其扶持政策和振兴路径。

改革开放以来，老工业城市的发展面临着完全不同的环境与条件，呈现出不同的发展水平和发展趋势，由此形成了不同的发展状态。这需要首先界定发展状态的分类。部分老工业城市的经济结构成功转型，城市发展日益繁荣，部分城市发展困难，产业基地的地位不断衰弱，城市发展效益较差。本研究将这种发展状态大致分为发展型和衰退型两类（王成金和王伟，2013）。两类老工业城市的发展特征明显不同，这决定了国家对这些老工业城市的支持手段、模式和扶持力度的差异。

发展型——改革开放以来，城市产业发展态势良好，企业改革成效明显，新兴产业培育和产业结构调整初步取得成效，经济总量持续扩大，城市发展活力突出，总体呈现上升发展态势。但计划经济时期形成的部分历史遗留问题仍是经济快速发展的重要制约。该类老工业城市需要进一步向市场体系转型，需要政府引导产业发展和提供扶持。

衰退型——在老工业城市发展初期，曾具有蓬勃的发展活力和强大的产业基础，但改革开放以来，主导产业发展缓慢，企业改革不彻底，历史遗留问题突出，结构单一、刚性化的状态未得到显著改变，社会经济发展活力不足，综合发展速度低于全国平均水平，总体呈现衰退或相对衰退的发展趋势。未来，这类城市的发展需要政府政策的大力扶持和直接的资金扶持，使其进一步与市场经济接轨，形成自我发展的良好机制。

### 2. 评价方法

老工业城市发展状态的评价，目前学术界鲜有分析，但仍有部分学者开展了相关研究，如王成金和王伟（2013）的研究。综合其学术成果，本研究主要是依据两个关键指标，对老工业城市的发展状态及变化趋势进行识别和分析。即基于以下两个方面进行分类：一是反映老工业城市的工业发展状态，主要采用城市工业产值占全国工业总产值的比例及变化；二是反映老工业城市的综合发展，主要采用城市 GDP 占全国 GDP 总量的比例及变化。

以 1986～2016 年为研究时间尺度，采用两个关键指标和两维象限方法（图 6-3），对老工业城市的发展状态及趋势进行评价和分析。为了避免某个年份的数据异常，本书采用连续 2 个年份的平均值进行分析，即 1985 ～ 1986 年平均值、2015 ～ 2016 年平均值，各指标均按此进行折合。

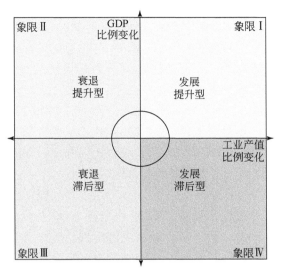

图 6-3　老工业城市发展状态类型划分模式

（1）横轴指标 Index Ⅰ

横轴为老工业城市工业产值占全国工业总产值的比例及变化，主要反映工业经济发展状态，充分体现老工业城市中的"工业"特征。工业产值是工业统计中最基础、最重要的一项指标，反映某城市工业规模的核心指标，是以货币形式表现的工业企业在一定时期内生产的已出售或可供出售工业产品总量，主要反映一定时间内工业生产的总规模和总水平。城市工业产值占全国工业总产值的比例，则体现了该城市在全国工业体系中的地位。

通过该指标可反映老工业城市的工业发展过程及趋势。具体通过 1985 ～ 1986 年比例和 2015 ～ 2016 年比例的差额进行评价，其差额的"增长"和"降低"反映了工业经济的"发展"和"衰落"内涵，反映了老工业城市作为工业"基地"的地位与强弱变化。

（2）纵轴指标 Index Ⅱ

纵轴为老工业城市 GDP 占全国 GDP 总量的比例及变化，主要反映综合经济发展状态和老工业城市的"城市"特征。老工业城市的发展不仅是源于工业经济的驱动，还源于其他经济形式的驱动，包括服务业经济、建筑业经济及农业经济。城市经济结构的转型主要表现为上述各种经济形式的比例变化及主次或主导地位的调整。

改革开放以来，城市发展的动力机制更为健全，尤其是服务业成为城市发展的重要动力。GDP 是综合性经济指标，反映了城市经济发展的综合效益，也反映了城市经济结构和工业体系的转型进程。具体通过 1985 ～ 1986 年和 2015 ～ 2016 年两个时间点城市 GDP 占全国 GDP 总量的比例差额进行评价，其差额的"增长"和"降低"反映了城市经济转型和综合发展效益的"提升"和"滞后"内涵。

### 3. 状态分类

根据上述研究方法，可以将老工业城市的发展状态进一步划分为四种类型。

象限 I ：发展提升型，Index I ＞ 0，Index II ＞ 0。城市工业产值占全国工业总产值的比例处于增长过程，且城市 GDP 占全国 GDP 总量的比例也处于提高过程，老工业城市的工业地位不但得到提高，而且城市经济发展综合效益显著，处于不断上升状态，是发展状态最好的老工业城市。

象限 II ：衰退提升型，Index I ＜ 0，Index II ＞ 0。城市工业产值占全国工业总产值的比例处于下降过程，但城市 GDP 占全国 GDP 总量的比例处于提高过程，老工业城市的工业地位有所下降，但城市经济发展综合效益显著，城市发展动力发生转化，城市发展仍处于上升通道内，实现了城市经济的成功转型。

象限 III ：衰退滞后型，Index II ＜ 0，Index II ＜ 0。城市工业产值占全国工业总产值的比例处于持续下降过程，且城市 GDP 占全国 GDP 总量的比例同样呈现下降趋势，老工业城市的工业地位持续下降，城市经济发展综合效益比较低，城市发展总体上处于持续衰退状态，是发展状态最差且困难较多而需要国家提供扶持或援助的老工业城市。

象限 IV ：发展滞后型，Index I ＞ 0，Index II ＜ 0。城市工业产值占全国工业总产值的比例处于上升过程，但城市 GDP 占全国 GDP 总量的比例处于下降过程，老工业城市的工业经济虽然有所发展和工业地位虽然有所增强，但城市经济发展综合效益比较低，是经济转型比较慢、城市发展动力未能转化的老工业城市。

## 二、指标分析

改革开放以来，中国老工业城市的发展面临完全不同的环境，呈现不同的发展特征与态势，部分城市的经济结构成功转型，城市发展日益繁荣，而部分城市发展困难，工业基地的地位不断衰弱，城市发展效益差。进一步评价其发展状态，有益于识别问题型的老工业城市，为国家扶持政策的制定提供科学基础。

### 1. GDP 比例变化

地区 GDP 基本反映了老工业城市经济发展综合效益。基于 1985 年和 2015 年数据，分析 1985 ～ 2015 年城市 GDP 占全国 GDP 比例的变化额，可反映老工业城市经济发展综合效益变化，体现了城市经济转型的"提升"与"滞后"特征。

如果囊括省会城市、计划单列城市及地级老工业城市，1985 年，所有老工业城市 GDP 占全国 GDP 总量的比例为 51.08%，即全国经济总量的一半；2015 年，该比例提高至 61.76%，1985 ～ 2015 年增长了 10.6 个百分点。各城市的变化如图 6-4 所示。

如果剔除省会城市和计划单列城市，1985 年地级市老工业城市 GDP 占全国 GDP 总量的总体比例为 22.37%，而 2015 年该比例为 24.49%，期间增长了 2.12 个百分点。这表明过去 25 年内老工业城市经济发展综合效益日益提高，以工业经济为主的经济结

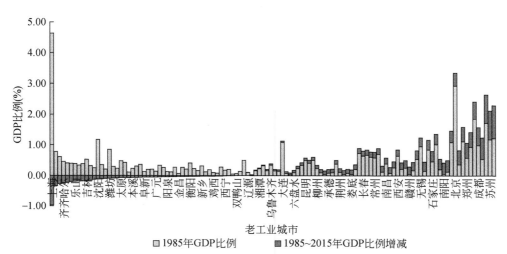

图 6-4　1985 ～ 2015 年老工业城市 GDP 占全国比例及变化

构不断转型。不能忽视的是，本书的数据是地级城市市辖区的数据，而多数地区的中心城市发展较快，所辖县级政区的发展较慢，一定程度影响了以上数据结果。

1985 ～ 2015 年，各老工业城市的 GDP 比例变化较大，呈现出发展型、衰退型和稳定型 3 种基本类型。

衰退型——上海、大庆、鞍山等 47 个老工业城市的 GDP 比例与 1985 年相比都有所下降，占老工业城市数量的 40.9%。此类老工业城市经济发展综合效益下降，城市经济转型较慢。其中，上海的 GDP 比例下降幅度最高，达到 0.97 个百分点；大庆的下降幅度达到 0.34 个百分点，鞍山、齐齐哈尔、抚顺、牡丹江的下降幅度均介于 0.2 ～ 0.3 个百分点，乐山、丹东、锦州、吉林、韶关、佳木斯、沈阳、平顶山、葫芦岛 9 个城市的下降幅度均介于 0.1 ～ 0.2 个百分点，潍坊、安庆、辽阳等 32 个老工业城市的下降幅度均低于 0.1 个百分点。综合来看，这些城市的 GDP 比例共下降了 5.04 个百分点（表 6-13）。

表 6-13　1985 ～ 2015 年 GDP 比例下降的老工业城市

| 省（自治区、直辖市） | 数量（个） | 老工业城市 |
| --- | --- | --- |
| 山东 | 1 | 潍坊 |
| 山西 | 3 | 阳泉、大同、太原 |
| 辽宁 | 11 | 盘锦、营口、阜新、本溪、辽阳、葫芦岛、沈阳、锦州、丹东、抚顺、鞍山 |
| 吉林 | 2 | 通化、吉林 |
| 黑龙江 | 6 | 鸡西、鹤岗、佳木斯、牡丹江、齐齐哈尔、大庆 |
| 安徽 | 2 | 淮南、安庆 |
| 河南 | 5 | 濮阳、新乡、开封、焦作、平顶山 |
| 上海 | 1 | 上海 |
| 湖南 | 1 | 衡阳 |
| 广东 | 2 | 茂名、韶关 |

| 省（自治区、直辖市） | 数量（个） | 老工业城市 |
|---|---|---|
| 四川 | 6 | 自贡、泸州、德阳、广元、绵阳、乐山 |
| 陕西 | 1 | 宝鸡 |
| 甘肃 | 4 | 白银、金昌、天水、兰州 |
| 青海 | 1 | 西宁 |
| 新疆 | 1 | 克拉玛依 |

发展型——重庆、广州和苏州等 65 个老工业城市的 GDP 比例与 1985 年相比则都有所提升，约占老工业城市数量的 56.5%。表明过去 30 年这些老工业城市经济发展综合效益不断提升，以工业经济为主的城市经济转型速度较快。其中，重庆的比例提高最快，约增长了 1.07 个百分点，其次是苏州和广州，分别上升了 0.93 个百分点和 0.92 个百分点，长沙的增长幅度也达到 0.71 个百分点。成都和天津的上升幅度分别为 0.59 个百分点和 0.56 个百分点，南京、郑州、武汉、合肥、北京介于 0.4 ～ 0.5 个百分点，杭州、宜昌、南阳等 8 个城市的增长幅度介于 0.3 ～ 0.4 个百分点，无锡、福州、保定等 9 个城市的增长幅度介于 0.2 ～ 0.3 个百分点，南昌、遵义和济南等 18 个城市的增长幅度介于 0.1 ～ 0.2 个百分点，增长幅度低于 1‰ 的有柳州、淄博、洛阳等 19 个城市。以上城市共提高 15.73 个百分点。

稳定型——有 4 个老工业城市的 GDP 比例保持相对稳定，变化非常小。

## 2. 工业比例变化

基于 1985 年和 2015 年的数据，计算老工业城市工业产值占全国工业总产值的比例变化额，以此反映老工业城市工业经济的发展与衰落情况。

如果包括省会城市、计划单列市和地级老工业城市，1985 ～ 2015 年，116 个老工业城市工业产值占全国工业总产值的比例为 63.64%，2015 年该比例增加至平均 66.15%，期间增长了 2.51 个百分点。如果剔除省会城市和计划单列市，1985 ～ 2015 年，地市级老工业城市的工业产值占全国工业总产值的比例总体呈现略微上升趋势。1985 年，地市级老工业城市的工业产值占全国工业总产值的比例为 26.94%，2015 年该比例增加至平均 31.61%，期间增长了 4.67 个百分点。这说明改革开放以来，原本承担中国主要工业实体的老工业城市，在向市场经济的转轨过程中，在全国工业体系中的地位总体呈现有所强化趋势。各城市的工业产值比例及变化如图 6-5 所示。

发展型——老工业城市的工业产值占全国工业总产值的比例变化中，有 68 个老工业城市呈现上升态势。从具体城市看，东营的比例上升最快，提高了 1.09 个百分点，工业地位的提升非常明显；其次是苏州和重庆，分别提高了 0.99 个百分点和 0.95 个百分点，郑州和徐州分别提高了 0.80 个百分点和 0.73 个百分点，合肥和长沙均提高了 0.65 个百分点，潍坊、青岛和淄博均提高了 0.5 个以上的百分点，宜昌和南阳分别提高了 0.45 个百分点和 0.43 个百分点。唐山、芜湖、石家庄等 6 个城市的增长幅度介于 0.3 ～ 0.4 个百分点，而孝感、天津、保定等 8 个城市的增长幅度介于 0.2 ～ 0.3 个百分点，广州、

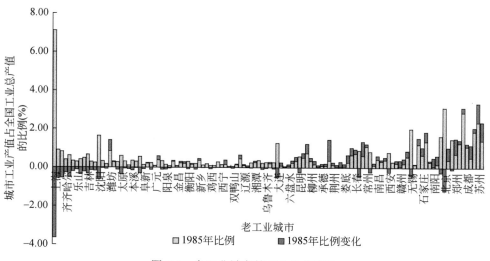

图 6-5  老工业城市的工业地位变化

襄阳、南昌等 19 个城市的增长幅度介于 0.1～0.2 个百分点,六盘水、承德、新乡等 23 个城市的增长幅度低于 0.1 个百分点。总体上看,这些老工业城市的合计工业总产值共提高了 15.97 个百分点,在全国工业体系中的地位不断强化提升。

衰退型——有 46 个老工业城市即近 40% 的城市的工业地位处于下降过程。其中,上海的工业产值占全国工业总产值的比例下降幅度最大,约 3.64 个百分点,北京下降了 1.19 个百分点;沈阳的工业产值占全国工业总产值的比例下降了 0.62 个百分点,大庆、鞍山、抚顺、大连的工业产值占全国工业总产值的比例下降幅度介于 0.5～0.6 个百分点。哈尔滨、无锡的下降幅度分别达到 0.46 个百分点和 0.41 个百分点,太原、丹东、吉林和兰州介于 0.3～0.4 个百分点,齐齐哈尔、杭州、昆明等 7 个老工业城市介于 0.2～0.3 个百分点,佳木斯、本溪、韶关等 7 个老工业城市介于 0.1～0.2 个百分点,阳泉、武汉等 19 个老工业城市的工业产值占全国工业总产值的比例下降幅度低于 0.1 个百分点(表 6-14)。综合来看,这些老工业城市的工业产值占全国工业总产值的比例下降了 13.46 个百分点,表明改革开放以来,这些原本承担中国主要工业实体的老工业城市,在向市场经济转轨的过程中,在全国工业体系中的地位总体呈现衰弱趋势。

表 6-14  1985～2015 年工业产值占全国工业总产值的比例下降的老工业城市

| 省(自治区、直辖市) | 数量(个) | 老工业城市 |
| --- | --- | --- |
| 北京 | 1 | 北京 |
| 河北 | 1 | 张家口 |
| 山西 | 3 | 太原、大同、阳泉 |
| 辽宁 | 11 | 沈阳、鞍山、抚顺、大连、丹东、锦州、本溪、辽阳、营口、阜新、葫芦岛 |
| 吉林 | 1 | 吉林 |
| 黑龙江 | 8 | 大庆、哈尔滨、齐齐哈尔、牡丹江、佳木斯、鹤岗、鸡西、双鸭山 |
| 上海 | 1 | 上海 |

| 省（自治区、直辖市） | 数量（个） | 老工业城市 |
|---|---|---|
| 江苏 | 1 | 无锡 |
| 浙江 | 1 | 杭州 |
| 安徽 | 1 | 淮南 |
| 河南 | 1 | 平顶山 |
| 山东 | 1 | 济南 |
| 湖北 | 3 | 武汉、十堰、黄石 |
| 湖南 | 1 | 衡阳 |
| 广东 | 2 | 韶关、茂名 |
| 云南 | 1 | 昆明 |
| 四川 | 2 | 乐山、绵阳 |
| 甘肃 | 3 | 兰州、天水、白银 |
| 陕西 | 1 | 西安 |
| 新疆 | 2 | 乌鲁木齐、克拉玛依 |

## 三、发展状态识别

为了更好地反映老工业城市的发展阶段和水平，以便国家区别对待、分类指导。针对不同发展阶段的老工业城市给予差别性的政策支持，根据 GDP 比例与工业比例变化，进行坐标划分，从而将老工业城市发展状态划分为五种类型。

基于前文的二维象限方法，对中国老工业城市发展状态进行分类，结果如图 6-6 和表 6-15 所示。

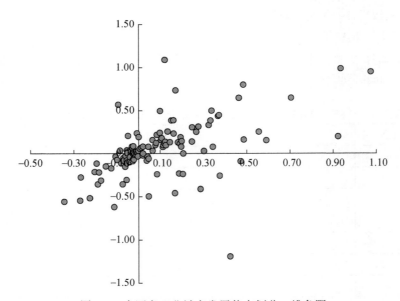

图 6-6 中国老工业城市发展状态划分二维象限

## 1. 发展提升型

该类老工业城市有51个,约占老工业城市总量的44.3%,工业产值占全国工业总产值的比例处于增长过程,且GDP比例也处于提高过程,老工业城市的工业地位不但得到提高,且城市经济发展综合效益显著,是发展状态最好的老工业城市。从地域上看,该类城市包括18个省会城市和计划单列市、33个地市级城市。20世纪80年代中期以来,受益于改革开放政策,这些老工业城市成功对其工业结构进行了调整和转型,出口导向的加工业发展迅速,不但保持了工业基地的地位而成为新型产业基地,而且城市经济发展综合效益明显提升,现代服务业发展迅速,也是同时具有"老"和"新"工业基地身份的城市,是实现了转型发展与升级改造的老工业城市。从关键经济指标看,1985年,该类城市工业产值占全国工业总产值的比例为25.99%,2015年提高到40.28%,增长14.29个百分点;从GDP比例来看,1985年该类城市占20.22%,而2015年提高到33.33%,增长13.11个百分点。

## 2. 衰退提升型

该类老工业城市较少,仅13个,约占老工业城市总量的11.2%,分别为武汉、北京、杭州、无锡、西安、济南、哈尔滨、昆明、大连、十堰、乌鲁木齐、张家口和黄石,主要是省会城市。总体特征是工业地位不断下降,但城市经济发展综合效益有所提升,工业对城市发展的动力作用有所下降,但城市经济明显转型,GDP地位持续提升。从关键指标看,1985年该类城市工业产值占全国工业总产值的比例为13.59%,2015年下降至9.77%,减少了3.82个百分点;从GDP比例来看,1985年该类城市约占10.5%,2015年提高到12.89%,期间增长了约2.39个百分点。综合来看,增长或降低的幅度均较低,均由该类城市数量较少而致。

**表6-15　中国老工业城市的发展状态分类**

| 类型 | 指标变化 | 数量(个) | 老工业城市 |
|---|---|---|---|
| 发展提升型 | 工业产值比例>0;<br>GDP比例>0 | 51 | 淄博、柳州、荆门、汉中、承德、银川、东营、荆州、临汾、孝感、娄底、芜湖、唐山、长春、徐州、常州、遵义、南昌、安阳、邯郸、南宁、赣州、保定、福州、呼和浩特、宁波、石家庄、青岛、包头、南阳、宜昌、合肥、郑州、南京、成都、天津、广州、苏州、重庆、辽源、嘉峪关、湘潭、马鞍山、铜陵、安顺、六盘水、咸阳、岳阳、洛阳 |
| 衰退提升型 | 工业产值比例<0;<br>GDP比例>0 | 13 | 黄石、张家口、乌鲁木齐、十堰、大连、昆明、哈尔滨、济南、西安、无锡、杭州、北京、武汉 |
| 衰退滞后型 | 工业产值比例<0;<br>GDP比例<0 | 32 | 上海、大庆、鞍山、齐齐哈尔、抚顺、牡丹江、乐山、丹东、锦州、吉林、韶关、佳木斯、沈阳、平顶山、葫芦岛、辽阳、太原、茂名、鹤岗、本溪、绵阳、兰州、阜新、大同、营口、阳泉、天水、衡阳、淮南、克拉玛依、鸡西、白银 |
| 发展滞后型 | 工业产值比例>0;<br>GDP比例<0 | 13 | 潍坊、安庆、通化、焦作、德阳、金昌、开封、盘锦、泸州、新乡、自贡、西宁、濮阳 |
| 相对稳定型 | 工业产值比例=0;<br>GDP比例=0 | 8 | 广元、宝鸡、铜川、双鸭山、攀枝花、襄阳、株洲、贵阳 |

### 3. 衰退滞后型

该类城市有32个,约占老工业城市总量的27.6%,超过1/4。该类城市在过去30年内,工业经济发展缓慢,在全国的工业地位呈现下降趋势,产业衰退严重,而且城市经济发展综合效益比较低,新的产业体系尚未建立起来,经济地位下降,呈现"工业与经济双重下降",面临产业结构调整、城市改造、可持续发展等系列综合性问题,是发展状态最差且困难最多、需要国家重点扶持的老工业城市。从关键指标看,1985年该类城市工业产值占全国工业总产值的比例为18.84%,2015年下降至9.25%,减少了9.59个百分点;从GDP比例来看,1985年该类城市平均占15.05%,而2015年平均比例降低到10.60%,减少了4.45个百分点。需指出的是,老工业城市的衰退滞后现象不是经济的绝对倒退,20世纪80年代以来,老工业城市同其他城市一样,经济发展速度都在加快,其衰退滞后是针对在全国地位的下降而言的。但这类老工业城市具备一定产业基础和较明显的后发优势,在政策上给予扶持,其经济社会发展水平会有较大提高。

### 4. 发展滞后型

该类城市较多,共有13个,占老工业城市总量的11.2%。这类城市的工业经济有所发展,在全国的地位保持稳定甚至有所强化,但城市经济发展综合效益有所下滑,服务业发展较慢,城市经济转型缓慢,城市发展的动力机制更趋于复杂,传统工业经济驱动作用下降的同时,其他经济方式的驱动作用并未有所增强,GDP地位有所下降。从关键指标看,1985年该类城市工业产值占全国工业总产值的比例为3.48%,而2015年上升为4.93%,提高了将近1.45个百分点;从GDP比例来看,1985年该类城市平均约占3.6%,而2015年降至3.08%,下降了0.52个百分点。

### 5. 相对稳定型

需指出的是,在以上各类老工业城市中,包含并存在着一类相对特殊的城市。其特征是,工业经济保持相对平稳,城市经济发展综合效益变化不明显,即城市发展既没有大的进步也没有明显的退步,而保持与全国平均水平持平的发展速度。对该类老工业城市的界定,本研究大致取工业产值占全国工业总产值的比例或GDP比例为0的老工业城市。根据该方法,大致可识别出8个城市,分别为广元、宝鸡、铜川、双鸭山、攀枝花、襄阳、株洲和贵阳,在过去30年内,这些城市的发展状态变化不明显而相对稳定,而其他城市的发展存在相对明显的变化。从关键指标看,1985年该类城市工业产值占全国工业总产值的比例为1.73%,而2015年上升为1.93%,提高幅度很小而仅为0.2个百分点;从GDP比例来看,1985年该类城市平均约占1.7%,而2015年略微升至1.85%,增长幅度仅为0.15个百分点。

老工业城市调整改造的理论与实践

# 第七章

# 老工业基地调整改造经验

　　老工业城市作为工业部门和工业企业的空间集合体，随着主导工业部门的衰退，与主导产业存在前后联系的工业部门也随之衰退，致使工业基地与城市发展陷入整体衰退困境，产业问题升级为经济问题并演化为城市问题。这成为世界各国在推进工业化过程中出现的普遍现象，老工业城市成为许多国家的问题区域，并成为区域可持续发展的难点，由此成为许多国家和各届政府的工作重点。

　　老工业城市的"老"字突出了其问题性，如何保持经济社会的可持续发展与在全国格局中的分工和定位是重要的问题。但任何城市的发展都具有历史脉络性与连续性，老工业城市的动态性也决定了政府工作的持续性。这需要从历史借鉴与横向借鉴的角度，加强政府行为与战略行动的梳理，揭示老工业城市调整改造的一般性规律和历史规律，为新时期老工业城市调整改造方案制定奠定科学基础。

　　本章主要是系统梳理 20 世纪 70 年代以来中国老工业基地调整改造的历史过程，包括大型基地与国有企业改造、"三线"企业布局调整、东北地区振兴发展、全国老工业基地调整改造等历史阶段，考察其背景环境、主要路径与成效，总结主要经验与改造模式。深入分析发达国家老工业基地、老工业城市的调整改造经验，重点以德国鲁尔区、英国曼彻斯特和日本大阪湾为主，分析其产业演变、衰退机制、调整路径与成效。

## 第一节　老工业基地调整改造演变

　　老工业基地改造是国土开发和区域发展的重要组成部分，也是落实区域发展总体战略即区域协调发展战略，以及新型工业化、新型城镇化战略的重要途径与有效抓手。老工业基地改造是一个长期的动态过程，在不同历史时期内，作为当时背景下工业化与城市化共同产生的问题持续被推动，并被纳入国土开发与区域发展的总体架构中，但各时期的改造对象、实施主体、调整路径及重点区域均有所差异。20 世纪 80 年代以来，中国对老工业基地和"三线"企业进行了系列的、持续的、内容各有侧重的调整改造，关注产业发展及城市建设问题。综合来看，中国老工业基地调整改造先后经历了四个阶段的工作。

# 一、大型基地和国有企业调整改造

## 1. 调整改造过程

20世纪70年代末期开始，在全国启动对外开放、沿海地区处于开放前沿的背景下，中华人民共和国成立初期布局发展起来的工业基地，尤其是内陆地区的传统工业城市逐步凸显出若干发展问题，这促使政府开始关注老工业基地的可持续发展。"六五"计划（1981～1985年）至"七五"计划（1986～1990年）时期，中国启动了特大型和大型老工业基地的调整改造工作（高伯文，2008），结合当时核心矛盾与问题，实施国有企业改革和老工业基地改造两条路径。

（1）1981～1985年

该时期，针对老工业基地传统产业技术层次较低的问题，中国确定了以技术改造为核心的调整改造思路。对鞍山钢铁集团有限公司、包头钢铁（集团）有限责任公司、长春中国第一汽车集团有限公司，哈尔滨、上海动力设备制造基地，大同、开滦、抚顺等煤矿，天津、湖北、辽宁、四川、山东的大型碱厂等重点工矿企业，进行了不同程度的技术改造。1984年，国家经济贸易委员会选择上海、天津、武汉、重庆、沈阳、哈尔滨6个城市为重点改造城市，设立老工业基地改造基金，实施企业技术改造。该时期，中国在全民所有制企业设备更新、技术改造方面共计投资1400多亿元，比1976～1980年增长了77%，更新改造投资占固定资产投资的比例由20%提高到28%，改善了骨干企业的技术条件。

（2）1986～1990年

该时期，中国围绕国际竞争力提升、维系国计民生、出口创汇等主题，推动大中型老工业企业的技术改造和设施更新，安排重大技术改造项目近600项，共计投资2760亿元。1987年，中国将重庆、武汉、沈阳、大连4个老工业基地列为经济体制改革城市试点，对8个老工业基地实行计划单列，还将一些老工业城市列为各省（自治区、直辖市）的经济体制改革试点城市，在这些城市实行利润包干、利改税、承包经营责任制等"政策调整型"改革，突出解决进山太深、远离中心城市和没有发展前途的"第三类企业"问题。

（3）1991～1995年

中国明确提出：布局调整以脱险搬迁为主，着重对厂址有严重问题的企事业单位实施异地搬迁或就地治理改造。该时期，中国对6个老工业基地实施重点改造，提供专项贷款202亿元和老工业基地专项贷款134亿元，全国更新改造资金达1万亿元。1995年，国家经济贸易委员会印发《关于做好18试点城市技术改造工作的实施意见》（国经贸改〔1995〕152号），选择上海、天津、武汉、重庆、沈阳、哈尔滨、青岛、成都、太原、常州、长春、齐齐哈尔、淄博、唐山、蚌埠、株洲、柳州、宝鸡18个城市，按照发挥优势、量力而行、择优扶强的原则，确定一批重点技术改造项目，有条件的城市建立技术改造基金。特别是继续以上海、天津、沈阳、武汉、重庆、哈尔滨 6 个城市为重点，调整产业、产品结构。1995 年国务院将辽宁作为"九五"时期老工业基地调整改造的试点，同时加大对黑龙江、吉林等老工业城市的投入。

（4）1996～2000 年

20 世纪 90 年代中期开始，中国工业发展的国内基础和国际环境已经发生了很大变化。该时期，中国围绕"两个根本性转变"，以提高经济增长的质量和效益为中心，对部分老工业基地的技改项目予以优先考虑，对龙头产品优先予以扶植。1997 年，中国政府提出"加快老工业基地的改造"，实施债转股、建立现代企业制度、实行政策性破产和进行社会保障试点等。

### 2. 主要经验总结

上述政策的持续实施，促进了老工业基地的发展和转型，基本解决了经济转型过程中老工业基地存在的体制机制、经济结构和社会事业等方面的问题，也为老工业基地的持续调整改造积累了经验。

（1）关注大型或核心工业基地

上述调整改造主要关注大型工业城市，包括上海、青岛、武汉、天津、沈阳、哈尔滨、重庆等城市。目的是培育核心工业基地的发展动能，发挥这些老工业城市对中国工业发展与产业结构调整的战略支撑作用和增长极作用。

（2）聚焦大型企业技术改造

长期以来，国有企业始终是老工业基地调整改造的核心，尤其注重国有企业的技术改造和设备更新，通过大型企业的技术升级与设施设备更新提升老工业基地的发展活力。

（3）形成政策和专项资金相配套模式

上述过程以出台或指定政策为主，以专项扶持资金为辅助，以此引导老工业城市调整改造。

## 二、"三线"企业布局调整与技术改造

### 1. 调整改造过程

20 世纪 60 年代中期开始，中国以战备为目的、以国防经济建设为中心开展"三线"建设，形成大"三线"和小"三线"地区，"三线"地区先后经历了"计划经济→计划商品经济→市场经济"的历史转变。80 年代开始，国内外形势发生了巨大变化，长期对外封闭、靠计划投资、以生产军工及初级加工产品为主的"三线"企业面临资金匮乏、产品无出路的困境。"三线"企业布局以国防战备为原则，四川国防科技工业有 76% 的企业和 78% 的科研单位分散在乡镇，大量单位钻山进沟太深且布局分散。"靠山、分散、进洞"布局与建设模式的问题显露出来，工业发展的现代化和长期生产要求越来越明显。

该时期，国家对"三线"建设的重点城市，分别开展了以技术改造升级和企业布

局调整（以脱险搬迁为主）为重点的调整改造（周明长，2016）。

（1）1979～1982年

1979年，中国政府提出"调整、改革、整顿、提高"八字方针，对"三线"建设进行了初步调整，缩短基本建设战线，调整投资方向。一些生产任务严重不足的企业调整生产方向，开始转向民品生产。对极少数选址不当，难以维持生产，或重复建设、重复生产的工厂和科研所，实行关停并转迁。随着"八字"方针的贯彻，由国务院主持的"三线"全面调整规划开始酝酿实施。

（2）1983～1985年

该时期，国家重点从四个方面启动调整改造。

第一，缩短工业建设战线，调整投资方向，停建一批基建工程，将投资重点转移到科技、教育和技术引进、技术改造方面。

第二，调整产品结构，鼓励生产任务不足的企业转向民品生产，鼓励科研创新，开拓新领域新产品。

第三，开展企业布局调整，对少数选址不当或难以维持生产的工厂实行关停并转迁。

第四，出台稳定人才的政策措施，稳定职工队伍。

1983年，中国将"三线"调整改造提上日程，提出"调整改造，发挥作用"方针，对"三线"企业布局、产品结构、技术水平等方面进行改造。1983年12月，国务院三线办公室成立，设立在成都。1984年，颁布《对三线企业调整改造开展调查研究的汇报提纲》，确定"三线"调整范围为云南、贵州、四川（含重庆）、陕西、豫西、鄂西、甘肃及湘西，围绕军工、机械两大优势，针对布局过于分散、交通不便、信息不灵等症结，宏观方面推行"军民结合、以民养军"，中观方面确立"部分'三线'企事业向城市搬迁、'三线'企事业跨行业跨地区进行经济技术合作"的布局和产业结构调整方向，微观方面规定"所有'三线'企事业面向市场进行产品结构调整和技术改造"的发展政策。

1984年，确定第一批调整121家个单位，其中关停9家，迁建和部分迁建49家，迁并48家，全部转产15家，调整资金计划总额20亿元，按"四三三"比例分配，即国家补助占40%、部门地方或企业自筹各占30%，实施以"军转民"为主题的调整改造，许多企业成为民用企业，如东风汽车集团有限公司和嘉陵摩托车集团。

---

**专栏7-1　"三线"企业分类**

1984年开始，经过半年多的调查，基本摸清了当时"三线"企业的状况。"三线"地区共有大中型企业和科研设计院所1945家，根据发展状态与经营效益，大致分为三类（陈东林，2004）。

第一类企业——指布局符合战略要求、产品方向正确、有发展前途、经济效益好、对国家贡献大、建设成功的企业，共有929家企业，占"三线"企事业单位总量的48%。

第二类企业——建设基本成功，但由于受交通、能源、设备、管理水平等条件的限制，生产能力未充分发挥，特别是产品方向变化后，经济效益不够好的企业，

老工业城市调整改造的理论与实践

共计有 871 家企业，所占比例为 45%。

第三类企业——厂址存在严重问题、生产科研无法继续进行下去、有的至今产品方向不明、没有发展前途的企业，共计有 145 家企业，所占比例为 7%。

（3）1986～1990 年

该时期，国务院"三线"办公室确定调整原则为"该关停的就不要搬迁；能迁并的就不要迁建；能就近搬迁的就不要远距离搬迁；能向中小城市搬迁的就不要向大城市集中"。1986 年，国家计划委员会、财政部等联合下发《关于扶持三线企事业单位调整几个优待政策问题的通知》。1988 年，国务院军转民领导小组批准绵阳、襄樊等为全国军转民试点城市，并在试点城市设立国家级高新技术开发区，协助试点城市开展"三线"军工军转民试点。

（4）1990 年以来

1990 年，国务院三线办公室改为国家计委三线办公室，提出"大'三线'军工企业调整"。1991 年，中国政府提出继续实施以脱险搬迁为主的布局调整，确定调整115 家单位。该时期，中国鼓励"三线"企业在沿海地区设窗口，但不能放弃"三线"基地，"三线"企业要追求企业技术进步、产品质量，推动企业改组与技术改造。随后，财政部印发《关于对"八五"期间三线调整单位免征能源交通重点建设基金和预算调节基金的通知》，国家税务局印发《关于"八五"三线脱险搬迁企业减免税的通知》。截至 1990 年年底，"三线"地区已有 800 多个企业和科研单位在沿海兴办了 1200 多个窗口，其中在深圳、珠海、汕头、厦门和海南经济特区的有 900 多个，在广州、东莞、佛山、福州、宁波、上海、苏州、无锡、天津、大连等开放城市的有 300 多个。1995 年年底，多数调整项目已完成，以企业布局调整为核心的调整改造完成，1996年国家批准调整单位 38 个。

"十五"时期是收尾阶段，"九五"至"十一五"期间，国家安排了只给政策的"单给项目" 169 个。截至 2005 年，国家共安排调整项目 274 项，几乎均属于国家给投资、给政策的"双给"项目。21 世纪初，国家计委三线办公室改为国防科工委三线协调中心（李彩华，2002）。

## 2. 主要经验总结

1986～2005 年，对"三线"地区的调整改造，改善了"三线"企业外部环境，稳定了"三线"职工和科研队伍，促进了"三线"企业的技术进步，加快了体制转变，生产了大批关系国计民生的军用和民用产品。

（1）坚持"脱险搬迁""调整改造"模式

各阶段有不同特点，"七五"和"八五"期间虽均以布局调迁为主，但前者以调整地理位置，重点解决钻山太深、远离中心城市的"第三类"企业为主，后者以"脱险搬迁"为主。"九五"期间继续"脱险搬迁"，但就地治理改造的比例加大。"七五""八五"的调整项目多是指令性，"九五"项目则是一种指导性计划。

（2）实施产品结构调整和技术更新

产品产业结构调整和技术改造是"三线"调整改造的中心环节。以产品为龙头，提高重点产品的综合生产能力；按照"军民结合，平战结合，军品优先，以民养军"，积极发展民品生产；开发新产品，开拓新领域。调整企业共开发各类新产品3000多种，实施配套技术改造项目500多项。

（3）坚持国家、省市和企业配套协作

坚持政府扶持与企业自谋出路相结合，国家提供一定专项补助资金和政策，地方政府提供系列优惠和扶持政策，企业筹集部分资金，实施投资的"四三三"比例。1986～1990年，国家实施118个调整搬迁及治理改造项目，投资46亿元；其中，国家专项补助占17.4%，地方和部门安排资金占56.5%，调整单位自筹占26.1%。1991～1995年，调整项目分为"双给"项目和"单给"项目两类。此外，还采取一些办法对调整单位给予支持，如《关于扶持三线企事业调整几个优待政策问题的通知》《关于对线调整单位减免税的通知》等。

（4）注重单体企业布局调整，合理推动向城市搬迁

坚持布局调整为主，兼顾其他方式，带动了区域工业化和城市化。根据单位性质和迁建原则，采取向产业协作条件好和综合区位好的城市分类搬迁。原材料依赖性强的企业搬迁到产粮、产棉区和矿产资源丰富的中小城市，如孝感、咸阳、沙市等；家用电器、日用消费品、自行车、摩托车等机械产品企业搬迁到市场广阔的中等城市，如襄樊、绵阳、天水等；科技企业和科研机构搬迁到武汉、成都、重庆、贵阳、西安等大中城市。大中城市成为"三线"调迁项目的首选地。1986～1995年实施的236家调整单位中，其中，关停12家，就地转产16家，在城市建分厂或技术开发部的47家，迁并的70家，迁建的89家。这推动各区域的城市数量、城市规模、城市化水平成倍增长。

（5）将企业搬迁与城市建设相结合

"三线"调整改造始终遵循区域和城市发展的规律，形成"共生共荣"关系，搬迁项目安置加快了城市基础设施建设、城市空间拓展、人口增长。"三线"项目的性质、规模、布点一定程度上决定着迁入城市尤其是中小城市发展的性质、人口、经济、职能结构及城市空间结构的演变，促生城市的综合化和高级化。在"三线"搬迁项目中，迁入省会和非省会城市的项目分别约占37%和63%。1992年，德阳依托东方汽轮机有限公司分厂建设市中区经济技术开发区，与中国第二重型机器厂、东方电机厂形成零距离分工协作的共同体，促使德阳成为中国装备制造业基地。二汽十堰老基地的改造带动了十堰、襄樊、武汉等10余个城市的发展。

（6）设立"窗口"，加强区际合作

"三线"企事业单位主动走出去、发展横向经济联系，到沿海开放城市或中心城市设立"窗口"。沿海"窗口"扮演着信息站、生产技术开发站、经济贸易站和人才培训站的角色，成为"三线"企业直接参与国际交流和竞争的桥梁。鼓励"三线"企业到中心城市设立"窗口"，设科技开发部、建分支机构、建分厂。加强区际经济技术合作，1985年国务院提出内地与沿海、"三线"同一线相结合，在原材料生产、电子产品生产、机电出口、技术攻关等方面进行联合或合作。

老工业城市调整改造的理论与实践

# 三、东北老工业基地调整改造

## 1. 调整改造过程

东北地区是中国老工业城市相对集中的地区，也是老工业城市问题最突出和集中的区域。老旧企业集中而落后产能集中，国有企业改革不彻底而遗留问题集中，企业办社会负担重，城市基础设施老化，棚户区改造任务重，环境污染较为严重，困难群体较多而集中，社会保障体系不完善而资金缺口大。这导致经济发展下滑，就业矛盾尖锐，居民收入下降，生态环境恶化，由此成为问题区域。

（1）1995～2002年

1995年，国务院召开会议研究辽宁老工业基地调整改造问题，决定将辽宁作为"九五"时期老工业基地调改造调整的试点。1997年，"十五大"报告强调"加快老工业基地的改造"，1999年党中央《中共中央关于国有企业改革和发展若干重大问题的决定》对老工业基地国有经济布局的调整问题做出规定，指出"统筹规划，采取有效的政策措施，加快老工业基地和中西部地区国有经济布局的调整"，标志着老工业基地振兴战略成为21世纪中国发展全局的重大问题。2002年，十六大报告提出"支持东北地区等老工业基地加快调整和改造"，将老工业基地调整改造提升到国家战略层面。

（2）2003～2013年

2003年开始，党中央、国务院从全面建设小康社会全局出发，做出了振兴东北地区等老工业基地的战略决策，发布《关于实施东北地区等老工业基地振兴战略的若干意见》（中发〔2003〕11号），明确了实施振兴战略的指导思想、方针任务，先后制定实施了系列振兴政策与措施，涉及基础设施、国债投资、财税、金融、国企改革、社会保障、科技人才等方面，有关部委相继出台了配套政策措施。

2004年4月，国务院成立振兴东北地区等老工业基地办公室，标志着东北地区等老工业基地振兴战略全面启动，开始了以老工业基地相对集中的重点区域局部推进。

最先实施的东北老工业基地调整改造政策，项目数量较多、政策力度较大、涉及面较广，完全覆盖整个东北地区。2007年，国务院批复了《东北地区振兴规划》（国函〔2007〕76号）。国家在东北老工业基地先行先试了增值税转型、农业税减免、养老保险并轨、资源枯竭城市转型、棚户区改造、采煤沉陷区治理等一系列重大政策举措，取得突破、积累经验后推向全国。

（3）2014年以来

随着经济发展进入新常态，特别是2013年以来，东北地区出现了经济下行态势，区域发展再度陷入低迷困难阶段，党中央、国务院高度重视，先后密集出台了新一轮促进东北振兴的政策。2014年8月，国务院出台了《国务院关于近期支持东北振兴若干重大政策举措的意见》（国发〔2014〕28号），针对目前振兴实践中出现的新情况、新问题，提出了一系列新的政策措施。2016年2月，《中共中央 国务院关于全面振兴东北地区等老工业基地的若干意见》实施，8月先后出台《推进东北地区等老工业基地振兴三年滚动实施方案（2016—2018年）》，国务院印发了《国务院关于深入推进实施新一轮东北振兴战略 加快推动东北地区经济企稳向好若干重要举措的意见》，提出了一系列振兴政策与措施。

### 2. 主要调改经验

21世纪以来，振兴工作取得了举世瞩目的巨大成就，当年面临的突出矛盾有效缓解，东北地区焕发出新的生机与活力，也形成了很多行之有效的做法，积累了十分宝贵的经验。

（1）体制机制创新为关键和前提

老工业基地受传统计划经济体制的影响最大、最持久，体制机制性问题积累的最多，破解难度大。体制创新和机制创新是实施振兴战略的首要任务，以国有企业改革为重点，健全国有企业的法人治理结构，发展多种所有制经济，消除不利于经济发展和调整改造的体制机制障碍。

（2）产业结构调整为主攻方向

发挥原有工业基础、资源和人才等比较优势，通过技术改造和自主创新促进工业结构优化升级，大力振兴装备制造业、高新技术产业和战略性新兴产业，优化重点产业的产品和技术结构。2004年，国家发展和改革委员会启动东北老工业基地高技术产业发展专项，第一批专项共60个，总投资56亿元。

（3）保障改善民生为根本目的

把解决居民最直接最现实的利益问题放在突出位置。多渠道扶持下岗失业人员再就业，下大力气帮助零就业家庭至少实现一人就业，建立并完善社会保障体系，重视解决低收入群体住房问题，大力开展棚户区改造和保障性住房建设，各级政府改造各类棚户区面积超过2.9亿平方米。

（4）统筹推进与重点突破相结合为根本方法

既注重振兴任务的总体部署，又抓住体制机制创新、历史遗留问题解决、产业结构优化、资源型城市转型、扩大对外对内开放等主要矛盾，兼顾区域经济社会协调发展。既注重工作整体的谋划推进，又把握经济社会发展的重点难点问题和薄弱环节，产业发展以重大技术装备自主化为突破口，对外开放中以对俄地区合作为突破口。

# 四、全国工业基地调整改造工作

改革开放以来，计划经济体制逐步向市场经济体制转变，大量新产业基地或产业城市涌现，而部分老工业城市的发展面临突出的困难而呈现衰退特征。老工业城市缺乏自我调节及长期发展能力，城市生存能力和竞争力严重削弱，经济发展下滑，就业矛盾尖锐，居民收入下降，生态环境恶化，形成恶性循环。

### 1. 2006 ~ 2012 年

随着东北老工业基地振兴政策的实施，国家开始将相关的振兴政策，有选择地向中部地区进行惠及，以支持中部崛起战略的实施。在继续推进东北老工业基地振兴的基础上，2006年4月，国家发布《中共中央 国务院关于促进中部地区崛起的若干意见》，提出了"比照东北老工业基地理论和经验，支持中部老工业基地振兴"。

该指导意见将中部的26个老工业城市纳入东北振兴政策的惠及范围，包括安徽的合肥、马鞍山、蚌埠、芜湖、淮南，江西的南昌、九江、萍乡、景德镇，河南的郑州、洛阳、开封、平顶山、焦作，湖北的武汉、黄石、襄阳、十堰，湖南的长沙、株洲、湘潭、衡阳，山西的太原、大同、阳泉、长治。

2010年，国务院振兴东北地区等老工业基地领导小组第二次会议，明确提出：统筹推进全国老工业基地调整改造工作，研究编制并组织实施《全国老工业基地调整改造规划（2013—2022年）》。2011年4月，国家发展和改革委员会、财政部、工业和信息化部、科学技术部，在湖北襄阳组织召开了全国老工业基地调整改造规划座谈会，正式启动全国老工业基地调整改造的工作。

## 2. 2013年以来

2013年，国务院下发《全国老工业基地调整改造规划（2013—2022年）》（国函〔2013〕46号），从财税、产业、投资、土地等方面对纳入调整改造规划的城市，给予政策支持。各省市给予配套政策与专项资金支持，推动产业结构调整升级和经济发展方式转变。

全国共有老工业城市（地区）124个，分布在27个省（自治区、直辖市），其中地级城市95个，直辖市、计划单列市、省会城市25个。具体如表7-1所示。

表7-1　全国老工业城市（地区）范围

| 省（自治区、直辖市） | 数量（个） | 名称 |
|---|---|---|
| 安徽 | 7 | 安庆、蚌埠、合肥市瑶海区、淮北、淮南、马鞍山、芜湖 |
| 北京 | 1 | 北京市石景山区 |
| 甘肃 | 6 | 白银、嘉峪关、金昌、兰州市七里河区、天水、玉门 |
| 广东 | 2 | 韶关、茂名 |
| 广西 | 2 | 桂林、柳州 |
| 贵州 | 4 | 贵阳市小河区、六盘水、遵义、安顺 |
| 河北 | 7 | 保定、承德、邯郸、石家庄市长安区、唐山、邢台、张家口 |
| 河南 | 9 | 安阳、鹤壁、焦作、开封、洛阳、南阳、平顶山、新乡、郑州市中原区 |
| 黑龙江 | 7 | 大庆、哈尔滨市香坊区、鸡西、牡丹江、齐齐哈尔、伊春、佳木斯 |
| 湖北 | 7 | 黄石、荆门、荆州、十堰、武汉市硚口区、襄樊、宜昌 |
| 湖南 | 7 | 长沙市开福区、衡阳、娄底、邵阳、湘潭、岳阳、株洲 |
| 吉林 | 7 | 白山、长春市宽城区、吉林、辽源、四平、通化、白城 |
| 江苏 | 4 | 常州、徐州、镇江、南京市大厂区 |
| 江西 | 4 | 景德镇、九江、南昌市青云谱区、萍乡 |

| 省（自治区、直辖市） | 数量（个） | 名称 |
|---|---|---|
| 辽宁 | 13 | 鞍山、本溪、大连瓦房店市、抚顺、阜新、葫芦岛、锦州、辽阳、盘锦、沈阳市大东区、铁岭、营口、朝阳 |
| 内蒙古 | 2 | 包头、赤峰 |
| 山东 | 3 | 淄博、枣庄、济南市历城区 |
| 山西 | 6 | 长治、大同、临汾、太原市万柏林区、阳泉、晋中 |
| 陕西 | 4 | 宝鸡、铜川、西安市灞桥区、咸阳 |
| 上海 | 1 | 上海市闵行区 |
| 四川 | 9 | 成都市青白江区、德阳、乐山、泸州、绵阳、内江、攀枝花、宜宾、自贡 |
| 新疆 | 2 | 乌鲁木齐市头屯河区、克拉玛依 |
| 云南 | 1 | 昆明市五华区 |
| 重庆 | 1 | 重庆市大渡口区 |
| 青海 | 1 | 西宁市城中区 |
| 宁夏 | 2 | 银川市西夏区、石嘴山 |
| 天津 | 1 | 天津市原塘沽区[①] |

　　2014年，国务院出台了《国务院办公厅关于推进城区老工业区搬迁改造的指导意见》，推动产业结构调整升级和完善城市建设。该年份，共支持10个城区老工业区的搬迁改造。这促进了全国老工业基地的摸底工作与老工业区的搬迁改造试点工作。2015年3月，国家发展和改革委员会印发《东北城区老工业区搬迁改造专项实施办法》，在中央预算内设投资专项支持东北城区老工业区搬迁改造，2015年再支持15个城区老工业区，并逐步将符合条件的城区老工业区全部纳入支持范围。2015年9月，国家发展和改革委员会、教育部、人力资源社会保障部、国家开发银行联合制定了《老工业基地产业转型技术技能人才双元培育改革试点方案》（发改振兴〔2015〕2103号），建立产教融合、校企合作的双元办学模式。

　　2016年，《中共中央 国务院关于全面振兴东北地区等老工业基地的若干意见》指出，我国中西部和东部地区也有不少典型的老工业城市和资源枯竭城市，他们与东北老工业基地一样，是当前推进结构性改革的重点和难点地区。要统筹支持全国其他地区老工业基地振兴发展，参照执行有关政策措施。国家发展和改革委员会联合科学技术部、工业和信息化部、国土资源部、国家开发银行，2016年9月制定《关于支持老工业城市和资源型城市产业转型升级的实施意见》（发改振兴规〔2016〕1966号），探索推进产业转型升级的有效途径。

---

　　① 2009年11月，天津市塘沽区撤区并入滨海新区。

# 第二节　国外老工业城市改造及经验借鉴

第二次技术革命以后，一些发达国家利用其丰富的资源和廉价的交通运输条件，大力发展工业，促使工业基地先后在欧美各国家崛起。例如，美国的东北工业基地、德国的鲁尔区基地、英格兰中部区等，这些老工业城市形成了各自的发展特征。从全球范围来看，老工业城市的调整改造成为普遍现象。由于各国老工业城市的形成基础与衰退机制有所不同，部分国家和地区纷纷通过各种途径与扶持政策，加快推动老工业城市的产业升级和振兴发展。

## 一、德国鲁尔区

### 1. 基本概况

鲁尔区是"鲁尔区城市联盟"，是德国最重要的煤炭和钢铁基地，被称为"德国工业的心脏"。鲁尔区位居德国西部、莱茵河下游支流鲁尔河和利珀河之间的地区，覆盖面积达4593平方千米，人口达570万人，5万人以上的城市有24个，工厂、住宅和交通网交织在一起，形成连片的城市带。鲁尔区的工业产值曾一度占全国的40%，第二次世界大战前鲁尔区集中了德国73%的煤炭、77%的焦炭、67%的炼钢、36%的硫酸和50%的颜料等工业品生产能力。

鲁尔区形成于19世纪中叶，是以采煤工业起家的工业区。随着煤炭的综合利用，炼焦、电力、煤化学等工业大力发展，促进了钢铁、化学工业的发展，并发展了机械制造业特别是重型机械、氮肥、建材等工业，形成部门结构复杂、内部联系密切、高度集中的工业综合体。同时，鲁尔区发展了轻工业，包括服装、纺织、啤酒等制造业。20世纪50～60年代，炼油和石油化工迅速发展，形成重要产业门类；70年代后，随着煤炭、钢铁等传统工业的衰退，开始发展新兴工业和轻工业，电气、电子等工业有了很大发展，文教科研等事业也得到发展。

### 2. 衰退原因

20世纪60年代开始，鲁尔区陆续遭遇"煤炭危机"和"钢铁危机"，重型工业逐步衰落，失业率大幅攀升，人口、资金大量外流。鲁尔区从繁荣走向衰落，主要受如下因素的影响。

1）产业基础单一。鲁尔区以钢铁工业为主导，工业生产集中于煤炭、钢铁、电力、机械、化工五大工业部门，其中煤炭和钢铁工业是经济的基础。如果某一工业部门衰落，则将引起全区经济的衰落。

2）煤炭能源地位下降。20世纪50年代后，随着石油和天然气的广泛应用，煤炭的消费比例逐渐减少，技术进步促使炼钢的耗煤量逐渐降低，导致鲁尔区的煤炭产量逐渐减少，1950～1999年煤炭基地数量从140个减少至7个，煤炭就业人数从47万人减少至4万人，由此引起连锁反应而逐步衰落（表7-2）。

表7-2 1950～1999年鲁尔区煤炭和钢铁产业变化

| 年份 | 煤炭基地（个） | 炼钢高炉（个） | 煤炭就业人数（万人） | 钢铁就业人数（万人） |
|---|---|---|---|---|
| 1950 | 140 | 81 | 47 | 30 |
| 1999 | 7 | 7 | 4 | 5 |

3）世界性钢铁过剩。20世纪50年代后，生产钢和出口钢的国家越来越多，世界钢铁市场竞争激烈。70年代，经济危机及钢产品替代品（如铝合金、塑钢等产品）的应用，促使世界钢材消耗量急剧减少，世界性的钢铁产能过剩导致鲁尔区钢铁工业的衰落。1950～1999年，鲁尔区的炼钢高炉数量从81个减少至7个，钢铁就业人数从30万人减少至5万人。

4）工业区趋于饱和。重化工业持续集聚，带来环境污染、用地紧张、交通拥挤等问题，迫使许多企业纷纷向德国南部地区转移，导致鲁尔区的持续发展难以为继。

5）新技术革命冲击：鲁尔区起源于19世纪70年代开始的第二次技术革命，20世纪50年代以来的第三次技术革命对鲁尔区产生了严峻挑战，尤其是企业传统的生产和组织方式不适合新兴产业发展要求。

### 3. 改造过程

鲁尔区经历了由资源开发到资源枯竭、由钢铁振兴到企业没落的阵痛。20世纪60年代，德国采取措施推动产业调整与城市转型，从"煤钢中心"逐步转变为煤钢等传统产业与信息、生物技术等新经济产业相结合、多种行业协调发展的新经济区。

鲁尔区转型大致分为三个阶段。

阶段Ⅰ：20世纪60年代。制订产业结构调整的指导方案，通过提供优惠政策和财政补贴，对传统产业进行清理改造，投资改善交通设施、兴建高校和科研机构、整治土地，为下一步发展奠定基础。

阶段Ⅱ：20世纪70年代。继续改善基础设施和矿冶工业现代化，提供经济和技术援助，发展新兴产业，掌握结构调整的主动权。

阶段Ⅲ：20世纪80年代至今。德国联邦和各级政府发挥不同地区的优势，发展各具特色的优势行业，实现产业结构的多样化。

经过调整改造，鲁尔区经济结构趋于协调，经济由衰落转向繁荣，从以煤炭和钢铁为中心的资源型生产基地，转变为以煤炭和钢铁为基础、以计算机和信息产业为龙头、多种行业协调发展的新型经济区。

### 4. 改造路径

（1）工作机制和政策法规

在鲁尔区转型过程中，联邦政府、北莱茵－威斯特法伦州政府、市政管理机构等各级政府发挥了关键作用，建立较为完善的工作机制和政策法规体系（表7-3）。

老工业城市调整改造的理论与实践

表 7-3　鲁尔区转型实施的主要规划

| 年份 | 名称 | 主要内容 |
|---|---|---|
| 1968 | 鲁尔发展纲要 | 第一个产业结构调整方案，重点对矿区进行清理整顿，将采煤业集中到赢利多和机械化水平高的大矿井，调整企业的产品结构，提高产品技术含量 |
| 1969 | 鲁尔区域整治规划 | 提出"以煤钢为基础，发展新兴产业，改善经济结构，拓展交通运输"，"稳定第一地带、控制第二地带、发展第三地带"的整治方案 |
| 1970 | 北莱茵—威斯特法伦75计划 | 加强地区的经济、教育、交通和运输建设，通过提供经济和技术方面的资助，发展新兴产业，以掌握结构调整的主动权 |
| 1979 | 1980～1984年鲁尔行动计划 | 对污染严重的工业用地煤矿用地进行整治，用于发展新兴产业，同时加强人员培训 |
| 1985 | 煤钢地区的未来倡议 | 第一个地区性的结构政策计划，政策的重点转移到利用地区的创新力量上 |
| 1989 | 国际建筑展计划 | 促进区域性综合整治与复兴计划，推动鲁尔区工业经济转型、旧工业建筑和废弃地改造及重新利用、自然和生态环境的恢复 |
| 1989 | 欧盟与北威州联合计划 | 发挥不同地区的优势，形成各具特色的优势行业，实现产业结构的多样化 |
| 2007 | "未来鲁尔"倡议 | 提出未来产业升级与城市转型的方向，确立以创新带动鲁尔区可持续发展及产业升级和城市转型的方向，制定从教育政策到经济政策及基础设施政策的配套政策 |

第一，工作机制。发挥政府的组织协调作用，联邦、州和市分工明确而又协同配合。联邦政府、州政府提供资金和政策支持，市县政府运作可操作性的具体措施。

第二，政策体系。以新的发展解决当地居民的就业和收入增长问题，这与美国等国家的人口外迁政策明显不同。产业发展方面有财政补贴、投资降税、支持企业兼并重组、投资补贴、硬煤开采国家消费者补贴等政策，就业方面有吸纳就业项目的投资补贴、建立培训机构、个人创业政策支持、困难补助计划、再就业培训补助金计划、就业岗位转换损失补助计划、提前退休资金支持计划、矿工养老金资金支持计划等，加大社会保障建设，完善社会保障体系。

第三，法律法规。重视法律法规，通过立法为转型创造良好的外部环境，制定了德国第一个法律上正式生效的区域整治规划，在环境保护、煤矿开发、投资援助、区域整治等法律法规中对转型专门规范。

第四，科学规划。转型规划由州、市两级政府作为组织者提出总体框架，专业规划部门、大学及学术团体、投资商、居民均为规划制定者。规划通过市议会来决议，通过立法确定，已实施了10多项规划。前10年，理清思路、奠定新产业发展硬件基础，以改造传统产业为主线，实现"再工业化"；中间10年，以传统工业为基础，增加教育和研发投入，发展新兴产业；后20年，培育新兴战略产业，优化产业结构。

（2）软硬环境

鲁尔区加强软硬环境建设，提升产业发展的环境条件与支撑能力。

第一，基础设施。着力构建四通八达的交通网络，各级政府投入大量资金改善交通设施，发展区内快车线，使任何地点距高速公路的距离都不超过6km，发挥水运优势，搞好水陆联运，建设纵向交通线路，促使鲁尔区成为欧洲交通运输网最稠密的地区。

第二，教育与科技。20世纪50年代，鲁尔区尚无一所大学。鲁尔区新建了多特蒙德工业大学等6所综合性大学和杜伊斯堡内河航运学院等10所应用技术大学，促使鲁尔区成为欧洲大学最密集的地区。建立了完善的职业教育体系，为区域转型提供高素质工人。建立了许多研究所、跨学科的研究中心和促进技术转化的科技中心，建立了30多个技术中心和600多个新技术公司，建立了横贯全区的技术创新基地。在多特蒙德应用技术大学建立的新技术中心就为1988年建立的多特蒙德科技园区孵化了大量的企业，2013年该新技术中心和多特蒙德科技园区已有近300家公司。

第三，不断推进行政制度改革，推行市镇重组。

（3）产业结构

产业改造重点从如下方面开展工作。

第一，产业结构。实施外嵌式和内源式产业发展路径。推进产业结构多样化，支持各地区形成各具特色的优势行业，避免同质化竞争。多特蒙德发展软件产业集群，杜伊斯堡发展贸易物流，埃森发展休闲和服务业。鼓励企业提升规模经济性，如蒂森克虏伯钢铁集团对杜伊斯堡钢铁生产联合体的技术改造；支持发展专业化高附加值产品，如杜伊斯堡钢铁厂生产优质平板钢。1998年鲁尔区工业结构如图7-1所示。

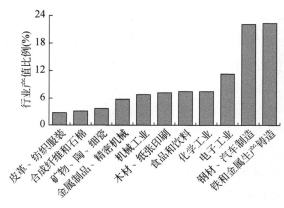

图7-1　1998年鲁尔区工业结构

第二，工业布局。清理传统产业，1968年开始对矿区进行清理整顿，对生产成本高、机械化水平低、生产效率差的煤矿进行关、停、并、转，并将采煤业集中于盈利和机械化水平高的大型企业，调整产品结构，提高产品技术含量。传统产业重在促进转型升级，不能盲目关闭，对企业改革采取稳定的政策，实行渐进方式，慎重处置大企业破产。

第三，高新技术产业和第三产业。吸引外来资金和技术，加快老企业改造，扶持新兴产业，推动新兴产业集群发展。利用原有产业基础发展新产业，通过增量优化调整产业结构。重点发展信息、电信、生物技术等新经济工业。北威州从事数据处理、软件及信息服务的企业超过11万家，电信公司有380家。

第四，工业旅游。鲁尔区利用工业遗迹多且集中的优势，大力发展文化创意和旅游产业，打造"工业文化"品牌。1989年，鲁尔区开始实施国际建筑展览10年行动计划，利用老工业的废弃建筑物，建设成各种服务设施和文化景点。2001年，埃森名为"关税联盟"的煤矿区被联合国列为世界文化遗产。鲁尔地区联合会开发了两条旅游路线：

老工业城市调整改造的理论与实践

一条是工业文化之路，提供 22 条主体路线；另一条是工业自然之路，包括 12 个工人生活区和 6 个国家级的优秀博物馆。积极发展文化产业，拥有 200 个博物馆、100 个文化中心、100 个音乐厅、100 个剧院、250 个节庆与庆典、3500 个工业保护遗址。2006 年，欧盟宣布以埃森为首的鲁尔大都会当选为 2010 年"欧洲文化首都"。

（4）矿区生态环境

由于历史原因，采矿开发对城市的地形、地貌、植被和大气环境的破坏比较严重，地质环境破坏诱发的各类问题日渐突出，矿区环境修复成为城市转型的首要任务。鲁尔区重视矿区的环境修复，把煤炭转型同国土整治结合起来，成立整治部门，负责处理老矿区遗留下来的土地破坏和环境污染问题。企业关闭后，迅速对企业进行环境评估，制定整改规划，对环境进行整体改造，建设住宅小区、娱乐中心，栽树种草。改善环境，严格控制废气、废水排放，建立废弃物回收装置和污染处理系统。开展植树造林，绿化环境，人均绿地超过 130 平方米。

（5）社会保障

政府为公民筑起"社会保障"，使居民享受"最基本的生活保障"。鲁尔区由于资源枯竭而形成一大批失业工人，完善的保险制度发挥了关键作用。保险业的基本险种分为养老保险、医疗保险、失业保险（补贴）及公职人员退休金和职工病假工资等。支出居第一位的是养老保险，年支出额达 750 亿欧元，占直接支出总额的 1/3；支出居第二位的是医疗保险，占直接支出总额的 1/5。目前，88% 的德国国民享有法定的医疗保险。占支出份额较大的其他项目依次为失业保险（补贴）、公职人员退休金及职工病假工资。

# 二、英国曼彻斯特

## 1. 城市发展演变

曼彻斯特是位于英格兰西北部的国际化都市，一般指大曼彻斯特都市区（Greater Manchester），包括曼彻斯特市、索尔福德（Salford）市和特拉福德（Trafford）市。曼彻斯特曾是英国的传统工业基地，是工业革命的发源地之一。18 世纪末，蒸汽机应用到纺织行业，这促进了曼彻斯特的发展。19 世纪，曼彻斯特的棉纺交量易占世界总量的 80%，被称为"棉都"（Cottonpolis）。第二次世界大战后，曼彻斯特经历了从繁荣到衰落、再通过转型回归繁荣的过程（曹晟和唐子来，2013）。

19 世纪 50～60 年代，曼彻斯特的棉纺织产业被其他城市超越，其工业向棉产品深加工和棉纺织机械制造转变，形成多种工业相结合，尤其是纺织、机床、通用机械、电机、食品加工、化工等工业突出。20 世纪 70 年代末，棉纺织和航运产业相继陷入衰退，加工和贸易企业纷纷倒闭或外迁，传统工业逐渐式微，城市工业区和滨水地区陷入衰败。1961～1983 年，曼彻斯特人口不足 40 万人，但制造业裁员就超过 15 万人。70 年代末 80 年代初，特拉福德公园的工业地产已有 1/3 的土地陷入闲置状态，曼彻斯特市中心地区、索尔福德市中心和码头区及特拉福德市工业园区面临的严重的经济、社会和空间问题。

## 2. 城市转型路径

20 世纪 70 年代,曼彻斯特成为制造业衰退的象征,80 年代被迫走上了转型之路:从工业向服务业、从传统产业向新兴产业转型。

（1）旧城改造规划

20 世纪 80 年代初,内城各级政府机构,从大都市区议会到各市镇,均制定了系列的措施以推动城市更新。鼓励发展公共交通,建设供暖系统,对公共建筑和居民楼进行节能改造,植树造林,修缮改造弃之不用的老工厂、旧仓库,建设历史博物馆。该时期,英国经济政策由计划转向市场,限制政府行为,为私人投资松绑。中央和地方政府均对市郊地区发展权进行限制,推进内城社区更新,以促进资源回流到衰落的旧城地区。

（2）传统产业升级

曼彻斯特并未将工业特别是制造业全部抛弃,而是利用高新技术对优势行业如化工、航空、机电等进行技术改造,使其重新焕发活力。2003 年,曼彻斯特出台英格兰第一部科学发展中长期战略规划,重点发展生命科学、环境、化学、航空及核能五大技术产业群。作为石墨烯的发现国,英国已将其确定为国家创新战略中重要的新兴技术之一,投资 6100 万英镑在曼彻斯特大学设立"国家石墨烯研究所",投资 6000 万英镑成立"石墨烯工程创新中心"。

（3）服务业

20 世纪 80 年代,商务办公导向的发展效应明显,商务服务业、区域零售服务业、金融服务业和航空服务业成为经济转型的先行者,取代了原有制造业。曼彻斯特成为英国仅次于伦敦的商务中心城市,以及英格兰西北部的服务业中心。

（4）新兴产业

1984 年,英国提出"创意经济",曼彻斯特对创意产业提供政策及基础设施支持。20 世纪 90 年代和 21 世纪,曼彻斯特提出建设成为"创意产业之都",索尔福德码头地区积极响应,促进创意、媒体、体育、教育、生物、医疗等知识型、休闲型产业的发展,通过持续的文化驱动和城市营销,曼彻斯特成为英国乃至欧洲重要的以文化、创意、旅游为特色的城市。

（5）配套政策

在支撑机构方面设置专门公司,成立城市开发公司（Urban Development Corporations）是 20 世纪 80 年代英国在推进城市更新过程中所采用的标志性措施,负责城市开发,在城市内部特定区域内拥有规划许可权,被授权可强制购买土地。90 年代,城市更新机构（Urban Regeneration Agency）和英国伙伴公司（English Partnerships）也发挥了同样的作用。在空间政策方面,设置企业区（Enterprise Zone）等特殊政策区,以空间的不均衡性形成集聚效应,以点带面,触发城市衰败地区的转型。

（6）吸引投资

在财政金融方面,城市开发建设资金开始多类型化,形成城市开发资金、城市更新资金和城市资金等类型，推动私人企业参与城市更新。1984 年，曼彻斯特兴建了英国第一个科技园区，即曼彻斯特科技园区，以吸引投资。20 世纪 90 年代，申奥活动产生了巨大的吸引力，大量私人资本参与老工业区改造。曼彻斯特还通过足球运动吸引市政建设资金。

经过 30 多年的努力，曼彻斯特从昔日的"棉都"发展为"知识之都"，被选为英国最具活力的旅游目的地之一、全球顶尖的"世界最宜居城市之一"、"英国最宜居城市"。

# 三、日本大阪湾

## 1. 产业演进

大阪湾交通优越，是日本重要的工业基地，化工、钢铁、机械等工业发达。该地区曾经是日本的经济中心，1900 年工业产值占日本工业总产值的 30%，目前不足 10%，钢铁、纺织业产值一度分别占全国总量的 24% 和 18.6%。目前，工业主要集中在三个片区，北部区以纺织、染料、油脂等工业为主，东部区以金属加工和机械工业为主，西部区以重化工业为主，布局有造船、钢铁、车辆、机械、化学等大型企业。

20 世纪 60 年代以来，大阪湾产业结构发生了两次转型，经历了五个阶段。

阶段Ⅰ：为钢铁、石化阶段。20 世纪 60 年代，化学、石油、钢铁、金属制品等重化工业快速发展，早期布局发展的纺织行业出现衰退。

阶段Ⅱ：为电气机械阶段。为解决环境污染、人口产业过密等问题，该地区出台环境和用地规则，产业发展重点向电气机械等加工制造业转变。

阶段Ⅲ：为电子信息阶段。1973 年第一次石油危机使钢铁、石油、化学等重化工业受到冲击，产业向以电子信息为主的高技术产业转变。

阶段Ⅳ：为重化工重组阶段。1985 年后，日本重化工业出现了重组、向海外转移、工厂集约化发展等趋势。

阶段Ⅴ：2008 年金融危机以后，韩国、中国等国家的产业发展促使市场竞争加剧，大阪湾地区的企业业绩下滑。

## 2. 转型教训

大阪湾地区的产业结构实现了从原材料工业向加工制造业的转型，但从加工制造业向知识、服务经济的转型仍在艰难探索中（图 7-2）。

（1）从原材料工业向加工制造业成功转型

1973 年石油危机后，大阪湾谋划发展接续产业，推进产业多元化、工厂集约化及海外投资等战略，从原材料工业向电子家电等加工制造业转变。一方面，传统行业通过兼并重组，关停工艺落后、运行不经济的生产设施，产能向工艺先进、效率高的厂区集中；另一方面，大阪将经济结构从钢铁、化学、船舶业转移到家用电器及信息产品制造业。1957 年日本颁布《电子工业振兴临时措施法》，对电子设备、电子材料和电子零部件等企业在贷款、税赋、出口等方面实施优待。此后，从制定长期规划、保

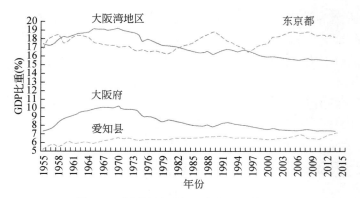

图 7-2　大阪湾地区与日本全国经济对比

资料来源：刘保奎.2017.大阪湾地区转型发展的历史经验与最新动向，中国发展观察，（11）：57-60.

障实验资金、鼓励企业合作、政府采购保护、关税保护、鼓励出口等方面提出赶超策略。大阪湾涌现出松下、夏普等家电巨头投资建厂，打造液晶面板基地。

（2）从加工制造向知识、服务经济艰难转型

以电子信息为代表的加工制造业避免了大阪湾经济大幅衰退。战略失误导致电子产业升级迟缓，20世纪80年代末，日本未能将个人电脑、通信产品和信息服务作为发展重点，而是继续发展电子、家电，将研究力量用于开发大型高速计算机，关注硬件而忽略软件，松下、夏普等家电巨头业绩下滑，拖累了地区增长。1975～1990年，大阪超过10亿日元的公司总部数量从占全国的14.8%降到12.8%。从产业结构看，金融和专业服务功能下降，创新能力和投入不足，工业门类分散，缺少引领行业。

（3）传统产业和高端产业并重

大阪湾地区既注重大学、研究所等创新策源的作用，也关注促进旅游、商贸等行业提质发展。开拓具备世界一流的研究与开发领域，如大型反射光加速器及应用、粒子射线癌症治疗、生命科学、自由电子激光等领域，构成知识型的软基础设施，促进医疗、健康、机器人等产业发展。以廉价航空为切入点，整合旅游资源，开通多条国际线路，促进旅游业快速发展。完善商业设施，提升购物环境和便捷度。

## 3. 转型新动向

2008年以后，大阪湾地区面对金融危机、老龄化、少子化等环境变化，采取了多种产业转型举措。

（1）国际战略特区

2011年，日本设立关西医药创新国际综合战略特区，依托交通枢纽、大学和科研机构，下设9个指定地区，承载不同的任务目标和功能定位，采用不同的开发推进模式。以医疗产业为重点，促进医药品、医疗器械、先端医疗技术、先制医疗等发展及其他新产业的培育。关西医药特区采取规制缓和、财政支援、税制优待、金融支援等措施，推进地区开发。

（2）创新活动

创新活动主要包括在关西医药创新国际综合战略特区设推进创新的部门，推动科

老工业城市调整改造的理论与实践

研院所的知识溢出、大型科研设备共享。京阪奈学研都市共享科研设备，集中了多家国际级研发机构，政府颁布促进法，推行独有的税制和其他优惠政策，就地将成果转化为新产业，人口从1988年的15.8万人增加到2014年的24.5万人。播磨科学公园都市依托大型放射光设施SPring-8，采取不动产取得税、低息贷款、税制优惠等政策，吸引了理化学研究所、关西光科学研究所等机构集聚。

（3）未来产业

大阪湾地区未来产业发展主要关注开拓世界一流的研究与开发领域，如生命科学研究、自由电子激光等领域，促进医疗、健康、机器人等产业发展。发展旅游业，游客特别是国际游客大幅增长。重视商贸流通业，推出促进商业发展的政策。

# 第八章

# 老工业城市调整改造思路

老工业城市是某个国家在某个或某几个历史阶段内推进其工业化和城市化过程的主要载体，有着历史积累或沉淀的内涵。所产生的各类问题总与国家历史发展路径、当前社会经济环境有着紧密的关系。

21世纪以来，中国及国际社会经济环境已经发生了巨大变化，这塑造了老工业城市发展的环境与条件，深刻影响了其发展战略思路与发展路径。当前环境与未来国家发展战略决定了老工业城市调整改造的概念范围、发展目标与有效路径。各老工业城市的离散性与差异化决定了它们有着不同的难点与突出矛盾，而且需要协调不同的关系，关注不同的问题。

本章全面分析中国老工业城市发展所面临的社会经济环境，包括国家战略、生态文明、技术进步、区域发展等方面，考察其最新的发展形势及对老工业城市发展的影响；揭示老工业城市调整改造的难点和突出矛盾，指出需协调的重大关系和未来关注要点。以此，科学界定老工业城市调整改造的新内涵，提出其总体思路与基本理念，剖析新时期老工业城市需承担的战略任务。

## 第一节　老工业城市面临的新形势

### 一、经济发展态势

#### 1. 经济发展新常态

经过30多年的高速增长，中国经济发展进入转型阶段。该阶段，中国市场改革和人口的红利潜力已很小，产能过剩，增长动力不足，支撑经济发展的资源环境进入超载状态，部分资源要素与生态环境系统进入红线状态。中国已进入一个与过去30多年高速增长明显不同的新阶段，总体上进入了工业化的中后期，增速下移是明显趋势。2007年开始，中国经济潜在增速已开始下降。为了应对2007～2008年世界金融危机，中国推出4万亿刺激计划，又促使经济发展保持8%以上的增速。如图8-1所示，2012年开始，中国经济增速真正下移，先降到2012年和2013年的7.7%，2014年进一步降到7.4%，告别过去30多年平均10%左右的高速增长。未来10～20年，中国经济增速将继续下移，进入中速增长的发展阶段。

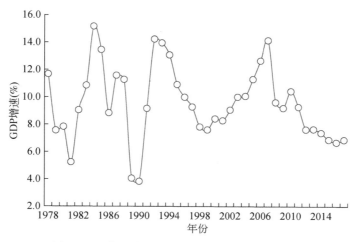

图 8-1  改革开放以来中国 GDP 发展的增速变化

2014 年，中国第一次提出了新常态。新常态是经过一段不正常状态后重新恢复正常状态，是不同以往的、相对稳定的状态。新常态描述了经济发展的一系列变化，包括增速变化、结构升级、动力转变。新常态的核心特点是从高速增长转为中高速增长，经济结构不断优化升级，从要素和投资驱动转为创新驱动，经济增长动力多元化。新常态经济是惠民生、使人民幸福的经济，而不仅仅是 GDP、人均 GDP 增长与经济规模最大化，更重要的是促进就业稳定、价格稳定和民生保障。提质增效是新常态的本质，绿色低碳循环发展是重要方向。

## 2. 供给侧结构性改革

经济发展是需求和供给相互作用、共同推进的经济过程。需求侧主要有投资、消费、出口"三驾马车"，供给侧有劳动力、土地、资本、制度创造、创新等要素。供给侧结构性改革指从提高供给质量出发，用改革的办法推进经济结构调整，矫正要素配置扭曲，使要素实现最优配置，提升经济增长的质量和数量。2015 年，中央财经领导小组第十一次会议提出了"供给侧结构性改革"，以去产能、去库存、去杠杆、降成本、补短板为重点的供给侧结构性改革正式启动。2016 年，中央财经领导小组第十二次会议，研究供给侧结构性改革方案，去产能、去库存、去杠杆、降成本、补短板，实施"三去一降一补"，从生产领域加强优质供给和有效供给，提高供给结构的适应性和灵活性，提高全要素生产率和资源配置效率。

中国产业结构问题突出表现在低附加值、高消耗、高污染、高排放产业的比例偏高，高附加值、绿色低碳、具有国际竞争力的产业比例偏低，需要加快推进科技体制改革，促进高技术含量、高附加值产业的发展，通过金融体制改革、社会保障体制改革等淘汰落后产能和"三高"行业。经济发展过度依赖劳动力、土地、资源等一般性生产要素投入，导致中低端产业偏多、资源能源消耗过多等问题，要加快科技体制、教育人才体制改革，实现创新驱动。在动力结构上，中国经济增长过于依赖"三驾马车"，要依靠改革、转型、创新，提升全要素增长率，形成新的增长动力。

## 二、智能化革命与中国制造

### 1. 智能工业革命

随着技术的快速进步，以发达国家为核心，一场瞄准智能化工业的革命开始启动。工业 4.0 是由德国政府在《德国 2020 高技术战略》中所提出的十大未来项目之一，目的是提升制造业的智能化水平，建立具有适应性、资源效率及人因工程学的智慧工厂，在商业流程及价值流程中整合客户及商业伙伴。工业 4.0 的技术基础是网络实体系统及物联网。

受国际金融危机的冲击，面对"去工业化"带来的工业增加值和就业比例的持续下降，2008 年法国启动第三次工业转型，旨在通过创新重塑工业实力，使法国重回全球制造业第一梯队。由表 8-1 可知，2013 年，法国公布了"工业化新法国"计划。2015 年，法国经济部仿效德国，对"工业化新法国"计划进行大幅调整，形成"工业化新法国Ⅱ"，明确了"一个核心，九大支点"发展战略格局。"一个核心"是实现工业生产向数字化、智能化转型，"九大支点"包括新资源开发、城市可持续发展、新能源汽车、网络和信息技术、新型医药等。法国政府拟通过实施该计划，以"进攻性"做法挽回工业落后的局面，实现再工业化。

**表 8-1 "工业化新法国Ⅱ"重点产业**

| 领域类型 | 重点发展行业 |
|---|---|
| 能源交通 | 可再生能源、充电桩、蓄电池、环保汽车、无人驾驶汽车、新一代飞机、重载飞艇、高速铁路、绿色船舶 |
| 数字智能 | 大数据、云计算、网络教育、宽带网络、纳米电子、物联网、增强现实技术、非接触式通信、超级计算机、智能机器人、网络安全、数字化医院、软件和嵌入式系统、新一代卫星、智能创新纺织技术 |
| 经济生活 | 可回收原材料、建筑物节能改造、智能电网、智能水网、生物燃料和绿色化工、生物医药技术、新型医疗卫生设备、食品安全、现代化木材工业、未来工厂 |

### 2. 中国制造 2025

改革开放以来，中国工业化快速推进，当前已处于中后期，特别是东部地区已进入工业化后期。中国要成为真正的强国，必须改变技术总体相对落后和重要装备依赖其他国家的状况，提高企业自主创新的动力和意愿，在研发、设计、标准、品牌和营销等关键环节取得突破，加快产业转型升级步伐，推动"中国制造"向"中国创造"转变。"十二五"规划提出"坚持把科技进步和创新作为加快转变经济发展方式的重要支撑"。2015 年，国务院颁布《中国制造 2025》，全面推进实施制造强国战略，明确了 9 项战略任务：提高国家制造业创新能力，推进信息化与工业化深度融合，强化工业基础能力，加强质量品牌建设，全面推行绿色制造，大力推动重点领域突破发展，深入推进制造业结构调整，积极发展服务型制造和生产性服务业，提高制造业国际化发展水平。通过自主创新带动工业结构调整和升级，培育战略性新兴产业，促进产业转型步伐。这为中国老工业城市的产业转型与技术创新提供了历史机遇。

# 三、生态文明建设

## 1. 资源环境危机

中国是人多地少的国家，土地资源、能源矿产资源、水资源等各类自然资源缺乏。中国资源利用方式较为粗放，单位国内生产总值用水量和能耗分别是世界平均水平的3.3倍和2.5倍；人均城镇工矿建设用地为149平方米，人均农村居民点用地为300平方米，远超国家标准上限。随着高消耗型产业的发展，中国资源和环境约束压力显著增大，资源面临枯竭，环境面临恶化，现阶段环境和生态系统已无法继续承载经济的高速增长和冒进式城镇化，即中国经济社会发展的规模和结构状况已超出了环境和生态系统的承载能力，局部地区"过冲"现象已经显现。

2015年，十大流域的700个水质监测断面中，劣V类水质断面比例为8.9%。在京津冀、长江三角洲、珠江三角洲、山东半岛等地区，复合型大气污染严重；在辽宁中部、成渝、海峡西岸等地区，复合型大气污染问题开始显现。部分地区土壤污染较重，工矿废弃地土壤环境问题突出，全国土壤总的点位超标率为16.1%。生态系统功能不断退化，部分地区森林破坏、湿地萎缩、河湖干涸、水土流失、土地沙化问题突出，生态灾害频发，全国水土流失、沙化和石漠化面积分别为295万平方千米、173万平方千米和12万平方千米。地质灾害点多面广频发，陆域国土地质环境极不安全区、不安全区面积分别占4.6%和10.1%，局部地区地质环境安全风险较高。海洋生态环境问题凸显，陆源和海上污染物排海总量快速增长，近岸海域污染加重，特别是辽东湾、渤海湾、长江口、杭州湾、珠江口等海域污染问题十分突出。

越来越严重的环境污染，导致一些地区生态系统严重退化。县域环境综合胁迫程度居高不下，环境质量整体恶化，环境承载能力总体下降态势未得到有效遏制。环境污染引起的潜在危机，已经由零星地点向局部地区拓展，目前向更大地域范围蔓延。全国环境胁迫程度高的区县由2005年的140个增至2012年的182个，占国土面积的比例由1.6%提高到2.3%；环境胁迫程度中等的区县由2005年的232个增至2012年的497个，占国土面积的比例由4.9%提高到10.6%。随着工业化和城镇化的进一步推进，中国的资源环境承载力面临更大的压力。转变产业发展方式，优化产业结构，淘汰落后产能，健全土地、水、能源节约集约利用制度，构建与资源环境承载力相匹配的空间格局、产业结构、生产方式和消费方式，成为必然趋势。

## 2. 生态文明

工业文明以人类征服自然为主要特征，世界工业化的发展促生了一系列全球性生态危机，世界生态环境再没有能力支持工业文明的高速发展。生态文明是人类文明发展的一个新阶段，即工业文明之后的文明形态，反映了一个社会的进步状态。2007年党的十七大报告提出"建设生态文明"，将"建设生态文明"作为全面建设小康社会的新要求。党的十八大报告指出：建设生态文明，是关系人民福祉、关乎民族未来的长远大计。面对资源约束趋紧、环境污染严重、生态系统退化的严峻形势，必须树立尊重自然、顺应自然、保护自然的生态文明理念，把生态文明建设放在突出地位，融入经济建设、政治建设、文化建设、社会建设各方面和全过程，努力建设美丽中国，实现中华民族永续发展。2015年，中共中央、国务院印发《生态文明体制改革总体方案》，要求建立系统完整的生态文明制度体系。生态文明建设的重点就是改变以经济利益为导向的国土开发模式，注重生态效益，推动节能减排和资源节约，建设"两型社会"。转变产业发展方式，优化产业结构，保护生态环境，成为必然趋势。

### 3. 生态环境政策

随着国家对生态环境的日益重视，更为严格的生态环境管控政策不断出台，这有力地限制了部分产业的发展，尤其是高耗能、高污染和高排放工业，"铁腕"治污进入了"新常态"。多数老工业城市发展资源密集型产业和环境高污染型产业，当前及未来生态环境管控政策的加密出台和趋严对其带来了很大的压力，同时逼迫其加快转型发展。

水土气十条。2013年，国务院公布了《大气污染防治行动计划》，简称"气十条"。2015年，中央政治局常务委员会通过了《水污染防治行动计划》，简称"水十条"，在污水处理、工业废水、全面控制污染物排放等多方面进行强力监管并启动严格问责制。2016年5月，国务院印发了《土壤污染防治行动计划》，简称"土十条"。分别从大气、水、土三大要素的角度出发，高强度地加强了生态环境管控，而管控的重点对象就是高耗能、高污染、高排放等企业，这对老工业城市而言是巨大的压力。

三线一单。2016年，环境保护部发布了《关于以改善环境质量为核心加强环境影响评价管理的通知》，要求落实"生态保护红线、环境质量底线、资源利用上线和环境准入负面清单"约束，明确提出环境质量现状超标地区以及未达到环境质量目标考核要求的地区上新项目将受到限制，在生态保护红线范围内不得上工业项目和矿产开发项目，资源利用上线是各地区能源、水、土地等资源消耗不得突破的"天花板"，制定环境准入负面清单。

## 四、社会民生事业发展

### 1. 社会民生事业

经国30多年的发展，中国经济实力已为解决"富民"问题提供了物质基础。长期以来，中国社会事业发展相对滞后的问题未能得到根本解决，经济和社会发展不协调的局面未能根本改变，尤其是"刘易斯拐点"、中等收入陷阱与社会转型加速和利益格局分化相叠加，社会进入矛盾凸显期，民生建设已经成为中国不可回避的重大问题。"十一五"规划追求"国强"，"十二五"规划追求"民富"，"十三五"规划追求"民强"。对此，中央政府已在国家"十二五"和"十三五"规划中明确提出"保障和改善民生"，"坚持把保障和改善民生作为加快经济发展方式的根本出发点和落脚点"，更加注重以人为本，更加注重改善和保障民生。这说明，与人们生活密切相关的社会保障、教育、医疗卫生等社会事业和公共服务体系在未来要进一步加快发展。上述工作方向的确定及政策制定与落实，是老工业城市各项社会事业建设的保障，有利于老工业城市新型保障体系的建立。

### 2. 历史遗留问题

长期以来，中国经济发展形成了各类问题，并在后期的经济体制改革中未能得到有效解决或彻底解决，由此成为历史遗留问题，包括"企业办社会"、"厂办大集体"、历史欠税和银行贷款本息欠债等，这些问题日益影响着社会稳定和谐发展。2002年，国家经济贸易委员会下发了《关于国有大中型企业主辅分离辅业改制分流安置富余人员的实施办法》，开始解决国有企业的历史遗留问题。2005年，国务院下发了《国务院关于同意东北地区厂办大集体改革试点工作指导意见的批复》，开始在局部区域探索解决历史遗留问题的途径。2011年，国务院下发了《国务院办公厅关于在全国范围内开展厂办大集体改革工作的指导意见》，开始在全国范围内解决历史遗留问题。国家对历史遗留问题的关注及解决措施的出台，为老工业城市解决各类历史遗留问题提供了机遇，可以借机解除包袱，轻装上阵，重新焕发经济发展的活力。

## 五、淘汰落后产能

落后产能指技术水平低于行业平均水平的生产设备、生产工艺等生产能力，是污染物排放、能耗、水耗等技术指标高于行业平均水平的生产能力。加快淘汰落后产能是转变经济发展方式、调整经济结构、提高经济增长质量和效益的重大举措，是新型工业化的必然要求。中国部分产业面临着产能严重过剩、市场需求不足、环境污染大等突出问题。目前，面临积极化解产能过剩、淘汰落后产能、技术改造、节能减排的发展情景，尤其是钢铁、电解铝、水泥和平板玻璃行业。

2009年，国务院颁布《国务院批转发展改革委等部门关于抑制部分行业产能过剩和重复建设引导产业健康发展若干意见的通知》（国发〔2009〕38号），国务院制定的钢铁、有色金属、轻工、纺织等产业振兴规划，均提出了淘汰落后产能的范围和要求。2010年工业和信息化部公告18个行业淘汰落后产能名单，涉及企业2087家，集中在水泥、造纸、印染、焦炭、炼铁、铁合金、制革等行业。2010年4月，国务院颁布《国务院关于进一步加强淘汰落后产能工作的通知》（国发〔2010〕7号），以电力、煤炭、钢铁、水泥、有色金属、焦炭、造纸、制革、印染等行业为重点，加快落后产能淘汰。2013年，工业和信息化部公布了19个工业行业淘汰落后产能企业名单和目标任务；2013年10月，国务院印发了《国务院关于化解产能严重过剩矛盾的指导意见》（国发〔2013〕41号），开展去产能工作，钢铁、煤炭等领域成为重点领域，水泥建材、电解铝和化工也在其列。2014年，李克强对钢铁、水泥和平板玻璃行业化解过剩产能给出量化任务。2016年2月，国务院公布《国务院关于钢铁行业化解过剩产能实现脱困发展的意见》（国发〔2016〕6号），计划用3～5年时间退出煤炭产能5亿吨、减量重组 5 亿吨，粗钢产能 5 年内压减 1 亿～ 1.5 亿吨。同年，国务院《关于石化产业调结构促转型增效益的指导意见》（国办发〔2016〕57 号）提出，努力化解过剩产能，严格控制尿素、磷铵、电石、烧碱、聚氯乙烯、纯碱、黄磷等过剩行业新增产能，未纳入《石化产业规划布局方案》的新建炼化项目一律不得建设。未来五年内，水泥将有 5 亿吨低标号产能出局，减产 30%。各省（自治区、直辖市）均明确将去产能作为工作重点，重庆、贵州、甘肃、广东、山西、河北、河南等省（自治区、直辖市）提出去产能安排，纷纷制定细化方案和试点计划。各地方设定的目标之和已经超过了中央拟定的目标，河北就提出五年内淘汰近 1 亿吨钢铁产能，仅山西和内蒙古退出煤炭产能规模就占国家目标的 3/4（表 8-2）。

**表 8-2　部分省（自治区、直辖市）"十三五"期间去产能目标**（单位：万吨）

| 省（自治区、直辖市） | 去钢铁产能 | | | 去煤炭产能 | 省（自治区、直辖市） | 去钢铁产能 | | | 去煤炭产能 |
|---|---|---|---|---|---|---|---|---|---|
| | 炼铁 | 炼钢 | 合计 | 合计 | | 炼铁 | 炼钢 | 合计 | 合计 |
| 北京 | | | | 520 | 河南 | | 104 | 104 | |
| 天津 | | 900 | 900 | | 湖北 | | 200 | 200 | 800 |
| 河北 | 4 989 | 4 913 | 9 902 | 5 103 | 湖南 | | 50 | 50 | |
| 山西 | 82 | | 82 | 10 000 | 广东 | 6 | | 6 | |
| 内蒙古 | | | | 5 414 | 广西 | | 42 | 42 | |
| 辽宁 | | 602 | 602 | 3 040 | 重庆 | | 400 | 400 | 2 000 |
| 吉林 | 136 | 108 | 244 | | 四川 | | 420 | 420 | 3 303 |
| 黑龙江 | | 610 | 610 | 2 567 | 云南 | 125 | 453 | 578 | 2 088 |
| 江苏 | | 1 750 | 1 750 | 1 182 | 贵州 | | 220 | | 7 000 |
| 浙江 | | 300 | 300 | | 陕西 | | | | 4 706 |
| 安徽 | 527 | 663 | 1 190 | 3 183 | 甘肃 | 200 | 300 | 500 | 991 |
| 福建 | | | | 600 | 青海 | | 50 | 50 | 276 |
| 江西 | | | | 1 868 | 宁夏 | | | | 1 119 |
| 山东 | 970 | 1 500 | 2 470 | 6 460 | 新疆 | | 300 | 300 | |

2016 年，国务院修改了《政府核准的投资项目目录（2016 年本）》（国发〔2016〕72 号），对产能过剩行业坚持新增产能与淘汰产能"等量置换"或"减量置换"的原则，严格环评、土地和安全生产审批，遏制低水平重复建设，严禁向落后产能和产能严重过剩行业建设项目提供土地，支持优势企业兼并、收购、重组落后产能企业。对未按期完成淘汰落后产能任务的地区，实行项目"区域限批"。对未按规定期限淘汰落后产能的企业吊销排污许可证，投资管理部门不予审批和核准新的投资项目，国土资源管理部门不予批准新增用地，相关管理部门不予办理生产许可。对未按规定淘汰落后产能、被地方政府责令关闭或撤销的企业，限期办理工商注销登记，或依法吊销工商营业执照。

加快淘汰落后产能是转变经济发展方式、调整经济结构、提高经济增长质量和效益的重大举措。老工业城市正是这些行业的集聚分布城市，成为去产能和淘汰落后产

老工业城市调整改造的理论与实践

能任务最重的地区。

---

**专栏 8-1　区域限批**

区域限批指如果一家企业或一个地区出现严重环保违规的事件，环保部门有权暂停这一企业或这一地区所有新建项目的审批，直至该企业或该地区完成整改。区域限批是一种行政处罚手段，是对地方政府部门执行中央政策不力的校正措施。区域限批针对的是一个区域或一个行业，对地方的发展具有很大的影响，尤其是对督促地方促进产业结构调整具有很强的影响。

2007 年 1 月，唐山、吕梁、六盘水、莱芜 4 个行政区域和大唐国际发电股份有限公司、华能集团有限公司、华电集团有限公司、国电集团公司四大电力集团的除循环经济类项目外的所有建设项目被国家环境保护总局停止审批。这是国家环境保护总局成立近 30 年来首次启用区域限批的行政惩罚手段。其后，巴彦淖尔、周口、渭南、襄汾、蚌埠、巢湖、白银、河津等许多地区先后被列入区域限批名单。

---

# 六、区域发展战略

## 1. 区域协调发展框架

不同区域的资源环境基础与历史积累及区位条件，促使各地区形成了不同的发展状态，并导致各地区之间存在发展差距。缩小区域发展差距、实现协调发展一直是中国区域发展战略的主要目标。1998 年，党中央国务院提出实施西部大开发战略，随后国家又实施了东北振兴战略和中部崛起战略，"十一五"规划提出"坚持实施推进西部大开发，振兴东北地区等老工业基地，促进中部地区崛起，鼓励东部地区率先发展的区域发展总体战略，健全区域协调互动机制，形成合理的区域发展格局"。至此，"四大板块"的区域发展格局正式形成。

近些年来，国家区域发展战略不断调整，围绕都市圈、流域经济带、沿海湾区分别提出了京津冀协同发展战略、长江经济带建设和粤港澳大湾区建设。2015 年中央财经领导小组和中共中央政治局审议通过《京津冀协同发展规划纲要》，2016 年《长江经济带发展规划纲要》颁布。2018 年，党的十九大报告中指出"实施区域协调发展战略"，对区域协调发展战略进行了内容和框架的丰富与拓展，明确提出加大力度支持革命老区、民族地区、边疆地区、贫困地区加快发展，强化举措推进西部大开发形成新格局，深化改革加快东北等老工业基地振兴，发挥优势推动中部地区崛起，创新引领率先实现东部地区优化发展，建立更加有效的区域协调发展新机制。以疏解北京非首都功能为"牛鼻子"推动京津冀协同发展，高起点规划、高标准建设雄安新区。以共抓大保护、不搞大开发为导向推动长江经济带发展。支持资源型地区经济转型发展。加快边疆发展，确保边疆巩固、边境安全。坚持陆海统筹，加快建设海洋强国。

## 2. 主体功能区规划

"十一五"规划提出，"推进形成主体功能区，根据资源环境承载能力、现有开发密度和发展潜力，统筹考虑未来我国人口分布、经济布局、国土利用和城镇化格局，将国土空间划分为优化开发、重点开发、限制开发和禁止开发四类主体功能区，按照主体功能定位调整完善区域政策和绩效评价，规范空间开发秩序，形成合理的空间开发结构"。2008年以来，在"主体功能区"战略的总体框架下，针对"优化开发"和"重点开发"两大类型区域，国家密集出台了一系列区域战略规划和指导性文件，关注跨省（自治区、直辖市）和省域内较小区域单元的发展。"十二五"规划进一步明确了"主体功能区"战略，针对不同功能区类型，"实施分类管理的区域政策""实行各有侧重的绩效评价"。

由表8-3可知，有4个地级老工业城市位居优化开发区。其中，唐山位居京津冀地区，无锡、常州和镇江分布在长江三角洲。有37个老工业城市位居重点开发区，其他地级老工业城市均不在各省的重点开发与发展区域。其中，安庆、马鞍山和芜湖分布在安徽的江淮地区，白银和天水分布在关中—天水地区、兰州—西宁地区，遵义和安顺分布在黔中地区，保定、邯郸分布在冀中南，黄石和包头分别分布在武汉都市圈和呼包鄂榆地区，焦作、开封、洛阳、平顶山、新乡分布在中原经济区，衡阳、娄底、湘潭、岳阳、株洲分布在环长株潭城市群，徐州分布在东陇海地区，景德镇和九江分布在鄱阳湖生态经济区，长治、临汾、阳泉和晋中分布在太原城市群，宝鸡、铜川、咸阳分布在关中—天水地区，德阳、乐山和绵阳分布在成都经济区，克拉玛依和石嘴山分别分布在天山北坡和宁夏沿黄经济区。在国家加强重点开发区与优化开发区的大格局中，加快老工业城市的发展有利于推动区域协调发展。

表 8-3　老工业城市与重点开发区的分布关系

| 省（自治区） | 主体功能区 | 城市数量（个） | 名称 |
| --- | --- | --- | --- |
| 安徽 | 江淮地区 | 3 | 安庆、马鞍山、芜湖 |
| 甘肃 | 关中—天水地区<br>兰州—西宁地区 | 2 | 白银、天水 |
| 贵州 | 黔中地区 | 2 | 遵义、安顺 |
| 河北 | 冀中南 | 3 | 保定、邯郸、唐山 |
| 河南 | 中原经济区 | 5 | 焦作、开封、洛阳、平顶山、新乡 |
| 湖北 | 武汉都市圈 | 1 | 黄石 |
| 湖南 | 环长株潭城市群 | 5 | 衡阳、娄底、湘潭、岳阳、株洲 |
| 江苏 | 东陇海 | 1 | 徐州 |
| 江西 | 鄱阳湖生态经济区 | 2 | 景德镇、九江 |
| 内蒙古 | 呼包鄂榆地区 | 1 | 包头 |
| 山西 | 太原城市群 | 4 | 长治、临汾、阳泉、晋中 |
| 陕西 | 关中—天水地区 | 3 | 宝鸡、铜川、咸阳 |

老工业城市调整改造的理论与实践

| 省（自治区） | 主体功能区 | 城市数量（个） | 名称 |
|---|---|---|---|
| 四川 | 成都经济区 | 3 | 德阳、乐山、绵阳 |
| 新疆 | 天山北坡 | 1 | 克拉玛依 |
| 宁夏 | 宁夏沿黄经济区 | 1 | 石嘴山 |

## 3. 区域发展战略

21 世纪以来，各省纷纷提出了区域发展战略，制定了相关区域规划。例如，2005 年湖南颁布《长株潭城市群区域规划（2008-2020）》，2009 年，江苏、辽宁、陕西分别制定《江苏沿海地区发展规划》、《辽宁沿海经济带发展规划》和《关中—天水经济区发展规划》，2011 年四川和重庆联合制定了《成渝经济区区域规划》，2012 年河北印发了《河北沿海地区发展规划》，2014 年《珠江—西江经济带发展规划》获得国务院批发，2018 年内蒙古、陕西联合编制了《呼包鄂榆城市群发展规划》。老工业城市调整改造有利于促进区域经济和城镇化的快速发展，在各次区域的发展中发挥引领作用和增长极作用，促进落后地区的发展。

在多数省（自治区、直辖市）的区域发展战略中，老工业城市的相关性比较低。由表 8-4 可知，有 33 个地市级老工业城市位居各省的区域发展战略重点区域，包括京津冀都市圈、皖江城市群、中原经济区、武汉都市圈、长株潭城市群、长江三角洲、鄱阳湖生态经济区、关中—天水经济区、成渝经济区、天山北坡经济区、北部湾经济区，成为各省引领区域发展或创造新增长区域的重要支撑点。但仍有 37 个城市位居各省（自治区、直辖市）的发展边缘地区，未能融入其区域发展战略中。

表 8-4　区域发展战略与老工业城市分布

| 省（自治区、直辖市） | 主体功能区 | 城市数量（个） | 名称 |
|---|---|---|---|
| 北京、天津、河北 | 京津冀都市圈 | 4 | 张家口、承德、唐山、保定 |
| 安徽 | 皖江城市群 | 3 | 安庆、马鞍山、芜湖 |
| 河南 | 中原经济区 | 5 | 焦作、开封、洛阳、平顶山、新乡 |
| 湖北 | 武汉都市圈 | 1 | 黄石 |
| 湖南 | 长株潭城市群 | 5 | 衡阳、娄底、湘潭、岳阳、株洲 |
| 江苏、浙江 | 长江三角洲 | 2 | 常州、镇江 |
| 江西 | 鄱阳湖生态经济区 | 2 | 景德镇、九江 |
| 陕西、甘肃 | 关中—天水经济区 | 4 | 宝鸡、铜川、咸阳、天水 |
| 四川、重庆 | 成渝经济区 | 5 | 宜宾、自贡、乐山、内江、泸州 |
| 新疆 | 天山北坡经济区 | 1 | 克拉玛依 |
| 广东 | 北部湾经济区 | 1 | 茂名 |

# 七、公共资源配置

区域发展存在较大差距，是长期以来中国经济社会发展存在的重大问题，也是历届政府努力解决的问题之一，其中老工业城市的最初建设和发展为协调区域发展做出了巨大贡献。随着区域发展格局的演进，区域政策的指向、覆盖范围和类型组合也发生了变化。随着政策区的下移和细化，公共资源配置指向由侧重大区域转向侧重典型区域，尤其是问题区域，公共资源配置目标由侧重效率逐渐转向侧重公平，公共资源配置政策类型由区域经济激励政策的单一类型逐渐转向经济－社会－环境大系统复合政策体系，社会发展及环境保护领域公共资源配置的力度日渐加大。

## 1. 侧重区域转变

现行区域政策是根据"三大地带"和"四大板块"为单位制定的，虽比"一刀切"政策有所细化，但仍然过粗。虽然，近年来国家也关注跨省（自治区、直辖市）或省内较小区域单元的发展，出台了一些区域规划或指导文件，但侧重于国家综合配套改革实验区和重点发展区域，政策单元以大区域为主，问题区域关注不足。"十二五"、"十三五"规划均明确提出，要"实施主体功能区战略""统筹推进全国老工业基地调整改造""加大对革命老区、民族地区、边疆地区和贫困地区扶持力度"，这表明公共资源配置指向逐渐转为典型区域，尤其问题区域。随着区域发展总体战略进一步细化和主体功能区划的推进，政策区域将不断下移，以市县为单元划分政策类型区、根据不同类型区制定扶持政策将成为公共资源配置的主要模式。老工业城市作为重要的问题区域，将成为未来一段时期内区域政策的重点关注区域和公共资源配置的重要指向区域。

## 2. 公共资源配置目标转变

改革开放初，沿海开放战略的配置模式具有典型的"效率优先"特征，是在当时百废待兴的国民经济状况与有限公共资源之间的矛盾下，国家做出的"鼓励一部分地区、一部分企业和一部分人先富起来"战略选择的体现。随着经济的发展、公共资源配置能力的提高及区域差距的拉大，在区域协调发展的战略指引下，中国先后实施了西部大开发战略、东北振兴战略和中部崛起战略，是缩小地区发展差距、推动社会协同进步的重要举措，是"兼顾公平"的体现。2000年以来，中国经济持续快速增长，公共资源配置能力提高，也进入了全面建设小康社会的关键时期。在保证发展效率的同时，"发展公平"已成为区域政策制定和国家公共资源配置的核心。"十二五"规划提出：推进基本公共服务均等化。把基本公共服务制度作为公共产品向全民提供……建立健全符合国情、比较完整、覆盖城乡、可持续的基本公共服务体系。随着国家公共资源配置能力的进一步提高和全面建设小康社会的进一步推进，"协调发展""公平发展"成为中国未来公共资源配置的两大主题。老工业城市曾为中国经济的发展做出过突出贡献，但目前因资源枯竭、产业衰退等遇到发展困境。从"公平发展"角度，老工业城市将成为国家公共政策配置的重点关注区域。

### 3. 公共资源配置政策类型转变

公共资源配置政策类型由区域经济激励政策的单一类型逐渐转向经济‐社会‐环境大系统复合政策体系。未来十年是中国"加快转变经济发展方式"的关键时期，经济社会各领域将经历一场深刻变革。从发展模式看，片面追求经济总量扩张的粗放型增长模式将得到根本转变，统筹考虑资源节约、环境减排、经济发展、社会进步的集约型发展模式成为主流。从政策关注领域看，社会公平和地区公平得到重视，"缩小区域发展差距、实现基本公共服务均等化"将成为区域政策核心。从绩效评价看，过度强调GDP的政府绩效评价体系将得到转变，不同类型区实行各有侧重的差别化绩效评价考核体系将成为主流，考核体系将"弱化对经济增速的评价考核，强化对结构优化、民生改善、资源节约、环境保护、基本公共服务和社会管理等目标任务完成情况的综合评价考核"。相应地，政府施政目标和重点也将发生变化。"十二五"规划以来，中国政府提出"实施就业优先战略"，"把扩大投资和增加就业、改善民生有机结合起来，创造最终需求"。同时，"坚持把保障和改善民生作为加快转变经济发展方式的根本出发点和落脚点""坚持把建设资源节约型、环境友好型社会作为加快转变经济发展方式的重要着力点"。可判断，公共资源配置政策类型将由区域经济激励政策的单一类型逐渐转向经济‐社会‐环境大系统复合政策体系。作为"调结构、转方式"及解决就业等民生问题的重点和难点区域，老工业城市将成为新一轮公共资源配置的重点关注区域。

# 第二节　老工业城市调整改造难点

## 一、调整改造难点

### 1. 问题突出而集中解决难度大

区域政策往往聚焦于某地区或某问题的集中实施，老工业城市的特殊性决定了集中解决的难度大。

一是老工业城市作为中国工业化的产物，是中国体制的综合产物，积累了大量的问题，包括经济结构、产业技术、企业制度、体制机制、民生事业、生态环境等各领域的问题。各类问题与矛盾的产生机制与表现形式不同，其解决途径不同。

二是地市级老工业城市分布在全国的20个省（自治区、直辖市），覆盖国土面积118.4万平方千米，空间分布比较离散。除了部分地市外，多数地区在空间上不连续分布，难以制定集中实施的调整改造方案，集中解决的难度大。

## 2. 历史遗留问题与新问题叠加交融

老工业城市发展面临着长期形成且不断积累的历史遗留问题，如国有企业改革、企业办社会、厂办大集体、历史欠税、棚户区等。这些历史遗留问题成为国有企业深化体制改革、提高市场竞争力的重要约束，也影响了城市发展活力和社会问题的有效解决，成为企业和城市的重要发展负担。同时，老工业城市也面临着改革开放以来所产生的新问题，如医疗保险、养老保险、人居环境、城市内部二元结构、淘汰落后产能、生态环境管控等各类新生问题。新老问题的相互叠加与交错，增加了老工业城市调整改造的难度和复杂性。

## 3. 转变发展方式的创新支撑体系与既有基础相差甚大

老工业城市作为中国主要的产业基地，其主导产业主要是装备制造、能源生产（包括煤炭、石油、天然气）、电力（包括火电与水电）、石油化工、钢铁冶金、有色金属、建材水泥、电子信息、食品加工等工业类型，多是资源密集型产业和基础原材料工业，能源和资源消耗高，污染物排放量大，对生态系统和资源环境的压力比较大。转变经济发展方式是中国"十二五"时期就提出的战略任务，也是老工业城市调整改造的核心主题。因此，长期以来所形成的产业发展基础与促进转变发展方式的创新支撑体系有着巨大的差距。这成为中国老工业城市调整改造的重要难点。

# 二、重大关系协调

## 1. 国家战略需求与地方发展需求

老工业城市的发展不仅是地方城市发展的需求，而且是国家发展的需求。作为中国工业体系形成和发展的摇篮，老工业城市已成为中国工业体系的核心部分，部分城市在某些行业或领域中占据战略性地位。老工业城市的特殊发展历史，也决定了其社会事业发展是民生建设的重要内容。老工业城市调整改造不但要承担地方社会经济发展的任务，而且要继续承担国家经济发展的战略任务，既包括当前的转变经济发展方式、节能减排、新型工业化等，也包括战略产品、设备与资源的生产。因此，老工业城市调整改造必须妥善处理地方发展需求和国家战略需求的关系，要基于国家战略任务导向和地方发展导向，科学制定调整改造方案。

## 2. 区域发展与城市增长

中国老工业城市在形成和发展过程中，为区域发展做出了巨大贡献，部分老工业城市成为中国偏远地区的中心城市。随着东中西部发展差距的扩大，中西部的各次区域要求这些已具备工业基础的老工业城市再度承担中心城市的职责，成为次区域发展的增长极，带动各次区域发展，促进区域协调发展。这就要求，老工业城市在发展方向和职能定位上不但要考虑自身城市发展，而且要考虑对周边地区或腹地的增长极带动作用，要承担区域中心城市的职能。

### 3. 经济发展与社会生态

老工业城市作为专业化生产职能与战略定位的产业集聚区，工业生产是主要的经济活动，以工业发展带动经济增长始终是这些城市的战略任务。长期以来，老工业城市出现了较为严重的环境污染和生态系统损害问题，人居环境较差，"先生产，后生活"的历史组织模式也决定了民生事业建设相对滞后，财力积累的缺失也导致社会事业发展落后。老工业城市调整改造必须合理处理经济发展与社会发展的关系、经济发展与生态环境的关系，不但要关注经济增长，而且要与国家发展战略相一致，重视社会事业发展和生态文明建设，将新型工业化、新型城镇化、精准扶贫等发展主题相统一。

### 4. 共性问题与特殊问题

虽然老工业城市的形成和发展有着大致类似的历史背景与发展机制，但由于具体区位、资源禀赋、产业类型、经济体量及市场适应能力不同，各老工业城市形成了不同的发展状态、经济结构、技术水平及财力基础，并存在不同类型及不同程度的发展问题。对这些问题，各老工业城市自身解决能力和需要国家扶持的需求也不尽相同。老工业城市调整改造需要科学分析这些城市所面临的共同性问题和特殊性问题，针对老工业城市发展能力的不同，注重区别对待，制定相应的对策，因地因类因问题施策。

## 三、面临突出矛盾

### 1. 公平与效率

公平与效率不仅是中国区域发展必须关注的矛盾关系，也是当前老工业城市发展必须关注的矛盾关系。老工业城市的发展在理论上应当以产业发展、经济增长为主题，重视存量优化与增量扩张，强调企业技术改造、新产业培育和由此对城市经济的拉动作用，通过经济的优先发展提高老工业城市调整改造的效率，进而培育持续发展的能力。但国家"十二五"和"十三五"规划明确将解决民生问题作为发展的首先目标，"公平"是发展的主题。按照国家发展的主体趋势，"加强民生建设""缓解社会矛盾"更为重要。对老工业城市而言，短期内强调公平，将会影响建设资金与公共资源的配置领域与分配方向，影响了经济发展的速度，也就影响了对其他问题解决能力的培育。

### 2. 发展基础与国家需求

老工业城市所具备的产业基础虽然雄厚、技术力量较高，但主要是资源密集型产业和劳动力密集型产业，资源和能源消耗是重要的投入，污染排放水平较高，形成了大量的过剩产能与低效产能，对资源能源与生态环境的压力较大。而国家当前一段时期内的重要方向是淘汰落后产能与生态文明建设，积极发展智能制造，推动"经济发展方式转变"，落实中国制造2025战略。老工业城市的工业发展无疑与国家的需求和要求存在一定的差距，这也成为老工业城市发展的突出矛盾，也为老工业城市调整改造带来了巨大的挑战。

### 3. 国有企业与城市发展

对老工业城市,多数大中型工业企业是国有企业,甚至是中央企业,企业与城市之间形成了复杂的关系,甚至形成了"城企一体"。任何城市的发展都需要经济效益的拉动,来自工业企业的税收显然是增加地方财政收入的主要源泉,这是多数中国城市财力构建与积累的主要途径。目前,中国税收的中央和地方分配比例显然不能给地方带来足够的财力,也就影响了老工业城市的建设发展能力。从行政管理的角度来看,国有企业和中央企业往往在地方有着很多的管理权力和特权,地方政府对这些企业的管理和协调能力较弱,"城企分离""嵌入经济"又是老工业城市的普遍现象,涉及国有企业与城市改造的众多问题时,地方政府面临许多难以解决的问题。国有企业与地方政府间的关系也成为老工业城市调整改造所面临的重要矛盾。

---

**专栏 8-2  国有工业企业**

工业企业有着不同的划分标准。根据《中华人民共和国宪法》和有关法律规定,中国形成国有经济、集体所有制经济、私营经济、联营经济、股份制经济、涉外经济等经济类型。从所有制的角度,工业企业分为国有企业、集体所有制企业、私有所有制企业、联营企业、股份制企业、涉外企业等类型。

国有企业指企业的全部财产属于国家,由国家出资兴办的企业,国家对企业资本拥有所有权或控制权。政府的意志和利益决定了国有企业的行为。按照国有资产管理的权限划分,国有企业分为中央企业和地方企业,前者是由中央政府监督管理的国有企业,后者是由地方政府监督管理的国有企业。全国共有国有企业2459 家,而国有控股企业达到 19 022 家,主要分布在发电(4255 家)、非金属矿物制品(1550 家)、化学原料和化学制品制造(1172 家)、煤炭开采和洗选(872 家)等行业领域。截至 2018 年 6 月,中央企业有 96 家。2016 年中国企业 500 强中,国有企业占 295 席,国有企业是国民经济发展的中坚力量。

---

### 4. 体制机制与创新发展

中国老工业城市是计划经济时期、工业化初期和国防军工建设时期的发展产物,是受体制机制约束比较明显的城市或工业化地区。目前,多数老工业城市仍分布有许多的国有企业、中央企业,甚至军工企业与军队企业,部分产业区仍处于封闭保密状态,部分企业仍位居深山之中。企业区位与生活条件较差,导致老工业城市的技术人才与产业工人不断外流,产业技术力量不断弱化。21 世纪以来,智能工业革命已成为全球发展趋势,老工业城市调整改造必须要突出创新的发展思路,打破各类约束的体制与机制,走出深山、打破封闭,加强与世界市场的联系,强调技术引进与吸收。这在老工业城市中形成了体制机制与创新发展的矛盾。

## 四、未来关注要点

老工业城市调整改造与振兴是一项复杂的系统工程，是一项长期的艰巨任务。长期以来的探索与实践表明，老工业城市调整改造应充分考虑其综合性矛盾，跳出过去以企业技术改造和搞活国有企业为中心的思维方式，统筹解决各种矛盾和问题，推进新型工业化、新型城镇化、生态绿色化建设，促进区域可持续发展，努力走老工业城市振兴发展的新路子。

（1）从关注单体企业转向关注综合发展

长期以来，老工业城市调整改造关注产业和企业的技术改造与区位搬迁，取得了丰硕的成果与积极的成效。发展历史表明，企业、产业和城市形成了相互依赖的紧密关系，老工业城市调整改造不再是单纯的产业和技术问题，而是城市乃至区域发展的综合性问题，必须关注经济－生态－社会综合系统的城市发展主题。

（2）从解决突出问题转向构建良性机制

长期以来，老工业城市调整改造重视解决重点问题、突出矛盾。未来必须要针对资源能源、传统产业等原有竞争优势逐步减弱或丧失的状况，通过创新驱动、要素优化组合、合作交流、改善民生、生态环境治理等途径，再造老工业城市新的竞争优势，把培育老工业城市内生发展动力和塑造新的竞争优势作为全面振兴老工业城市的主攻方向。

（3）重视大中型城市与老工业区

过去的老工业城市调整改造，重点关注特大型或大型工业基地或核心老工业城市，目前这些城市已成为中国经济发展的"排头兵"与新型产业基地。未来，应借鉴这些成熟型老工业城市的调整改造经验，将关注重点转移到中西部地区的大中型老工业城市，并将政策空间进一步精细化，聚焦到城区老工业区与独立工矿区。

（4）从政策资金扶持转向多元化激励

老工业城市调整改造应推动政府全责向政府引导和市场主导的方向发展。继续发挥政策和资金相配套的扶持模式，注重"双给""单给"的有效结合使用，探索新的扶持模式与激励途径。改变过去单一依靠政府扶持的调整改造模式，要重视企业和市场机制的作用，整合各类资源，调动各方力量，实现政府引导和市场主导的调整改造模式。

（5）从关注单一问题转向政策组合优势

长期以来，老工业城市调整改造工作主要是解决单一问题或少数问题，如技术改造、设备更新、企业搬迁、布设沿海窗口等问题。未来，老工业城市调整改造应改变单一政策解决单一问题的思路，坚持资源整合，制定新政策，优化既有政策（如棚户区改造等），发挥集体组合优势，解决老工业城市发展的系统化问题。

（6）关注连续成片基地的集体改造

虽然老工业城市的空间分布总体上呈现零星分散特点，但资源依赖型产业的特点决定了老工业城市往往集中分布在矿产资源富集地区，形成连续成片分布的老工业基

209

第八章

老工业城市调整改造思路

地。随着对单体城市振兴发展问题的逐步解决，未来应关注老工业城市连续成片、发展问题突出的区域的集体改造。

# 第三节　老工业城市调整改造思路

## 一、概念内涵

### 1. 传统概念内涵

改革开放以来，针对老工业城市所产生的某些问题，国家已采取了相关措施并出台了相应政策，形成了老工业城市调整改造的动态过程。从 20 世纪 80 年代起，国家开始进行老工业城市调整改造工作，形成了不同的主题，这促使老工业城市调整改造的概念内涵随时间不断变化。总体上，传统的老工业城市调整改造重视了"技术改造""国有企业改革""企业布局搬迁"等主题，扶持政策和专项资金相配套实施。

——1986 ～ 1990 年，国有企业"技术改造"为老工业城市调整改造的核心主题，实施重点是大型工业基地，空间组织以离散城市为主。

——1991 ～ 1995 年，"脱险搬迁"为主的布局调整成为老工业城市调整改造的核心主题，空间组织仍以离散性企业为主。

——1996 ～ 2000 年，"技术改造"仍是老工业城市调整改造的核心主题，仍聚焦在大型工业基地，空间组织仍以离散城市为主。围绕"三线"企业，20 世纪 80 年代以来，技术改造升级和单体企业布局调整为调整改造的主题，辅之在沿海地区开设窗口与区际技术经济交流。

——2003 年以来，聚焦东北地区老工业城市，实施了以振兴为目标的调整改造，改造模式为综合性模式，空间组织以连续成片分布的老工业城市为主。

### 2. 当前新内涵

老工业城市是一个动态的城市范围集，而老工业城市调整改造也是一个动态变化而内涵不断丰富充实的概念。随着发展环境的变化，老工业城市调整改造内涵也发生了变化，这影响和决定了老工业城市的实施范围、发展目标、发展路径及空间组织模式。

"调整改造"主要指通过创新体制机制、优化生产力布局、升级产业产品结构、完善城市功能、改善生态环境等途径，推动老工业城市的发展方式转变和竞争力再造的动态过程。

"调整"——主要是调整产业结构与发展方式。重点推动传统产业技术改造，强化优势支柱产业，淘汰落后产能，压减低效产能，妥善处理僵尸企业，积极发展战略性新兴产业，培育新支柱产业，构建多元化产业结构，调整资本结构，推动国有企业改革，大力发展民营经济，建设绿色循环化产业园区与竞争力突出的特色产业集群，打造新型产业基地。

"改造"——主要是改造企业、城市、区域与体制。推动企业重组，增强竞争力。强化城市功能分区，加快老工业区搬迁，引导老工业企业退城进园，加强城市基础设施建设，完善城市综合职能。推进城市棚户区改造，改善居民住房条件，积极发展民生事业，改造社会结构；加快生态环境治理，发展人居环境。深化体制机制改革，转变政府职能，改造区域发展环境。

## 二、总体思路

老工业城市调整改造，要针对发展基础、存在问题和难点，按照有限目标和重点突破的思路，确定重点领域和重点任务。

在国家"十三五"规划、国土开发规划及主体功能区规划的总体发展框架下，将老工业城市纳入区域发展、国土开发的重要组成部分，作为落实区域总体战略－区域协调发展战略及新型工业化、新型城镇化、精准脱贫与生态文明建设的战略途径。

根据存在的普遍性问题和特殊性问题，适应国内外形势新变化，以产业、城市、社会、环境及人的全面协调可持续发展为目标，以发展任务谋划和解决历史遗留问题为主要核心，重点在产业、城市、社会民生、生态环境、技术人才、对外开放六个领域对老工业城市实施调整改造。

——以产业结构调整为主攻方向，实施传统产业技术改造，承接产业转移，全面完成国有企业改革，促进产业转型和结构升级，加快产业集聚区（园区）载体建设，建设新型产业基地，再造产业竞争新优势，形成特色明显、区域优势突出的现代产业体系和经济结构。

——以完善城市综合功能为主要支撑，加强基础设施与市政设施建设，推动老工业区改造，改善老工业区、重点企业生产区、生活区等城市片区的综合功能，形成宜居繁荣的城市面貌，提高区域辐射能力，成为区域增长极。

——以生态文明建设为重要着力点，发展循环经济，加强能源资源集约利用，减少各种污染排放，推动环境污染治理，保护生态环境，促进经济发展方式转变。

——以改善民生为根本出发点和落脚点，完成老工业区和棚户区改造，扩大就业，改善民生事业，提高居民收入，全面发展各项社会事业，形成健全的新型公共服务体系和社会保障体系，解决各类历史遗留问题，促进和谐社会建设。

——利用既有的产业技术、科研设施与专业化特色院校资源，扩大各类技术研发平台建设，建成企业技术创新体系，提升产业技术研发与自主创新能力，打造中国产业技术自主研发的重要试验基地。

——扩大对外开放，吸引外资，加快与周边地区的合作，融入临近中心城市或城市群的合作网络与分工体系，增强发展活力。

以此，将老工业城市打造为现代新型产业基地，形成全国老工业城市全面发展的新格局。

# 三、基本理念

## 1. 政府引导与市场主导相结合

正确认识老工业城市发展困境的客观现实，发挥中国政府的宏观引导作用，积极整合中央、省市等各级政府的资源，强化政府扶持，制定合理的激励政策，提供一定比例的扶助资金，发挥规划引导、实施政策聚焦、规范市场秩序等社会管理和公共服务作用，解决依靠自身力量难以甚至无法解决的矛盾和问题，促进城市功能完善、发展能力培育、社会保障体系建设、历史遗留问题解决。同时，坚持自力更生，紧紧围绕各城市的自身特色和比较优势，发挥市场配置资源的基础性作用，整合各类资源，挖掘潜力，促进结构调整、企业转型和市场开拓，培育发展能力和自我发展机制。

## 2. 区别对待与分类指导相结合

各老工业城市有着不同的主导产业、区位条件、自然环境、发展水平等，面临着不同的问题与困境。老工业城市调整改造必须基于这种差异化与分异化发展，充分关注各城市社会经济发展状态和基础条件，依据其经济实力、发展条件和未来潜力，分类指导，实行差别化的扶持政策、资金补助和激励机制，各有侧重，切实解决老工业城市面临的困难。重点关注经济发展缓慢甚至衰退、经济社会问题突出且自身难以解决的老工业城市，合理实施政府援助。重视发展基础较好、转型较快的老工业城市，发挥示范引领作用，总结并推广成功经验。

## 3. 调整改造与城市－区域统筹发展

鉴于老工业城市很大程度上表现为区域问题、城市问题与产业问题复杂交汇的现实，其调整改造在推动产业转型升级的同时，必须将其与城市建设、区域整治相结合，妥善处理老工业区与城市、中心城市与周边腹地、城市与乡村的关系，将老工业城市调整改造纳入区域发展框架。重视老工业区对城市更新、品质提升的拉动作用，充分考虑产业集聚对区域产业要素优化配置的催化作用，重视城市综合功能完善对县区一体化发展、城乡统筹发展的带动作用。

## 4. 循序渐进与重点突破相结合

老工业城市是一个动态的概念，是有进有出的概念范围，同时其复杂性也决定了其调整改造是一个长期的过程。老工业城市调整改造必须坚持循序渐进、整体推进，分期分批地推进改造与整治，各阶段聚焦不同的重点地区和重点问题。鉴于老工业城市的发展状态和面临的宏观环境，短期内仍需要强调效率优先，鼓励基础条件较好的老工业城市率先发展，主动参与国际市场竞争。鉴于资金和资源的有限性，选择具有比较优势的重点行业、企业和产品，集中力量实施重点突破，培育产业链和配套企业，建设品牌产业集聚基地，实现快速发展。

老工业城市调整改造的理论与实践

### 5. 以人为本与统筹兼顾相结合

老工业城市是各类问题集中分布的城市，涉及各方面、各领域、各层次，必须妥善处理好改革、发展、稳定的关系。坚持把扩大就业作为调整改造的优先目标，改善创业环境，实施积极的就业政策。增加居民收入，加大对公共服务和社会保障的投入，完善社会保障体系。增加对困难群体、弱势群体的支持，切实改善民生。着眼于长远发展，促进城乡协调发展，加强发展环境营造和生态环境保护，实现社会、经济与生态环境的协调发展。

## 四、承担任务

老工业城市不仅在过去40多年中，为中国的工业化和城镇化做出了巨大贡献，而且在当前乃至未来建设中仍居于不可替代的战略地位，在建设新型产业基地、转变经济发展方式、提升国家产业竞争力、促进区域协调发展、解决突出民生问题等方面均可以承担重要任务。

### 1. 基于自主创新的新型产业基地

老工业城市曾是中国工业基础的摇篮，奠定了中国工业体系的基础部分，为建成独立、完整的工业体系和国民经济体系，为国家的改革开放和现代化建设做出了历史性贡献。目前，老工业城市仍是中国工业体系的重要组成部分，是国民经济重要支柱产业的集中地，是重要原材料和能源的供应地。尤其是，部分老工业城市或重点企业掌握着中国工业技术的核心部分或战略性市场，技术雄厚，拥有强大的技术和人才优势，如电子信息技术、通信技术及各类军工技术。

"十三五"规划提出要积极推行"研发自主创新"，实施新型工业化。老工业城市作为中国工业经济的重要承载体，发挥既有的产业优势，推动新型工业化，通过自主研发和大中型老企业的技术改造，提高产品科技含量和附加值，培育具有国际竞争力的企业集团，强化优势产业；围绕自主创新技术，发展战略性新兴产业，发展成为中国新技术产业的重要生长点，同时依托本地资源发展特色产业，培育新兴支柱产业。以此，建立多元化的现代产业体系与特色产业集群，扩大经济发展规模，提升经济发展质量，建设为中国基础产业和新兴产业并行发展的新型产业基地，再次焕发活力。

### 2. 区域协调发展的重要支撑

老工业城市在历史上，曾改变了中国工业生产力过度布局在沿海地区的局面，对中西部地区的产业体系构建和城市建设起到了积极的作用，培育了中西部的经济增长极，对缩小区域差距具有积极意义。在各次区域的社会经济发展中，老工业城市扮演着"增长极"的作用。目前，协调区域发展和缩小区域差距是中国经济社会发展的战略目标。中国有大量的老工业城市分布于中西部的较落后地区，加快这部分老工业城市调整改造，借助其较为良好的基础和潜力，有的放矢地给予鼓励和支持，可以在较落后地区培育出区域性和内源性的增长极，带动周边地区的发展。老工业城市发展是促进中国较落后地区改变现状的有效方式，有利于实施区域协调发展战略，缩小中西部与东部的差距。

《全国主体功能区规划》关注了主要城镇密集区的发展，如长江三角洲、珠江三角洲、环渤海地区、长株潭城市群等，忽视了对次级区域的发展问题。优化开发区仅分布有 4 个老工业城市，而重点开发区分布有 37 个老工业城市。这说明老工业城市调整改造对重点开发区的开发、建设及快速发展有重要意义，尤其是对太原城市群、哈长地区、成都经济区、黔中地区、关中—天水地区、长株潭城市群、中原经济区等区域有重要意义。应在广大的中西部地区，重点培养若干个地区中心城市（如襄阳、攀枝花、天水等）来带动周边地区的发展，详见表 8-5。

表 8-5　部分次区域与老工业城市的对应关系（单位：%）

| 次区域 | 范围 | 城市 | GDP 比例 | 工业产值比例 |
|---|---|---|---|---|
| 豫西地区 | 洛阳、三门峡、平顶山 | 洛阳 | 52.70 | 49.20 |
| | | 平顶山 | 29.90 | 31.20 |
| | | 小计 | 82.60 | 80.40 |
| 鄂西地区 | 襄樊、荆州、宜昌、十堰、荆门、随州、恩施、神农架 | 宜昌 | 24.28 | 16.35 |
| | | 襄樊 | 23.71 | 17.03 |
| | | 荆州 | 14.76 | 27.06 |
| | | 荆门 | 12.31 | 8.93 |
| | | 十堰 | 11.53 | 23.90 |
| | | 小计 | 86.59 | 93.27 |
| 湘南 | 永州、郴州、衡阳 | 衡阳 | 42.98 | 45.55 |
| 川南 | 宜宾、自贡、内江、泸州 | 宜宾 | 30.33 | 28.12 |
| | | 自贡 | 22.86 | 25.17 |
| | | 内江 | 22.93 | 27.22 |
| | | 小计 | 76.12 | 80.51 |
| 陕南 | 汉中、安康、商洛 | 汉中 | 46.38 | 59.70 |
| 冀南 | 邢台和邯郸 | 邢台 | 33.20 | 31.49 |
| 蒙东 | 呼伦贝尔、兴安、通辽、赤峰、锡林郭勒 | 赤峰 | 28.63 | 27.96 |
| 桂西北 | 柳州、来宾、河池、桂林 | 柳州 | 37.42 | 57.12 |

### 3. 转变发展方式和创建生态文明的战略重点

当期及未来十年是中国转变经济增长方式的重要时期，而老工业城市是重点和难点。多数老工业城市的主导产业具有原材料性、资源依赖性、初级低端等特点，特别是中西部的老工业城市普遍存在技术落后、设备陈旧、效率低下、能耗较高、环境污染严重等痼疾，资源环境矛盾突出，详见表 8-6。地市级老工业城市的单位 GDP 耗水强度约是全国城市平均水平的 1.42 倍，而单位 GDP 耗电强度约是全国城市平均水平的

1.47 倍，单位工业产值耗电强度约是全国城市平均水平的 1.68 倍，单位工业产值废水排放强度约是全国城市平均水平的 1.34 倍，尤其是单位工业产值 $SO_2$ 排放强度约是全国城市平均水平的 1.97 倍，单位工业产值烟尘排放强度是全国城市平均水平的 2.18 倍。大量老工业城市位居生态环境脆弱区，或拥有大面积的生态功能区及禁止开发区，在全国生态系统中拥有比较重要的地位。

表 8-6　老工业城市能源消耗与全国城市平均水平的比较

| 指标 | 全国城市平均水平 | 老工业城市 | |
|---|---|---|---|
| | | 总量规模 | 倍数关系 |
| 单位 GDP 耗水强度（吨／万元） | 20.51 | 29.19 | 1.42 |
| 单位 GDP 耗电强度（千瓦时／万元） | 926.39 | 1 359.03 | 1.47 |
| 单位工业产值耗电强度（千瓦时／万元） | 422.65 | 712.14 | 1.68 |
| 单位工业产值废水排放强度（吨／万元） | 4.12 | 5.53 | 1.34 |
| 单位工业产值 $SO_2$ 排放强度（吨／亿元） | 31.41 | 61.73 | 1.97 |
| 单位工业产值烟尘排放强度（吨／亿元） | 10.2 | 22.23 | 2.18 |

政府文件中多次提出转变发展方式、破解发展难题，提高发展质量和效益。以转变经济发展方式取代转变经济增长方式，老工业城市可通过优化产业结构、淘汰落后产能、企业技术改造、发展循环经济，形成低碳绿色经济结构，推进节能减排，提高能源资源利用率，减少水资源、能源的消耗，降低污染排放，逐步解决老工业城市面临的生态环境问题，实现经济建设、社会发展与生态环境保护的协调统一。以此，将老工业城市打造成为中国转变经济增长方式的战略性区域，发挥示范作用，带动中国经济发展方式转变与生态文明制度建设。

### 4. 探索解决历史遗留问题的示范地区

长期以来，中国经济发展形成了各类问题，并在后期的经济体制、社会体制及政治体制改革中未能得到有效解决或彻底解决，由此成为历史遗留问题。这些历史遗留问题主要包括企业办社会、厂办大集体、历史欠税、银行贷款本息欠债等。老工业城市往往是这些历史遗留问题的集聚地区。虽然 21 世纪以来，国家开始关注这些历史遗留问题的解决，先后出台了《关于国有大中型企业主辅分离辅业改制分流安置富余人员的实施办法》和《国务院关于同意东北地区厂办大集体改革试点工作指导意见的批复》，但对许多老工业城市，这些历史遗留问题仍然突出，并成为影响社会经济发展的重要瓶颈。

2011 年，国务院下发了《国务院办公厅关于在全国范围内开展厂办大集体改革工作的指导意见》，开始在全国范围内解决历史遗留问题。但这些政策仍仅是侧重某些历史遗留问题，未能全部覆盖。国家"十二五"规划已明确提出"坚持把保障和改善民生作为加快转变经济发展方式的根本出发点和落脚点。完善保障和改善民生的制度安排，把促进就业放在经济社会发展优先位置，加快发展各项社会事业，推进基本公共服务均等化"。在落实国家发展思路和实现国家发展目标的过程中，老工业城市可从根本上解决面临的问题和困难，解决各类历史遗留问题，探索妥善解决各类问题的有效途径与成功模式。

### 5. 扩大中国内需经济增长的重要着力点

改革开放以来，中国经济增长主要依赖于国内投资和外贸出口，投资率偏高、消费率偏低、内需不足，这影响了中国经济的发展模式。在当前城市化水平不断提高、基础设施逐步完善的背景下，资源环境约束的强化和经济结构转型的客观需要要求改变粗放的靠投资和出口拉动的经济增长模式，转向扩大消费需求的长效发展机制。"十二五"规划以来，中国就提出：坚持扩大内需战略，保持经济平稳较快发展，加强和改善宏观调控、建立扩大消费需求的长效机制，调整优化投资结构。

通过老工业城市调整改造，调整产业结构，推动老工业区改造、老旧企业搬迁与棚户区改造，加强城市基础设施与公共服务体系建设，完善城市综合职能，改善民生条件，大幅增加居民收入，扩大产品消费和居民消费市场，增强地区增长的内生动力。以此，将老工业城市发展成为扩大中国内需经济增长的重要着力点，拉动全国尤其中西部发展。

# 第九章

## 老工业城市调整改造路径

　　老工业城市是工业化与城市化共同作用的结果，工业化与城市化始终是该类城市的核心发展轨迹，聚集着各类矛盾与问题。尽管在各历史时期，工业化与城市化有着不同的关系机制与耦合模式，而且随着历史演化的推进与社会需求的转变，城市发展不断融入新的理念，如民生化、绿色化、信息化等。这促使老工业城市调整改造已经超越了简单的工业升级与企业改造，而是考虑更多的不同方面，成为一个综合性的社会经济重塑过程；在空间上，也突破了工业区的局限，走向城市乃至区域范围。这是由当前社会需求与社会矛盾所决定的，符合国家的发展态势。

　　各个老工业城市虽然有着不同的基础条件与发展状态，但普遍存在着众多的问题，这涉及各个方面与领域，需要探索老工业城市的一般性发展路径。基于所有城市的共同问题、突出矛盾与一般性特征，设计老工业城市调整改造的共同路径，为国家和相关地区的可持续发展提供一般性的科学指导。这些共同路径涉及产业、城市、资源利用、生态环境、民生与社会事业、产业技术与人才、开放合作与体制机制等方面和领域，推动老工业城市改造由产业调整走向城市振兴。但核心是为了重新激发城市的发展活力，推动"老"走向"新"，构建多化协调的发展模式。

　　本章主要分析老工业城市的调整改造路径。从落后产能淘汰、资源精深加工、传统产业改造、新兴产业培育和产业园区等设计产业结构优化升级路径，从城市功能完善、老工业区搬迁、独立工矿区改造和工业遗产保护等角度推动城市建设，从能源利用、绿色矿山建设与环境污染治理等方面实现生态环境保护，从居民就业、社会保障和社会管理等方面改善社会民生，从发展平台、职业教育与人才培养等角度推动创新发展、人才培养，从区域合作、对外开放和体制机制等方面加快转型发展。以此，科学指导中国老工业城市的调整改造与振兴发展。

## 第一节　产业结构优化升级与园区建设

　　产业结构调整是老工业城市发展的重要任务和核心主题。老工业城市调整改造不是单纯地淘汰传统工业，也不是单纯地发展新兴工业，应以转型发展和创新驱动为主题，遵循工业发展规律，坚持"升级、淘汰、培育"并举，坚持传统产业调整改造和新型产业培育并重，重视传统产业、支柱产业、战略性新兴产业与特色产业的区分与发展路径的设计，打造新型产业基地，实现工业转型升级。

一是战略性新兴产业重视"新字号"战略，注重"培育壮大"，实现"无中生有"；支柱产业重视"原字号"战略，注重"深度开发"和"发展壮大"；传统产业重点实施"改造升级"，实现"有中生新"，构建现代产业体系。

二是针对总体产业结构，依据产业基础与资源禀赋，实施"补链""上量""转型""提质"等转型优化升级路径。

三是针对传统产业问题，分别突出"压"、"治"和"减"主题，坚决压减落后产能，"铁腕"整治污染严重的产业，调减能耗较高的产业。

四是重视老动能升级与新动能培育，老动能重视传统产业，重点是稳基础；新动能关注新兴产业，重点是扩增量。

# 一、落后产能淘汰与去产能

传统制造业产能普遍过剩，特别是钢铁、水泥、电解铝等高消耗、高排放行业尤为突出。2012年年底，中国钢铁、水泥、电解铝、平板玻璃、船舶产能利用率分别仅为72.0%、73.7%、71.9%、73.1%、75.0%，明显低于国际通常水平，但仍有一批在建、拟建项目，产能过剩呈加剧之势，这成为老工业城市的突出矛盾。

## 1. 落后产能淘汰

落后产能集中是老工业城市普遍存在的问题，也是其调整改造的难点与重点。各城市要根据其具体情况，分业施策，引导企业通过压减、兼并重组、转型转产、搬迁改造、国际产能合作等途径，淘汰落后产能。

第一，突出重点行业，分步实施。坚持过剩产能与生态环境保护相结合，突出削减高排放、高消耗产业的导向，以钢铁、水泥、平板玻璃、电力、煤炭、有色金属、焦炭、造纸、制革、印染等行业为重点，明确落后产能的范围，化解过剩产能。分步实施，实施"消化一批、转移一批、整合一批、淘汰一批"过剩产能。

第二，清理整顿违规产能，淘汰和退出落后产能。对产能严重过剩行业建成违规项目进行清理，淘汰工艺装备落后、产品质量不合格、能耗及排放不达标的项目。各城市应提高淘汰落后产能标准，通过提高能源消耗、污染物排放标准，淘汰一批落后产能。分类妥善处理在建违规项目。

第三，引导企业主动退出，推进企业兼并重组。多兼并重组，少破产清算，通过参股、控股、资产收购等多种方式，推进效益尚可的企业兼并重组落后产能企业，组建有利于规模化生产的企业集团。分行业制修订并严格执行强制性能耗限额标准，对超过强制性能耗限额标准和环保不达标的企业，可通过差别电价和惩罚性电价、水价等差别价格政策实施约束。对具有竞争力的过剩产能集中企业，重点是推动结构调整，升级技术与产品结构，退出部分中低端产能。

## 专栏 9-1　落后产能的基本标准

煤电行业：小火电机组；不具备安全生产条件、不符合产业政策、浪费资源、污染环境的小煤矿；炭化室高度 4.3 米以下的小机焦（3.2 米及以上捣固焦炉除外）。

冶金行业：6300 千伏安以下的铁合金、电石矿热炉；400 立方米及以下炼铁高炉，30 吨及以下炼钢转炉、电炉；100 千安及以下电解铝小预焙槽，密闭鼓风炉、电炉、反射炉炼铜工艺及设备，采用烧结锅、烧结盘、简易高炉等落后方式炼铅工艺及设备，未配套建设制酸及尾气吸收系统的烧结机炼铅工艺，采用马弗炉、马槽炉、横罐、小竖罐等进行焙烧、采用简易冷凝设施进行收尘等落后方式炼锌或生产氧化锌制品的生产工艺及设备。

建材行业：窑径 3.0 米以下水泥机械化立窑生产线、窑径 2.5 米以下水泥干法中空窑、水泥湿法窑生产线、直径 3.0 米以下的水泥磨机及水泥土（蛋）窑、普通立窑等落后水泥产能；淘汰平拉工艺平板玻璃生产线(含格法)等落后平板玻璃产能。

轻工业：年产 3.4 万吨以下草浆生产装置、年产 1.7 万吨以下化学制浆生产线，以废纸为原料、年产 1 万吨以下的造纸生产线；落后酒精生产工艺及年产 3 万吨以下的酒精生产企业；年产 3 万吨以下味精生产装置；环保不达标的柠檬酸生产装置；年加工 3 万标张以下的制革生产线。

纺织行业：74 型染整生产线、使用年限超过 15 年的前处理设备、浴比大于 1：10 的间歇式染色设备，落后型号的印花机、热熔染色机、热风布铗拉幅机、定形机，高能耗、高水耗的落后生产工艺设备；淘汰 R531 型酸性老式粘胶纺丝机、年产 2 万吨以下粘胶生产线、湿法及 DMF（二甲基酰胺）溶剂法氨纶生产工艺、DMF 溶剂法腈纶生产工艺、涤纶长丝锭轴长 900 毫米以下的半自动卷绕设备、间歇法聚酯设备等落后化纤产能。

## 2. 过剩产能转移

利用"一带一路"倡议的政策优势，各老工业城市建立健全贸易投资平台和"走出去"投融资综合服务平台，发挥钢铁、水泥、电解铝、平板玻璃等产业的技术、装备、规模优势，加强与周边国家及新兴市场国家投资合作，鼓励过剩产能企业实施境外投资和产业重组，建设境外生产基地，优化制造产地分布，转移过剩产能。

## 3. 分业施策

对产能严重过剩行业，要根据行业特点，开展有选择、有侧重、有针对性的化解工作。钢铁行业要聚焦河北、江苏、山西、江西等地区的老工业城市，整合分散钢铁产能，推动城市钢厂搬迁，提高热轧带肋钢筋、电工用钢、船舶用钢等钢材产品标准。水泥行业要取消强度等级为 32.5 的复合水泥产品标准，强化氮氧化物等污染物排放和能源、资源单耗指标约束，对整改不达标的生产线依法予以淘汰。电解铝行业要淘汰 16 万安培以下预焙槽、吨铝液电解交流电耗大于 13 700 千瓦时的产能。平板玻璃行业以河北、江苏等老工业城市为重点，采用低辐射中空玻璃，提高优质浮法玻璃原片比例。

### 4. 僵尸企业

僵尸企业是已停产、半停产、连年亏损、资不抵债，主要靠政府补贴和银行续贷维持经营的企业。僵尸企业资产变现困难，难以足额支付改革成本；历史欠账较多，债务负担比较沉重，资金缺口较大；历史遗留问题比较多，清算注销过程繁杂，职工安置不易；经济效益较差，占用大量的土地、资本、能源、劳动力等优质资源，资源配置效率低。

如何处理僵尸企业是许多国家经济发展的难点。要坚持精准识别，根据企业特点和问题性质精准分类，分类推进处置工作。第一，推进僵尸企业识别与数据库建立，摸清僵尸企业家底，建立台账、建档入库，列明企业的资产负债、拖欠税费、涉诉、职工安置人数及费用、产权瑕疵及风险等情况。第二，坚持分类处置、因企施策。在钢铁、煤炭等行业选择一批长期停产、连年亏损但仍然耗费财政、金融、土地等资源的僵尸企业退出市场，对仍存有价值资产的关停企业实施兼并重组，以产权转让、资产置换等多种方式盘活有效资产；对资不抵债、没有任何有价值资产的关停企业，实施关闭破产。对有品牌、有市场但规模小、负担重的企业，通过增资减债、同类同质企业兼并重组、产权多元化改革等方式，增强企业竞争力。支持具有一定经营规模、品牌价值和市场前景但因多种原因暂时陷入困难的企业，实施产权制度改革，推动技术创新、业态创新、培育新业务、开拓新市场。第三，停止政府政策性输血，停止各种财政补贴和税收优惠，对关停企业和以破产清算方式退出的企业，各金融机构应停止新增授信和续贷。第四，对"三无"企业或"空壳企业"，实施政策性破产，推动债务豁免、资产处置和职工安置。

## 二、资源开采与精深加工

矿产资源与能源开采是许多老工业城市的主导产业，包括煤炭、铁矿石、石油、天然气等，并在此基础上形成了矿产资源加工及能源、冶金、建材等产业链。老工业城市与资源型城市的关系见表9-1。按照开采方式科学化、资源利用高效化、矿山环境生态化的要求，统筹资源开发与区域发展、生态环境相协调，优化资源开发布局，推动资源精深加工。

**表 9-1　资源型城市与老工业城市重合城市**

| 省（自治区） | 城市 | 省（自治区） | 城市 |
| --- | --- | --- | --- |
| 安徽 | 马鞍山、铜陵、淮南 | 辽宁 | 鞍山、抚顺、本溪、盘锦、阜新、葫芦岛 |
| 甘肃 | 白银、金昌 | 内蒙古 | 包头 |
| 广东 | 韶关 | 山西 | 大同、阳泉、临汾 |
| 贵州 | 六盘水、安顺 | 山东 | 淄博、东营 |
| 河北 | 唐山、邯郸、张家口、承德 | 陕西 | 咸阳、宝鸡、铜川 |

老工业城市调整改造的理论与实践

| 省（自治区） | 城市 | 省（自治区） | 城市 |
|---|---|---|---|
| 河南 | 洛阳、濮阳、平顶山、焦作、南阳 | 四川 | 攀枝花、自贡、泸州、广元 |
| 黑龙江 | 大庆、牡丹江、鹤岗、鸡西、双鸭山 | 新疆 | 克拉玛依 |
| 湖北 | 黄石 | 江苏 | 徐州 |
| 湖南 | 衡阳、娄底 | 江西 | 赣州 |
| 吉林 | 吉林、辽源、通化 | | |
| 合计 | 50 个 | | |

## 1. 资源勘查

进一步组织矿产资源勘察和详查，确定资源存量。重点围绕资源富集地区，采用先进技术提高资源勘查精度，争取发现新的矿产地。开展矿产资源潜力评价、储量利用调查和矿业权核查，新建一批石油、天然气、煤炭、铜、铁等重要矿产勘察开发基地，形成一批重要的矿产资源战略接续区。对矿产资源濒临枯竭的地区，开展深部勘察和外围找矿，扩大资源存量。

## 2. 资源开采

统筹重要资源开发与保护。提高重要资源生产能力，加强石油、天然气、铀、铁、铜、铝等资源开采力度。加强重要优势资源储备与保护，选择部分资源富集地区，建设石油（唐山、克拉玛依）、特殊煤种和稀缺煤种、铜（金昌、德兴）、铬、锰、钨、稀土（包头、韶关）等重点矿种矿产地储备体系。合理调控稀土、钨、锑等优势矿种开采总量，强化森工城市重点林区森林管护与保护。

优化资源开采布局。合理集中生产，实施矿井大型化建设，壮大一批矿区，促进大中型矿产地整装开发，实现资源规模开发。围绕煤炭、铁矿石、有色金属等矿产资源，淘汰一批小矿井，严格限制重点生态功能区、生态脆弱区、生态退化地区的矿产资源开发。

## 3. 资源加工

推动矿矿产资源的深化利用与产业链建设。坚持"地下转地上、采掘转加工、低值转高值"，将传统资源开采向精深加工方向发展，延伸加工转化产业链，建设多种模式的循环经济产业园，实现资源优势向经济优势转变。推动石油炼化一体化、煤电化一体化发展，有序发展现代煤化工，提高钢铁、有色金属深加工水平，发展绿色节能、高附加值的新型建材，各城市合理建设资源深加工产业基地。重点加强有色金属、贵金属、稀有稀散元素矿产等共伴生矿产采选回收，提高伴生资源和低品位矿产资源的利用水平，加强"三废"资源的综合利用。

# 三、传统产业与支柱产业

## 1. 传统产业

多数老工业城市在长期的发展过程中，依托龙头企业、矿产等资源优势，形成了部分具有优势的传统产业，这些产业仍是城市经济发展的基础和主导部分。坚持技术创新与结构调整相结合，做优做强具有比较优势、市场潜力、产业关联性较强、综合效益较高的传统产业。

第一，重点行业。传统优势产业重点关注采掘、电力、钢铁、有色金属、石化、建材、造纸、纺织、化工等产业，主要是仍具有市场潜力或效率较低或提供基础原材料的传统产业。

第二，技术改造。代表工业 4.0 方向和中国制造 2025 的智能制造是工业转型升级的重要目标。顺应制造业智能化、网络化和数字化趋势，突出"智能化"理念，促进互联网、物联网、云计算、大数据等技术在生产制造、经营管理等全流程中的应用，加大新技术、新工艺、新装备应用，采用高档数控机床和工业机器人、增材制造装备、智能传感与控制装备、智能检测与装配装备、智能物流与仓储装备等关键技术装备，建设智能工厂、数字车间，实现传统产业由大变强。

第三，产品升级。基于企业主导产品，突出高端化与精致化，延长产业链，提高精深加工程度，更新换代产品，扩大规格品种，提高产品附加值，促进传统优势产业上档升级、提质增效。

第四，污染控制。突出"绿色化"，采用先进污染防治技术与节能环保系统，清洁利用能源，减少污染与碳排放，发展绿色制造。

第五，龙头企业。巩固关联度大、主业突出、创新能力强、带动性强的龙头企业，注重提高成套集成能力，支持其在省外、海外设立原料、能源供应基地、研发设计基地和营销网络，开辟新的发展空间。

## 2. 支柱产业

支柱产业主要是技术相对先进、符合国家产业发展重点领域、综合效益较高、产业关联性较强、占据城市工业优势地位的产业部门。此类产业坚持"巩固"和"壮大"理念，各老工业城市要发挥既有产业基础，巩固壮大支柱产业。

第一，重点行业。重点做大做强汽车制造、矿山、冶金等大型成套装备、工程机械、化工装备、环保及综合利用装备制造业、农产品加工业等支柱产业，发展配套产业，建设各具特色的专业化产业基地。

第二，升级改造。推动企业关键环节、生产线、车间、工厂的智能化改造，提高现代装备水平，开展离散型智能制造、流程型智能制造、网络协同制造、大规模个性化定制、远程运维服务，提高产业核心竞争力。加快技术研发，开发新产品，拉长拓宽产业链条，丰富产品类型，提高产品附加值和竞争力。

第三，产业配套。突出龙头带动，龙头企业专注核心业务，聚焦成套集成能力提升。围绕主导产业或龙头企业，推动延链补链强链，发展中小型专业化配套企业，注重专精特生产，提高专业化生产、服务和协作配套的能力，为大企业、大项目和产业链提供零部件、元器件、配套产品和配套服务，构建产业集群分工协作体系。

第四，企业群体。坚持引进与培育相结合，做大做强龙头骨干企业，做优做精配套中小企业，发展创新型企业，培育上市企业，促进向"专精特优"方向发展，打造具有较强市场竞争力的企业群体。

## 四、新兴产业与特色产业

### 1. 战略性新兴产业

战略性新兴产业是培育老工业城市新动能、获取竞争新优势的关键领域。充分发挥比较优势，采用自主创新和外部引进两条途径，培育具有潜力的新兴产业和高新技术产业，培育新的经济增长点。利用核心技术、资源和市场等优势，尤其是发挥国防工业和军工产业的技术优势，实施核心技术攻关，延伸产业链，拓展产业领域，推进新能源、新材料、节能环保、生物医药、电子信息、航空航天、高端装备、大数据等产业的发展。以此，增强各城市经济的稳定性和抵御风险的能力，这对资源型城市和产业结构单一城市具有重要意义。

### 2. 本土特色产业

许多老工业城市有着特殊的资源优势，包括生物资源、气候资源、文化资源及生态资源等。产业转型发展必须要充分利用这些特色优势发展本土特色产业，加快规模化生产和产业化发展。根据各城市的资源禀赋、环境容量及产业基础，按照"特色突出"的思路，因地制宜，选准适合自身发展的特色产业，尤其是发展根植于各地特色资源的生态农业、旅游、农产品加工、生物医药、文化创意、大数据等产业。

## 五、产业承接与产业集聚

### 1. 承接产业转移

引入域外的产业资源始终是推动老工业城市产业转型升级和产业结构多元化构建的重要途径，产业承接的重点方向是沿海地区产业和临近中心城市的外溢产业。

第一，各城市应根据资源环境承载力和主体功能区规划，面向沿海发达地区和发达国家，加快承接装备制造、高新技术等产业，提升配套服务水平，推动产业结构多元化与培养接续替代产业，培育发展新动力。

第二，各城市从实际情况出发，立足比较优势，合理确定产业承接重点，防止低水平重复建设。产业承接必须符合区域生态功能定位，严禁国家明令淘汰的落后产能和高耗能、高排放等不符合国家产业政策的项目转入。

223

第九章 老工业城市调整改造路径

第三，创新产业承接模式，探索建立合作发展、互利共赢新机制。老工业城市通过委托管理、投资合作等多种形式与沿海地区、临近中心城市合作共建产业园区。

第四，赤峰、朝阳等老工业城市应发挥国家级承接产业转移示范区的政策作用，引导劳动密集型产业集聚发展。

## 2. 产业集聚区

产业园区始终是老工业城市工业发展的主要承载体。工业转型发展既要注重既有产业园区的改造，又要注重新产业园区的培育与建设，注重同类企业集聚发展，走集群化发展之路，形成优势产业集群。

第一，壮大既有产业园区。以国家级、省级经济开发区和高新区为主，加快产业园区建设，发挥骨干企业的引领和带动作用，引导新建企业和搬迁企业向产业集聚区集中布局、集群发展，打造一批特色产业集群。

第二，规范发展产业园区。合理布局产业园区，科学确定产业定位和发展方向。符合条件的产业园区应进行扩区升级，发展条件好的产业园区拓展综合服务功能和开展城市化改造，促进工业化与城镇化相融合。根据各地特色资源，发展特色产业园区。

第三，培育新产业集聚区。建立新兴工业园区（包括高新技术园区），扶持新兴产业发展，同时与大型集团企业、高校和科研院所联合共建企业园圃。具有技术优势的老工业城市，尤其是军工企业和国防企业集中和民用化发展形势较好的城市，建设高新技术产业基地。

---

**专栏 9-2　老工业城市的国家级军民结合产业基地**

军民结合产业基地是在军工和民用科研生产资源相对集中区域内形成的、具有鲜明军民结合特色的高技术产业集聚区，是"国家新型工业化产业示范基地"的基本类型。

第一批：西安。

第二批：贵阳经济技术开发区、广元、绵阳科技城、株洲、孝感高新技术产业开发区、襄阳樊城区、包头青山区。

第三批：兰州经济技术开发区、湖南平江高新技术产业园区、昆明经济技术开发区、芜湖高新技术产业开发区、景德镇、宁波鄞州区、上海闵行区、哈尔滨经济技术开发区、邯郸经济技术开发区、北京大兴区。

第四批：汉中航空产业园、重庆璧山工业园、湘潭雨湖区、洛阳涧西区。

第五批：遵义经济技术开发区。

第六批：西安兵器工业科技产业基地。

第七批：重庆两江新区工业园区、大连登沙河产业区、长治城南工业园。

# 第二节 城市功能完善与老工业区改造

## 一、老工业城市功能

### 1. 城市功能完善

老工业城市尤其是中西部的城市，在工业化过程中坚持"先生产后生活"的理念，许多城市建设滞后，城市功能不完善。在发挥既有资源优势的基础上，努力建设功能齐全、设施先进、交通便捷、环境优美的现代化城市和区域增长极。完善城市规划编制，以规划的实施实现城市空间布局优化，强化城市功能区的划定，推动城市生产区、办公区、生活区、商业区等功能区的合理分布、适度混合。培育中心城市的区域性服务职能，完善区域性金融中心、商贸中心、交通中心、信息及通信中心、商务管理中心、科教文化中心功能，完善地方性经济中心职能，增强对周边地区的辐射与带动作用。完善现代城市综合功能，推动各类城市职能的发育与壮大，提高城市的生产生活服务功能。

### 2. 城市基础设施

按照产业化和市场化的要求，建设中心城市和各级城镇的市政设施，重点包括交通道路、供排水、能源电力、供气供热管网、邮政、通信网络、环卫、道路照明、消防、绿地景观、防洪排涝等市政设施建设，改造老旧管网，建设雨污分流排水系统，完善污水和垃圾收集处理设施，优化道路交通系统，完善通信网络与信息设施，建设智慧城市，增强城市公共服务能力。以此，提高老工业城市承载人口和产业的能力。

统筹新建产业园区和城市新区建设，完善新建产业园区和城市新区的各类配套设施的建设，尤其加强产业园区、新区与老城区的通勤组织与生活配套建设。

## 二、老工业区搬迁改造

### 1. 老工业区与城市关系

（1）城区老工业区

城区老工业区指"一五"、"二五"和"三线"建设时期形成的、工业企业较为集中的特定区域。一般位于中心城区，覆盖面积比较大，国有大中型企业集中，工业用地比例大。在城市长期的拓展发展过程中，城区老工业区成为城市的重要功能区。

20世纪60年代初，传统加工制造业逐渐向劳动力成本低廉的国家转移，导致欧美国家制造业衰落，带来许多城市的内城衰退。1977年，英国颁布了关于内城政策的城市白皮书，指出萧条旧城再生的关键在于旧城更新和城市发展，重点是重新开发衰退的老工业区和仓库码头区。进入 21 世纪，发达国家围绕老工业地区衰退、土地闲置和废弃重新开发等实施综合多目标的更新。20 世纪 80 年代以来，中国逐步进入快速城市化和新型工业化阶段，城市老工业区更新成为城市建设的关键问题。

城区老工业区应符合的条件，即位于中心城区；总面积在 5 平方千米以上，或区内原国有大中型企业 5 家以上；工业用地占老工业区面积的 30% 以上。老工业区是典型的老工业城市问题，也是各种社会问题、经济问题和城市布局问题比较集中的空间。长期以来，工业用地与其他城市用地混杂，生产区和生活区混杂交错，工业生产严重影响城市生活，城市职能单一，缺少其他优势职能。老工业区落后产能集中，基础设施老化，环境污染较为严重，安全隐患突出，棚户区改造任务重，困难群体较多。

（2）城市内部二元结构

在城市经济社会快速发展的同时，一些城市特别是大城市出现了严重的二元结构现象，这突出表现为新城区与旧城区、中心区与边缘区等，在城市内部形成明显的反差。城市内部二元结构的内涵有两种观点。一是户籍差别、制度因素和社会因素造成的收入差距加大、社会分化加剧的两大阶层：城市居民和农民工，为"狭义的城市内部二元结构"。二是除农民工外，还包括企业改制后的下岗职工、从事中低端行业的居住在城市棚户区和城中村的低收入居民，为"广义的城市内部二元结构"。李克强在《在改革开放进程中深入实施扩大内需战略》提出"城镇内部二元结构现象既包括城镇居民与进城农民工及其家属之间在生产生活条件上形成的差异，也包括城镇历史遗留的棚户区困难群众与大多数市民之间在居住条件上的差异"。

本书主要强调空间内涵的城市内部二元结构，主要指城市内部国有企业老旧社区、职工宿舍区、职工住宅区、企业棚户区与周边地区所形成的二元结构。改革开放以来，大量国有企业关停，大量职工下岗，并居住在原国有企业生活区的狭小住房，形成城市低洼地带和贫困人群。老工业城市内部二元结构对城市管理带来严峻的挑战，滋生了大量的社会经济问题甚至引起了社会冲突，并导致城市贫困代际化传递。

（3）老工业区与城市关系

老工业区的复杂性决定了其调整改造必须处理好几种关系。第一，各产业部门之间的关系。在淘汰、改造传统工业的同时，培育发展城市型接续替代产业，推进产业多元发展和优化升级。第二，企业和城市的关系，拓展两者的合作范围，创新合作模式，提高合作水平，实现矿企与地方资源共享、优势互补，构建地企一体化发展的新格局。第三，国有企业与地方政府的关系。

城市功能结构与城市形态间存在着某种适应性关系。随着城市的不断拓展，原本与城区保持一定距离的老工业区，和城市之间形成了新的关系。

1）从城市"郊区"到城市"市区"。在老企业发展初期，选址距城区较远，为当时城市的郊区。城市从原有市区持续向外扩张，老企业与居住区的距离不断缩短，老工业区从城市郊区发展为城区。这是老工业区与城市功能发生冲突的根本原因。

2）传统的发展路径发生改变。任何空间的发展都会形成自己的空间路径，传统老工业区严重依赖于工业哺育工业的发展路径。当前城市发展的既有事实和未来情景，要求老工业区改变传统路径，从单一的工业发展路径向多元化的发展路径转变，从传统工业生产和组织向都市功能的社会组织和经济组织转变，促使空间要素从传统工业企业向高端层次的金融、文化、教育、行政和商贸等要素转变。

3）成为中心城区中长期拓展的主要载体。城区持续扩张，在更大范围内构建城市空间，老工业区已成为城区的重要部分。这需要老工业区改变传统的工业功能，加强城市综合功能的发展，尤其是完善高层次的城市功能和建设优美的人居环境。老工业区成为提升城市品质的重要依托，从产业功能区向商贸金融服务区和优美居住区转变，促使城市地位和城市品质乃至城市性质迅速变化。

（4）老工业区改造模式

受历史、区位、土地使用状况、基础设施条件、生活环境、产业发展前景等因素影响，各老工业区面临不同的调整改造模式，大致形成了如下五种模式。

1）产业更新模式。从城市经济结构出发，以信息、高科技、商业金融、服务业、社区等为主导进行产业结构调整，加快地块的功能转型，促进区域的复兴。此模式适用于区位条件较好甚至位居城市中心的老工业区，重点是关闭或搬迁老旧企业，实施"退二进三"，发展附加值更高的第三产业。典型案例是英国内城企业区改造，沈阳重工街打造形成了生产性服务业集聚区。

2）产业升级模式。典型是德国鲁尔工业区。该模式保留老旧工业企业，但采用新技术改造老旧企业，推动传统工业现代化，并吸引其他非污染型企业入驻，培育新兴产业，因地制宜实现产业结构的多样化。此模式可维持原有工业功能或主要的用地性质，提高原有企业发展活力，降低传统工业比例，重视产业结构升级，"优二兴三"。例如，杜伊斯堡发展成为贸易中心，埃森成为休闲和服务中心。

3）环境美化模式。采用大型主题工程，将废弃的老工业地段改造成绿地、公园、广场、休闲中心等，改善中心城区的生态环境，提高城市生态环境质量，改善居民生活质量，打造为新型的城市功能区。该模式适用于不再发展工业的特大城市，如上海苏州河改造。自贡老工业区利用腾退土地扩建四川轻化工大学，新建华商国际城等现代商贸综合体，发展彩灯文化创意、电商和众创基地。

4）遗产保护模式。以历史保护为主导思想，强调历史工业文化景观的保护，将开发项目与历史保护相结合，通过保护厂区建筑的外观和外部环境来保存地段的历史风貌。该模式适用于有历史文化保护要求或具有历史风貌、历史文化沉淀的厂区。洛阳涧西区对老厂区、老厂房、老设施进行"三老"改造，建成了东方红工业游、苏援文化体验中心、天堂明堂、国学剧场等，走出了一条工业文化遗产保护与开发并重、修旧如旧与文化旅游共进的循环发展道路。

5）城市综合体模式。基于市场机制，通过大型地产开发商与商贸企业，实施城市综合体开发和建设模式，实行以企业为主导的市场开发，构建城市综合功能，包括生活居住、商贸购物、休闲娱乐、金融保险、文化创意、旅游会展等职能，发展商务经济与总部经济，以全新的城市功能替换功能性衰退的工业空间，建设为城市精致精美的新地标。吉林哈达湾老工业区围绕腾空区域已引入大连万达等大型城市土地开发商。

　　社区改造模式。主要以城市社区的模式推动老工业区改造，重点形成老旧社区、城市棚户区、国有企业职工住宿区、城中村等改造类型。

## 2. 搬迁改造总体路径

### （1）实施路径

　　按照现代城市理念，将新型城镇化与新型工业化相结合，实施城市更新改造和工业企业再造并行推进，以产业重构、城市功能完善、生态环境修复和民生改善为着力点，推动城区老工业区搬迁改造。

　　路径 I：重新开发城市土地。以高效利用为目标，探索工业用地再开发机制，妥善处理土地置换价差资金，腾退土地重点发展高新技术产业和第三产业，提升产业层次，促进传统工业区向现代化新城区转变。

　　路径 II：产业多元化。以"商贸进城区"为主题，改造利用老厂区老厂房老设施，发展现代服务业，包括设计咨询、科技、金融、电子商务、文化创意、旅游、会展等产业，发展商贸、健康、家庭、养老服务等生活性服务业。发挥城区老工业区的产业配套、科技人才及技术研发等优势发展战略性新兴产业和先进制造业。支持老工业区企业及原属城区老工业区的搬迁企业建设研发机构，原地建设研发、设计、检测等公共服务平台设施。

　　路径 III：完善基础设施。提升老工业区的服务设施水平，改造和建设路网、供排水、电力电讯、绿地景观、供气、供热、环卫、消防、防洪除涝等基础设施，提升综合承载力。

　　路径 IV：完善公共服务。建设教育、卫生、文化、体育等公共服务设施，优化教育、图书馆、博物馆、体育馆、医疗卫生机构等公共服务设施布局，提高公共服务能力。

　　路径 V：修复治理生态环境。推进环境整治和生态系统修复，包括污染土地治理、水体污染治理、生态系统修复、河湖连通、绿地公园建设。

　　路径 VI：保护工业遗产。核查认定工业遗产，合理开发利用工业遗产资源，建设科普基地、爱国主义教育基地等。

（2）实施步骤

具体形成如下步骤。

步骤Ⅰ：结合中心城市中长期发展规划和情景，对老工业区进行评估，并根据相邻片区的功能和发展模式，选择拟发展的产业类型，确定老工业区的城市功能属性。

步骤Ⅱ：推动老工业企业整体搬迁，并根据连片集中改造的理念，对周边相关的企业或机关单位进行整体搬迁，结合企业职工居住区改造、棚户区改造和城中村改造，对老工业区用地进行整体开发。

步骤Ⅲ：发挥市场机制，引进大型投资企业或集团，采用城市综合体或大型主题公园等模式，进行商贸地产开发和土地居住开发。

步骤Ⅳ：进行基础设施和公共服务设施配置，治理生态环境，发展高层次产业，建设城市景观系统，形成新的城市功能区。

（3）国家行动

随着城区老工业区问题的积累与突出，中国政府开始关注其改造与可持续发展，并出台系列政策。2013年3月，国务院公布了《全国老工业基地调整改造规划（2013-2022年）》（发改东北〔2013〕543号），首次提出城区老工业区搬迁改造。2014年3月，国务院颁布了《国务院办公厅关于推进城区老工业区搬迁改造的指导意见》（国办发〔2014〕9号），要求有序推进城区老工业区搬迁改造工作，围绕老厂区老厂房老设施，以城区老工业区产业重构、城市功能完善、生态环境修复和民生改善为着力点，加强工业遗产保护与老旧小区改造，统筹推进企业搬迁改造和新产业培育发展。随后，国家发展和改革委员会迅速启动了老工业区搬迁改造的试点工作，出台了《国家发展改革委关于做好城区老工业区搬迁改造试点工作的通知》（发改东北〔2014〕551号），公布了全国21个城区老工业区搬迁改造试点名单，开展搬迁改造试点工作。

截至目前，中国有100个城区老工业区编制了搬迁改造实施方案，国家发展和改革委员会已对86个城区老工业区搬迁改造给予资金支持。中国城区老工业区搬迁改造试点情况见表9-2。

表9-2 中国城区老工业区搬迁改造试点一览表

| 名称 | 面积（平方千米） | 发展定位 |
|---|---|---|
| 石景山首钢老工业区 | 9.0 | 形成以生产性服务业、高技术产业为主体，以文化创意产业为特色，以生活性服务业为引导的格局；首都功能拓展的重要承载区，带动北京西部转型发展，辐射西南地区跨越升级 |
| 张家口宣化老工业区 | 9.8 | 建设综合商住、生态宜居新城区和以清洁生产为特色的工业基地 |
| 太原和平老工业区 | 12.7 | 建设为以先进装备制造业、科技创新产业、服务业为主的高端产业集聚区，打造宜居、宜业、宜商的新城区，塑造为带动太原西部城区发展的新引擎 |
| 包头巴彦塔拉老工业区 | 16.0 | 中心城区片区：建设以现代商贸、旅游、文化创意、生态居住等为主的现代服务业集聚区<br>东部片区：建设为循环经济产业基地 |
| 大连瓦房店老工业区 | 22.1 | 建设具有竞争力的先进轴承研发制造基地、功能完善的生态宜居城区 |

| 名称 | 面积（平方千米） | 发展定位 |
|---|---|---|
| 铁岭铁西老工业区 | 9.0 | 建设以商贸、文化创意产业、养老和教育培训为特色的服务业集聚区 |
| 吉林哈达湾老工业区 | 8.8 | 发展商贸、旅游、文化创意、生态居住等现代服务业，建设为城市金融、商贸副中心和北部工业新区配套服务区 |
| 哈尔滨香坊老工业区 | 7.5 | 转型发展高端制造业和现代服务业，治理修复生态环境，建设宜居宜业新城区 |
| 徐州鼓楼老工业区 | 14.7 | 建设现代商贸先导区、文化旅游新兴区、乐居宜业生态区，淮海经济区现代物流集聚区 |
| 合肥瑶海老工业区 | 13.3 | 建设全国具有重要影响力的物联网产业基地、合肥电子信息产业基地的重要部分 |
| 南昌洪都老工业区 | 18.5 | 建设以商贸、旅游、文化创意、生态居住为主的现代服务业集聚区 |
| 济南东部老工业区 | 23.0 | 建设为宜居、宜业、宜商的新城区，以现代服务业、先进制造业为主导的高端产业集聚区，带动济南东部新区和滨河新区发展的新引擎 |
| 洛阳涧西老工业区 | 21.5 | 建设为高端装备制造、金融、商贸服务中心和工业文化遗产保护示范区、生态宜居区 |
| 株洲清水塘老工业区 | 15.2 | 发展现代装备制造业、生产性服务业，建设生态工业新城，成为产业高地、物流枢纽、商业中心 |
| 自贡鸿鹤坝老工业区 | 5.8 | 建设为功能设施完善、产业优势明显、环境优美的东部新城 |
| 重庆大渡口滨江老工业区 | 20.2 | 建设集高端居住、休闲旅游为一体的生活品质体验区，以商贸、总部经济、创意休闲、信息服务、都市工业等为主的新兴产业集聚区 |
| 贵阳小河老工业区 | 9.6 | 小河片区：保护利用工业遗产，发展文化创意、电子商务产业，建设宜居生活区。<br>金竹片区：建设为服务业功能中心和生态绿色总部新城 |
| 西安棉纺织老工业区 | 11.7 | 西安灞桥片区：建设为以商贸物流、文化创意、生态旅游为主导的生态新城。<br>咸阳秦都片区：建设文化创意、商贸金融区、生态居住区 |
| 兰州七里河老工业区 | 10.2 | 金融商贸集聚区，宜居宜业新城区 |

## 3. 国有企业老旧社区

老旧社区主要是原国有大型企业的宿舍区，一般为国有土地，住房多为20世纪80年代以前的住宅楼房（多为筒子楼）或棚户区。在国有企业的改革过程中，老旧社区的物业等问题无人问津，而且失业人口集中、贫困家庭较多，许多年代过久的房屋成为棚户区和危房。这类社区要以"居民进小区"为主题，因地制宜推进微改造，围绕老旧社区，对老旧楼房和老旧企业家属区进行房屋修缮，整治环境，清理搬迁混杂在其中的生产设施，改变生产区与居住区交杂分布的格局。完善配套基础设施建设，围绕教育、卫生、文化、体育等方面，完善公共服务设施和配套设施，改善人居环境。保护历史文化，更新活化历史建筑。

## 4. 城市棚户区改造

棚户区改造是重大的民生工程和发展工程。2004年，辽宁在全国率先启动了棚户区改造，2005 年国家启动了中央下放东北三省煤矿棚户区的改造工作，2008 年年底起，国务院将各类棚户区改造纳入城镇保障性安居工程。2013 年 6 月，李克强总理主持召开国务院常务会议，研究部署加快棚户区改造。7 月，国务院印发了《国务院关于加快棚户区改造工作的意见》，以改善群众住房条件作为出发点和落脚点，推进各类棚户区改造，重点推进资源枯竭城市及独立工矿棚户区、"三线"企业集中地区的棚户区改造。

棚户区改造应以人为本，重视居民的居住条件改善，尤其关注集中连片棚户区。根据具体情况可分别选择拆除新建、改建（扩建、翻建）等多种模式。对居住环境较差、存在公共安全隐患、基础设施不配套的棚户区实施整体拆除，建成公共配套完善、环境优美的城市社区；规模较小的区片，原住户迁往外区安置，改造完毕后回迁；规模较大的区片，将整片棚户区按地块进行划分，逐步改造并安置回迁；对不利于统筹规划和土地利用的棚户区地块和不具备市场开发价值的片区，统筹考虑规划路网并对周边地块进行适当整合后开发改造。结合棚户区改造，建设保障性安居工程。重视学校、医院等公共服务设施和商业服务业的配套布局建设。

## 5. 城中村改造

老工业城市尚处于从传统生产城市向综合功能性城市的转变过程中，形成了城中村和老旧社区并存的现象，迫切需要共同推进老旧社区和城中村的齐步改造。"城中村"是农村村落在城市化进程中，由于耕地被征用，农民转为居民后仍在原村落居住而演变成的居住区。城中村属于城市中的农村，其土地性质属于集体土地，住房多为自建房。城中村改造需要解决失地农民或城中村居民的住房安置、社会保障落实、户口转化等问题。

"城中村"包括三种类型，其改造也是分不同时间阶段进行，详见表 9-3。

表 9-3　"城中村"类型详解

| 城中村 | 第一种 | 第二种 | 第三种 |
|---|---|---|---|
| 范围 | 城市建成区 | 城市规划区 | 城市规划区范围内的其他自然村 |
| 户籍和土地所有方 | 无农村户口和集体用地 | 全部或部分转为城镇户口，土地被全部或部分征用 | — |
| 区域 | 撤销乡村行政建制、实施街道办居委会城镇管理的区域 | 已被建成区包围或半包围的自然村 | — |
| 规划 | 优先安排改造 | 稳步实施改造 | 结合实际情况，有序实施改造 |

根据城市发展的情况、财力、城中村状况和原村民的意愿，坚持"一村一议"和"统一建设、成片改造"，采用政府主导、经济主导的企业化、半市场化的社区改造和市场化的房地产开发等各类方式，开展城中村改造，改善人居环境，提高土地集约利用水平。保障征地农民及被征住户在拆迁过程中的生产生活问题，推进安置基地建设，兑现对被征户的承诺，实现被拆迁户和失地农民人人有房住。结合城中村改造，解决

第九章　老工业城市调整改造路径

居民的社会保障问题，建设社区居委会等基层管理机构和公共服务设施。

## 6. 企业搬迁与技术改造

根据企业污染排放水平（包括废水、废气、有味气体、噪声等）、企业效益、生产区与生活区关系等方面，对老旧企业进行分类识别。根据研究结果，确定老旧企业的不同改造模式：企业破产关闭、企业异地搬迁与企业就地改造。

（1）企业破产关闭

老工业区集中了大量的僵尸型国有企业或集体企业。这些企业规模较大、员工较多、资不抵债、历史遗留问题较多，其调整改造要关闭这些企业。对环境污染严重、安全隐患突出，难以通过就地改造达到安全、环境保护要求的企业要关停，对长期停产、半停产、连年亏损、资不抵债的僵尸企业进行清理破产。对土地进行收储，进入城市再开发过程。2013年以来，株洲清水塘老工业区已关停污染企业94家，2018年所有企业全面关停。

（2）企业异地搬迁

对污染物排放较大、对城市生活影响较大、企业占地较小的老旧企业异地搬迁，实施"退二进三""退市进园"。第一，引导老企业或新建企业向城市边缘地带搬迁，打造特色产业集群；腾退土地重新进入再开发与城市建设过程。第二，在企业搬迁过程中，结合行业规划和产业政策，企业同步推进体制改革、技术改造、结构调整，促进产品提档升级。第三，搬迁企业集中进入产业承接区，重点集中在经济技术开发区、高新技术产业园区。第四，冶金、化工、造纸、危险品生产和储运等环境风险较大的搬迁企业，需迁入依法设立、环境保护设施齐全并经规划环境影响评价的产业园区。白银与中国铝业集团有限公司、白银有色集团股份有限公司签订了《华鹭铝业有限公司出城入园合作协议书》，实施华鹭铝业出城入园，对白银棉纺厂、针布厂、针织厂整体搬迁至白银高新区，白银有色长通电线电缆有限责任公司搬迁进入银东工业园区。洛阳涧西区完成了洛玻集团、白马集团、洛阳单晶硅厂等企业整体搬迁，自贡完成了华西能源工业股份有限公司、大西洋焊接材料公司等40余家企业的搬迁改造。邵阳小江湖工业区已完成21家企业退城入园，吉林哈达湾搬迁完毕中小企业12家。

（3）企业就地改造

部分企业占地面积、企业职工体量过大但区位仍位居城市近郊区或对城市负面影响较小的老旧企业，可实施就地改造，围绕"技术、设备、产品、排放"四个方面推动企业改造。第一，结合智能工业革命，采用技术改造，提高生产效率与效益。第二，淘汰落后产能和落后工艺设备，退出低端低效产能。第三，推动产品升级，退出低端产品。第四，治理污染，发展循环经济。白银市老工业区对22家小微企业实行就地转型。

---

**专栏 9-4   老工业区调整改造案例—临汾市尧都老工业区**

尧都老工业区占地10平方千米，人口约15万人，曾经分布有钢铁厂、造纸厂、纺织厂、制药厂等10多家传统企业，双拥社区集中了眼镜厂、电瓷厂、油泵电机厂、蓄电池厂等21家传统企业。20世纪90年代以来设备设施陈旧、产能落后、经营不善、严重污染，形成有名的"下岗职工一条街"。十八大以来，尧都区把老工业区搬迁改造列入政府工作重要日程，按照"宜居宜业新区"的定位及"产业提升、功能梳理、形象塑造、文化复兴"的功能布局，收储搬迁改造项目83个，总投资386.33亿元，原有企业搬迁改造类项目5个，总投资115.5亿元。先后关停临汾钢铁的所有高炉、炼钢炉和焦炉等设施，相关企业集中迁入尧都工业园区。新兴产业培育项目13个，投资75亿元；工业遗产保护利用项目2个，投资2.1亿元。市政基础设施改造项目34个，建设了外环快速路、主干道、次干道等城市路网，生态环境修复治理项目10个，建成涝洰河生态公园、尧都公园、东辰体育公园，城市棚户区改造项目10个，社会事业项目9个，投资10亿元建成解放路学校、职业中学、人民医院等，投资8亿多元建成体育馆、图书馆。

# 三、独立工矿区

## 1. 概念与界定

学者对独立工矿区的概念理解和使用存在一定的分歧。国土资源部关于独立工矿区的定义是"独立于居民点之外的采矿、采石、采砂（沙）场，砖瓦窑等地面生产用地及尾矿堆放地（不含盐田）"。《中华人民共和国就业促进法释义》定义为"距离城市一定距离，依靠矿产资源、开办工矿企业而发展起来的（地区）"。财政部发布的《财政部关于独立工矿区和林区职工住房整体搬迁有关财务问题的通知》认为，独立工矿区是"中华人民共和国以来，部分国有企业按照'先生产、后生活'原则建设，其生活基地和棚户区存在地处偏远、缺乏城镇依托等问题的地区"。李松青（2005）将独立工矿区定义为远离城市、职工相对集中、承担社会职能较多、下岗失业人员在当地实现再就业困难的中央、省属国有工业、矿山企业。综合来看，独立工矿区因矿产资源开发而兴起，矿产资源开采加工为主导产业，矿工及家属为居民主体，具有类似城镇的集聚效应，远离市、县中心城区，经济社会功能相对独立。中华人民共和国成立以来，许多城镇因矿设镇，承担煤、矿石、有色金属等矿产资源生产任务。

**专栏9-5　独立工矿区的认定条件**

独立工矿区的界定是一项复杂的工作，不仅要从众多的工矿区总结出一般性的特征，而且要明确界定的具体标准。综合学者的观点，独立工矿区符合以下条件。

1）设有原省属以上国有大中型矿山企业。受计划经济体制与矿产资源管理体制的影响，多数主体企业为国有大中型企业，受国家主管部门垂直领导，自成系统，其级别、地位与地方政府相当甚至更高。

2）产业结构单一。受矿产资源类型单一的影响，产业单一，主要为矿产资源采掘、洗选与粗加工业，部分矿区形成冶炼或提炼业。

3）与市、县主城区的距离较远。矿产资源因其形成条件，多赋存在人烟稀少、地广人稀的地区，促使独立工矿区远离城镇。

4）经济社会功能相对独立。由于远离城镇和当地居民，发展了相对独立的社会经济系统，包括医疗、学校、市场、邮政、通信等，形成了规模较大的企业办社会与自我服务体系。

5）矿工及家属占城镇常住人口比例在30%及以上。为了开发矿产资源，需要建设矿井及配套提炼、洗选、粗加工工厂，因此聚集了相当数量的产业工人和家属，多为城镇户籍，并形成了面积较大的生活区。

6）资源型产业增加值占当地工业增加值比例或资源型产业从业人员占当地工业从业人员比例在10%以上。

独立工矿区受矿产资源储量与开采量的关系影响，形成了开始、繁荣和衰退或新生阶段。采矿活动一旦开展，资源勘查、采掘技术工人或管理人员集中进驻，工矿区社会形成。随着矿产开采规模的扩大，工矿区社会经济稳步发展，人口机械增长较快，进入繁荣阶段。随着矿产资源的衰竭，矿业整体衰退，经济发展停滞，前期开采所带来的生态环境产生负效应。进一步发展面临两种情景，一是发展接续替代产业，获得新生；二是任由独立工矿区自生自灭。独立工矿区生命周期曲线如图9-1所示。

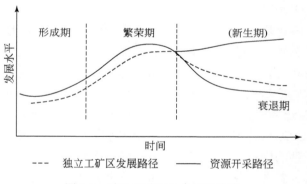

图 9-1　独立工矿区生命周期曲线

目前，中国有450多个独立工矿区。随着资源的逐步枯竭，独立工矿区面临很大的问题。据统计，中国急需实施改造搬迁的独立工矿区有130多个，分布在全国27个省（自治区、直辖市），其中有大量独立工矿区分布在老工业城市。

## 2. 改造路径

历史上，独立工矿区为保障国家能源资源供给、支持地方经济建设做出了重要贡献。但由于地处偏远、资源逐步枯竭、产业结构单一、城镇建设滞后，这些独立工矿区逐渐成为区域发展的"孤岛"，面临经济衰退、城镇功能缺失、居民生活困苦等诸多突出困难，社会矛盾突显，成为中国当前各类矛盾最为集中的地区之一。2013年，中国在东北地区率先实施独立工矿区改造搬迁工程。

老工业城市调整改造的理论与实践

独立工矿区改造要坚持因地制宜、分类改造，实施"宜改则改，宜搬则搬"，重点解决居民基本生活保障和区域接续产业发展问题。大致形成两种改造类型，具体如下所述。

1）搬迁型：对远离城镇和农村居民点、生态环境条件恶劣、不适合人类居住、矿山地质灾害严重、存在重大安全隐患、资源趋于枯竭的独立工矿区，尤其是位居深山的独立工矿与独立企业，实施居民搬迁，关闭矿区与企业，处理各类垃圾杂物，尽量恢复生态环境。

2）改造型：对适合人类居住、交通便利或资源开发仍维系较长时间的独立工矿区，坚持改造理念，结合邻近乡镇区和行政村建设，实施矿镇合一和矿村合一改造。一是加强地质勘查工作，挖掘资源潜力，增加探明储备，延长矿山服务年限。二是完善交通、供排水、能源、通信等基础设施建设，提高与城市或城镇联系的便捷性。完善公共服务设施，提高公共服务能力。有严重安全隐患的矿区要加强房屋破裂等避险安置。三是延长资源型产品深加工链，发展特色产业，构建接续替代产业，培育新的产业增长点。四是恢复生态环境，治理矿区尾矿，改善发展条件和居民生产生活条件。五是在有条件的地区，将新农村建设与关闭矿区社区改造相结合，加强留驻职工的住房改善，推进矿村结合，建设矿村社区。

# 四、工业遗产

工业遗产主要指为工业活动所造的建筑与结构、所含工艺和工具及所处城镇与景观、所有其他物质和非物质表现，包括具有历史、技术、社会、建筑或科学价值的工业文化遗迹，重点覆盖建筑、机械厂房、生产作坊、工厂矿场、加工提炼遗址、仓库货栈及交通、教育等和工业相关的生产活动场所。在后工业化时代和经济社会转型阶段，加强工业遗产的保护、管理和利用，对保持和彰显城市文化底蕴与特色具有重要意义。随着工业化、城镇化尤其是城市建设的迅速推动，工业遗产保护面临很多的问题，政府、企业和居民认识不足，遗产认定不清，保护措施不够。

工业遗产分为工业遗产和工业遗存。工业遗产指鸦片战争以来，各历史阶段工业建设所留下的具有历史学、建筑学、科技、审美价值的工业文化遗产。工业遗存指建成投产不到 50 年，但是在反映工业化发展历程、企业发展过程、厂房演变历程等方面具有代表性，保存现状基本完好，具有重要再利用价值。工业遗产又分为物质遗产和非物质遗产，前者包括与工业有关的厂房、仓库、码头、桥梁、办公建筑、附属生活设施等不可移动的物质遗存，后者包括存在于人们记忆、口传、手传和习惯中的工艺技术、流程工序及相关传统。

## 1. 保护思路

重视工业遗产的历史价值，坚持"保护为主，抢救第一，合理利用，传承发展"的理念，全面核查认定工业遗产，认定和保存有价值、有特点的工业遗产，探寻具有地方特色的多元化再利用模式，建设科普基地、爱国主义教育基地。根据资源富集程度及分布，合理确定工业遗产保护片、保护点和保护廊道。重点保护能反映城市工业化进程及重大城市发展历史的建筑物、工厂车间、老设备、店铺等。将老工业区改造与发展城市文化、游览、创意、休闲、商业及主题旅游、生态绿地等相结合，形成主题博物馆、遗址公园、创意产业园区等灵活多样的发展模式，以承载都市发展的新功能。对因搬迁、倒闭、停产、改建等只有遗址而无遗物的，可考虑设立标示牌。

### 2. 保护模式

不同的工业遗产有着不同的利用价值与利用模式。综合来看，主要有如下模式。

1）博物馆模式：利用现已废弃或停产关闭的工业遗产，改造成为博物馆的形式，通过展示曾经的工业生产流程，活化工业遗产的历史感和真实感，使游客和公众增加对工业遗产的认同感。

2）城市空间开放模式：在有保护价值、现已废弃或停产关闭的工业旧址上，建造一些诸如城市主题公园、广场等便于公众参与休闲和娱乐的场所。

3）旅游综合开发模式：把工业遗产改造为一种集旅游、娱乐、购物、休闲于一体的综合开发模式。

4）区域一体化模式：对城区范围内的工业遗产进行多目标的综合整治、景点规划与组合，制定一条区域性的工业遗产旅游路线，将工业遗产景点整合入旅游网络中。

5）城市记忆模式：一些在工业发展历史上具备一定地位的老工业企业，因搬迁、倒闭、停产、改建等，老建筑已不存在，只有遗址而无遗物的，在遗址适当位置设立标识牌，达到后人知晓、传承文化的目的。

---

#### 专栏 9-6　淄川 1954 陶瓷文化创意园

1954 陶瓷文化创意园位于淄川区昆仑镇的核心区，是由原淄博瓷厂老厂房原址新扩建而来，该企业建设于 1954 年，20 世纪 90 年代破产。该创意园总建筑面积 25 万平方米，由德国标恒建筑设计有限公司创意设计，既保留了有 60 年历史的老厂房、老设备，又融入了现代的艺术设计元素。整个创意园以陶瓷文创与琉璃红木、陶瓷科技为骨架，大师工作室、大师村、陶瓷学院、陶瓷孵化器、现代陶瓷生产工厂、陶瓷历史博物馆为血肉，各种陶瓷、琉璃制作、烧成亲身体验场所为互动，休闲吧、书吧、陶瓷特色酒吧、各种特色餐饮为文化生活基础。1954 陶瓷文化创意园历经 5 年改建完工。这促使高端的设计与旧厂房有机结合起来，修旧如故，新旧升级，成为中国第一个保护陶瓷工业遗产的文化创意园，老工业厂区焕发出新活力。淄川区昆仑陶瓷小镇也成为国家住房和城乡建设部公布的首批中国特色小镇。

---

## 第三节　资源能源利用与环境污染治理

老工业城市由于资源禀赋的特征，从计划经济时期开始就形成了以重工业为主体的产业格局，尤其是部分城市本身就是资源型城市。改革开放以来，老工业城市虽然取得了较快的经济增长，但仍普遍存在资源高消耗、环境污染、生态破坏等资源环境问题。未来，老工业城市需把生态文明建设放在更加突出的位置，加大技术投入，坚持资源的集约高效利用，建设循环经济模式和节能减排，保护生态环境，加强环境污染治理，形成节约能源资源、保护生态环境的产业结构和增长方式。

# 一、能源利用调整

## 1. 能源利用

高耗能产业是多数老工业城市的主导产业，如何降低能源消耗、提高能源利用水平是老工业城市调整改造的重要方向。一是推进电力、钢铁、有色金属、化工和建材等重点行业和重点用能企业节能改造，开展燃煤工业锅炉节能减排行动。二是有序淘汰落后工艺设备，鼓励企业采用国省节能减排重点技术目录中成型的先进适用技术、使用新型能源等进行节能改造，提高工业能效。三是降低劣质煤炭的消费比例，提高煤炭洗选比例，逐年减少煤炭使用量，在部分污染严重的城市实施煤炭消费总量控制。四是改善能源利用结构，大力发展新型能源，在各老工业城市建设长输管道、储气库、城市管网、压缩天然气/液化天然气场站建设，推广应用天然气、风电、太阳能、生物质、地源热等清洁能源与可再生能源。

## 2. 资源节约

由于技术水平低、企业设备设施落后等，老工业城市存在资源消耗过高、资源浪费利用的问题。这需要推进资源利用方式从粗放型向集约型转变，降低重大资源的消耗水平，提高精深加工水平和附加值。实行最严格水资源管理制度，合理安排工业用水，重点推进冶金、化工、电力、建材等高耗水行业节水技术改造，引导企业使用再生水。强化高耗水行业的节水管理，实施阶梯式水价。推进土地节约集约利用，管控用地规模和土地用途，盘活闲置土地。对从事矿产资源开发与加工利用的城市，提高煤炭、铁矿石、有色金属与贵金属等各类矿产资源的开采回采率、选矿回收率，加强开采过程中共伴生资源和尾矿、碎石、低品位矿的综合利用，因地制宜发展以煤矸石、粉煤灰、脱硫石膏为原料的新型建材工业。

## 3. 循环经济

老工业城市有着地域综合体的空间组织特征，具备发展循环经济的基础条件。围绕工业生产环节，按照"减量化、再利用、资源化"原则，推进循环型企业、产业链与产业园区建设，构建低碳循环利用体系。探索循环经济模式，形成前后延伸、闭合循环的生态产业链，加快煤矸石、粉煤灰、脱硫石膏、炉渣、冶炼废渣、尾矿等工业废弃物的循环利用，将再生水、矿井水纳入区域水资源统一配置。围绕冶金、煤化工、火电、建材等重点行业，延长循环产业链条，对产业"存量"实施循环化"改造"，对"增量"进行循环化"构建"。推动各类经济技术开发区、高新技术开发区及工业园区的循环化和生态化改造，建设循环化产业园区。推进固体废物资源化利用，加强煤矸石、尾矿、污水处理厂污泥的回收和综合开发利用，发展矿山循环经济。

# 二、绿色矿山建设

## 1. 矿区整治

许多老工业城市为资源开采基地，包括煤炭、石油、铁矿石、有色金属等矿产资源，存在大量的矿区与工矿废弃地，积累了大量的生态问题与地质灾害问题。以采煤沉陷区为主，兼顾采油、采矿等沉陷区，加强沉陷区的治理，推动土地复垦，优先恢复为耕地资源，推动居民搬迁。坚持"历史旧账"和"新增清单"并重，开展采矿、露天矿坑、采空区等重大矿山地质环境治理，推进废弃土地复垦和生态恢复。加固治理尾矿库，做好露天采矿场闭坑后的生态治理，推动排土场土地复垦和固坡覆土绿化，推动废旧矿区的土地污染治理。加强植被和破坏景观的恢复，改善矿区及周边生态环境。按照复垦耕地优先、宜林则林、宜牧则牧、宜渔则渔的原则，确定复垦土地用途。

针对采煤塌陷地的类型，提出四种综合治理模式。

1）农业模式治理：对塌陷程度较小、地面无常年积水或常年积水很少的情况，可采用该模式。重点是削高填洼，配套建设水利设施，复垦土地优先用于农业，恢复农业种植。

2）农业+渔业模式：对高潜水位矿区，地面出现常年积水，治理后也形成一定范围的水面，要挖深填浅，造鱼塘、整台田，上耕下渔，因此"农业+渔业"模式是重要的选择。

3）农业+渔业+养殖业模式：该模式是在上述模式的基础上扩展，根据常年积水深度，发展不同层次的养殖。浅水区域（<4米）发展渔业，深水部分（>4米）发展养殖业，利用不同深度水面的优势，发展如鱼鸭鹅混养、禽蛋加工等养殖业，或利用种植优势发展家畜养殖。

4）旅游模式：对塌陷地进行合理规划，按照塌陷地的特点设置旅游景点，发展小生态系统，改善生态环境，带来生态效益的同时，形成良好的社会经济效益。

---

### 专栏 9-7　国内外沉陷区综合治理案例

徐州贾汪区潘安湖湿地。贾汪区有130年的煤炭开采历史，塌陷面积达13.2万亩，潘安湖湿地原是权台矿和旗山矿的沉陷区。2010年，潘安湖沉陷区实施改造，坚持"农田整理、采煤塌陷地复垦、生态环境修复、湿地景观开发"，恢复土地生态功能，建成10平方千米（包括水面7000亩、湿地2000亩）的水利风景区。目前成为4A景区、国家湿地公园、国家水利风景区、国家生态旅游与湿地旅游示范基地，乡村旅游与生态休闲农业快速发展，建设了20平方千米的科教创新区。

黄石国家矿山公园。位于黄石市铁山区境内，"矿冶大峡谷"为核心景观，东

---

西长 2200 米、南北宽 550 米、最大落差 444 米、坑口面积达 108 万平方米,被誉为"亚洲第一天坑"。公园占地 23.2 平方千米,分设大冶铁矿主园区和铜录山古矿遗址区,2013 年入选《中国世界文化遗产预备名单》,内设地质环境展示区、采矿工业博览区、环境恢复改造区,以世界第一高陡边坡、亚洲最大硬岩复垦林为核心,划分日出东方、矿冶峡谷、矿业博览、井下探幽、天坑飞索、石海绿洲、灵山古刹、雉山烟雨、九龙洞天、激情滑草十大景观。

加拿大布查德花园。布查德花园原是水泥厂的石灰石矿坑。以休闲空间进行矿山生态修复与旅游开发,把矿场纳入家居庭院美化中,将奇花异木融合起来,利用地势起伏构建景观层次,创造出低洼花园。花园占地超过 55 英亩,1904 年初步建成,由下沉花园、玫瑰园、日本园、意大利园和地中海园等园区构成。

罗马尼亚盐矿主题公园。1075～1932 年,萨利那-图尔达盐矿持续不断出产盐,1992 年被改建成包含有博物馆、运动设施和游乐场的主题公园,用主题文化演绎生态修复及旅游开发。将旧矿设施与现代游乐园设施、科幻建筑创意结合,保留洞窟及钟乳石构成园区背景,盐矿运输通道作为游客体验通道,盐湖形成划船游乐场地,水疗中心、盐矿疗养处供特殊疾病患者进行康疗养体。

### 2. 绿色矿山

由于许多老工业城市是典型的资源型城市,能源与矿产资源的开采与洗选业是其重要的主导产业类型,这促使许多城市形成了大量的矿区与矿山。老工业城市调整改造的首要任务是构建矿山生态环境保护与恢复治理的长效机制,建立矿山环境治理责任制,形成矿山闭坑保证金制度。坚持"在开发中保护、在保护中开发",矿山按照保护优先、自然恢复为主、工程修复为辅的原则,边开发边治理,加大矿山植被恢复,综合治理地质环境。关、停、并、转一系列规模小、污染重、经营粗放、污染治理不力的矿山企业。开展病危险尾矿库和"头顶库"专项整治。

## 三、环境污染治理

### 1. 大气污染治理

大量高耗能产业的发展决定了大气污染成为老工业城市的普遍现象,需要从工业废气、城市排放、生活燃煤等角度,加强大气污染治理。严格控制两高行业新增产能,提高清洁能源比例,开展以热定产、热电联产及集中供热,推进火电、钢铁、有色金属、水泥、石油化工、煤化工、石墨等行业设备的脱硫脱硝改造和除尘改造。加强以城市为重点的大气污染综合整治,执行新大气污染物排放标准,实施可吸入颗粒物($PM_{10}$)、细颗粒物($PM_{2.5}$)协同治理,强化对二氧化硫、氮氧化物、烟粉尘和挥发性有机物排放总量控制,对化工、发酵、医药等恶臭气体污染严重企业实施"退城进园"。严控臭氧污染,重点加强石化、有机化工、表面涂装、包装印刷、医药、生物发酵、塑料制品等行业 VOCs（挥发性有机物）综合整治。集中整治生活燃煤污染，改造和淘汰燃煤锅炉，推进区域一体高效集中供热。强化经济技术开发区、高新技术产业开发区、出口加工区等各类工业园区的污染集中治理设施建设，采取集中供热。

---

### 专栏9-8　重点行业的环境治理指引

造纸行业：完成纸浆无元素氯漂白改造或采取其他低污染制浆技术，完善中段水生化处理工艺，增加深度治理工艺，完善中控系统建设。

印染行业：实施低排水染整工艺改造及废水综合利用，强化清污分流、分质处理、分质回用，完善中段水生化处理工艺，增加强氧化、膜处理等深度治理工艺。制革行业实施铬减量化和封闭循环利用技术改造。

氮肥行业：开展工艺冷凝液水解解析技术改造，实施含氰、含氨废水综合治理。

煤化工行业：选用空调、闭式循环等节水技术。深度处理废水，推动含盐废水进行分盐处理。对设备动静密封点、有机液体储存和装卸、污水收集暂存和处理系统等环节采取控制措施。设置事故水池，对事故废水进行有效收集和妥善处理。

火电行业：现役机组采用成熟环保改造技术，除尘可采用低温静电除尘器、电袋除尘器等装置，鼓励加装湿式静电除尘装置；实施脱硫装置增容改造，采用单塔双循环、双塔双循环等更高效率脱硫设施；脱硝可采用低氮燃烧、选择性催化还原法等技术，30万千瓦以上机组实现超低排放。

钢铁行业：完成干熄焦技术改造，不同类型的废水分别进行预处理。未纳入淘汰计划的烧结机和球团生产设备实施全烟气脱硫，不得设置脱硫设施烟气旁路；烧结机头、机尾、高炉出铁场、转炉烟气除尘等设施实施升级改造。

建材行业：水泥窑实施烟气脱硝，水泥窑及窑磨一体机进行高效除尘改造；平板玻璃行业推进煤改气、煤改电，未使用清洁能源的浮法玻璃生产线实施烟气脱硫；建筑卫生陶瓷行业的喷雾干燥塔、陶瓷窑炉安装脱硫脱硝设施。

石化行业：实施催化剂再生烟气治理，焦炉煤气硫化氢脱除率达99%以上，直接燃烧的应安装脱硫设施。

有色金属行业：收集富余烟气，二氧化硫含量大于3.5%的烟气，采取两转两吸制酸等方式进行回收，规范冶炼企业废气排放口设施，取消脱硫设施旁路。电解铝业采用烟气量节能减排与污染物深度控制技术。

---

## 2. 水污染治理

老工业城市的主导产业类型决定了污水排放的普遍性，水环境污染成为重要的污染类型。各城市必须狠抓工业水污染防治，采取进入门槛、过程控制、深度治理等措施，加强重点行业、重点城市和重点流域水污染治理。第一，依法取缔"十小"企业，加强生物制药、石化、农畜产品加工、冶金、电力、焦化、采掘、氮肥、印染、制革、农药、饮料制造、电镀等行业水污染深度治理，实施清洁化改造和达标排放改造。第二，新建、改扩建重点工业项目，实行主要污染物排放等量或减量置换。第三，集中治理工业集聚区水污染，强化各类经济技术开发区、高新技术开发区、工业园区及工业小区等工业集聚区水污染集中治理。第四，沿用"单元治污，断面控制"的思路，推动河流、湖泊及水库的水污染治理，加大污水处理设施和配套管网的改造和续建力度，健全"河长制"责任体系。第五，在重点流域重点推广先进生产工艺，提高工业用水重复利用率。第六，各城市因地制宜采取控源截污、垃圾清理、清淤疏浚、生态修复等工程与生态修复等措施，开展黑臭水体的综合整治，修复水生态系统。

### 3. 土地污染治理

由于老工业城市的污水、有机污染物排放，土壤污染成为一种普遍存在的现象，特别是许多污染土地位居城市城区，对土地再利用和周边居民有着较大的影响，迫切需要加强污染土地治理，确定污染物类型及浓度，评估对人体健康、动植物、水环境及文化资产等可能的危害。重点包括工业污染地和城市废弃地两种类型。对存在土地污染的城市，需要开展污染土壤详查，确定风险。以工业污染土壤为重点，选择针对性的物理、化学、生物修复技术和生态工程等方法，开展污染治理与修复，优先实施有色金属、皮革制品、石油煤炭、化工医药、铅酸蓄电池、电镀等重点行业造成的土壤重金属与有机物污染治理，重点对历史遗留重金属污染土地、废弃物堆存场地、矸石山尾矿库等高风险场地开展治理，有序搬迁或依法关闭对土壤造成严重污染的企业。对城区老工业区腾退的土地进行系统化治理，方可用于城市再开发利用。实施环境风险防控，各城市因地制宜建设危险废弃物处置中心，加强重金属、危险废物、持久性有机污染物、危险化学品等领域的环境风险管理。

# 第四节　民生事业保障与社会管理转型

## 一、居民就业

### 1. 就业政策

就业始终是老工业城市调整改造的首要任务，也是稳定老工业城市发展的重要目标。实施积极的就业政策，多渠道、多方式增加就业岗位，建立健全政府投资和重大项目带动就业机制。完善促进灵活就业办法、创业扶持政策，鼓励失业、失地和新增就业人员自主创业，继续实施下岗职工再就业和"百姓创家乐"，落实小额担保贷款、税费减免、场地安排等政策。以技工院校和骨干企业为依托，重视技能人才培训，对失业人员和长期停产企业职工要开展转岗培训或技能提升培训。推动大众创业，各老工业城市通过盘活商业用房、闲置厂房等资源，建设创业孵化基地，利用自主创业税费减免、小额担保贷款等政策，建设创业孵化基地和众创空间。

## 2. 就业援助

困难家庭与破产企业职工始终是就业的核心问题，也是影响老工业城市稳定和谐的重要因素。妥善处理淘汰落后产能与职工就业的关系，认真落实和完善企业职工安置政策，避免大规模集中失业，防止群体性事件发生。各类政策奖补资金、有效资产处置收益和国有股份权转让收益优先用于职工安置、偿还拖欠职工工资和社会保险，对老工业企业搬迁、落后产能淘汰、技术革新等情况下出现的失业风险进行预防和调控。对通过市场渠道确实难以就业的大龄困难人员和零就业家庭人员，通过公益性岗位进行托底帮扶。对距法定退休年龄 5 年之内、再就业有困难的实行内部退养。建立失业预警反应机制，重点跟踪枯竭矿井企业和濒临破产企业的职工失业和再就业，构筑就业与失业预警及培训机制。

# 二、社会保障

老工业城市的社会事业和民生建设尚存在诸多问题，公共设施供给不足，公共服务水平不高。以公共资源合理配置为核心的区域发展战略是未来区域发展战略制定的核心，老工业城市要"以人为本"，更加关注社会事业发展和民生改善。

## 1. 社会保险

社会保障事业曾经是老工业城市的主要福利，曾经优越于其他城市。但在企业改革的过程，因企业破产或改制，居民的社会保障事业却远落后于其他城市。按照"广覆盖、保基本、多层次、可持续"的理念，完善基本养老保险、医疗保险等各类社会保障体系，扩大社会保险覆盖面，稳步提高社会保障水平。全面解决"厂办大集体"的问题，妥善解决应保未保、社保资金缺口等问题。扩大社会保险覆盖范围，将各类关闭矿井、破产矿企退休人员和困难企业职工纳入保障体系。健全城镇居民医疗保险制度，妥善解决好困难企业职工的参保、退休职工和分流人员的医疗保险关系接续和医疗问题，加大关闭破产企业退休职工医疗保险补助资金的支持力度。

## 2. 城市扶贫

目前，城市内部二元结构成为许多城市存在的一种现象，尤其是在老旧企业比较多、老工业区明显布局、国有企业比较多的老工业城市普遍存在。这些城市尚有大量的城市贫困人口，尤其是老旧企业效益低下、国有集体企业破产倒闭、企业重组改制等造成城市贫困人口规模比较大，贫困人口呈现明显的代际传递。

开展老工业城市调整改造，必须重视城市扶贫，与农村扶贫并重，主动创造条件，帮助城市贫困人口脱贫。扩大扶贫政策的覆盖范围，尽量将城市贫困人口拓展在内，保障弱势群体的生存和发展权，完善失业保险、医疗保险、养老保险，实施大病医疗保险。拓展完善救助方式，改变物质帮扶的单一形式，制定低保兜底脱贫方案，积极发展产业、结对帮扶、兜底救助等各种形式，调动慈善组织和福利组织的积极作用。

合理提高城市救济标准，重点抓最低生活保障，为城市贫困人口提供最低生活保障。提高贫困人口的就业技能，安排城市扶贫专项职业培训补助资金，对城市贫困人口开展各种形式的再就业培训和职业技术培训。重视贫困家庭子女的素质教育，帮助完成义务教育，资助他们接受高等教育，从根子上阻断贫困代际传递。聚焦城市贫困集聚区的改造，以城市棚户区、城中村、老旧企业生活区为重点加快改造，实现集中脱贫。

---

**专栏 9-9　西安城市扶贫**

西安莲湖区围绕实现扶贫任务"清零"，精准施策，确保贫困群众实现"两不愁、四保障"。建立了以"阳光家园"为载体的残疾贫困群众帮扶机制，以居家养老服务中心为平台的贫困老年群体帮扶机制，以区慈善协会为依托的爱心企业扶贫济困机制，以"营养改善计划""圆梦大学""小葵花"活动为主题的贫困家庭学生帮扶机制，以"夏送清凉"为主题的困难职工帮扶机制，以"邻里守望草根家庭"为主题的社区困难群众帮扶机制，以"党员干部进社区，志愿服务解难题"为主题的社区贫困群众帮扶机制，以"春风行动"为主题的就业困难群体帮扶机制八大帮扶机制。从人员培训、政策落实、资源整合、特色救助、帮扶少数民族地区群众等方面入手，多措并举确保扶贫帮困精准到位，2016 年累计发放低保金 7610.38 万元、医疗救助金 793.35 万元、临时救助金 64.15 万元、教育救助金 76.9 万元。2017 年春节期间慰问各类困难群众 3431 户，累计发放慰问物资 178 万余元，针对低收入家庭和特困职工开展专项救助，累计救助 1200 户，发放救助资金 36 万元。

---

# 三、社会管理

## 1. 社会管理体系

老工业城市调整改造的各项工作尤其是老工业区搬迁要做好各类社会管理工作。注重独立工矿区、塌陷区搬迁村庄合并的基层组织建设，及时弥补行政基层组织的空白区域。针对关闭破产企业失业人员、低保对象、进城务工人员、伤残人员等各类特殊群体，做好社会矫正、安置帮教、心理疏导等工作。拆迁过程要采用"先安置，后拆迁"模式，安置点应提前配套建设供水、供电、供气、交通、绿化等设施。涉及企业拖欠职工的各种保险费用、工资、医疗费、集资款等，企业应全额补缴和一次性清理偿还。

## 2. 应急管理能力

老工业城市的主导产业与主导产品有着其特殊性，必须加强应急管理。围绕工业生产、资源开采塌陷、化工品泄漏、城市拆迁等核心领域，建立公共安全、生产安全预防预警和应急处置体系，应对突发事件和群体性事件，提高突发事件的预警、发现和处置能力。实施重大工程和重大政策的社会风险评估，把各种不稳定因素化解在萌芽状态，提高危机管理。增强对采煤塌陷搬迁地区的公共安全事件、社会安全事件的监测预警，提高抵御和应对公共安全突发事件的能力。

### 3. 安全生产监管

重化工业的基本属性与特征决定了安全生产任务更加繁重。老工业城市必须关注工业企业的安全生产，完善生产监管制度机制。以事故超前预防为主线，突出矿井、化工、道路建筑施工等行业领域的安全整治，强化过程控制和精细化管理，建立制度化、常态化的安全隐患排查机制。落实企业安全生产主体责任，严格安全许可，提高安全监管执法能力。继续深化安全治理整顿，防范治理粉尘、苯等重大职业危害。

# 第五节　产业技术创新与产业人才培养

技术与人才始终是老工业城市发展的基础动力，也是调整改造的基本支撑。作为中国工业体系形成和完善的基本促成元素，老工业城市建设和发展了许多高等院校与专业化学校，与所属行业形成了天然的专业技术联系，熟悉行业背景和技能标准；大型企业拥有较强的产业技术优势和研发能力，在 20 世纪 50 ～ 80 年代的工业发展和新产品开发中发挥了重大作用。近 30 年内，多数城市的产业技术发展落后，产业自主创新能力明显不足，高技术产业的培育能力不足，高级人才外流与人才隐形流失严重。老工业城市的建设和发展需要专业化的人才提供支撑，尤其是高级技能型和知识型的人才保障，需要本地高等院校提供技术支撑，强化高等院校、职业学校提供人才的源泉建设，稳定企业发展人才体系与产业工人队伍。

## 一、建设各类发展平台

### 1. 科技平台建设

围绕企业、行业和区域三个领域，组建产业技术创新平台。推进产业技术研发平台建设，持续建设工程实验室、工程研究中心、企业技术中心，提高产业自主创新能力。不断完善现有国家重点实验室、工程实验室、工程研究中心等技术创新平台，企业建设多种形式的技术研发机构与试验设施，重点建设院士工作站、博士后科研工作站、重点实验室、工程实验室、工程技术研究中心、工程研究中心、企业技术中心"两站两室三中心"重大科技基础设施。根据各城市的基础，整合创新资源，探索建设共性、专业、综合服务三大科技平台和重大创新基地，组建产业技术创新战略联盟，促进科技资源共享。鼓励科技信息、技术交易和转让、技术咨询评估、生产力促进中心、科技孵化器等科技中介服务机构的发展，完善创新创业服务体系。

## 2. 产业技术创新

基于既有技术优势和人才优势,引导骨干企业加强产学研合作,加快科技成果转化,推动"跟随—并行—引领"的转变。构建由企业、科研院所、高校、科技服务机构等组成的创新网络,开展多种形式的产学研对接会。推动企业科技进步,提高企业自主创新能力。主导企业应与高等院校、科研院所开展战略合作,谋划建设特色鲜明的科技孵化和创新园区,共建联合实验室与技术研发中心,为发达地区科研机构、中试基地转移提供载体,为产业发展提供关键共性技术支撑。建设技术创新基地,鼓励各行业龙头企业在老工业城市设立科技成果转化基地,围绕装备制造、石油化工、生物工程、生物制药、新材料等领域建立一批高水平的技术转化基地。重点推进产业技术创新,提高冶金、装备制造、机械加工、有色金属等行业企业加强产业链上下游合作与技术中心创新能力建设,形成协同创新与集成创新。加快关键核心技术攻关,以关键材料、基础零部件等关键领域为重点,推进企业突破和掌握一批关键技术。引进关键技术和设备,有计划地组织消化、吸收和再创新,研发重大装备和关键产品,为传统产业升级提供重要支撑。重点在冶金铸造、新能源电器和新能源汽车、金属及非金属新材料、节能与环保、生物技术等领域实施重大科技成果引进、开发、孵化、转化工程,研发新产品,跟踪前沿技术,培育高新技术和战略性新兴产业企业。推进产品创新,围绕主导产业发展和市场需求,实施"上市一批、在研一批、启动一批"新产品滚动研发计划,企业加大新产品研发力度,走"专精特新"产品发展之路。引导企业利用特色资源采用独特工艺、技术、配方或原料,研发生产具有地方或企业特色的产品。发挥老工业城市国防军工优势,促进军工技术与民用技术的辐射、嫁接和转化;一是通过与地方政府合作,在军工单位集中的地区联合开展军民技术研发;二是对目前技术成熟度符合产业化要求的解密军工技术,制定推广项目指南,加快军用技术向民用领域辐射。

## 3. 高新技术产业园区

建设高新技术产业园区是推动老工业城市发展高新技术的有效途径。在高新技术基础较好的城市,设立高新技术开发区,支撑高新技术产业化进程。依托高新技术开发区和经济技术开发区的力量,设立各类科技工业园区,开发新技术,组织实施带动力强、影响面广的技术创新和高新技术产业化项目,建设为各地区高新技术产业的集聚区与引领中心。在发展形势较好的老工业城市,推动省级高新区升级提档,晋级为国家级高新区,以增强发展能力。

---

**专栏 9-10　高新技术开发区与高新技术范围**

高新技术产业开发区是各级政府批准成立的科技工业园区,是为发展高新技术而设置的特定区域,是依托智力资源和技术进步而发展产业的园区,是为最大限度地把科技成果转化为现实生产力而建立的集中区域。1988 年,中国国家高新技术产业化发展计划——火炬计划开始实施，创办高新技术产业开发区和高新技术创业服务中心。

高新技术产业以高新技术为基础，从事一种或多种高新技术及其产品的研究、开发、生产和技术服务的企业集合。高新技术产业是知识密集、技术密集的产业，重点包括信息技术、生物技术和新材料技术三大领域。

产业的主导技术必须属于所确定的技术领域，重点是处于技术前沿的工艺或技术突破。高新技术包括电子信息、航空航天、新材料、光机电一体化、生物工程、新能源和高效节能、环境保护、海洋工程、辐射、生物医学及其他在传统产业基础上应用的新工艺、新技术。

扶持中小微企业创业园建设。建成运营一批产业科技孵化器、中小企业孵化器及信息云服务平台等，推动发展"专精特优"科技型中小微企业，推动中小企业提高核心竞争力。在新能源、新材料、电子商务、新一代信息技术、3D 打印、互联网、云计算、大数据等领域，培育一批中小企业由小到大，实力显著增强。

## 二、中高等院校再提升

老工业城市的中高等院校的产生、发展与产业经济发展、大型企业布局有着直接的联系。20 世纪 50 年代以来，甚至中华人民共和国成立之前，部分老工业城市以各种形式，相继建设了一部分高等院校、中等职业教育学校等教育机构。1952 年，教育部按照中共中央"以培养工业建设人才和师资为重点，发展专门学校，整顿和加强综合性大学"的方针，决定增加高等学校 95 所，其中高等工学院 50 所，以华北、华东和东北三区为重点实施高校院系调整，随后华东、西南和东北等地跟进，按行业归口建立单科性高校。在地级老工业城市中，如果不考虑教育学院、特殊教育和广播电视大学等院校，各类形式的中高等院校大约有 300 多所。

老工业城市的中高等院校大致分为综合性区域性大学（如汉中陕西理工大学）、地方性综合大学（如攀枝花学院）、专门性大学、技能培训性学校。长期以来，这些高等院校及职业教育机构是老工业城市进行技术研发、工人培训、人才培养的主要支撑环节，与本地的社会经济发展形成了密切的关系，成为各历史时期内为老工业城市提供专业化教育和高素质人才教育与培养的重要途径。20 世纪 80 年代以来，高等教育机构与企业、产业的关系不断变化，多数高等院校与产业经济发展相脱节，与龙头企业和行业主管部门的专业联系日益松散，长期建立起来的专业优势和技术优势逐步丧失，工科特色和职教专业化不断弱化，对本地经济发展的支撑作用日益降低。在老工业城市调整改造的过程中，中高等院校需要加强与本地企业和产业经济相关的实验室、学科专业、研究团队、工程项目、技能培训等建设，将这些中高等教育机构塑造成为城市新型创新支撑体系的重要部分。

## 1. 专科高等院校

老工业城市均或多或少地分布有一定水平的高等教育机构，这些城市具有一定的专业化技术基础。部分城市拥有的高等院校数量较多，高等教育资源的分布具有一定的相对集中性，详见表9-4。其中，高等院校数量较多的城市是唐山、保定、包头、锦州、葫芦岛、芜湖、洛阳、株洲、湘潭、衡阳、柳州、绵阳等。

借鉴历史经验，重新重视20世纪50年代中期发展起来的工科院校，发挥高等院校与原有行业和大型企业的联系，稳定发展高等教育。适度转变老工业城市高等院校的教育方针，适应本城市发展需要，加强优势专科院校建设。扶持具有优势基础的专科院校，加强具有稳定产业市场需求、有稳定教师队伍的高等专科院校建设，建设具有地方特色和优势的重点学科，为老工业城市的调整改造提供人才和人力资源支撑。重点建设具有一定区域影响和产业科研实力的区域性综合性大学，发挥对区域经济社会的综合支撑作用；加强专门院校的整体扶持，重点扶持工科学校院校，关注与产业经济相关的重点学科、院系、重点实验室。将专科院校科研和企业科研直接融合，探索高校与企业长期开展产学研合作的模式。鼓励高等学校结合产业转型与产业承接办好特色专业，提高产业技术研发能力与人才培养能力。部分城市根据高校资源整合和新城新区建设，合理建设大学城。

表 9-4　部分老工业城市高等院校数量统计（单位：所）

| 区域 | 院校数量 | 区域 | 院校数量 | 区域 | 院校数量 |
|---|---|---|---|---|---|
| 唐山 | 12 | 大庆 | 6 | 岳阳 | 4 |
| 张家口 | 2 | 佳木斯 | 5 | 娄底 | 2 |
| 保定 | 11 | 牡丹江 | 2 | 柳州 | 10 |
| 大同 | 2 | 芜湖 | 8 | 攀枝花 | 2 |
| 阳泉 | 2 | 安庆 | 4 | 德阳 | 6 |
| 临汾 | 6 | 开封 | 4 | 绵阳 | 8 |
| 包头 | 9 | 洛阳 | 8 | 六盘水 | 2 |
| 赤峰 | 4 | 平顶山 | 2 | 遵义 | 5 |
| 鞍山 | 2 | 新乡 | 7 | 安顺 | 2 |
| 锦州 | 8 | 南阳 | 6 | 宝鸡 | 2 |
| 营口 | 3 | 十堰 | 5 | 咸阳 | 7 |
| 辽阳 | 5 | 宜昌 | 4 | 汉中 | 3 |
| 葫芦岛 | 8 | 襄樊 | 4 | 天水 | 3 |
| 吉林 | 3 | 株洲 | 9 | 金昌 | 2 |
| 齐齐哈尔 | 6 | 衡阳 | 13 | 湘潭 | 9 |

## 2. 职业教育学校

职业教育学校是教授某种职业所需知识和技能的学校，18世纪末产生于欧洲。许多老工业城市的职业教育学校与产业发展、企业生产有着直接的互为支撑关系。许多职业教育学校的产生和发展源于第一个五年计划所启动的经济建设，与大型企业的布局、行业类型、生产工艺有着直接的关系。长期以来，这些职业教育学校为地方经济乃至全国的经济社会发展做出了巨大的智力贡献及支撑。河南科技大学、湖南工学院、湖南科技大学、南华大学等均拥有独具特色的完整学科体系。这些院校为地方钢铁或石化企业、政府、地方其他企业，乃至全国同类行业培养、输送了急需专业人才和人力资源，贡献了巨大的智力支撑。

大力发展职业和继续教育，鼓励和支持民办职业教育，形成多元化的职业教育发展格局。继续强化职业教育学校与龙头企业的天然体制与行业联系，获取原归口企业集团的扶持。开展职业教育改革试点，推动校企合作、校地合作，重点建设一批职业技术教育院校、高级技工学校、技师学院、培训中心和实训基地，建立高技能人才培训基地和公共实训基地。坚持"择优重点扶持"，加强骨干职业学校建设，增加实验、实习设施投入。优化整合职业教育资源，实现专业、设施、师资、品牌等资源共享。

# 三、技术人才与产业工人培养

## 1. 技术人才引进

技术人才队伍决定了企业未来发展的方向与潜力。围绕调整改造的核心技术需求，抓好人才的培养、引进和使用，培养和用好用活高层次人才、高技能人才等各类人才，为产业转型提供智力支撑。构建灵活的人才引进机制，面向全国吸引专业技术人才、高级管理人才、高技能人才，有针对性地引进领军人才和研发团队。企业应与科研院所、学校和行业协会等机构合作，培养优秀企业家、高水平经营管理人才、高层次急需紧缺的专业技术人才和创新型人才。加强培训企业经营管理人员，培养高素质、职业化企业经营管理人才队伍，围绕大企业、大集团培养创新性的人才队伍和优秀企业家。开展"创二代"培育计划，帮助企业接班人掌握现代化企业管理知识，引导建立现代企业制度。探索组织中央国家机关、沿海发达地区选派干部到老工业城市任职，选派老工业城市干部到发达地区交流锻炼。各类人才应利用相关政策，加快创业，发展各类高新技术企业。

## 2. 产业工人培养

围绕核心企业或主导优势产业，推进以就业为导向的职业教育，调整老工业城市大中专学校和职教中心专业设置，建设骨干职业学校，增加对实验、实习设施投入，改善发展条件。以就业为导向，加强职业技术教育，量身定制产业工人培养计划，加快培训一批企业急需的高技能紧缺型和实用型人才特别是青年高级技能人才，打造具有专业技能的产业工人队伍。加强职业学校对工业企业的上岗技能培训、在岗职工技能再培训。通过政府采购等方式，组织创业技能培训指导，通过校企合作、社企合作、订单式培训和定向培训等模式，建设以教学为主、企业以实训为主的专业化、区域性职业教育基地，提供更多的专业化劳动技能和就业培训选择。如图 9-2 所示，龙头企业依托既有厂房为合作职业院校提供实训基地。针对老旧企业改造、转产或破产及落后产能淘汰等现象，鼓励有意愿、有技能的职工自主创业，将分流职工的安置与再就业的培训教育纳入国家再就业规划。

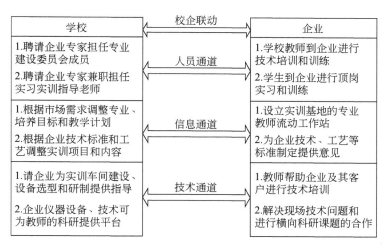

图 9-2　实训基地校企联动机制

# 第六节　对外合作开放与体制机制创新

## 一、区域合作

### 1. 老工业城市与都市圈/城市群

虽然老工业城市的区位比较偏僻，但部分城市邻近特大城市或大城市，或邻近城市群地区。有利的区位条件，为这类老工业城市的调整改造创造了优势条件。对临近大城市或都市圈或城市群的老工业城市，要发挥地域临近性和特色资源及产业基础，加快融入都市圈或大城市发展，重点是各省的省会城市，构建合理的产业分工体系，承接中心城市的产业转移及其他经济要素的转移，承担产业基地的职能分工。

### 2. 老工业城市与发达地区

多数老工业城市虽然位居中西部内陆地区，但"三线"建设采用了从沿海地区搬迁大量工业企业的模式，这决定了许多老工业城市的龙头企业与沿海地区有着千丝万缕的历史关系，甚至形成了母公司与子公司的关系，而且"三线"企业在以往的历史改造过程曾布设过大量沿海窗口，这形成了天然的合作网络。

老工业城市应发挥这种天然关系与历史基础，推动与沿海发达地区的合作发展。第一，从沿海地区搬迁过来的老旧企业应加强同原有城市企业的联系，建立合作网络或推动企业重构。第二，老工业城市制定更加积极的政策，推动与沿海发达地区的合作，如长江三角洲、珠江三角洲地区，承接符合地区资源环境承载力的产业，但严禁承接高污染项目。第三，加快产业技术的合作，尤其是加强与具有科技研发能力的大型企业集团、科研院所、高等院校，如京津地区的相关机构，共建研发平台，攻关关键核心技术，推动技术转化与产业化发展。

## 二、对外开放

### 1. 开放领域

学习沿海地区的发展经验，实施对外开放始终是推动老工业城市调整改造的有效途径。以培育发展新动力与提振经济发展活力为目标，扩大对外开放领域，包括金融、保险、商贸、旅游、信息咨询等领域，放宽服务贸易领域的进入门槛。一是引进资金、技术和人才，完善外商投资引导政策，优化投资环境，引进国内外战略投资者参与调整改造，以国有企业为重点，推动与跨国公司的合作，发展参与国际市场竞争的大型企业集团。二是优势特色产业应扩大出口，优化进口产品结构；应将"走出去"战略与淘汰过剩产能相结合，煤炭、钢铁、石化和有色金属等领域的龙头企业应凭借产品、技术与装备优势，实施"走出去"战略，开展跨国经营，建设境外能源、原材料和生产制造基地，拓展发展空间。

### 2. 海关平台

增设具有海关功能的物流平台始终是内陆老工业城市提高对外开放水平的重要手段，这也是中国对外开放的普遍发展趋势。第一，谋划海关特殊监管区域、监管场所及口岸布局，在具备一定条件的老工业城市设立与其经济发展水平相适应的海关监管区域、监管场所，搭建连接世界的物流通道。第二，支持有发展需求的老工业城市设立保税仓库、出口监管仓库、保税物流中心、综合保税区。第三，根据老工业城市的发展条件，合理增设部分铁路口岸与航空口岸，带动产业发展。部分位居边疆地区且拥有开放口岸或连通沿海港口的老工业城市，围绕保税港－港口、城市－口岸两个重点建设大通关，建立大通关联络协调机制。第四，在鸡西、牡丹江、伊春、佳木斯、通化、包头等沿边老工业城市，根据发展需求，建立边境经济合作区、跨境经济合作区，培育加工贸易梯度转移重点承接地，探索建立重点开发开放试验区。

## 三、体制机制

老工业城市的历史产生发展过程与组织模式，决定了必须从城市、企业等不同层次改革体制机制，通过改革释放更多的发展红利，激活更多的发展活力。

### 1. 国有企业

国有企业曾是老工业城市的核心经济载体，目前仍占有重要的地位，仍是老工业城市调整改造的核心领域。在尚有大量国有企业分布的老工业城市，重点以提高国有资本效率、增强国有企业活力为中心，推进国有企业改革，建立现代企业制度，完善国有资产监管体制。第一，健全公司法人治理结构，建立健全权责对等、运转协调、有效制衡的决策执行监督机制。第二，改革国有资本授权经营体制，改组国有资本投资、运营公司，通过开展投资融资、产业培育、资本整合，优化国有资本布局结构。第三，推进国有企业混合所有制改革，坚持因地施策、因业施策、因企施策，宜独则独、宜控则控、宜参则参，鼓励非国有资本投资主体通过出资入股、收购股权、认购可转债、股权置换等多种方式，参与国有企业改制重组或国有控股上市公司增资扩股及企业经营管理。

老工业城市为中国社会经济发展做出突出贡献的同时，积累了大量的历史遗留问题，解决国有企业历史遗留问题始终是激活传统国有企业发展活力的重要基础。这需要国有企业继续推动主辅分离、辅业改制、分离社会职能。首先，采取分离移交、重组改制、关闭撤销等方式，剥离国有企业职工家属区"三供一业"和所办医院、学校、社区等公共服务机构。其次，继续推进厂办大集体改革，妥善安置厂办大集体职工，对国有企业退休人员实施社会化管理。再次，对大型或特大型企业的调整改造采取"一事一议"方式，进行"个案处理"。最后，各城市需要摸清僵尸企业底数，精准分类，因企制宜，多兼并重组，少破产清算，分类分批推进处置工作，退出一批，盘活一批，关停一批。对"三无"企业或"空壳企业"实施政策性破产。

---

**专栏 9-11　国有企业社会职能剥离**

十堰东风汽车集团有限公司：十堰管理部发布 2017 年深化改革蓝图。"三供"企业整体划转，2017 年签订移交协议，同步制定家属区"三供"改造方案。房地产公司生活服务部采用无偿划转方式，教育培训业务整体划转地方政府，其他单位采取关闭撤销、业务整合、移交划转、混合所有制改革等方式，一企一策推进通信公司、离退休服务中心、再就业发展公司、集体企业、车城宾馆等单位改革。东风医疗集团整体划转至中国医药集团有限公司，神龙医院已划转至武汉协和医院，东风有线电视网络将整体并入湖北广电网络，东风电视台、东风汽车报社与湖北广电洽谈合作事宜。东风汽车集团有限公司已批准转让厂办大集体东风实业有限公司 85% 的股权。

洛阳市：2014 年，洛阳市被确定为"三供一业"分离移交全国试点城市，成立了洛阳市深化国有企业改革专项小组，下设剥离办社会职能组，市住建、人社、民政等部门分别牵头推进"三供一业"分离移交、退休人员社会化管理、社区管理组织移交等工作，相继出台《关于加快剥离国有企业办社会职能工作实施方案》《国有企业职工家属区分离移交"三供一业"工作实施方案》等政策。截至 2017 年 6 月，8 家企业全面完成"三供一业"施工改造，涉及水改 2.24 万户、电改 2.2 万户、暖改 1.28 万户、物业移交 3.14 万户；18 家企业全面完成退休人员社会化管理工作，共接收退休人员档案 3.5 万余份；2 家企业完成社区管理组织移交，洛阳 LYC 轴承有限公司、新安煤矿等 6 家企业办教育机构，洛阳 LYC 轴承有限公司、新安煤矿等企业办消防机构，义煤集团、新安煤矿 2 家企业办医疗机构完成剥离。

## 2. 民营经济

民营经济和私有资本是城市发展的重要动力源泉，如何激发中小企业和民营经济发展是推动老工业城市调整改造的重要途径。大力发展非公有制经济，消除非公有制经济发展的制度性障碍；鼓励非公有制经济参与国有企业改制重组，促进中小企业发展，大力发展个体经济和民营经济。以此，增加老工业城市的发展活力，推动城市经济的多元化，增加就业机会。

# 第十章
## 重点老工业城市调整改造路径

因地制宜一直是地理学研究的核心理念，而因类施策是老工业城市调整改造的重要理念，两者一脉相承。老工业城市的空间离散性与产业差异性，决定了其调整改造路径与政策制定必须关注各城市的分异。基于可操作性与不同需求，根据一般性规律与共同特征，将老工业城市划分不同的关键类型，根据其特殊属性与社会经济基础，着眼于行业类型、发展状态、实施效果等角度，实行区别对待、分类指导。因类施策，分类推动，对各类型的老工业城市实行不同的调整改造路径，达到不同的发展目标。

本章主要探讨不同类型老工业城市的调整改造路径。坚持"示范带动"和"高端发展"理念，以发展基础较好、潜力较好、态势较好的示范型城市为主，分析其转型思路和基本路径，重视市场机制，加以政策鼓励。以发展最困难、问题最严重、矛盾最突出的衰退型城市为主，分析其振兴思路与援助路径，重视政府主导作用，加大援助和扶持力度。以空间连续、城市密集、范围大的连片型老工业基地为主，立足区域发展，分析其集中改造、共同转型、协同发展的方案与路径。

## 第一节 示范型老工业城市

### 一、示范型老工业城市识别

#### 1. 概念界定

示范指某个领域中具有代表性的事物或人物做出的榜样作用或典范效应，供人们学习或效仿在某些方面的表现或基本特征，为其他事物或事情之表率。发挥示范作用就是把事物摆出来或指出来让大家都知道并参照学习。

产业转型升级一直是老工业城市振兴的核心任务，如何发挥部分城市的示范作用，探索成熟经验和模式是老工业城市调整改造的工作途径。

示范型老工业城市指依托现有产业集聚区、工业园区等载体，先行先试重大改革和重大政策，探索经验，做出示范，凝练提升引领、辐射和带动作用，形成有多个产业支撑、技术创新能力较强、对区域发展带动作用较大的老工业城市。

## 2. 识别结果

示范型老工业城市的识别原则与指标主要包括以下方面。

——在产业转型升级领域已经开展了大量的工作；

——基础条件好，工作力度大，改革创新举措实；

——示范作用明显，影响面大；

——非沿海城市；

——非省会城市与计划单列市；

——已初步形成了产业转型升级的典型经验和做法。

如第六章第三节所述，发展提升型老工业城市共有 51 个，占老工业城市总量的 44%。20 世纪 80 年代中期以来，受益于改革开放政策，这些城市成功对其工业结构进行了调整和转型，不但保持了工业基地的地位而成为新型产业基地，而且城市发展综合效益明显提升，是实现了转型发展与升级改造的老工业城市。

根据上述原则，本书对示范型老工业城市进行筛选。其结果如下所示。

河北——唐山、保定

山西——长治、临汾

山东——淄博、东营

安徽——铜陵、芜湖、马鞍山

湖北——黄石、宜昌、孝感

四川——自贡

广西——柳州

河南——洛阳、安阳

江苏——徐州

陕西——汉中、咸阳

湖南——湘潭

江西——赣州

贵州——遵义、安顺

吉林——辽源

内蒙古——包头

甘肃——嘉峪关

## 3. 示范类型

按照不同萌芽基因、不同行业、不同生成模式在发展和转型升级过程的作用，根据老工业城市的不同类型，将示范型老工业城市分为以下四种类型：装备制造型、资源型、原材料型、城市老工业区，详见表 10-1。

老工业城市调整改造的理论与实践

表 10-1　示范型老工业城市类型

| 示范类型 | 主要特征 |
|---|---|
| 装备制造型 | 对产业集群能力、技术创新、品牌要求高 |
| 资源型 | 对资源依赖度高,企业规模大,行业集中度相对较高,转型难度较大,生态环境相对较差 |
| 原材料型 | 对资源依赖度高,企业规模相对较小,行业集中度不高,生态环境相对较差 |
| 城市老工业区 | 棚户区、基础设施和公共服务设施改造任务较重,老工业搬迁需要资金量大,现代服务业形成支撑需要较长时间培育 |

# 二、示范型老工业城市转型思路

## 1. 总体思路

示范型老工业城市的基本特征是发展基础较好、发展潜力较大、发展态势较好,是老工业城市中发展状态最好的类型。其转型发展坚持龙头引领作用,突出示范作用,充分发挥市场机制,坚持优化提升和高端发展的升级理念。

优化提升——重视各类资源的优化整合,尤其是产业资源的整合发展,重视发展品质的提升,包括产业结构、企业组织与城市建设。

高端发展——以新型城镇化和新型工业化为导向,抓住全球智能化工业革命的发展路径,推动产业发展高端化,加快提升城市发展品质,构建宜居环境。

## 2. 发展目标

示范型老工业城市的目标是发展成为产业基础较好、服务功能完善、人居环境优美的现代化城市,实现新型工业化、新型城镇化、信息化、绿色化融合发展。

示范型老工业城市的目的是发挥先行先试和示范带动作用,为全国类似老工业城市提供可复制、可推广的成功经验和有效模式。

# 三、示范型老工业城市转型路径

## 1. 现代产业体系

产业发展始终是老工业城市调整改造的核心命题。各城市必须结合自身的发展条件,严格落实《中国制造2025》,大力实施创新驱动战略,采用现代高端智能化技术,改造升级"老字号",深度开发"原字号",培育壮大"新字号",构建现代产业体系,推动"制造"向"智造"转变,实现从老产业基地向新产业基地的转变。

第一,高端装备制造业。依据产业基础与资源禀赋,实施"互联网+"行动和"智造升级"行动,重视高端化和智能化发展,推动"建链"、"延链"和"补链",提高基础零部件、基础工艺、基础材料的研发制造,实施精益制造,巩固提升传统装备优势,发展高端装备,形成以高端装备制造、资源深加工、新材料等高科技、高增值、低能耗、低物耗的先进制造业体系。

第二,完善产业体系。重视传统产业、支柱产业、战略性新兴产业与特色产业的并行发展，战略性新兴产业重视"新字号"战略，注重"培育壮大"，支柱产业重视"原字号"战略，注重"深度开发"和"发展壮大"，传统产业重点实施"改造升级"，延伸产业链，提高产品附加值，衍生新业态。

第三，企业智能化改造。顺应数字化、网络化、智能化趋势，依托物联网或工业互联网，以信息技术和现代工业技术改造传统优势企业，推动企业智能化改造。重点推动生产工艺、生产设备和设施等现代智能技术，提高产品的附加值与技术含量。推动互联网、大数据、云计算等新一代信息技术在企业研发、制造、经营、销售等全产业链的综合集成应用。运用现代先进的管理技术组织各种生产要素，实现生产方式的革新。建设智能工厂、数字车间和数字生产线，推进生产过程智能化。以此，实现"数字化、网络化、智能化"生产模式，推动产业体系的高端化、智能化。

第四，优化产品结构。以提高产品科技含量为重点，加快产品转型。加大自主创新力度，促进技术升级，带动产品升级。通过"政、产、学、研、银"相结合协同创新，突破核心技术，实施重点领域高技术产业化项目，开发标志性产品。发展增值服务，塑造工业质量品牌，鼓励企业制定品牌管理体系。

第五，企业培育。壮大企业主体，推动企业之间进行战略重组，组建具有竞争力的大型企业集团。引导企业专注核心业务，提高专业化生产能力。培育"专、精、特、新"中小企业，形成"小巨人"，与大型企业协作配套，打造高新技术企业群，重点突出科技型、成长型、创新型小企业发展。

### 2. 产业集聚区

老工业城市调整改造要始终紧抓产业园区建设与发展，产业集聚和规模经济始终是工业布局和发展的重要方面。促进产业向集聚化升级，构建以产业集聚区为载体的产业集群，建设新型园区和产业集群，通过产业园区集聚集约发展推进转型发展。

第一，重点发展示范园区。依托已有的国家级开发区、高新区及省级开发区、工业园区，建设一批产业转型升级示范园区，打造支撑产业转型升级的核心载体。按照高水平开发、高强度投入、高密度产出的要求建设好各类园区，注重差异化发展，明确各产业集聚区的发展方向和产业定位，深化集群培育，形成"一园区一主业"，因地制宜发展特色产业园区。对发展基础较好、发展潜力较大的产业园区进行扩区升级，重视产业园区整合发展，避免盲目圈地布点。

第二，壮大特色产业集群。遵循产业集聚发展规律，坚持产业形态的集群化，围绕某一主导产业或特色产业，推动主产企业和关联企业向特定区域集聚发展，培育具有较强技术研发、系统集成、核心制造、市场开拓和融资能力的大型企业，围绕大型企业发展"专、精、特、优"中小企业，强化产业链上、中、下游的协调联动发展。建设与产业集聚区、专业园区相配套的物流服务"区中园"。

第三，提升创新能力。产业智能化改造必须把创新驱动作为核心，以创新引领产业升级，实施引资引智引技综合战略，建设和完善公共服务设施、科技创新设施、技术研发平台及公共检测、信息平台等公共服务平台，提升产业园区集群协同创新公共服务能力。

第四，提升产业园区的支撑能力。以满足集聚经济发展为目标，完善园区路网、供排水、电力、通信、燃气、环保等基础设施，推动与城市集中供热、污水处理等设施共建共享，建设天然气、太阳能、生物质能等清洁能源集中供热设施，提升园区承载能力，为产业转型升级和新兴产业培育提供保障。对部分工业园区进行深度规划和二次开发，提高土地利用效率和投资强度。发展条件好的产业园区要实施产城融合，拓展综合服务功能，配套发展教育、卫生等公共服务设施和市政设施，培育城市综合职能，促进工业化与城镇化相融合。

### 3. 产业技术创新

老工业城市的基础优势之一是产业技术，示范型城市的升级改造需坚持"中国制造2025"战略，推进工业化和信息化融合，实施创新驱动战略，激发转型升级内生动力，转换发展动力，转变经济发展方式。

第一，坚持自主创新与引进转化并重，加大科技投入，引进新型研发机构，与域外高校、科研机构联合创新，发展产学研合作，开展行业共性关键技术攻关，构建创新研发平台、成果转化平台、协同创新平台、招才引智平台。

第二，建设企业技术中心、工程研究中心、工程实验室、院士工作站、新材料研发孵化基地等研发平台，提高企业创新能力，吸引发达地区的企业在老工业城市建立研发机构和中试基地，发展大学科技园、留学生创业园、大学生创业孵化基地、科技企业孵化器等创新载体。

第三，推动技术的产业化，由原材料产品输出向新材料产品和技术输出方向转型，培育转型发展的新动力与新引擎。建设创新基地，培育高新技术企业，壮大新兴产业。

### 4. 城市综合更新

围绕新型城镇化的要求，利用老工业城市调整改造的机会，加快城市更新建设，推动城市功能结构与功能区布局重塑，提高城市发展品质。

第一，利用老旧工业企业搬迁的机会，按照"绿色发展、功能优化、遗存保护"的理念，对腾退土地进行城市化改造，以全新的城市功能替换功能性衰退的工业空间，推动用地功能转换，发展城市综合功能，消除城市内部二元结构。

第二，重视老居住区改造，对老旧社区、城市棚户区和国有企业职工住宿区、城中村进行改造，建设舒适的生活环境和美丽的市容。

第三，利用腾退土地建设市政设施、公共设施，恢复生态环境系统。保护工业文化遗产，发展工业文化旅游。提高公共服务水平，建设生态景观，提升城市发展品位。

第四，发展现代服务业。利用老旧企业的总部，以商务中心区、特色商业区、文化创意和软件园区、电子商务园区等为主要载体，发展商务、金融、研发、信息、创意设计等生产性服务业。

第五，利用城市综合体的开发模式，引入万达集团等城市开发企业，建设以生活居住、商贸购物、休闲娱乐、金融保险、文化创意、旅游会展等职能于一体的城市功能区，发展商务经济与总部经济，凝聚人气和活力，从脏乱差的区域发展为城市中央商务区

（central business district，CBD）。

### 5. 生态环境治理

生态整治与环境治理是老工业城市转型发展的保障。必须严把生态"尺子"，严守环保"门槛"，坚持区域生态系统保护与城市环境治理并行推动，实施"蓝天"、"碧水"、"绿地"、"宁静"和"田园"等行动。

第一，生态系统建设。落实关于草原、黑土地、森林保护、退耕还林、防护林、荒漠化治理、国家自然保护区、森林绿化和城市绿化、河湖连通等方面的国家政策，保护区域生态系统。

第二，整顿污染源。突出"减"字，调整能源结构。关停工艺技术落后、能耗高、污染严重的企业。推广绿色工艺、研发绿色产品，对产业园区、重点企业实施循环经济化改造，推动"三废"和余热余压综合利用。石嘴山发展以节能降耗、减排增效为重点的清洁型生产企业300户。加强工业企业清洁生产审核，推进园区污水处理厂建设和升级改造。

第三，环境污染治理。突出"治"字，聚焦大气污染、水污染和工业固废污染，"铁腕"整治环境。加强工业废弃地治理，有效治理土壤污染。开展资源开采沉陷区治理，推动矿山生态环境保护与恢复，石嘴山完成历史遗留矿山地质环境恢复治理面积达44.95平方千米，本溪被纳入全国工业固体废弃物综合利用基地建设试点，衡阳推动合江套老工业区1000亩污染土地的修复工作。

第四，生态保护机制。改进和完善资源开发的生态补偿机制，明确企业是资源补偿、生态环境保护与修复的责任主体。对资源开采过程中形成的生态环境破坏和资源损失等问题，资源开发企业承担相应的责任，负责生态环境恢复治理。合理解决历史遗留问题，补偿社会保障、生态、人居环境和基础设施建设等方面的欠账。恢复矿山环境，聚焦废弃矿坑、沉陷区及废石堆场、尾矿库等矿山，实施综合治理。

# 第二节　衰退型老工业城市

## 一、衰退型老工业城市识别

### 1. 概念界定

衰退有着类似内涵的概念与术语，如衰落、萧条、破败等术语。衰退主要指某事物或发展水平/程度衰弱减退，经济或社会发展不景气，趋向衰落。

衰退型老工业城市指经济发展长期呈现低迷、停滞甚至负增长、失业率比较高、社会问题比较严重的城市。这类城市往往有着较低的工业投资、较低的经济增长率，工业企业大量破产或停产，人口不断外流，财政收入比较低，城市发展活力下降。

不同国家与学者对衰退有着不同的定义，主要是衰退期限的界定存在争议。例如，美国将 GDP 连续两个季度出现负增长界定为衰退，宏观经济学通常定义为"在一年中，一个国家的 GDP 增长连续两个或两个以上季度出现下跌"，美国国家经济研究局就将经济衰退定义成更为模糊的"大多数经济领域内的经济活动连续几个月出现下滑"。比较常用的方法是地区生产总值的变化考核。

这种衰退又可以解构为经济衰退、人口衰退与城市破败等方面。严重的城市衰退可以理解为城市破产或经济崩溃。

### 2. 识别结果

衰退型老工业城市的识别原则与指标主要包括以下方面。

——经济增长速度较低，且持续保持下行状态；

——在全国的经济地位不断弱化，地区 GDP 比例呈现下降过程；

——在全国的工业地位不断弱化，地区工业产值比例呈现下降过程；

——城市经济发展综合效益比较低；

——城市发展与运转存在很大的困难；

——城市自我发展能力较低，迫切需要国家和省提供支持。

该类城市有 31 个，约占老工业城市数量的 26.7%。详见表 10-2。

**表 10-2　衰退型老工业城市范围**

| 省（自治区、直辖市） | 地级市数量（个） | 名称 |
|---|---|---|
| 辽宁 | 10 | 本溪、葫芦岛、辽阳、抚顺、鞍山、锦州、丹东、阜新、沈阳、营口 |
| 吉林 | 1 | 吉林 |
| 黑龙江 | 6 | 大庆、佳木斯、鹤岗、鸡西、齐齐哈尔、牡丹江 |
| 安徽 | 1 | 淮南 |
| 甘肃 | 3 | 天水、兰州、白银 |
| 广东 | 2 | 茂名、韶关 |
| 四川 | 2 | 乐山、绵阳 |
| 河南 | 1 | 平顶山 |
| 新疆 | 1 | 克拉玛依 |
| 湖南 | 1 | 衡阳 |
| 山西 | 3 | 阳泉、大同、太原 |

## 二、衰退型老工业城市发展思路

### 1. 发展思路

衰退型老工业城市是发展最困难、问题最严重、矛盾最突出的城市，是集产业问题、体制问题、城市问题乃至区域问题于一体的城市。该类城市的核心是坚持问题导向，突出振兴主题，发挥政府的主导作用，实施援助、扶持与调整三条振兴路径，实现城市的可持续发展。

援助——发挥国家、省及地市等各级政府的主导作用，聚焦民生底线与社会问题，通过财政、金融与政策等行政手段，妥善解决城市发展的基本问题，加强城市发展活力的政府注入。

扶持——坚持行政机制与市场机制并重，聚焦经济问题与生态环境问题，瞄准产业衰退与萧条、生态建设与环境治理，整合税收、税费、项目审批、金融等途径，适度放宽发展环境，增强城市发展能力。

调整——坚持市场机制主导，针对当前发展态势尚好的领域，聚焦产业问题、城市建设、基础设施建设，改善发展环境，调整发展思路，激发发展活力。

### 2. 振兴目标

衰退型老工业城市的目标是恢复和振兴城市各领域的发展，激活城市发展活力，推动和谐社会建设，扭转城市发展低迷的态势，建立城市持续发展的健康机制。

衰退型老工业城市的目的就是解决区域发展的突出问题，构建和谐的国土开发体系。

## 三、衰退型老工业城市援助路径

### 1. 政府援助帮扶

老工业城市作为萧条地区的一种类型，本身缺乏财力基础，自我发展能力有限。目前，各衰退型老工业城市经济下滑尚未触底，传统产业经受的冲击还在延续，长期积累的深层次矛盾在经济减速的情况下持续暴露。稳增长、稳社会是各衰退型老工业城市发展的头等大事，需要帮扶扶持，遏制下滑势头。

1）政策扶持。在特定条件下，部分严重衰退的老工业城市，必须突出政府的主导作用，制定完善的援助政策，提供政策保障与资金援助，妥善解决国有企业改革、淘汰落后产能、社会民生、棚户区改造等问题。掌握各城市经济运行中的突出症结，迅速制定出台相应的扶持政策，保障企业的开工率与生产率。

2）融资帮扶。坚持问题导向，开展困难企业的对接帮扶活动，帮助企业解决投资、信贷等实际困难，帮助企业拓宽融资渠道。整合建设、环保、土地、经信、科技等部门的资金，引入社会资源资金，扩大融资渠道。景德镇整合社会发展资金、服务业引导资金、工业专项资金等资源，重点向城区老工业区倾斜。

3）帮助企业降本增效。政府通过税收、银行贷款及主动协调等途径，开展助力企业降本增效行动。重点降低交易、人工、物流、财务等成本，降低企业税费负担，减缓收缴各种涉企行政事业性收费，规范清理涉企经营服务性收费，提供社会保险费负担，切实解决电力价格与重点企业直接供电，破解工业用水用电用气用地等生产要素瓶颈制约，降低企业生产经营成本。

4）放宽政府管制。推进政府管理体制改革，加快"放管服效"改革，突破体制机制"卡子"，深入简政放权，制定部门权力清单和责任清单，简化审批事项，推进"多证合一"，推动体制要素活化，激活城市发展活力。

## 2. 产业转型升级

围绕不同类型的行业和企业，淘汰落后产能，稳妥处置僵尸企业，加快老旧企业技术改造，推动企业尽快更新产品，培育接续替代产业，建立矿产资源持续开发利用的机制。

1）淘汰落后产能。突出"压"字，综合运用经济、法律、行政等手段，对水泥、钢铁、有色金属、平板玻璃等产能过剩行业，提高准入门槛，严格控制新建、扩建、改建产能项目。淘汰各类违法违规、违反产业政策及发展规划的生产企业。优势企业要引领行业发展，通过兼并重组，整合、压缩、淘汰过剩产能。石嘴山就取缔关停了200多家不符合产业政策、污染严重的企业。

2）僵尸企业处置。摸清停产半停产特别是"僵尸企业"底数，采取差别化措施，稳妥处置"僵尸企业"。对产品有市场、有效益但暂时困难的企业，要予以帮扶，尽快恢复生产。对未满负荷生产的重点企业要实行全方位帮扶。对资不抵债、扭亏无望的企业，要利用市场机制、法治手段稳妥予以处置。

3）老旧企业改造。突出"改"和"升"字，企业要坚持"两化"融合，实施"互联网＋工业行动计划"。企业要加快设备更新改造，实施技术改造专项行动计划，"老字号"企业采用新技术、新设备、新工艺等实施技术改造。实施智能化升级，对接"中国制造2025"，推动"互联网＋智能制造"，开展"机器换人""设备换芯""生产换线"的智能化升级。推动老旧企业绿色化发展，创建绿色工厂，支持企业节能、节水和清洁生产改造。

4）企业产品创新。企业要增加产品品种，引导老旧企业围绕市场需求和消费升级，加大研发投入，改造升级老产品，积极开发新产品。老旧企业树立"质量为先、信誉至上"的理念，推进精品制造。企业大力开展协同制造、个性化定制、服务型制造等生产新模式，由主要提供产品向提供"产品＋服务"转变，发展远程故障咨询、诊断、维修等新型业态。

5）接续替代产业。支持各城市根据自身特色和市场选择发展接续替代产业。依托长期积累的产业科研实力，发展高端装备、新材料、节能环保、新能源、生物产业、信息服务等战略性新兴产业，培育为接续替代产业。基于各地区的资源基础和自然环境，发展特色产业，推动道地中药材种植、生物医疗、健康疗养、休闲旅游、大数据等产业发展。

6）资源开采。实施严格的资源开发统筹管理制度，合理控制资源开采规模和强度。支持矿山企业对共伴生资源和尾矿、固体废弃物中的重要元素进行回收再利用。建立以采矿回采率、选矿回收率和综合利用率等为主的资源节约与综合利用调查评价制度，实施资源采选回收率准入管理，将资源综合利用作为矿产资源规划和矿业权设置方案的重要内容。

## 3. 承接产业转移

各老工业城市有不同的资源禀赋、产业基础和人口分布。必须基于既有基础，面向沿海发达地区和发达国家，重点面向邻近城市群地区，因地制宜，承接优势产业和特色产业转移，培育老工业城市发展的新动能。

第一，产业承接。加快承接现代服务业、装备制造业、高新技术产业等产业，尤其是承接能增加就业的劳动密集型产业，包括纺织、服装、玩具、家电。加快技术引进，重点引进传统产业升级急需的先进技术、设备和其他重要资源，引进具有自主研发能力和先进技术工艺的企业，吸引内外资参与企业改制改组改造，推广先进适用技术和管理模式。吸引发达地区的企业在老工业城市设立生产基地、采购中心。

第二，营商环境与体制机制。完善基础设施，建设公共服务平台建设，规范政府行为，推动政府审批放权，简化审批程序，促进投资贸易便利化，整顿和规范市场秩序，为承接产业转移营造良好的环境。探索承接产业转移新模式，实现优势互补、互利共赢。

第三，产业准入门槛。将资源环境承载力和生态环境容量作为承接产业转移的重要依据，坚持节能环保，严禁污染产业和落后产能转入，避免低水平简单复制。对承接项目的备案或核准严格执行能耗、物耗、水耗、环保、土地等标准，做好水资源论证、节能评估审查、职业病危害评价等工作。

## 4. 老工业区改造

衰落型老工业城市的核心矛盾空间是城区老工业区，凝聚了产业和城市、企业与居住、职工与民生等一系列问题。老工业城市必须坚持新型城镇化和新型工业化两条路径融合发展，实施综合发展战略，集中资源和力量，加快老工业区改造，促进核心区域和矛盾集中区转型发展。

第一，统筹工业转型与城市改造。统筹棚户区改造、企业搬迁与就地改造、基础设施与市政设施完善、土地收储与返还、生态景观与环境治理、社区改造与遗产保护、入驻园区扶持，突出特色，加快老工业区改造。腾退土地发展城市其他产业或其他城市功能，因地制宜发展现代服务业、建设城市综合体和宜居社区。

第二，老旧企业搬迁。重点实施企业搬迁，充分考虑老旧企业的生产技术、污染排放、产品类型等特点，集中资源和力量进行治理整顿。针对企业差异性特征，分别采取不同的搬迁改造模式，一企一策、一事一议。对一些产能落后、污染严重的企业实行"关、停、并、转、迁"，将环境污染比较大、发展潜力比较大的企业进行搬迁。部分企业按照"公司总部"和"生产基地"分开布局的思路，将公司总部留在城市中心城区，生产基地搬迁至开发区，如兰州兰石集团有限公司。对环境污染严重、环境风险及安全隐患突出，难以通过就地改造达到安全、卫生及环境保护等要求的企业，要异地迁建或关停。通过搬迁退城进园的推动，以优化产业布局，实现"搬活企业，搬强产业，搬美城市"。在萍乡，化工厂、柴油机厂、发电厂等企业已完成"退城进园"，瓷厂、矿山机械厂等12家企业正在搬迁，变压器厂、轴承厂等4家企业计划搬迁改造。

第三，产业集中布局。搬迁企业和搬迁项目要按照所在城市产业整体布局，向符合主导产业发展要求的产业集聚区、专业园区进行集中，实现产业集群发展，集约利用土地。冶金、化工、建材及危险品生产和储运等环境风险较大的搬迁企业，必须迁入专业园区。白银的老工业企业整体搬迁至白银高新区，荆州2/3的企业陆续搬迁到周边的开发区和工业园区，芜湖15家企业完成搬迁，主要迁入新芜经济开发区和三山区。

第四，城区基础设施。提升城区基础设施和公共服务设施，完善建设老工业区主干道、外联通道和公共交通设施，改造老旧管网，加快供水、污水、热力、燃气等管网建设和改造升级。完善公共服务设施，加强中小学、幼儿园、体育场馆、医疗卫生等公共服务设施建设。

## 5. 民生事业建设

衰退型老工业城市调整改造必须重视民生改善，特别重视原国有企业"关停并转"后遗留下的系列民生问题，妥善解决企业职工安置、社会保险等问题，推动职工老旧社区改造，提高居民幸福指数。

1）安置企业职工。把职工安置作为化解过剩产能、衰退产业退出的重中之重，细化措施方案，落实保障政策，实行积极的就业安置，支持通过企业内部分流、转岗就业创业、公益性岗位帮扶等多渠道分流安置职工。妥善处理职工劳动关系，强化政策指引，明确安置途径、经费来源、维稳风险和促进再就业措施。坚持企业作为安置职工主体，对土地、房产、库存等有效资产变现或国有股权转让收益，优先用于安置职工、偿还拖欠职工工资和社会保险等。

2）就业优先战略。把促进就业放在衰退产业退出、产业发展转型的优先位置，实施更加积极的职工培训与就业政策，扩大就业规模，形成促进就业和预防失业的综合保障体系。多渠道、多方式增加就业岗位，为失业人员和新增就业人员创造就业条件。完善创业扶持政策，鼓励失业、失地和新增就业人员自主创业，落实小额担保贷款、税费减免、场地安排等政策。加大重点群体的就业援助，以下岗失业人员、困难职工家庭、塌陷失地人员等困难群体为重点，帮助寻找合适的就业岗位。

3）衰退企业职工培训。建立普惠性就业培训制度，加大政府培训补贴力度。建立衰退行业企业职工失业预警机制。将职工培训和矿井闭坑、企业破产关闭相结合，加强煤矿、冶金、建材及有色金属企业职工就业培训。鼓励衰退产业企业发展其他产业，推动职工转岗。对生产效率较低的企业实行全员培训上岗，支持与高校、培训机构合作，通过合作办学、专业培训和岗位实训等方式，提高职工素质。以技工院校和骨干企业为依托，强化职业技能培训力量，重视技能人才培训。

4）社会保障事业。按照"广覆盖、保基本、多层次、可持续"的理念，完善基本养老保险、医疗办校等社会保障体系，扩大社会保险覆盖面，兜住民生底线，防止经济下行压力传导到民生领域。将各类关闭矿井、破产倒闭企业、困难企业职工纳入基本医疗保障体系，以非公企业职工、个体工商户、灵活就业人员及未参保集体企业退休人员为重点，完善养老保险保障体系。完善社会救助体系，健全最低生活保障、特困人员供养、低保边缘户救助等社会救助制度，完善以城乡医疗、助学、住房、取暖和法律援助等为主的专门救助制度，加大临时性救助力度。

5）居民居住条件。将城区老工业区零星棚户区、城中村、独立工矿区统一纳入棚户区改造范围，支持国家开发银行等政策性金融机构加大政策支持力度。综合整治沿街连片旧住宅、商业街区和废旧工业片区。对搬迁改造企业老家属区进行房屋修缮和环境综合整治，完善配套设施，改善老职工、困难家庭、困难群体的居住条件。

### 6. 社会与生产管理

任何城市的发展都需要良好的社会环境作为支撑，衰退型老工业城市更是如此。整合社会资源，加强和创新社会管理，加大安全生产监管力度，为城市振兴发展创造良好的社会环境。

第一，安全生产监管。以事故超前预防为主线，突出抓好化工、冶金、采矿、建筑等行业领域的安全整治，建立制度化、常态化的安全隐患排查机制。严格安全许可，淘汰落后产能及安全性能低下的生产技术、工艺和装备；提高安全监管执法能力，重点围绕非法采矿打击违法非法生产经营行为。深化安全治理整顿，防范治理粉尘、苯等重大职业危害。

第二，债务和历史遗留问题。采取政府债券发行、置换债券、建立偿债准备金等措施，加强政府债务管理，确保到期债务按期偿还。化解各种历史遗留问题，及时解决企业无房产证、征迁居民回迁难、建筑工地手续不全等问题。

第三，社会管理体系。加强城中村"村改居"、新城市社区的各级组织建设，注重煤炭、挖矿等塌陷区搬迁村庄合并的基层组织建设。围绕各老工业城市的核心问题，加强塌陷治理区、搬迁村庄、煤矿与铁矿关闭失业、拆迁安置社区、破产倒闭企业的重点人群管理，实行常态化管控。

第四，应急管理。围绕铁矿石开采、采矿塌陷、有色金属冶炼、化工品泄漏、城市拆迁等核心领域，建立公共安全和生产安全预防预警、应急处置体系，有效应对突发事件和群体性事件。实施重大工程和重大政策的社会风险评估，把各种不稳定因素化解在萌芽状态。

# 第三节　连片型老工业基地

## 一、连片型老工业基地识别

### 1. 连片型老工业基地界定

基地是开展某种活动或某种事业的基础地区，是某种活动的集中性支撑点。而产业基地指围绕某一具体产业或某种资源，按照产业链或产品类别把相互关联的企业或经营单元聚集起来，形成布局相对集中、具有配套环境、在国际或国内具有重要地位的产业集群地区。

产业基地因属性而异，规模不一，可大可小，呈现出集聚性、规模化、专业化、配套化、影响力较强等多种特征。围绕某个产业的企业分布具有地理接近性，形成了特定产业聚集区，这不是简单的数量结合，而是一系列具有内在关联性、构成完整产业链的各种综合要素的集聚区，降低了信息成本和交易成本，提高了产业运营效率。

工业基地（industrial base）则指在一定地域范围内工业生产比较发达和相对集中

的城市或地区，并在经济、生产、技术上对国家或一个大尺度地区起主导或基地作用，是按其功能划分出来的一种工业地域组合形式。工业基地可分为专业化工业基地和综合性工业基地。

工业基地一般是以一个或若干个大型骨干企业为基础逐步发展起来的，有的集中在一个地方，有的分布在一个相当大的地域范围内的若干地方。其范围可大可小，大至一个大经济区，小至一个工业中心或城市。

部分老工业城市在空间布局上连续成片，或在某省内连续分布或邻省相连，形成空间上连续集中的老工业基地，面积较大。尤其是在东北地区、华北地区和"三线"地区，老工业城市有着明显的集聚性和连片性。但在各地区，连续成片型的老工业基地有着不同的空间形态，有的呈现带状，有的呈现团簇状。

## 2. 连片型老工业基地识别

根据地域连接、城市集中的原则，选择老工业城市集中区。

——地理连接，老工业城市所在地级行政区毗邻分布，空间上相互连接成片。

——地域完整，各老工业城市应处于同一个地貌单元内，不能被典型自然地理单元分割。

——城市集中，老工业城市空间分布比较密集，包括地级城市和县级城市。

——特色突出，主导产业或产业集群有着明显的地域特色。

根据上述原则，本研究对连片型老工业基地进行筛选。在全国范围内，连片型老工业基地详见表10-3。

表10-3　连片型老工业基地概况

| 连片型老工业基地 | 老工业城市 | 数量（个） |
| --- | --- | --- |
| 东北老工业基地 | 沈阳、大连、鞍山、抚顺、本溪、丹东、锦州、营口、阜新、辽阳、盘锦、葫芦岛、长春、吉林、辽源、通化、哈尔滨、齐齐哈尔、鸡西、鹤岗、大庆、双鸭山、佳木斯、牡丹江 | 24 |
| 冀中北老工业基地 | 北京、天津、石家庄、唐山、保定、张家口、承德、阳泉、太原、大同 | 10 |
| 冀南豫北老工业基地 | 邯郸、新乡、安阳、焦作、濮阳、开封、郑州 | 7 |
| "三线"老工业基地 | 洛阳、平顶山、南阳、十堰、宜昌、襄阳、荆门、荆州、孝感、武汉、黄石、汉中 | 12 |
| 湘中老工业基地 | 长沙、株洲、湘潭、衡阳、邵阳、娄底 | 6 |
| 川黔渝老工业基地 | 重庆、自贡、泸州、乐山、贵阳、遵义、六盘水、安顺 | 8 |

注：为了保障地域连续性，部分非老工业城市纳入分析范围

东北老工业基地——主要分布在东北中部和东部地区，呈现明显的面状分布，共有24个老工业城市。

冀中北老工业基地——主要分布在华北北部地区，呈现明显的团簇状，共有10个老工业城市。

冀南豫北老工业基地：包括河北的邯郸，河南的新乡、焦作、安阳、鹤壁、开封、郑州、濮阳8个城市。

"三线"老工业基地：主要分布在河南西部和湖北西部、西北部地区，即伏牛山、武当山等地区，包括河南的洛阳、平顶山、南阳，湖北的十堰、荆门、襄阳、荆州、宜昌、孝感、汉中、武汉和黄石。

湘中老工业基地：主要分布在湘江流域，包括湖南的株洲、湘潭、娄底、长沙、衡阳、岳阳。

川黔渝老工业基地：包括四川的泸州、乐山、宜宾、自贡、内江，贵州的遵义。

## 二、连片型老工业基地转型思路

### 1. 发展思路

连片型老工业基地的典型特点是空间连续、城市密集、范围大，各城市有着不同的发展基础、发展状态与发展潜力，是最复杂的老工业城市集聚地区。2003 年以来，中国已经实施了东北等老工业基地振兴战略，目前应充分借鉴东北等老工业基地的振兴经验，推动其他连片型老工业基地的转型发展。

连片型老工业基地应坚持"集中改造"、"共同转型"和"协同发展"，综合集成"援助"、"扶持"、"调整"和"改造"等途径，实现共同转型发展。

协同发展——基于各城市发展基础，发挥各城市优势，重视城市分工，相互协作，相互促进，规范区域发展秩序，实现共赢效果，提升整个区域的竞争力。

共同转型——将老工业基地调整改造与区域发展深度结合，综合集成产业政策与区域政策，全力实施国土开发战略、区域发展战略，协调推动新型城镇化与新型工业化、农业现代化、信息化及绿色化建设。

集中改造——统筹考虑各城市的突出问题，统筹规划，整合并集中优势资源，实施共同的有力有效政策，覆盖全基地，实施集中改造，合力攻坚。

### 2. 转型目标

连片型老工业基地的目标是推动各城市的共同振兴发展与转型发展，增强改造的整体效果，探索老工业城市共同振兴的政策、模式与有效路径。

连片型老工业基地的振兴目的是激活区域整体发展活力，提升区域发展竞争力，培育增长区域，切实解决区域发展的重要瓶颈，构建健康持续发展的国土开发格局。

## 三、连片型老工业基地转型要点

### 1. 东北老工业基地

东北老工业基地是中国最大的工业基地，曾是中国工业发展的摇篮，主要分布在东北中部和东部地区，呈现明显的面状地域。共有 24 个老工业城市，分布在辽宁、吉林和黑龙江。改革开放以来，尤其是 20 世纪 90 年代以来，东北老工业基地的发展速度逐步落后于沿海地区，企业设备与技术老化，就业矛盾突出，部分城市主导产业衰退明显。目前，东北老工业基地在装备制造、木材、粮食等方面，仍在全国占有重要的地位。东北老工业基地的调整改造应坚持扶持的理念，完善体制机制，推进产业结构调整，保障和改善民生，有效提升发展活力、内生动力和竞争力，巩固商品粮食生产基地、林业基地、能源原材料基地、重型装备制造业基地。重点在以下方面实现振兴发展。

第一，体制机制改革。解决深层次的体制问题始终是东北老工业基地振兴发展的关键，释放发展新活力。加大中央转移支付力度，推动国有企业改革，推进企业兼并重组，建立现代企业制度，做优国有经济。发展非公有制经济和中小企业，稳妥发展混合所有制经济。妥善解决历史遗留问题，包括国有企业分离办社会职能、厂办大集体、企业历史欠税等。推动中央企业与地方协同发展，带动地方发展配套产业，共建产业园区。

第二，现代产业体系。淘汰落后产能和低效产能，有效化解过剩产能，严格控制钢铁、煤炭等行业新增产能，推动僵尸企业有序退出市场。采用现代技术改造钢铁、石油化工、煤电化等传统产业，提高数字化和智能化水平，做强"工业母机"，做优装备制造业，建设为具有国际竞争力的先进装备制造业基地和重大技术装备战略基地。培育潜力型产业，包括农林产品、现代中药等特色轻工产业，壮大电子信息、生物医药、新能源、新材料等新兴产业。推进资源型城市发展接续替代产业。

第三，创新驱动。实施创新驱动战略，围绕特色优势产业，完善重点实验室、技术研究院、共性技术研发中心等创新平台，推广应用自主创新成果，协同推进产业创新、企业创新、产品创新，建设研发转化平台与特色专业孵化器，加快转化速度，培育新的增长点。重点围绕新能源、新材料、生物、信息、航空航天、高速铁路等高技术产业领域，实施创新发展。

第四，民生事业。推动棚户区改造，加大高寒地区热电联产项目建设，改善居民居住环境和冬季取暖问题。完善社会保障体系，扩大各类保险的社会覆盖面。千方百计扩大就业，稳定就业形势，留住人才。提高城乡居民收入，实施城市精准扶贫、精准脱贫。

第五，营商环境。推动各级政府转变思想观念，简政放权，优化服务，改革行政审批制度，深化重点领域和关键环节改革，推动"法治东北，信用东北"建设。改善投资营商环境，加大招商力度。清理涉企行政事业性收费，降低制度性交易成本、用工用地要素成本，减轻企业负担。

## 2. 冀中北老工业基地

冀中北老工业基地包括河北的张家口、承德、唐山、保定等 10 个老工业城市，呈现明显的团簇状分布，以河北北部城市为主，辅之晋北城市。该基地以钢铁和煤炭工业为主，是典型的煤铁型老工业基地。该基地的调整改造必须坚持京津冀协同发展，创新合作机制，加强分工协作，打造成为新兴产业基地。

第一，京津冀协同发展。发挥区位优势，融入京津冀协同发展。创新区域合作机制，吸引北京非首都功能的产业转移，承接文化创意、信息技术、装备制造、生物制药、节能环保等产业，探索共建共享共管产业园区，建设京津产业转移的重要承接地。

吸引北京和天津的项目与资金入驻，强化与首都高等院校、科研机构、高新技术企业的联系合作。

第二，产业转型升级。坚持绿色发展，积极发展生态产业和绿色产业。淘汰低端产业，清理僵尸企业，加快钢铁、煤炭、铁矿石等去产能进程，优化火电产业布局，提高煤炭清洁利用水平。升级矿产资源加工、能源、农产品加工等传统产业，壮大装备制造业、精细化工等优势产业。培育新材料、生物医药等新兴产业，发展生态旅游、文化创意、精品农业、冬雪产业等特色产业。合理发展风能、太阳能、生物质能等新能源，完善电力通道和主干电网建设，构建京津冀清洁能源基地。

第三，生态环境建设。坚持生态优先，保护好森林、草地等生态资源，构筑京津生态安全屏障。植树造林，提高森林覆盖率和植被覆盖率，治理水土流失。治理大气污染，实现联防联治；加快水环境治理，建设水源涵养区，健全生态补偿机制。加强自然保护区、风景名胜区、森林公园、地质公园建设，实施京津风沙源治理、三北防护林、太行山绿化、退耕还林、退牧还草、防沙治沙等生态工程。

第四，资源开采与利用。加快开发煤炭资源，建设清洁能源基地。合理开发铁矿石、石墨、有色金属及膨润土等矿产资源，提高资源保障年限。合理开发利用水资源，实施最严格的水资源保护与管理制度，加强水源地保护，构建水资源补偿机制。

第五，脱贫攻坚。将产业调整改造与农村脱贫相结合，重点围绕燕山-太行山特困区，实施精准扶贫，改善道路、饮水、能源、农田水利等基础设施，实施"六到农家"工程，改善农村基本生产生活条件，发展基础教育与职业教育，立足资源禀赋发展特色产业，提高农民收入水平。

### 3. 冀南豫北老工业基地

冀南豫北老工业基地横跨河北和河南，包括河北的邯郸，河南的新乡、焦作、安阳、濮阳等老工业城市，以河南为主、以河北为辅。该基地以钢铁和煤炭工业为主，也是煤铁型老工业基地，长期以来经济发展低迷，竞争力逐步下降。冀南豫北基地应坚持改造的理念，融入中原城市群等区域发展战略，推动以下发展路径，重振发展活力，打造成为华北地区的重要增长区域。

第一，区域融合发展。推动邯郸、邢台一体化发展，主城区实施开放式对接建设，共建共享重大基础设施，实现公共服务同城化，共同打造区域性中心城市。推动焦作、安阳、新乡、鹤壁、濮阳等豫北城市的协同合作，实现抱团发展。

第二，产业升级改造。推进产业合理分工互补。加快钢铁、煤炭等产业去产能，推动钢铁冶金、机械制造、石油化工等产业升级改造，发展新兴产业。承接沿海地区的产业转移，探索共建产业园区。

第三，资源型城市转型。合理控制煤炭、铁矿石、石油等矿产资源开发强度，提高可持续开发能力，继续保障资源型产业发展。加大资源勘查力度，提高资源保障能力。培育接续替代产业，尽快形成经济增长优势。

第四，环境污染治理。改善能源消费结构，减少煤炭消费，发展清洁能源。改善企业生产工艺与环保设施，减少污染物排放。注重大气环境联防联控，合力改善环境质量。加强农业面源污染，控制中小企业污水排放。

## 4. "三线"老工业基地

"三线"老工业基地主要分布在河南西部、湖北西部和西北部地区、陕西秦岭以南地区，覆盖伏牛山、武当山等地区，是典型的"三线"地区。该基地具体包括河南的洛阳、平顶山、南阳，湖北的十堰、荆门、襄阳、荆州、宜昌、孝感、汉中、武汉和黄石。该基地为综合性老工业基地，各城市的主导产业类型明显不同，但国防军工较多是一般性特征，尤其是军工和机械工业优势突出。但"三线"老工业基地的老旧企业布局分散，交通不便。

"三线"老工业基地必须结合"三线"地区的特点与产业基础，考虑国防军工建设与长远期国家安全，加快调整改造，建设平战结合的战略后方工业基地。

第一，区域发展理念。将老工业城市调整改造与区域发展相结合，将洛阳、十堰、宜昌等城市培育成为豫西地区、鄂西北地区、鄂西地区的中心城市，引领各区域的发展。

第二，老旧企业搬迁。对部分进山太深、远离中心城市、厂址有严重问题和没有发展前途的老旧企业进行搬迁，迁入邻近城市的产业园区。对布局相对合理的老旧企业进行就地改造，促进技术进步，改善企业生产和职工生活条件。以此，稳定"三线"老工业基地的产业基础与人才队伍。

第三，国防军工改造。坚持国防军工的主导地位，继续发挥"三线"地区的战略性作用，加快高新技术与智能技术应用，促进企业技术改造，更新企业生产设备与设施，升级产品类型，提高产品质量。推进军民融合产业发展，推动已解密军用技术的民用化与产业化进程；实施"军转民"战略，推动部分军工企业转产民品，培育新增长点。

第四，历史遗留问题。合理解决"三线"建设中形成的历史遗留问题，妥善处置老旧企业遗留国有土地和住宅楼；构建国有企业与地方政府、地方企业的合作机制，构建产业配套与协作关系，形成共同发展与融合发展。加快国有企业改革，建设现代企业制度，剥离国有企业办社会职能，加快厂办大集体改革，稳妥解决企业职工社会保障等民生问题。

## 5. 湘中老工业基地

湘中老工业基地分布在湖南的湘江流域，包括湖南的长沙、株洲、湘潭、娄底、衡阳、邵阳，以及江西的萍乡，是以湖南为主、江西为辅的老工业基地。该地区的产业以冶金工业为主。湘中老工业基地人口稠密，土地开发较为充分，各城市发展方向尚缺少分工与联动，行政壁垒仍然存在。根据城市距离较近的特点，坚持组团发展理念，加快调整改造，打造成为中国国土开发的重点区域。

第一，城市群组团发展。以上述城市为基础，尤其是以长沙、株洲和湘潭为核心，坚持协同发展，强调分工协作，重视基础设施与公共服务的同城化，实现"交通同网，能源同体，信息同享，生态同建，环境同治"。加快构建30分钟通勤圈和2小时经济圈。

第二，产业升级改造。发挥"全国资源节约型和环境友好型社会建设综合配套改革试验区"的政策优势，推动产业一体化发展。淘汰煤炭、采矿等落后产能，推动钢铁、有色金属、化工等主导产业的技术改造，提升电子信息设备、装备制造、烟草制品、农产品加工等产业的优势。

第三，基础设施建设。根据城市群的理念，建设城际铁路与轨道交通网络、高速公路环线、城际高速公路、通信信息、航道、饮水、电力、水利防洪等基础设施，共享机场、能源、港口、环保等重大基础设施，提高城际社会经济交流的效率与效益。

第四，生态环境治理。以工矿废弃地和水污染治理为重点，治理生态环境。保护森林植被，加大封山育林和退耕还林力度，提高森林覆盖率。以湘潭和娄底为主治理锡矿山等工矿废弃地，推动矿山复绿行动，实施重金属污染治理。以湘江及各支流为重点，加快水污染治理，统筹开展"三禁一清"、河道采砂、沿河工业、养殖、生活废水等整治工作。

## 6. 川黔渝老工业基地

川黔渝老工业基地包括四川的泸州、乐山、自贡、内江，贵州遵义和重庆，为三省毗邻性老工业基地。该基地资源禀赋富集，包括能源、矿产、水资源及生物资源，曾是"三线"建设地区，工业结构以轻工业和化工业为主，资源依赖性特征明显。川黔渝是西南地区具有活力和潜力的重要区域之一，应建设为西南地区的新增长区域。

川黔渝老工业基地调整改造坚持以下要点。

第一，建设川黔渝"金三角"。从区域发展的角度，整合川南经济区、黔北经济区及重庆都市区，完善铁路、高速公路等基础设施网络，建设区际交通干线与区域环线，提高城市交流效率，建设川黔渝"金三角"，构建西南地区的新增长区域。

第二，特色产业发展。淘汰低效产能和落后产能，推动煤电、煤化工、有色金属、装备制造、精细化工等优势产业升级改造。发挥本地资源优势，做大做强白酒、名茶、生态旅游等特色产业，建设中国优质白酒生产基地。发展新材料、高端装备制造、新型电子、节能环保、新能源、生物技术、动漫等新兴产业。加快煤炭资源开采，合理布局火电企业，合理开发磷铁矿、盐矿、天然气等矿产资源。

第三，承接产业转移。优化营商环境，主动接受成渝经济区两核辐射，主动承接成都、重庆两地产业的转移。加强"产业链招商"和"集群招商"，化资源优势和成本优势为产业优势和市场优势。

第四，精准扶贫攻坚。聚焦武陵山区，加大建设投资力度，改善交通、能源、水利等基础设施，加大对口帮扶，发展生态旅游、特色农业、农产品加工业与民族文化产业，提高自我发展能力，推动地方资源转化为经济优势。

老工业城市调整改造的理论与实践

# 第十一章
## 老工业城市调整改造案例

案例分析与经验借鉴一直是地理学和经济学的重要研究范式。老工业城市调整改造是一项长期而复杂的系统工程，必须不断借鉴不同城市的经验与模式。案例分析法也称为个案研究法，可从中归纳演绎老工业城市一般性、普遍性的规律，探究各城市的特殊发展模式。分析个案城市的发展方案，考察城市市情差异与方案差异的关系，剖析其行动方案与发展路径的设计范式，总结其成功经验与失败教训，可以学习经验、吸取教训，以取长补短、规避缺陷、扬弃短处。

不同的老工业城市因其历史基础、产业结构与自然环境差异较大，其调整改造也存在不同的方案，也必然产生了不同的效果，并影响各城市的深远发展。案例分析必须充分考虑老工业城市的差异性，产业结构尤其是工业结构和主导产业类型一直对老工业城市的产生和发展，包括经济方式、城市功能结构、人居环境、社会事业等方面，具有基础性的塑造作用。这就要求研究者需要从不同的角度，尤其是从综合性和专业化、重化工类与轻工类等视角，选择老工业城市案例，总结各城市的发展模式与经验做法。

本章主要深入分析中国部分老工业城市的发展行动与成功经验。基于老工业城市的产业结构特点与属性，从综合性、专业化和轻工类三种类型出发，分别以沈阳、洛阳和荆州为例，从演化过程、核心问题、产业改造、城市建设与功能提升、科技创新与人才培养、资源环境、老工业区改造、产业承接区等视角，分析各案例城市的调整改造方案与成效。同时，以国家重点表扬的自贡、淄博、大庆、长治、石景山区为例，分析老工业城市的成功经验、可行做法及有效模式。

## 第一节　综合性老工业城市调整改造
### ——以沈阳为例

### 一、发展演化

沈阳工业发展历史悠久，至今已有100多年的发展时间，是中国老工业城市的典型代表。沈阳老工业基地的发展历程与其经历的历史背景密切相关，呈现出明显的曲折性，大体分成三大阶段。

## 1. 初步形成阶段

（1）萌芽时期：1896 ～ 1930 年

在近代中国洋务运动和戊戌变法等历史运动的影响下，沈阳地方当局进行修建铁路、开辟矿山、兴办学堂、开设工厂，形成了早期的工业。军事工业及铁路系统成为沈阳近代早期工业和民族工业的主体。1911 ～ 1923 年，沈阳近代工业快速成长，形成了大东工业区；1925 ～ 1930 年，以机械和军事工业为主体的近代工业体系基本形成，新开辟了西北工业区。

（2）初步形成：1931 ～ 1944 年

该时期，沈阳是东北沦陷区的工商业中心城市，民族工业遭到严重的破坏和摧残。1934 年尚有民族工业性质的工厂共计 1501 家，至 1942 年已半数倒闭，年产值仅占全市工业总产值的 48%。日本利用其资本和技术开辟了铁西工业区，兴建了大量日资工厂，1940 年该区域日资工厂共有 233 家，其中机械制造、金属、化工等工厂达 104 家，年产值占全市工业总产值的 48%；1941 年，沈阳日资工厂发展至 423 家。

（3）衰落时期：1945 ～ 1948 年

抗日战争胜利后，铁西工业区的日资企业设备一部分被日本人破坏，大部分设备、产品和原料被苏联运走，工厂再次遭到严重破坏。国民党政府接手后的工业生产不景气，特别是 1947 年以后，随着国民党政府的经济全面崩溃，铁西工业区又遭到严重摧残，许多工厂厂房仅剩下空架子。到 1948 年 10 月，多数工厂陷于停产状态，开工率仅 5%，商户由 1947 年 4 月的 15 960 户锐减到 6861 户，工业区杂草丛生、满目疮痍。

## 2. 振兴发展阶段

（1）恢复时期：1949 ～ 1957 年

1949 年以后，沈阳工业重新恢复生产，1952 年工业总产值比 1949 年增长了 3.6 倍。"一五"期间，沈阳成为中国建设的重点地区，国家将大量资金投向沈阳的工业建设，基建投资共 16.1 亿元，用于工业的投资达 11.1 亿元，占同期全国投资的 4.4%，其中工业投资中的 76.8% 用于发展机械工业。"一五"建设确立了沈阳的基本工业架构及地位，至"一五"末期，沈阳已相继发展了飞机、机床、风动工具、电线电缆、电力机械设备、重型矿山设备、通用机械设备等工业，基本形成了以机械工业为主的重工业体系。

（2）曲折发展时期：1958 ～ 1978 年

"二五"时期头三年沈阳继续加大基础建设，工业和建筑业固定资产投资完成额合计 9.9 亿元，占同期全部投资完成额的 78.9%。20 世纪 60 年代初，又发展了煤炭、发电、炼铁、炼钢、炼焦、薄钢板轧制等原材料、燃料动力工业及汽车、拖拉机制造工业。随后，沈阳工业进行调整和整顿，1963 ～ 1965 年关停并转 312 家工厂，重点发展能源、支农工业、轻工业，三年内工业总产值年增长 21.7%。1971 ～ 1975 年，沈阳进行一定的重点建设，生产性建设投资完成额达 8.36 亿元，占全部投资完成额的 73.9%，又发展了化纤、塑料、橡胶三大合成材料工业及电子等新兴工业。至此，沈阳成为以机械为主门类、结构比较齐全的综合性工业城市。

（3）振兴发展时期：1979～1997年

十一届三中全会以后，尤其是1984年沈阳被国务院批准为经济体制综合改革试点城市以后，工业经济进入崭新的发展时期。首先，对落后企业进行技术改造升级。仅"七五"期间，沈阳完成技术改造投资56亿元，对621个企业进行了改造，一批企业提高了工艺装备能力和水平，产业结构得到初步调整，汽车制造、化工等产业成为新的工业支柱，计算机等高新技术产业初露头角，机床、电工、通用设备等行业在全国的优势地位得到恢复和巩固。其次，逐步开发经济新区，先后把南湖科技开发区、沈阳北站商贸金融开发区、沈阳经济技术开发区、铁西工业改造区和辉山旅游风景区作为沈阳新的经济增长点，采取滚动开发、合资开发、转让开发、嫁接改造等多种方式推进。

## 3. 困境时期：1998～2002年

计划经济体制下大量建设的工业城市在改革开放后逐渐陷入困境，沈阳工业的辉煌也同样于20世纪80年代后戛然而止。曾经的"共和国长子"在改革中承受了巨大痛苦。至90年代初，东北工业的疲软局面更加明显，部分国有企业出现亏损，到90年代末，大部分工厂陆续停产。"东北现象"指工厂大量停产或半停产的状态。由表11-1可知，世纪之交，铁西工业区的35万名国有企业职工中有13万人下岗，还有大量工人被安排回家"休假"，被称为全国最大的"工人度假村"。由表11-2可知，2002年，处于半停产状态的沈阳桥梁厂，共有职工3956人，其中离退休1556人；在册2400人中，仅有50人在岗，放假2350人。以当时处于生产状态的沈阳重型机械集团为例，共有职工15 206人，其中，离退休6587人；在册8620人中，有4534人在岗，放假4086人。

表11-1　2002年铁西区国有企业主要经济指标情况

| 企业名称 | 生产状态 | 主要经济指标 | | |
|---|---|---|---|---|
| | | 工业产值 | 工业增加值 | 主营业务收入 |
| 沈阳桥梁厂 | 半停产 | 1 579 | 241 | 3 526 |
| 沈阳铸造厂 | | 1 006 | 695 | 39 880 |
| 沈阳标准件制造厂 | | 1 903 | 231 | 772 |
| 沈阳线材厂 | 正常生产 | 5 628 | 517 | 7 054 |
| 沈阳电力机械厂 | | 5 179 | 1 099 | 5 123 |
| 沈阳纸板厂 | | 2 827 | 749 | 3 059 |
| 沈阳变压器有限公司 | | 82 827 | -3 397 | 63 846 |
| 沈阳重型机械集团有限责任公司 | | 55 002 | 10 380 | 44 132 |
| 沈阳鼓风机厂 | | 48 495 | 11 280 | 41 223 |
| 中国有色（沈阳）冶金机械有限公司 | | 17 060 | 5 080 | 17 176 |

注：数据截至2002年9月

资料来源：《铁西新区178户企业基本情况表》（铁西工业区调整指挥部资产运营处制）

**表 11-2　2002 年铁西区国有企业冗员情况案例（单位：人）**

| 企业名称 | 在册职工 | | | | | | 离退休职工 | | | 职工总数 |
|---|---|---|---|---|---|---|---|---|---|---|
| | 在岗 | 放假 | 合计 | 全民 | 集体 | 合同 | 离休 | 退休 | 合计 | |
| 沈阳桥梁厂 | 50 | 2 350 | 2 400 | 2 400 | | | 60 | 1 496 | 1 556 | 3 956 |
| 沈阳铸造厂 | 536 | 1 447 | 1 983 | 1 031 | 902 | 50 | 42 | 2 286 | 2 328 | 4 311 |
| 沈阳标准件制造厂 | 506 | 1 283 | 1 789 | 577 | 1 059 | 153 | 59 | 2 060 | 2 119 | 3 908 |
| 沈阳线材厂 | 118 | 334 | 452 | 371 | | 81 | 24 | 742 | 766 | 1 218 |
| 沈阳电力机械厂 | 726 | 217 | 943 | 943 | | | 27 | 766 | 793 | 1 736 |
| 沈阳纸板厂 | 315 | 50 | 365 | 220 | | 224 | 26 | 535 | 561 | 1 005 |
| 沈阳变压器有限公司 | 4 478 | 1 268 | 5 746 | 3 384 | | 2 362 | 85 | 2 879 | 2 944 | 8 890 |
| 沈阳重型机械集团有限责任公司 | 4 534 | 4 086 | 8 620 | 4 311 | 1 988 | 2 322 | 158 | 8 431 | 6 587 | 15 206 |
| 沈阳鼓风机厂 | 2 399 | 595 | 2 994 | 2 994 | | | 39 | 1 717 | 1 756 | 4 750 |
| 中国有色（沈阳）冶金机械有限公司 | 3 142 | 1 697 | 4 839 | 2 714 | 1550 | 575 | 88 | 2 508 | 2 593 | 7 435 |

注：数据截至 2002 年 9 月
资料来源：《铁西新区 178 户企业基本情况表》（铁西工业区调整指挥部资产运营处制）

# 二、核心问题

沈阳作为中国老工业城市之一，曾在中华人民共和国 40 多年的经济建设中做出了突出的贡献，特别是其工业在我国的发展历程中发挥了举足轻重的作用。但近 20 年来，沈阳经济发展呈现明显的疲软态势，其核心问题表现为如下几个方面。

## 1. 经济结构问题

沈阳虽然是全国著名的老工业基地，但以服务业为主导的产业结构尚未形成，经济增长内生动力尚显不足，发展方式有待进一步转变。2013 年开始，沈阳的经济发展明显减速，出现了新一轮的"东北现象"。

（1）现代服务业

虽然沈阳服务业不断发展，但与国内服务业发达城市相比，存在较大差距。服务业经济总量与发达城市差距拉大，沈阳服务业增加值在 15 个副省级城市排位中，居第 8 位。服务业产业结构尚需进一步优化，批发和零售、住宿和餐饮等传统服务业比例仍高达 27.5%，现代服务业亮点不多，新的增长点不突出。服务业与加工制造业融合度不高，服务业发展滞后于加工制造业，而且制造业企业尤其是国有和国有控股企业辅助业务向社会释放不够，市场需求动力不足。领军企业和服务品牌不突出，重点行业和领域发展缺乏领军型企业带动，尤其本地总部企业尚未形成一定数量和规模，传统服务品牌市场扩张能力不强。

（2）产业体系

工业内部结构中，装备制造业占地区工业总产值的比例虽然超过 50%，但是主要集中在中低端制造领域，产业盈利能力较低；国有经济比例仍然居高不下，非国有经济比例较低。以领军企业为龙头、以区域配套为依托的产业体系建设亟待推进。沈阳

老工业城市调整改造的理论与实践

有一大批具有一定规模、占据国内行业排头兵地位的优势领军企业，但尚未形成一批具有全球竞争力的领军企业，未能充分利用领军企业的凝聚和扩散效应形成产业配套优势，形成领军企业与配套体系互相促进的发展模式。具有牵动力和影响力的重大项目相对较少。企业研发投入不足，具有自主知识产权的高端产品和技术不多，产品结构低端化，发展后劲小。目前，随着制造业的下行，2015年多家企业出现减产、亏损的状况，沈阳机床的业绩预亏损5.5亿～6.5亿元。

（3）产业聚集区

沈阳已具有一定的产业集聚规模，形成了主导产业聚集发展、基础产业配套提升和产业链条不断延拓的产业格局。但离建设具有国内和国际先进水平的制造业基地尚有距离，产业聚集区建设任重道远。具有牵动力和影响力的重大项目相对较少，产业发展相对滞后，经济运行质量有待进一步提高。产业配套体系建设尚不能完全满足领军企业的发展要求，未能充分利用领军企业的扩散效应形成产业支撑优势。

## 2. 体制机制和历史遗留问题

近年来，沈阳经济增速显著放缓的现象是多年来积累的深层次矛盾的集中体现，特别是社会发展滞后于经济发展，居民生活水平有待提高。

1）困难企业职工经济补偿金无力解决，地方财政难以承受社保欠费压力，企业离退休人员移交社会化管理费用难以解决。另外，历史遗留的不良贷款积重难返，清收工作成效甚微；社会保障体系虽日趋完善，但在保障覆盖度、养老金缺口等方面仍需进一步健全。

2）厂办大集体改革试点工作推进困难，主要是资金问题。企业职工经济补偿金无力解决，市属企业443户，其中困难企业和"三无"企业占79.7%；在册职工占60%；需经济补偿金6.4亿元，除中央、市财政按60%补助3.84亿元外，尚需企业或主办国有企业承担40%即2.56亿元。因其自身无可变现资产，主办国有企业困难，无力解决资金来源。

3）地方财政难以承受社保欠费压力。市属企业共拖欠社保费4.5亿元，按《国务院关于同意东北地区厂办大集体的改革试点工作指导意见的批复》（国函〔2005〕88号）规定，由企业分期补缴，从企业资产和经营状况看，根本无力补缴。按《国务院关于同意东北地区厂办大集体的改革试点工作指导意见的批复》（国函〔2005〕88号）规定，对关闭、破产企业拖欠的社保费，经批准可将职工个人账户部分之外的养老保险欠费予以核销。经测算，中直和省属企业预计核销4.2亿元，地方财政难以承担核销压力。

4）企业离退休人员移交社会化管理费用难以解决。市属企业离退休职工3.4万人，按沈阳政策测算，需缴费用13.6亿元。

## 3. 城市发展问题

城市功能区有待进一步培育，作为中心城市的承载力相对薄弱，沈阳的辐射和带动作用均不强。基础设施建设存在历史欠账。交通基础设施急需进一步完善，随着小汽车时代的到来，沈阳的交通拥堵问题日益严重。环境基础设施建设虽然发展较快，但污水收集管网尚未完全覆盖，城区雨污分流率低，乡镇污水收集治理步伐跟不上城镇化发展的速度。城市供暖以小规模燃煤锅炉集中供暖为主，热电联产和大规模集中供热能力需要加强。这导致中心城市承载力相对较弱，对东北地区的辐射和带动作用不强。

# 三、产业改造

## 1. 加快发展生产性服务业

作为国务院批准设立的第八个综合配套改革试验区，沈阳经济区上升为国家战略和老工业基地振兴战略深入实施区。沈阳作为试验区内的核心城市，城市辐射能力将明显增强，这为金融、物流、信息、科技、商务服务等现代服务业快速发展带来新的机遇。

（1）金融业

加快沈阳金融商贸开发区和沈阳金融街建设，发展装备制造金融、科技金融和农村金融，开展国家级优化金融生态综合实验，增强中心城市金融辐射带动能力和综合服务功能。发展多层次资本市场，探索开展场外交易市场（over the counter，OTC），设立非上市非公众股权交易市场，大力发展私募股权基金，开展多种形式的债权融资，构建全国性钢材期货交易市场、东北黄金交易市场、东北大宗商品交易市场、东北环境资源交易市场、东北仓单交易市场，做大做强东北产权交易市场，建立和发展沈阳农村综合产权交易所、沈阳文化知识产权交易所。加强信贷和保险市场建设，规范和完善投融资平台建设，拓展中小企业融资担保新途径，积极推动信贷保险贷款等信贷业务和金融IC卡等服务创新试点。加强金融机构体系建设，设立沈阳金融发展引导资金，建设东北区域金融服务外包市场，大力推进金融机构在沈阳设立票据中心、数据中心、信用卡中心等金融后援服务机构。

（2）信息服务业

紧紧抓住国际新一轮产业转移、两化融合等有利契机，以软件服务业为重点，建设国家软件服务外包基地，打造国家动漫产业发展基地，实现信息服务业跃升式发展。构建以东陵区（浑南新区）为主导区、其他地区为辅助区的产业发展布局，以东软软件园、沈阳国际软件园和万国数据生态产业园为主要载体，推进沈北新区软件产业园、皇姑软件出口基地等楼宇软件和产业集群建设。充分发挥本地骨干企业核心技术和产品优势，促进教育、医疗、电力、交通等行业软件产品产业化。以重点企业为依托，培育一批能承接国内外高端服务外包的龙头企业，将外包业务由以信息技术外包（information technology outsourcing，ITO）为主向商务流程外包（business process outsourcing，BPO）和知识流程外包（knowledge process outsourcing，KPO）过渡。全面建设国家软件和信息服务产业基地、国家两化融合示范基地、国家工业软件研发和软件人才实训基地。

（3）科技服务业

以科技服务环境与能力建设为重点，全面整合、有效配置各类科技服务资源，构建功能完备、开放协作、运行高效、与国际接轨的现代科技服务体系，以制造业研发为重点，建设中国制造业研发基地和国家高技术服务业基地。壮大科技研发服务机构，做大做强东北大学国家冶金自动化工程技术中心等一批科学研究与技术开发和工业设计机构，加快发展一批国家和省级工程（技术）中心与重点实验室。大力发展科技服务平台，以专业、专门性科技企业孵化器和检测基地建设为重点，强化计算机软件、绿谷生物等10个具有专业特色的科技企业孵化器和各类检验检测机构建设，形成沈阳科技企业孵化器和检验检测服务品牌，完善沈阳现有高科技创业中心、海外学子创业园等65家科技企业孵化器服务功能，提升其水平。

（4）商务会展服务业

依托区位优势和产业基础优势，构建以总部经济为主导，以会展业、中介服务业和广告业为支撑，其他商务服务为补充的现代商务服务体系，成为中国北方商务会展中心。大力发展总部经济，推进龙之梦亚太中心、东北总部基地、世茂五里河广场、沈阳裕景广场、华府天地二期等一批具有国际水准、超大体量的高端商务设施建设，引进国内外知名企业、专业服务机构、国际组织机构、商会组织、外商代表机构入驻沈阳，设立管理、投资、研发、营销、采购和结算等区域总部，培育一批本地总部企业。做大做强会展业，推进沈阳会展经济的品牌化、专业化、市场化和国际化进程。发展中介服务业，大力发展管理、信息、项目、投资、策划等咨询服务，加快发展金融、法律、会计、税务、保险、广告等代理服务。

（5）商贸流通业

巩固和扩大商贸流通业产业规模，提升整体业态水平，拓展城市商圈，增强区域商贸辐射功能，成为东北亚区域商贸中心。完善商贸服务体系，加快建设都市商贸中心、区域商贸中心、社区商服中心三级商贸服务体系，推进大中街、太原街、南塔、长江、铁西新华街、浑南等商贸集聚区建设，重点打造西塔韩国风情街、中山路欧陆风情街、沈阳路清代文化街等10条特色商业街。壮大市场主体和新兴业态规模，扶持沈阳商业城股份有限公司、沈阳五爱集团等大型商贸流通企业发展，培育在国内外市场具有竞争力的企业集团。提升批发交易市场，重点培育东部果蔬、东南部日用消费品、东北部陶瓷建材、西部钢材和建筑装饰、西南部农产品、西北部机动车配件和生产资料六大市场集群，新建和改造20个大型商品批发交易市场。

（6）文化旅游业

壮大文化创意产业，重点发展出版印刷、娱乐演出、动漫制作、文化旅游四大主导产业，培育影视传媒、创意设计、广告会展、数字文化等新兴文化产业。加快发展旅游业，重点打造温泉养生度假、清文化史迹、工农业体验、冰雪运动、生态休闲等十大旅游品牌，使沈阳成为东北地区最具吸引力的文化旅游城市。大力发展体育产业，加快建设全民健身中心、健身广场等民众健身场馆（场地）和设施。

## 2. 培育新兴产业

发挥产业基础、人才集聚、技术装备等优势，突出重点区域、重点技术、重点企业、重点产品，大力发展先进装备制造、新一代信息技术、生物医药、航空航天、新材料、新能源、节能环保七大新兴产业,加快形成产业核心竞争力,壮大新兴产业规模。2017年,全市共有 266 个重点新产品研制等创新项目、128 个新兴产业项目列入辽宁企业技术创新重点项目计划,分别占辽宁省项目总数的 36.2% 和 51.8%,基本形成铁西、浑南、沈北 3 个新兴产业聚集区和多个特色突出、创新能力强的新兴产业园区。

（1）先进装备制造业

依托沈阳机床集团公司、沈阳鼓风机集团股份有限公司、特变电工沈阳变压器集团公司、中国科学院沈阳科学仪器股份有限公司、中国科学院沈阳自动化研究所等骨干企业和科研院所,以提高先进装备制造业自主创新能力和企业核心竞争力为重点,大力发展重大技术装备、高档数控机床、IC 装备和自动化控制系统、轨道交通装备、物流技术装备。重点建设重大技术装备产业基地、高档数控机床产业基地、IC 装备产业基地、物流技术装备产业基地、先进装备制造产业园。

（2）新一代信息技术产业

依托东软集团股份有限公司、沈阳先锋计算机工程有限公司、沈阳同方科技园有限公司、中国科学院沈阳自动化研究所等骨干企业和科研院所,重点发展软件和服务外包、通信、数字视听、物联网技术及设备、动漫和创意文化产业。重点建设数字视听产业基地、软件产业基地、动漫产业基地、创意文化产业基地、通信产业基地和软件服务外包产业园。

（3）生物医药产业

依托骨干企业和高校,促进医疗设备和新医药项目研发、中试和产业化,重点发展生物医学工程、现代中药、化学新药、生物新药、生物医药产业,重点建设浑南医疗设备产业园、棋盘山眼科生物医药产业园、新民市生物医药产业园等重点园区。

（4）航天航空产业

以沈阳国家民用航空高技术产业基地为基础,依托沈阳飞机工业集团有限公司、黎明航空发动机集团有限公司、中航沈飞民用飞机有限责任公司、沈阳飞机设计研究所、沈阳航空发动机设计研究所、沈阳航空工业学院等骨干企业、科研院所和高校,重点发展支线飞机及部件、航空发动机、通用飞机、飞机维修及服务。重点建设浑南航空产业基地和北部通用飞机产业园。

（5）新材料产业

依托沈阳东北大学冶金技术研究所有限公司、沈阳化工股份有限公司、中国科学院金属研究所、东北大学等骨干企业、科研院所和高校,围绕重点行业需求,大力开发资源节约型、绿色环保型、高附加值、高技术含量的新材料。重点发展金属新材料、有机高分子新材料、无机非金属新材料、先进复合材料。重点建设高性能碳纤维复合材料产业基地、金属新材料产业园、现代建筑产业园和现代陶瓷产业园。

（6）新能源产业

以新能源开发利用为重点,重点发展风电装备、核电装备、新能源汽车、太阳能电池、半导体照明应用产品,重点建设新能源汽车生产基地和风电装备产业基地。

老工业城市调整改造的理论与实践

（7）节能环保产业

把加强环境保护与发展循环经济有机结合起来，推进垃圾处理余热发电、秸秆综合利用、污水处理厂中水余热供热、区域热电联产等工程，重点发展节能关键技术和装备、环保关键技术和装备，建设沈阳静脉产业示范基地。

### 3. 落后产能退出

"十一五"时期以来，沈阳主动淘汰落后产能，制定并实施了《沈阳市淘汰高耗能落后机电设备及推广使用高效节能机电产品实施方案》，对各地区和相关部门实行严格的淘汰落后产能问责制。

铁西区：重点退出了辽宁型钢材料制造有限公司、沈阳红梅食品有限公司、辽宁出版集团新华印刷厂、沈阳时代包装印刷有限责任公司、沈阳第二水泵厂、沈阳恒星水泥机械有限公司、沈阳劳耐士液压件有限公司、沈阳铁路局集装箱厂、沈阳电缆六厂、庆华化工有限公司等28家企业。

大东区：淘汰了30吨以下炼钢电炉、落后工艺技术和装备等，确定有40家企业存在产品市场规模不断缩小、市场质量不断降低、产能过剩等问题，现处于衰退阶段，其中包括28家股份合作企业、6家私营企业、4家国有企业及2家集体企业。

苏家屯区：对砖瓦厂和小造纸厂，加快落后产能淘汰，先后关闭沈阳合盛发玻璃有限公司、沈阳白清水泥厂等22家建材企业，金山电厂关停109台小型供热锅炉，对苏家屯食品公司等4家企业实施了搬迁。

### 4. 产业平台载体

依托现有产业基础和发展潜力，布局多个专业化产业园区，聚集一批知名企业。目前，已形成铁西装备制造产业区、沈北新区战略新兴产业区和浑南创新创业产业区。三大园区形成了高端装备、汽车及零部件等产值超过千亿元的产业集群。

铁西装备制造产业区面积达52平方千米，以国务院批准建设的中德（沈阳）高端装备制造产业园为核心，重点发展机床、电气、汽车及零部件、通用机重矿装备等产业，聚集了华晨宝马汽车有限公司、北方重工集团有限公司、特变电工股份有限公司、沈阳机床（集团）有限责任公司等知名企业，初步建成了具有国际竞争力的先进装备制造核心基地。

沈北新区战略新兴产业区以航空、车辆制造、电子商务、高端食品为重点，集聚了海尔集团、中兴通讯股份有限公司、沈阳利源轨道交通装备有限公司等企业。形成了农产品精深加工及生物制药产业集群、光电信息及先进制造产业集群、手机产业集群。农产品精深加工及生物制药产业集群重点发展农产品加工和生物医药产业。光电信息及先进制造产业集群重点发展光显、光能、激光制造、通信、家电、数字装备和新能源汽车产业，手机产业集群重点发展手机芯片、显示模组、通信模块、PC板等重要零部件产品。

浑南创新创业产业区以信息技术、数字医疗和生物医疗、新能源汽车、新材料产业等为主，推进辽宁自由贸易试验区沈阳片区建设，吸引了东软集团股份有限公司、沈阳新松机器人自动化股份有限公司、辽宁成大生物股份有限公司等知名企业。2016年，浑南区被评为全国首批双创示范基地。

## 四、城市建设

### 1. 优化城市空间

随着近年来沈阳外围四大发展空间的快速拓展，城市骨架逐渐拉开，城市空间布局已由原来的集中在浑河以北发展，拓展为以三环核心区为中心，东西南北四个方向均有突破的分散式布局结构。三环核心区以"金廊""银带"的十字结构为骨架，依托沈河区、和平区、大东区、铁西区和皇姑区等行政空间，承载沈阳重要的商业、商务、办公、居住、文化、体育等功能。三环核心区外，依托蒲河新城、铁西产业新城、浑南新城、沈抚新城、永安新城、浑河新城等，分别形成了新的增长极。

新一轮城市总体规划提出了沈阳未来十年发展蓝图。市域范围内形成"一心、五轴"的空间布局结构，"一心"指中心城区。"五轴"指依托中心城区，向外沿复合交通走廊形成沈大、沈山、沈哈、沈丹和沈阜发展轴，沿各发展轴重点建设沈抚新城、辽中近海新城、新民新城、法库新城、康平新城、新城子新城、空港新城、沙河新城、细河新城、永安新城和胡台新城11个新城和10个重点镇，形成密集的城镇发展轴和经济发展轴。同时结合滨水生态环境、休闲旅游等功能发展，形成辽河、浑河、蒲河、沙河四条特色滨水空间发展带。提升老城区综合服务和创新职能，加强历史文化资源保护和利用，发展文化产业和都市产业，推进存量用地挖潜盘活。重点建设浑南新城，大力发展高新技术产业、航空产业和创意产业。中心城区的西部形成具有国际竞争力的先进装备制造业基地及发展示范区、国家现代建筑产业核心区及全球建筑产品交易中心及功能完善的生态型产业新城，重点发展先进装备制造业、现代建筑产业和装备制造配套产业。中心城区的北部形成功能完善的生态宜居新城，重点发展农产品精深加工、光电信息、文化创意等产业。

### 2. 工业遗产保护

沈阳是中国重要的工业摇篮，遗留下大量的工业文化遗产。近些年，沈阳相继公布了一批文物保护单位和不可移动文物，原沈阳铸造厂翻砂车间被公布为省级文物保护单位，肇新窑业公司办公楼旧址、奉海铁路局旧址、老龙口酒窖池被公布为市级文物保护单位，老龙口白酒传统酿造技艺申报为国家级非物质文化遗产，大亨铁工厂办公楼、奉天机器局旧址、奉天军械厂旧址等被公布为市级不可移动文物。铁西区也将一批重要的工业遗产列为区级文物保护单位加以保护。此外，沈阳加大了对工业遗产的成片保护，将铁西区工人村列为历史文化街区。陆续建立了沈阳铸造博物馆、沈飞航空博览园、老龙口酒博物馆、工人村生活馆等一批具有鲜明特色和代表性的博物馆。

在上述工作的基础上，沈阳在下述方面继续开展工作：①开展工业遗产普查，摸清沈阳工业遗产的家底，公布一批工业遗产类市、区两级文物保护单位。②建立工业遗产档案及保护体系。对工业遗产依法登记、建档，建立一份科学完整的工业遗产档案，编印"沈阳工业遗产保护图录"。

# 五、科技支撑体系

## 1. 科技创新

目前，沈阳拥有科技人力资源近50万人，拥有全日制普通高校35所，拥有市及市以上独立科学研究与技术开发机构107家，省级以上工程（技术）研究中心173家，省级以上重点实验室、工程实验室195家。国家级技术创新平台26家，其中国家工程研究中心7家，国家工程技术研究中心7家，国家工程实验室2家，国家级重点实验室10家。省级及以上企业技术中心81家，其中，国家级有13家，均位居全国副省级城市前列。

近两年来，沈阳取得了以R0110重型燃气轮机、百万吨乙烯压缩机组、等离子气相沉积、正电子扫描成像设备等为标志的一批高水平重大科技成果，高新技术产业迅速发展，科技创新能力明显提高。规模以上高新技术产品产值和增加值平均增速达到43%和45.8%；占全市规模以上工业总值和增加值的比例平均达到42.4%和38.7%。制定出台了市级工程技术中心和重点实验室管理办法，规范了研发机构建设，新建了清华大学科技园沈阳孵化中心、知识产权园等一批孵化器。中国科学院沈阳科技创新园落户沈阳，市政府与浙江大学签订了全面科技合作协议，重点推进沈阳鼓风机集团股份有限公司、北方重工集团有限公司等企业开展产学研合作。以企业为主体，组织实施了104个产学研合作项目。

## 2. 发展重点

大力支持重点科技园区和产业基地发展，通过加大科技投入力度、帮助申报上级科技计划项目、加强公共平台建设、协助开展科技招商、融资等方式，重点支持棋盘山泗水科技小镇、沈阳国家航空高技术产业基地、大工业区五金园，以及沈北新区的东北亚农业科技创新与成果转化基地建设。加大对先进装备制造、新能源、新材料、生物、信息、航空航天、节能环保等新兴产业领域自主创新成果产业化的支持，支持数控机床、输变电设备等优势产业上中下游配套新产品的研发和关键技术攻关，扩大装备制造业整体规模。培育一批世界级企业和产品，围绕黎明公司的R0110重型燃气轮机、北方重工集团有限公司的盾构机、中国远大集团有限责任公司的高速电梯等一批具有产业化前景的产品，形成上下游产业链，攻克一批关键技术，加大产业化力度，开发一批名牌产品。

# 六、资源环境治理

## 1. 节约能源

推进热源结构调整，引导企业采用有利于节能环保的新设备、新工艺、新技术。

大力发展热电联产项目和大规模集中供热项目，拆除小锅炉。发展热电联产集中供热，重点推进辽宁大唐国际沈抚连接带热电厂、浑南热电厂、于洪热电厂、华能沈北热电有限公司和金山 2×300 兆瓦级"污泥掺烧"等热电项目建设。充分利用沈北地区独特的地质条件，合理开发地热资源。康平东升、法库和平风电站和老虎冲、大辛 2 个垃圾填埋场沼气发电站等新能源和可再生能源开发项目迅速发展。对年耗能 3000 吨标准煤以上的企业开展"百家企业节能行动"，降低能源消耗。

### 2. 城市生态保护

重点实施浑河景观带、环城水系及蒲河生态廊道等工程建设，形成"南有浑河、北有蒲河，两条生态景观河遥相呼应"的新格局，打造贯穿东西、环抱母城、星布新区的城市水系。沈阳保育"三环三带四楔"生态廊道，实施环城水系截污清淤和景观改造提升。围绕高速公路、国道、铁路绿化带构建绿色生态廊道，沈阳打造 50 条特色景观示范路；以浑河、丁香湖等"三河三湖"为重点，营造五彩缤纷的滨水景观；实现五爱立交桥、王家湾立交桥、南北二干线等桥体绿化景观多样化；搞好校园绿化、园区绿化、庭院绿化。加强城市中心区绿化建设，加大对城市公园的改造和建设力度。

### 3. 加强环境污染治理

市政府与 16 个区县市、开发区和 25 个委办局签订了污染减排目标责任状：①抓好 8 条河流的"河长制"，对沈阳 16 条河流、21 个出区断面的水质目标进行考核。推进浑河、辽河、蒲河及白塔河流域综合治理，消灭劣 V 类水质。对内蒙古蒙牛乳业（集团）股份有限公司等 30 家污染企业实施污染治理；关停 42 家不符合标准的造纸厂和 88 家落后产能企业；对不能稳定达标排放的糠醛生产企业和化工、制药、食品等行业的 187 家重点污染企业进行整顿；东北制药集团股份有限公司、沈阳红梅食品有限公司、沈阳雪花啤酒有限公司等一批企业实施搬迁改造。②对沈海热电厂、金山热电等多家热电厂及 100 多台大型燃煤非电锅炉实施脱硫改造，2009 年电厂机组脱硫装机率已经达到 98.6%。对全市 35 吨以上燃煤锅炉脱硫设施实施改造，完成了 38 家企业的 115 台大型锅炉总吨位 5305 吨的脱硫改造任务。持续推进大规模集中供热，拆除淘汰小锅炉，城市集中供热率达 86.1%。③建成了沈阳危险废物安全填埋场，建成并使用年处理能力为 8000 吨的危险废物焚烧厂及日处理能力为 40 吨的医疗垃圾焚烧厂，实施了新城子区 30 万吨堆存铬渣无害化处理。

# 七、老工业区改造

## 1. 重点老工业区搬迁

铁西区：重点搬迁企业涉及沈阳化工股份有限公司、沈阳炼焦煤气有限公司等企业。沈阳化工股份有限公司位于沈阳市铁西区卫工街，整体搬迁到沈阳经济技术开发区，新建 20 万吨/年离子膜法烧碱和 20 万吨/年聚氯乙烯糊树脂项目。沈阳炼焦煤气有限公司位于铁西区北四西路，搬迁至沈阳经济技术开发区开发北二路，建设 2 座 50

孔 JN60 型现代化焦炉，年设计生产能力为焦炭 98 万吨、焦油 5 万吨、硫铵 1.3 万吨、粗苯 1.3 万吨、外供煤气 2.1 亿立方米。

大东区：重点搬迁三洋重工集团有限公司。该企业向沈阳 - 欧盟经济开发区进行搬迁，2011 年开始建设，项目采取边建边搬的形式。

苏家屯区：重点搬迁企业涉及沈阳卷烟厂和中铝沈阳有色金属加工有限公司。沈阳卷烟厂由原厂区搬迁到苏家屯区，建设规模为 30 万箱 / 年。中铝沈阳有色金属加工有限公司由原厂区搬迁到苏家屯区的沈阳金属新材料产业园内，建设规模为 10 000 吨 / 年，其中钛及钛合金加工材建设规模为 6000 吨 / 年，镍及镍合金加工材建设规模为 3000 吨 / 年，铬锆铜合金板建设规模为 1000 吨 / 年。

### 2. 铁西模式

在历史上，铁西区曾经辉煌过，诞生过 500 多个"全国第一"。20 世纪 90 年代，铁西区陷入了前所未有的困境，近 3000 家工业企业停产、半停产，约 15 万名职工下岗。一条铁路穿城而过，东面是车水马龙、繁华喧嚣的和平区，西面是破败凋敝、清冷寂寥的铁西区。2002 年，铁西区启动了全国最大规模的企业搬迁。在铁西区改造中，综合实施"扩权强区""东搬西建"战略，按照"搬迁、并轨、改造、升级、就业"10 字方针，赋予铁西区地方税收增量返还、土地出让收入返还等政策，累计返还土地出让收入 300 多亿元，共迁出企业 320 多家，腾出土地 9 平方千米，盘活资产 500 多亿元，成功破解了老工业区改造"钱从哪里来、人往哪里去、产业怎么转、企业怎么改、包袱怎么甩"等普遍性难题，为全国老工业区改造积累了可复制可推广的经验。

经过改造后，铁西区拥有了宽敞洁净的马路，鳞次栉比的高楼，清澈明亮的湖渠，以及珍珠一样点缀其间的文化场馆、钢铁雕塑和工业遗迹。铁西区拥有东北三省首屈一指的体育设施和文化场馆：文化馆、图书馆、少儿图书馆、妇女儿童活动中心、青少年宫、档案馆、体育场、体育馆、铸造博物馆、工人村生活馆、美术馆……。沈阳铸造厂始建于 1939 年，20 多米高的冲天炉每天要出 80 吨钢水，长 24 米、高 31 米的超大型建筑结构令人震撼，如今成了沈阳铸造博物馆。沈阳重型机械集团有限责任公司原址建起 3 万平方米的工业遗迹文化广场，蓄电池厂办公楼改建为档案馆、图书馆、文化馆；电缆厂俱乐部被建设成为沈阳工人会堂。2007 年，铁西区被授予"老工业基地调整改造暨装备制造业发展示范区"称号。

# 第二节　专业化老工业城市调整改造
## ——以洛阳为例

## 一、历史演进

洛阳是一个典型的以重工业为主的工业型城市。在中国的经济发展史上，洛阳写下了浓墨重彩的一笔。清末、民国时期，洛阳是河南的中心城市，近现代工业、商业开始出现萌芽。中华人民共和国成立后，洛阳逐渐发展成为全国重要的工业基地，而在改革开放初期，这座工业重镇一度陷入困境。纵观洛阳工业的形成、发展轨迹，大体上经历了如下阶段。

### 1. 孕育与萌芽阶段（1949 年之前）

清朝末年，洋布、洋油等西方工业产品进入洛阳，近代工业开始缓慢发展。1898年采用机械裁缝设备生产服装的"洛阳裕大裁缝店"建立，这是洛阳较早的近代服装生产企业。1909 年顺城西街开办鸿文石印馆，成为洛阳较早的印刷企业。1910 年，为了承担汴洛、洛潼铁路的车辆修理业务，洛阳机车修理厂建立。民国建立后，工业门类开始增加。1917 年洛阳四德打蛋厂建立，1918 年新安煤矿公司开业，宜阳协盛煤矿、中华煤矿等企业相继建立，1920 年创办照临电灯公司而使用蒸汽机发电，1922 年洛阳出现火柴工业，1925 年老城马家织毛巾厂建立，标志洛阳棉织工业的兴盛；1931 年洛阳药业公共制药研究所建立，采用现代设备炮制中药。该时期，洛阳工业起步，规模很小，手工业作坊在工业中占主导地位。1932 年以后，现代工业有一些增长。1932 年开封新豫印刷厂迁至洛阳，1934 年中央军官学校洛阳分校电厂兴建，装机容量为 500 千瓦，洛阳机车修理厂规模扩大，针织企业也得到增长，已有 100 余家生产企业。抗日战争爆发后，洛阳日用化工、皮革工业、食品工业发展迅速，日用陶瓷工业也成为重要产业。

### 2. 恢复与拓展阶段（1950～1978 年）

中华人民共和国成立后，洛阳用 3 年时间完成了国民经济的恢复工作，为经济社会的发展准备了条件。1953 年，国家将苏联首批援建的 73 个厂矿中的 4 个大型厂即拖拉机厂、轴承厂、矿山机器厂和热电厂放在洛阳，洛阳成为全国八个重点建设城市之一。随后，国家又把铜加工厂、高速柴油机厂先后放在洛阳，玻璃厂、耐火材料厂、水泥厂、棉纺织厂和一大批为城市建设服务与配套而兴建的中小型工厂的陆续开工建设，使洛阳成为"一五"时期河南工业基本建设的重点。"一五"期间，总投资 86 927 万元。截至 1959 年年底，洛阳拥有工业企业 1082 家，完成工业产值 65 204 万元，涧西工业区基本形成，涧东工业区正在形成，洛阳形成了以机械装备工业和建材、纺织工业为主导的工业体系，而以洛阳拖拉机研究所为首的 10 余家部级科研单位使洛阳的工业体系从科研到生产更为完备。

20 世纪 70 年代末到 80 年代初，一批"三线"企业进驻洛阳。为了和这些重点项目配套，国家又在洛阳建立了 10 余家部级科研单位。1969 年以后，洛阳相继建立了洛阳精密机床厂、洛阳通用机械厂等 28 家企业，511 厂、538 厂、制冷机械厂、洛阳机车工厂等先后由外地迁入洛阳。10 年之间新增加石油化工企业 33 家，建成 6 家氮肥厂，化肥化工快速发展；电子工业迅速发展，电子工业企业有 11 家，主要产品有电视机、超声波医疗机、收音机、扩大机等。洛阳成为以机械装备、石油化工、建材、有色金属材料及纺织为支柱的重要工业基地。1980 年，洛阳共有工业企业 1059 家，完成工业产值 248 650 万元。

### 3. 勃兴与衰退阶段（1979 年至今）

改革开放为洛阳的腾飞增添了活力，使其工业门类更加齐全，并形成了大中小配套的完整工业体系。1988 年年末，洛阳工业企业发展到 1365 个，工业总产值达到 71.5 亿元。从 20 世纪 90 年代中期开始，随着国家投资的大幅度削减，加之体制的冲撞、观念的滞后、组织的惯性等多种原因的综合作用，洛阳多数国有企业陷入困境，经营业绩大幅下滑，严重亏损。一些共和国工业的"长子"企业，甚至走到了濒临破产边缘，如中国洛阳浮法玻璃集团有限责任公司、中国一拖集团有限公司等。1998 年以来，经过艰难的三年解困，洛阳的国有企业经营状况有了一定程度的好转。尽管如此，由于历史包袱沉重、技术更新改造欠账太多、企业设备状况老化依旧、产品升级换代速度缓慢等，企业参与市场竞争的基础依然十分脆弱。2000 年年底，洛阳 197 家国有工业企业中有 74 家亏损，亏损面达 37.6%，亏损总额达 7.1 亿元，全部国有工业企业盈亏相抵后，亏损总额达 1.53 亿元。

## 二、核心问题

洛阳是典型的老工业城市，工业是其经济支柱。随着全球经济结构调整和国内发展动能切换，洛阳的发展面临着如下问题。

### 1. 经济结构问题

洛阳经济社会发展状况基本良好，但在工业内部结构、产业组织结构等方面也还存在一些问题。

产业发展"大而全"、"小而全"、低水平重复建设较为严重，产业雷同。企业组织结构不尽合理，专业化程度低，规模效益差。产业技术装备落后，纺织、织造主机仍是 20 世纪 60 年代的系列设备，纺织设备使用年限在 20 年以上的仍占 60%；装备制造企业的设备新度系数在 0.55 左右，部分企业仅为 0.4。主导产业尚处在资源初加工的层次，原材料工业比例过大；名优产品、高附加值产品和高技术含量产品少，市场竞争力弱；高新技术产业发展滞后；非国有经济的贡献份额偏小。这已成为影响洛阳工业经济持续、快速、健康发展的主要瓶颈。

经济发展存在资源利用率、环境污染和技术水平相对较低等问题，这与产业组织分散、同一产业内企业之间过度竞争和无序竞争有很大关系。低水平重复建设现象存在，一些企业技术水平低，走的是粗放式经营发展道路，造成资源浪费且严重影响经济转型的效率。产业内企业之间的分工协作有待加强，不少大型国有企业的组织偏好仍受传统的计划经济方式的影响。研发投入不足，设备及产品老化陈旧，在市场竞争中处于明显的不利地位。

### 2. 国有企业改革问题

洛阳国有企业多，企业改革一直是重中之重。目前，洛阳国有企业包袱沉重。

2010 年左右，洛阳厂办大集体企业有 110 多家，职工 14 000 多人，负债 10 亿元以上；能正常生产经营的企业仅有 20%，多数企业已停产半停产或实施对外租赁经营，职工生活困难。国有企业特别是老国有企业积累了大量的不良资产，国有企业人员包袱沉重，依靠自身力量难以解决企业改制重组中的职工安置资金。破产关闭撤销企业退休人员难以进行社会化管理，2010 年左右仍达到 4 万多名。10 多家破产关闭撤销企业的土地问题未能解决，20 宗土地面积达到近千亩，因地理位置偏僻或文物保护等而难以处置。传统企业效益较低，社保基金支付压力大，参保单位普遍存在欠费现象；部分破产企业拖欠养老保险费核销存在困难，导致到龄职工不能按时办理退休手续。破产关闭撤销企业职工养老保险难接续，影响原企业职工的再就业；企业生活区供暖实现社会化管理需要投入的资金数额巨大，企业很难承受。

### 3. 城市发展问题

洛阳在 1954 ～ 1956 年制定了以涧西工业区为主的总体规划，以国家经济建设计划为依据，结合重点工业项目的选址，确定了工业区和居住区的布局，统一规划城市基础设施和对外交通运输设施，使重点工业建设项目和市政建设都较好地发挥了投资效果。随着洛阳经济社会的迅猛发展，城市规模日益增加，2016 年城市人口已达到680 万人。但是，现在工业企业和居民生活区混杂现象还比较普遍。多种功能区逐步形成，但功能与布局还有待提升。随着企业发展，尤其是产业集聚区的快速发展，原有工业企业布局也显得不够合理，需要对产业集聚区重新定位，真正形成定位清晰的功能分区。

洛阳老工业区是在计划经济背景下规划设计而建设的，每个厂区都是一个独立的单元，各种生产生活设施都是围绕独立单元设计的，这种设计在计划经济条件下为生产、生活带来了极大的便利。随着现代经济发展和新产业形态不断涌现，原有工业区空间位置变得狭小，新的项目和设施需要更大的空间，但原来分散的工业项目进行调整改造，需要大量的资金支持，困难比较大。

洛阳工业遗产非常丰富，在怎样处理保护工业遗产与老工业区经济发展的矛盾方面，存在很多问题。需要保护的工业遗产数量较大，分布面积较大，主要有四个工厂大门，重要工业建筑（含生产线），配套的教育、研究、设计等单位建筑群和居民街坊。部分工业遗产仍在使用之中，保护和利用需要同时进行，兼顾过程困难。工业遗产分布在繁华的市域，与现代建筑物相混杂，显得不协调。工业遗产分属于不同的企事业单位，有的单位发展困难，有的单位处于拆迁过程，统一管理和保护困难。

长期以来，尽管洛阳注重基础设施和公共服务设施建设，城市综合承载能力大为增强，但由于市区面积和人口的增加，基础设施建设还不能满足需求：缺乏城市轻轨、立体交通设施；排水设施容量不足，雨污水排泄尚未分离，遇有较大降水，市区积水较多，洛阳供热供气管网建设落后市民的需求，一些居民小区至今未通暖通气。

### 4. 创新问题

尽管洛阳拥有不少实力雄厚的科研院所，在某些方面取得了显著的成绩，但洛阳

老工业城市调整改造的理论与实践

在自主创新方面还存在不少问题。一是科技支撑经济社会发展的能力还不够强，2009年全市高新技术产业增加值占工业增加值的比例仅为 13.2%，低于河南 7 个百分点。二是企业自主创新能力还比较弱，相当一部分企业很少甚至没有开展研发活动，不少工业企业还是零专利。三是科技拔尖人才数量不足，特别是高水平的科技领军人才、科技创新团队和复合型人才较为缺乏。四是科技投入还处在较低水平，全社会科学研究与实验发展（R&D）经费占 GDP 的比例仅为 1%，低于全国 1.54% 的平均水平，不能满足支撑经济社会发展的需要。五是众多科研院所缺乏合作，共享的自主创新平台还很少，现有技术创新资源的利用率相对较低。六是对自主知识产权的创新重视还不够。

# 三、产业转型升级

## 1. 战略性新兴产业

发挥洛阳现有产业及国家新材料产业基地的优势，依靠科技创新和引进技术，加紧发展新材料、新能源、新能源汽车、节能环保、信息、生物医药、高端装备制造等战略性新兴产业，推动高技术产业发展实现重大突破。具体如下：①新材料产业。依托材料资源和科研院所、重点企业的技术优势，围绕新型合金材料、新型功能材料、新型化工材料、电子信息材料四大领域，加快产业化和规模化。目前，洛阳已先后获得了"国家新材料高技术产业基地""硅材料及光伏高新技术产业化基地"的荣誉。②新能源产业。依托太阳能光伏产业、风电轴承和叶片骨干企业及中信重工核电锻件技术优势，发展太阳能光伏光热发电设备、风力发电设备核心部件、核电设备等新能源装备。③新能源汽车产业。依托锂离子动力电池及整车制造企业，发展以锂离子动力电池为核心的电动车及新型混合动力车产业。④节能环保产业。发展中信水泥余热成套设备、垃圾发电设备、河柴重工煤层气发电机等节能环保设备。目前，洛阳获得了"节能环保装备国家新型工业化产业示范基地"的荣誉。⑤信息产业。依托中国航空工业集团公司洛阳电光设备研究所、中航光电科技股份有限公司、凯迈（洛阳）电子有限公司等企业优势，发展光电探测、光电显示、光电器件及新光源四大产业。⑥生物医药产业。依托洛阳鸿安生化科技有限公司、洛阳惠中兽药有限公司、普莱柯生物工程股份有限公司等骨干企业，发展抗生素类和抗流感特效药的医药中间体、动物药物、现代中药、天然药物单体提取、疫苗等。⑦高端装备制造产业。发展数字化集成与基础制造装备、轨道交通装备、航空配套装备等领域。近年来，洛阳聚焦 16 个重点产业，编制招商路线图，瞄准重点地区、重点企业，实施精准招商，引进了德国采埃孚车桥、凯盾科技等一批提升产业科技含量、延链补链和龙头型基地型项目。2016 年，机器人及高端装备制造、新能源等战略性新兴产业实现主营业务收入 2220 亿元，占规模以上工业总产值的 30.4%。

## 2. 优势主导产业

根据洛阳的产业基础，重点发展装备制造、有色金属加工、石油化工和硅材料产业，推动传统支柱产业升级。实施了以"1648 工程"（即选择 16 家重点企业，48 项重点技改项目），拨出 1.65 亿元启动资金作为贴息、企业贷款担保资金，仅仅三年时间，开工项目就达 54 个，累计完成投资 22 亿元，带动社会资金达 370.1 亿元。"十一五"期间，万基控股集团有限公司实施大型节能技改项目 27 个，节能技改总投资 5.16 亿元，直接经济效益达 2.22 亿元。2016 年，实施亿元以上产业结构调整项目 339 个，完成投资 416 亿元。具体包括：①做强做优装备制造业。推进洛阳动力谷建设。大型成套装备积极发展煤炭综采、矿用磨机、特大型水泥主机、玻璃深加工、有色金属压延等设备；农业机械发展大马力轮式拖拉机、大型多功能联合收割机械及和旋耕作业等新型配套农机具；工程机械发展液压挖掘机、大马力推土机和高铁工程机械等高附加值的主机产品和核心基础零部件；轴承及基础件发展高技术高附加值的航空航天、数控机床主轴、风电、轨道车辆、轧机等轴承，核电站、加氢反应器等用大型精密铸锻件；交通运输装备发展城轨车辆、罐式专用车、新能源客车、重卡等产品。洛阳已经获得了"中国制造名城"的荣誉。②提高有色金属产品加工度。延伸产业链条，从有色金属材料基地向终端产品制造基地转变。形成 200 万吨铝深加工能力，80% 电解铝在本地完成精深加工。推进钼钨材料精深加工，向板、带、丝、异型制品和钼钨化工产品发展；钛材料形成"海绵钛→钛铸锭→钛加工材→钛制品"完整产业链；铜产业重点向高性能、高附加值板管棒材产品发展，扩大铜基产品经营规模和市场占有率。③延伸石油化工链条。通过技术改造和结构调整，扩大炼油能力、完善化纤产业链、提升化工产品档次。争取日照—洛阳石化输油管道和 2×30 万热电联产机组获批施工，以支撑 2000 万吨/年炼油能力；扩大油品加氢能力，提高航空煤油、柴油、汽油的产量和质量；加快化纤生产能力，建设吉利化纤纺织工业园，形成炼油—PX—PTA—PET—长短丝加工—纺织、印染—成衣加工的完整产业链。④建设全国重要的硅及光伏产业基地。以硅材料、光伏、光电、光热等领域为重点，推动技术进步和产业规模壮大，提升硅及光伏产业整体水平。

### 3. 特色产业集聚区

按照"企业项目集中布局、产业集群发展、资源集约利用、功能集合构建"的原则，产业集聚区建设全面展开，产业集聚发展态势初步形成。17 家产业集聚区列入河南规划范围，数量居全省首位，总规划面积达 250 平方千米，已建成 98 平方千米。重点在装备制造业、有色金属及精深加工、硅光伏产业、石化产业、建材、轻工等领域形成一批特色产业集群。整合洛阳先进制造业集聚区、洛阳工业产业集聚区、洛阳高新技术产业集聚区、洛龙产业集聚区、伊洛产业集聚区的机械制造业，形成大型产业集群；提升偃师产业集聚区、摩托车产业集群，依托洛龙、涧西区形成轴承产业集群。在新安县产业集聚区和伊川县产业集聚区形成铝精深加工产业集群。依托中国航舶重工集团公司第七二五研究所和洛阳栾川钼业集团股份有限公司，在洛阳高新技术产业集聚区和新安县产业集聚区、汝阳县产业集聚区发展钼钨钛精深加工产业集群。依托高新技术产业集聚区、洛阳洛龙产业集聚区和偃师高新技术专业园区，建成国家半导体材料产业园和中西部最大的光伏产业园。依托中国航舶重工集团公司第七二五研究所和中信重工机械股份有限公司，在高新区、伊洛产业集聚区形成新能源装备集群；依托中国洛阳浮法玻璃集团有限责任公司搬迁、金堆城汝阳节能玻璃基地，在汝阳县

老工业城市调整改造的理论与实践

产业集聚区形成玻璃、陶瓷建材产业集群；提升偃师钢制家具、伊川金刚砂产业集群，培育汝阳小店纺织、吉孟纺织园纺织服装产业集群。

### 4. 落后产能退出

围绕落后产能和低效产能，加快产能退出。2007～2009年，洛阳已经淘汰落后产能水泥企业20家，产能合计500.4万吨；电力企业11家，淘汰落后产能460兆瓦；铁合金企业3家，淘汰落后产能0.36万吨；造纸企业2家，淘汰落后产能4万吨；酒精企业1家，淘汰落后产能3.5万吨；有色金属企业1家，淘汰电解铝1万吨。万基控股集团就关停了6台小火电机组，装机容量达到21万千瓦。目前，立窑水泥已淘汰完毕，部分小回转窑也已进行了淘汰，小发电机组也已淘汰完毕。近年来，洛阳又围绕着电力、煤炭、铁合金、钢铁、水泥、玻璃、陶瓷、造纸、纺织等行业，继续开展了淘汰落后产能，包括洛阳龙羽新电、洛阳忠诚铁合金、洛阳智博铁合金厂、汝阳润峰特钢、洛阳永安特钢、铁门水泥、新安水泥、中和祥水泥、偃师水泥、合良水泥、建华玻璃、诺铭耐火材料、美迪雅瓷业、光明纸业、润达纸业、鑫瑞纺织品。

## 四、城市功能提升

### 1. 城市布局优化

依托传统工业区调整，洛阳优化城市功能布局，将部分生产职能转移到外围郊县，缓解城市用地紧张与历史遗产保护的矛盾。中心城区主要发展现代服务业，工业方面强调高新技术产业的发展，工业生产转向高价值链环节。主城由洛北、洛南和伊南三大组团组成，其间由洛河和伊河生态廊道贯穿。吉利区依托石化产业继续发展精深加工，注重城市功能的培育。白鹤区为产业基地，从属于吉利区，远景与会盟镇联合发展旅游服务。孟津区完善交通和配套服务设施，吸纳部分中心城区的功能，以发展教育科研、会议和房地产业为主。偃师区洛河北部继续填充补齐，以向南发展为主，远景建设重点在伊河南岸。

### 2. 老工业区改造

洛阳传统老工业区主要位于涧西区，总体布局基本以厂区为单元设计，生产区和生活区交错布局，与现代城市生产、居住、休闲功能区分开布局的趋势不相融合。基于此，对老工业区进行调整与改造，将现有原独立单元式大厂按照产业类型、资源消耗特点及三废排放特征逐渐进行分区改造或向相应产业集聚区迁移。"十二五"期间重点实施的项目主要有中国洛阳浮法玻璃集团有限责任公司从西工区分别迁往汝阳节能玻璃基地与伊洛工业园新材料基地，白马集团从西工区市中心迁移至纺织工业园区，中钢集团洛阳耐火材料研究院有限公司从涧西区搬迁至建耐火材料园，洛阳单晶硅厂也完成了整体搬迁。对老厂区、老厂房、老设施进行"三老"改造，建成运营了东方红工业游、苏援文化体验中心、天堂明堂、国学剧场等一批"退二进三"项目。洛阳重点搬迁老旧工业企业概况见表11-3。

表 11-3　洛阳重点搬迁老旧工业企业概况

| 企业名称 | 资产额（亿元） | 债务额（亿元） | 在册人员（人） | 离退休人员（人） | 企业土地（亩） | | |
|---|---|---|---|---|---|---|---|
| | | | | | 生产区 | 生活区 | 合计 |
| 白马集团 | 7.48 | 4.25 | 4 254 | 5 722 | 408.96 | 125.4 | 534.36 |
| 洛阳洛钢集团钢铁有限公司 | 6.98 | 6.9 | 1 123 | 185 | 1 106.65 | 310 | 1 416.65 |
| 洛阳 LYC 轴承有限公司 | 41.5 | 24.6 | 9 911 | 166 | 1 293 | 722 | 2015 |
| 洛阳洛硅实业总公司 | 4.22 | 1.42 | 1 101 | 985 | 148.92 | 63.99 | 212.91 |
| 中国洛阳浮法玻璃集团有限责任公司 | 26.68 | 23.1 | 7 520 | 6 347 | 2 644.1 | 647.49 | 3 291.59 |
| 合计 | 86.86 | 60.27 | 23 909 | 13 405 | 5 601.63 | 1 868.88 | 7 470.51 |

### 3. 工业遗产保护

洛阳工业遗产在国内首屈一指，是中国"一五"时期苏联援建的"奠定中国现代工业基础"的"156"项目最集中的工业区之一，是东西方文化交流的见证，有重要的历史意义和文化价值。洛阳工业遗产的保护重点包括如下方面：①四个工厂大门。洛阳工业区第一批建设的拖拉机厂、矿山厂、轴承厂和随后建设的铜加工厂四个工厂大门及厂部办公大楼与厂前广场，一线相连，是一个完整的工业建筑风景带，体现了社会主义计划经济时期工业遗产的特点。这是洛阳工业遗产保护的核心。②重要工业建筑。原拖拉机厂的冲压、工具、装配、发动机四个分厂的厂房与厂门区及厂区中央大道，原矿山厂原一金工车间、二金工车间、水压机车间与矿山厂厂门区及原轴承厂、原铜加工厂的主要车间与厂门区，均是重要的工业建筑群；拖拉机厂的中国第一条拖拉机装配线、矿山厂的八千吨水压机，在中国工业史、洛阳工业史上有重要历史意义。③配套教育、研究、设计等单位建筑群。主要是洛阳农机学院的教学主楼。④居民街坊。"一五"时期陆续建设完成的有 36 个街坊，共计 425 栋楼房。

# 五、生态环境保护

## 1. 循环经济

根据洛阳工业结构与空间布局，重点打造循环经济型企业、循环经济型产业链、循环经济型工业。具体包括：①加快建设循环经济型企业，突出抓好年耗能万吨标煤以上企业节能监管力度，建设循环经济型生态园区，以有色金属、能源、材料、化学工业、电力和建材等行业为重点，推进循环经济型工业发展。伊电控股集团有限公司投资 4.6 亿元建设年产 12 亿块粉煤灰标砖项目，形成了 4 亿块生产能力。万基控股集团有限公司大力发展循环经济，形成了粉煤灰新型建材、碳素余热发电、铝灰铝渣回收利用、再生钢铁制品四大循环经济板块。②围绕特色资源，重点打造四条循环产业链。围绕铝土矿资源，打造"铝土矿开采—氧化铝—电解铝（合金）—铝材（深加工）—赤泥、尾矿等资源化利用"循环产业链。围绕煤炭资源，打造"煤炭开采—煤化工（火电）—

综合利用"循环产业链。围绕非金属矿产资源，打造"非金属矿产开发—加工—综合利用"循环产业链。围绕农产品资源，打造"种植（养殖）—食品加工—废弃物利用"循环产业链。

### 2. 污染防治

根据主导产业类型与环境问题，加快推动污染治理。具体包括：①开展钢铁、陶瓷、玻璃、碳素行业和燃煤锅炉脱硫。关闭 300 兆瓦以下发电机组，实施集中供热，淘汰小锅炉。原有 300 兆瓦以上发电机组和新建电厂全部采用低氮燃烧方式并加装 SCR 脱硝装置，电力、水泥行业和工业锅炉（炉窑）原则上必须安装布袋除尘器、电袋除尘器。重视挥发性有机物、氨、氟化物、有毒有害物质的控制。"十一五"期间伊电控股集团有限公司投资 3.9 亿元建设了 2×125 兆瓦和 3×300 兆瓦发电机组烟气脱硫系统及配套的年产 24 万吨脱硫制剂项目，实现全部安装机组脱硫系统，投资 7000 万元引进了国际先进的烟气净化系统，实现了粉尘综合利用。洛钼冶炼厂削减二氧化硫排放量 6500 吨。②对重金属污染，加强受污染区居民饮用水安全保障，对重金属污染严重、生产生活基本条件丧失的地区，实施必要的移民安置。开展特征污染物监测和所在地区人群生物监测，开展环境与健康风险评估。③加强水污染治理，市控以上断面无劣 V 类水体；市控以上断面好于 III 类水质比例不低于 75%。提高城市（城市和县城）污水处理率。改善重点流域、监控断面水质。通过对点源、面源的治理，实施工业企业废水治理项目，完善城镇污水处理设施及配套管网，建立人工湿地，减少污水及污染物向地表水体的排放量。洛阳栾川钼业集团股份有限公司实施废水循环利用，每年可减少污水排放 3564 万吨。

## 六、创新与人才

### 1. 人才培养

目前，洛阳人才总量达到 62 万人，包括两院院士 4 人、博士生导师 98 人、中共中央组织部直接联系专家 3 人、享受国务院津贴专家 548 人、省优秀专家 63 人、国家百千万人才工程第一层次人选 2 人、国家有突出贡献的中青年专家 8 人、省级跨世纪学术技术带头人 40 人。但改革开放以来，洛阳科技人才不断流失，增量速度较慢。对此，洛阳提出"加快构筑人才集聚高地"的目标，培养企业经营管理人才队伍，发展专业技术人才队伍，抓好各类技能人才队伍建设。围绕重点领域和重点行业发展，特别是在高端装备制造、新材料、硅光电、能源电力和石油化工等支柱产业和新能源、节能环保、生物、信息和新能源汽车等新兴产业，吸引高层次留学人员、外国专家和港澳台专才，建立了海外专家库和人才引进绿色通道。建设了一批留学回国人员驻洛阳创业园区和孵化基地，构建多元化的留学回国驻洛阳人员创业资助和融资平台，吸引高层次留学人员回国驻洛阳创业发展。近年来，洛阳实施"河洛英才""河洛工匠""玉洛汇"计划，新引进高层次团队 5 个、人才 87 名，新培育技能型大工匠 10 名、河洛工匠 100 名，新增青年创新创业团队 63 个。

## 2. 技术创新

洛阳拥有中央部门所属科研单位 13 家，科研资源丰富，这是同类城市所无法比拟的优势。洛阳在中原经济区承担着"智力中心"的重要职能，重视技术创新。洛阳出台了《关于加强自主创新建设创新型城市的决定》，将增强自主创新能力、建设创新型城市作为提升洛阳综合竞争力的战略决策。在此指导下，洛阳加强与国内重点高校和科研院所开展科技合作与交流，吸引高校、科研院所来洛阳设立联合实验室、研究开发中心、博士后工作站、科研成果转化基地，推动企业与国内高校、科研院所联合开展攻关，实施产学研合作项目。建设了产业创新联盟，围绕产业技术创新的关键技术开展技术合作和联合攻关，重点围绕装备制造、新材料等优势和特色产业，建立了 5个产业技术创新联盟，围绕 17 个省定产业集聚区建设创新型产业集聚区。清华大学天津高端装备研究院洛阳先进制造产业研发基地、科大讯飞洛阳语音云创新研究院等一批新型研发机构落户洛阳，2016 年新建研发平台 211 个，其中国家重点实验室达到 7 个，居全省第一位。洛阳国家大学科技园获批国家级众创空间、全国青年创业示范园区等国家级资质，中信重工机械股份有限公司被评为国家首批企业双创示范基地。截至目前已建成省级以上科技企业孵化器 38 个，拥有各类研发机构 600 多家，其中国家级科研院所 14 家，国家级企业技术中心 10 个，国家工程实验室 1 个，国家重点实验室 4 个，省级工程技术（企业）研究中心 61 个，省级重点实验室 6 个，省级工程实验室 1 个，18 个省认定企业技术中心。

# 第三节　轻纺类老工业城市调整改造
## ——以荆州为例

荆州位于江汉平原腹地，农业资源和水资源丰富，有悠久而地域突出的楚文化和三国文化。荆州的工业发展始于清朝末年，尤其是中华人民共和国成立以来的"一五"、"二五"计划和"三线"时期的工业建设和企业布局，形成了以轻纺工业和石油机械制造业为主的工业基地，先后生产了一系列著名产品。改革开放以来，在沿海地区轻纺工业的冲击下，荆州的老工业企业经营困难，生产设备陈旧，技术革新缓慢，尤其是 1994 年沙市和荆州地区合并以来，老工业区与城市功能结构的关系发生了巨大变化。新的发展形势要求荆州重新审视老工业基地的发展问题，重建产业基地发展体系与城市建设模式。

## 一、形成演变

### 1. 萌芽阶段（1895～1949 年）

晚清民国时期奠定了老工业基地的基础。《马关条约》后，沙市成为对外通商口岸，工业开始萌芽。1897 年，中日烟厂在青石街开办，1906 年邓氏织布厂创立，成为荆州最早的工业企业。民国初期，民族工业逐步发展，先后兴办了食品、机械、纺织等企业，发展了胜家机器公司、云锦机器米厂、信义面粉厂、普照电气有限公司、电棉机厂、崇石印厂 6 家企业，并承接沿海地区的内迁工业，有了"现代生产线上经营的工业"，轻纺工业的基础形成。20 世纪 30 ～ 40 年代，沙市先后兴办卷烟、纺织、印刷、米面加工、电力、机械制造、日用化妆制品等 20 余家工业企业，形成了轻纺工业的雏形。到 1949 年底，沙市有工业企业 37 家，职工 1966 人，工业总产值达 1407 万元。

## 2. 基础奠定阶段（1950 ～ 1962 年）

中华人民共和国成立后，沙市一直是中国"明星城市"。"一五"、"二五"时期，湖北省委、荆州地委、沙市市委按毛主席：沙市"这个地方要发展轻工业"的指示，遵循工业生产要"就地取材，就地生产，为农业服务，为大工业服务，为外贸出口服务，为人民生活服务"的方针，依据荆州地区及江汉平原的资源禀赋和沙市的地理条件与工业基础，开始对手工业和私营工商业进行社会主义改造，投资 2 亿多元，新建、扩改建重要工业项目 171 个，初步形成了纺织、印染、化工、机械、电子、汽车配件制造的产业格局。1962 年年底，沙市有工业企业 233 家，工业职工 19 795 人，工业总产值达 10 220 万元，比 1957 年增长 24.49%（表 11-4）。

表 11-4  "一五"、"二五"计划时期主要工业企业

| 项目名称 | 年份 | 项目名称 | 年份 | 项目名称 | 年份 |
|---|---|---|---|---|---|
| 绒布厂 | 1951 | 床单二厂 | 1954 | 棉织厂 | 1956 |
| 溶剂厂 | 1951 | 毛巾总厂 | 1954 | 助剂厂 | 1958 |
| 玻璃厂 | 1952 | 化工厂 | 1954 | 棉织一厂 | 1958 |
| 织布五厂 | 1952 | 第一纺织器材厂 | 1954 | 棉织二厂 | 1958 |
| 荆江内衣厂 | 1952 | 沙市童装厂 | 1954 | 织布六厂 | 1958 |
| 皮革厂 | 1952 | 造船厂 | 1954 | 橡胶厂 | 1958 |
| 印刷一厂 | 1953 | 毛纺织厂 | 1955 | 棉花机械厂 | 1958 |
| 床单一厂 | 1953 | 荆江化工厂 | 1956 | 石棉橡胶厂 | 1958 |
| 电器修制厂 | 1953 | 沙市塑料二厂 | 1956 | 拉丝厂 | 1959 |
| 沙市塑料一厂 | 1954 | 沙市服装厂 | 1956 | 造纸厂 | 1960 |
| 农具厂 | 1954 | | | | |

## 3. 辉煌阶段（1963 ～ 1989 年）

"三线"时期是荆州工业发展黄金时期，是老工业城市形成的主要时期。国家在战略层面上将沙市定位为全国 29 个重要轻纺工业城市之一，生产品种丰富的纺织品和日常生活用轻工产品，生产部分军工用品，兼顾出口，为国家赚取外汇。由表 11-5 可知，"三线"时期，大量实施新建和改扩建、技改项目，从上海、北京等大城市迁建了一批项目，新建了一批军工项目，尤其是新建和改造了大批以纺织、轻工为主的项目，形成了纺织印染、日用品产业、精细化工、电子产业、机械装备和汽车零部件、家用

电器制造业六大产业，荆州成为全国重要的轻纺工业城市。

表 11-5    "三线"建设时期主要项目一览表

| 项目名称 | 年份 | 项目名称 | 年份 | 项目名称 | 年份 |
|---|---|---|---|---|---|
| 湖北内燃机配件厂 | 1964 | 织布四厂 | 1966 | 荧光灯厂 | 1970 |
| 丝织厂 | 1964 | 第三印染厂 | 1966 | 南湖机械总厂 | 1970 |
| 沙市酒厂 | 1964 | 通用机械厂 | 1966 | 轴承厂 | 1970 |
| 东风印染厂 | 1964 | 江汉食品厂 | 1966 | 水泥厂 | 1970 |
| 沙市棉纺织厂 | 1965 | 化肥厂 | 1966 | 有机化工厂 | 1971 |
| 热水瓶厂 | 1965 | 无线电厂 | 1966 | 树脂厂 | 1972 |
| 彩印厂 | 1965 | 磷性材料厂 | 1966 | 轧钢厂 | 1973 |
| 造纸机械配件厂 | 1965 | 热电厂 | 1966 | 第三棉纺织厂 | 1974 |
| 塑料纱管厂 | 1965 | 石英玻璃厂 | 1966 | 电冰箱厂 | 1974 |
| 汽车电机厂 | 1965 | 第三针织厂 | 1967 | 荆沙棉纺 | 1975 |
| 铸造厂 | 1965 | 塑料三厂 | 1967 | 自行车厂 | 1975 |
| 标准件厂 | 1965 | 农药厂 | 1967 | 沙市钢管厂 | 1975 |
| 油脂化学厂 | 1965 | 第二纺织器材厂 | 1968 | 合成化工厂 | 1977 |
| 柴油机厂 | 1965 | 光学仪器厂 | 1968 | 地毯厂 | 1977 |
| 内衣厂 | 1966 | 晶体管厂 | 1968 | 七一一厂 | 1978 |
| 第二纺织机械厂 | 1966 | 电表厂 | 1968 | 第二光学厂 | 1979 |
| 机床一厂 | 1966 | 阀门厂 | 1969 | 洗衣机厂 | 1980 |
| 机床二厂 | 1966 | 力车药械厂 | 1969 | | |
| 沙市印染厂 | 1966 | 江汉油田四机厂 | 1970 | | |

#### 4. 产业衰退阶段（1990 年至今）

改革开放以来，国家发展的战略重心向沿海地区转移，对内陆的投资大幅减少，企业技术改造、设备更新、产品升级、结构调整所急需的资金严重不足；尤其是沿海地区以轻纺工业为突破口，逐步蚕食老纺织城市的市场；加之长期没有享受到国家的扶持政策和造血建设，荆州的发展举步维艰，经济发展和工业转型陷入困境，并逐步走向衰退。20 世纪 90 年代中期，随着国有、集体企业的转制，荆州工业开始衰落。1994 年地市合并以来，由于多种原因，荆州经济总量占湖北省的比例持续下降，在全国同类城市中的经济地位逐年下滑，已成为湖北省经济社会发展相对滞后地区。

## 二、核心问题

在改革开放和市场经济大潮的冲击下，沿海地区以轻纺工业为突破口，逐步蚕食老纺织城市的市场，以轻纺产业为主的荆州工业面临强大的市场挑战。

老工业城市调整改造的理论与实践

## 1. 经济结构问题

经济地位下降，发展速度放缓。改革开放以来，荆州各项主要经济指标在湖北所占比例明显偏低，且呈下降和停滞不前的趋势。2009 年荆州 GDP 居第 5 位，人均 GDP 居第 15 位，工业总产值居第 8 位，财政收入居第 8 位，人均财政收入居第 14 位。对比 1986 年，荆州的 GDP 和地方财政一般预算收入在湖北下降了 5 位，工业总产值下降了 3 位，人均 GDP 下降了 5 位，人均财政收入下降了 5 位。

工业结构不优，传统产业发展放缓。工业以传统的纺织印染、日化、塑料制品、化学工业等产业为主，附加值低，市场竞争力不强，自 1995 年进入体制转轨时期以来，发展呈现衰退迹象。1981 年以来，纺织、日化、塑料制品、化学工业产值平均增速分别低于湖北省 5.4 个百分点、9.1 个百分点、1.2 个百分点和 4.7 个百分点。企业组织分散、集中度低，纺织、农产品加工、化工、汽车及零部件制造、装备制造业企业众多，以中小企业为主，带动力不强。高新技术企业较少，电子信息、生物、新材料等新兴产业发展缓慢，规模偏小，支撑作用不强，有的产业尚处于空白，工业结构转型慢。工业生产效益不断下降，户均销售收入为湖北的 1/2，户均资产为湖北的 1/3，户均利税为湖北省的 1/3，与 20 世纪 80 年代之前的工业生产效益差距很远。

## 2. 体制和历史遗留问题

国有企业改革的历史遗留问题多。工业企业债务负担重、退休人员多、设备老化，复兴发展步履艰难。许多老企业破产改制，历史遗留问题多。尚有部分改制企业安置费无法落实，涉及原职工人数众多。安置标准不能满足职工需求，改制破产企业欠缴社会保险费数额巨大，主要保障险种已穿底，影响了社会稳定；改制破产企业预留养老保险、医疗费、工伤人员保险等资金缺口大；企业改革工作难度大，所发生的费用无承载主体，许多老企业尚有历史欠税，涉及额度大；部分企业改制发行了大量的内部股或集资。

大量企业破产改制后尚未走出困境，经济效益差，职工平均人数负增长，失业率居高不下，近 2 万人长期处于不稳定就业状态，就业压力大，登记失业率高出湖北省近 10 个百分点。职工平均工资水平低于湖北省平均水平，居民支出水平低，消费能力不足。

## 3. 自主创新能力不强

企业自主创新基础和实力薄弱，科技投入总量不足，缺少政策支持，对自主创新的平台建设和奖励及环境营造投入不多。企业研发投入少，培育高层次专业人才的平台和载体不足，多数企业用于技术创新的费用达不到应有的标准，2016 年，全市国家、省级技术中心仅 17 个（国家级 2 个，省级 15 个）；荆州仅获中国名牌产品称号 1 个（四机牌石油钻机）、湖北名牌产品 29 个；驰名商标认定 1 个（洪城），未能形成自己核心技术的能力。

人才流失严重，科技研发能力低。启动国有企业改制以来，绝大部分在"三线"

时期建设壮大、曾经为湖北省乃至全国做出过突出贡献的企业破产改制，大量科研人才和产业技术人才流失，从事科技活动人员的绝对数呈逐年下降趋势，企业人才仅占总量的 7.2%。企业生产一线的熟练技工人才则流失多、引进难。

### 4. 城市问题

工业用地分散，与城市各类用地混杂。城市用地各自拓展，工业园区各自开发，造成荆州城市东、西两端均被工业围堵。老工业区位居城市区，工业与城市其他功能混杂。现状工业用地为 1593 公顷，占城市建设用地的 24.5%，形成了城南、武德、沙东等老工业区，随着城市规模的增长和空间的扩张，老工业区已为其他城市用地所包围，企业生产的安全距离不断被蚕食。工业生产严重干扰城市的正常运转和居民的日常生活，形成污染、噪声等环境问题，并形成一定的安全隐患。

过去建厂时坚持"先生产后生活"，导致城市基础设施建设严重滞后。供排水、污水处理、供气等各类基础设施短缺，部分城市污水直接排入长江和内河等水体，形成直接污染。尤其是，职工住房条件极差，企业破产或改制后，住房处于无人管、无钱修的状态，房屋无配套，破损情况严重，形成大量以老企业职工宿舍为主的棚户区。

## 三、改造方案

### 1. 产业转型发展

立足荆州资源和区位条件，坚持"自我升级"与"外部引进"两条腿走路，加快纺织印染、化学工业、轻工、机械制造等传统产业改造和转型升级，积极发展龙头型和基地型产业项目，延伸产业链，大力发展通信电子信息、新材料、生物医药等新兴产业，"从小变大，聚散为强"，形成新的支柱产业，打造以"四老、四新"为主的产业发展格局，建设六大特色产业基地，推动产业基地从老到新、从城区到园区的转变，发展成为长江中游新型工业化城市。

（1）传统优势产业优化升级

坚持新型工业化理念，用先进技术改造传统产业，提升装备水平，延伸产业链条，引导纺织印染、轻工业、精细化工、机械制造等行业加快调整和升级。第一，做优纺织印染服装业，发挥纺织作为传统主导优势产业的基础，促进纺织业的优化升级，做优纺织印染服装业，提升行业整体竞争力，打造具有一定国内影响力的纺织服装基地。第二，提升壮大轻工产业，积极发展家电、农产品加工、造纸包装、建材等产业，促进产品升级，打造具有一定国内竞争力的轻工产业基地。第三，以精细化为方向升级化工产业，由一般化工向生物化工、由低附加值向高附加值产品转化，巩固提升农药化工产业，积极振兴日用化工，拓展医药化工产业。第四，做强机械装备制造业。瞄准高端发展之路，大力发展石油机械、汽车零部件及专用车、机电设备、船舶制造等产业，形成一批年销售收入过 100 亿元、过 50 亿元、过 10 亿元的龙头企业群。

（2）培育壮大新兴产业

坚持增强自主创新能力，通过开展合资合作、嫁接改造等形式，引进一批处于科技前沿的企业及项目，积极发展通信电子信息、节能环保、生物医药、新材料等新兴产业，打造成为先导产业，推进产业结构优化升级。第一，发挥现有产业基础及研发优势，推进信息化与工业化的深度融合，扶持骨干企业快速扩张，打造优势，推动通信电子信息产业跨越式发展。第二，以生物制剂、药品生产、微量元素提取、生物中间体、生物育种、生物菌培育等为主体，全力壮大生物医药业。第三，围绕装备制造、节能环保等战略性新兴产业，积极发展新能源新材料产业，打造成为抢占未来战略制高点的基石。第四，围绕垃圾发电、"城市矿山"再生资源回收利用、水产废弃物综合利用等环境与资源综合利用重点工程，加强节能环保和循环利用领域的重大技术、装备和系统的研发与制造，延伸产业链，稳步发展节能环保产业。

（3）承接产业转移

发挥以轻纺工业为主的产业基础和优势，深化与珠江三角洲、长江三角洲等区域的承接产业转移工作，重点承接塑料原料及织品、纺织纱线、布匹等劳动密集型产业，有计划、有步骤地承接机电和高新技术产品、资源精深加工等技术、资金密集型产业转移。围绕承接产业，积极发展配套产业，促进地方特色产业的发展。对接武汉城市圈，形成老工业基地与"两型社会"建设的联动发展，承接武汉转移出来的化工、纺织、建材等产业，发展壮大汽车零部件产业和电子信息产业，融入武汉汽车产业集群和武汉"光谷"。推进与沿海地区的密切合作，合作共建产业园区，重点建设"广东工业园""浙江工业园"等产业转移承接平台。

（4）特色产业集聚区

以国家级荆州经济技术开发区为核心，继续发挥"一区多园"的发展模式，实施错位发展，积极发展专业园区。围绕纺织服装、石油机械制造、精细化工、轻工机械等传统优势产业，延伸产业链条，加强配套企业发展，推动技术改造，重点建设九阳石油机械产业园、岑河针纺织园、荆州纺织印染循环经济产业园、临港工业新城轻纺产业园、荆州美的产业园、荆州汽车零部件产业园、荆州开发区精细化工产业园和锣场化工产业园、华中农高新区。围绕通信电子信息、节能环保、新材料和生物医药等新兴产业，重点建设荆州开发区电子产业园、荆州开发区生物医药园、拍马产业园、观音垱产业园。

## 2. 城市功能完善

荆州曾是江汉平原的中心城市，未来城市建设仍遵循该地位而加强建设。具体包括：①优化城市功能结构和布局，坚持"双城"模式和"古城越古，新城越新"的思路，建设"一城两轴"，合理构建城市功能结构，核心区建设居住、文化、历史名城等功能区，北部外围区形成文化旅游和生态休闲区，东部外围区形成以现代制造、纺织和精细化工为主的产业区，西部外围区形成以机械电子、石油机械制造、纺织、造纸包装、物流和农产品加工为主的产业区。②提升改造城市基础设施，构筑完善的城市道路、能源、供排水、信息、环卫等基础设施网络，增强城市综合承载能力。③基于楚文化发祥地、三国遗址集中地和南方古城墙与护城河保存最完整三大特色，充分挖掘楚国文化和三国文化，建设历史文化名城，重点抓好"两城、一河、一墓、一馆、一湖、一园"，打造"历史名城·文化荆州"，塑造"凤楚三国"。④科学保护工业遗产，将沙市第一棉纺织厂车间、沙市面粉厂粮食立筒库、市面粉树脂厂、沙市纱管厂旧址和沙市打包厂、沙市日化总厂等列入工业遗产候选名单，建设"沙市第一棉纺织厂车间 - 沙市打包厂 - 沙市日化总厂 - 沙市热电厂 - 湖北沙隆达股份有限公司"的工业遗产保护廊道（表 11-6）。

表 11-6　荆州工业遗产候选名单一览表

| 工业遗产名称 | 地点 | 反映工业文化 |
| --- | --- | --- |
| 沙市打包厂 | 沙市区临江路 67 号 | 民国时期民族工业 |
| 沙市第一棉纺织厂车间 | 白云路廖子河路十字路口 | 民国时期民族工业 |
| 沙市港老码头 | 沙市区临江路 | 清朝末年工业 |
| 沙市纱管厂旧址 | 解放路 228 号 | — |
| 沙市面粉厂粮食立筒库 | 沙市区廖子河路 5 号 | "三线"时期工业 |
| 市生物化工应用设计研究所 | 解放路 59 号 | |
| 市面粉树脂厂 | 解放路西段 | "三线"时期工业 |
| 沙市热电厂 | 沙市区东区沿江路 1 号 | "二五"时期工业 |
| 沙市床单总厂 | 沙市区豉湖路 | 恢复时期工业 |
| 沙市日化总厂 | 沙市区临江路 1 号 | "一五"时期工业 |
| 沙市第一机床厂 | 沙市区北京路 141 号 | "二五"时期工业 |
| 湖北沙隆达股份有限公司 | 荆州市北京东路 93 号 | "二五"时期工业 |
| 荆沙棉纺织厂 | 沙市区长港路 2 号 | "三线"时期工业 |
| 国营七一一厂 | 荆州市江津西路 287 号 | "三线"时期工业 |
| 沙市棉纺织厂 | 荆州市白云路 1 号 | "三线"时期工业 |
| 沙市钢管厂 | 沙市区北京东路 2 号 | "三线"时期工业 |
| 荆州粮食加工厂稻谷圆库 | 荆州区荆中路西段侧 | "一五"时期工业 |

## 3. 民生事业

民生事业重点在以下方面进行突破建设：①健全社会保障体系，适度加大关闭破产企业退休职工医疗保险补助资金的支持力度，完善被征地农民生活保障机制，完善城镇职工失业、工伤、生育保险制度。②扩大就业新途径，增加就业岗位，深入开展"全民创业"行动，大力发展劳动密集型产业、服务业和小型微型企业，继续实施下岗职工再就业和"百姓创家乐"。加大社会保险补贴、公益性岗位补贴、培训补贴等政策性补贴，帮助就业困难群体灵活就业。③改造城市棚户区，重点改造了肉联路、长港路、塔桥北路、航空路、繁荣街、鱼行街、胜利街、园林路、解放路天桥、迎喜街、纯正街、东堤街和燎原街、大庆路等棚户区；推进老旧企业的职工宿舍和生活区改造，拆除利用厂区或生活用地临时搭建的住房，重点改造一棉、沙印、沙棉、自行车、荆棉、东印、沙市钢管厂、饲料公司、沙市农场、内配、荆汽、毛纺厂、玛钢厂、沙隆达等企业的职工宿舍区（表 11-7）。④加强社会管理创新，建立公共安全预防预警和应急处置体系，强化安全生产监管，深化安全治理整顿，防范治理粉尘、苯等重大职业危害；加强城中村社区、拆迁安置社区、厂居型社区的重点人群的管理，推动社区管理，加强"村改居"和新社区的各级组织建设。

**表 11-7　"十三五"棚户区改造初步计划**

| 年份 | 改造面积（平方米） | 改造户数（户） | 建设规模（万平方米） | 地址 |
|---|---|---|---|---|
| 2016 | 150 000 | 2 500 | 50 | 燎原社区、朝阳社区 |
| 2017 | 150 000 | 2 500 | 50 | 江津路以北社区 |
| 2018 | 150 000 | 2 500 | 50 | 武德路周边至东门社区 |
| 2019 | 150 000 | 2 500 | 50 | 城南社区 |
| 2020 | 150 000 | 2 500 | 50 | 草市区域 |

### 4. 生态环境

根据荆州的工业结构、自然环境及水系网络，重点在下述方面开展了生态环境治理：①推动河湖连通，加强水污染治理。发挥河流水渠纵横交错和水库、湖泊点缀其间的优势，将水污染治理、水系统连通和城市景观建设相融合，推动水系连通，深入开展了水环境综合整治；对西干渠、太湖港渠部分河段的底泥进行清淤；重点对造纸、纺织印染、精细化工、电力、生物医药和农产品加工及电镀等行业进行了污水治理。②加强大气污染治理，科学开展二氧化硫、氮氧化物和工业粉尘等减排工作，对城市燃煤锅炉气化改造，淘汰燃煤小锅炉，鼓励工业企业改善生产设备，对工业锅炉采取脱硫、脱硝除尘措施，推广应用新型工业窑炉、高效燃烧器等。③发展循环经济，有序淘汰落后产能，在电力、化工、建材、农产品加工、造纸等行业强力推进能源资源节约；完善企业之间、产业之间的循环链建设，重点建设了纺织印染循环经济工业园；淘汰各行业落后产能，重点是水泥、造纸、印染等行业；在电力、农产品加工、化工、建材、造纸、纺织等行业推行节能改造，加强锅炉（窑炉）、电机系统的技术改造。④修复企业腾退污染土地，治理污染废弃地。建立污染土壤风险评估和环境现场评估制度，建立土壤污染防治和修复机制，以高浓度、高风险、重金属污染和有机物污染防治为主，推动污染土壤修复，重点是八岭山镇、纪南镇及荆州石油岩盐开采治理区的恢复治理。

## 四、老工业区改造

坚持产业发展与旧城改造并重，按照"退二进三"的原则，以加快转变经济发展方式为主线，重点突破，整体推进，对武德、城南和沙东老工业区进行搬迁改造，以老工业企业搬迁、产业结构调整和棚户区改造为基础，加强基础设施建设，完善城市功能，推动产业发展转型，塑造多元化发展路径，优化城市功能结构和产业结构，把老工业区建设成为宜居、宜商、宜业的城市功能区。老工业区搬迁改造实行"企业整体搬迁"为主、"企业就地改造"为辅的模式。各片区根据产业类型、社会结构、企业体量等具体情况，实施有所差异的改造模式。荆州老工业区、产业承接区与城市中长期发展框架如图 11-1 所示。

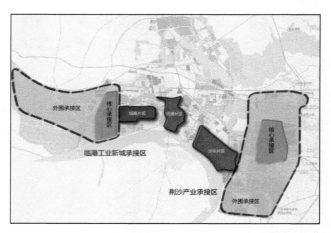

图 11-1　荆州老工业区、产业承接区与城市中长期发展框架

## 1. 沙东老工业区

沙市自古重商，"百年商埠"，素有"小上海"之称。沙东老工业区集中了原沙市的许多老纺织企业和化工企业。沙东老工业区以老工业企业整体搬迁为主，辅助企业就地改造和棚户区改造，推动整个片区的调整改造，打造成为荆州生产性服务业基地和新的商贸居住区，塑造了荆州市区向东拓展的新空间。

（1）老工业企业搬迁方案

沙东老工业区需要搬迁的老工业企业以轻纺和化工企业为主。部分搬迁企业的体量比较大。大型化工企业对环境的破坏性比较大，必须进行整体搬迁。其中，部分体量较大且近期经营效益较好的企业在远期内进行整体搬迁。

（2）企业就地技术改造

鉴于部分企业体量较大，经营效益好，发展潜力大，但对城市环境的影响较大，近期进行整体搬迁的难度大，采用"近期就地改造，远期整体搬迁"的发展路径。短期内，进行技术改造和产品升级。更新生产设备，采用新技术，减少污染排放。更新产品类型，重点发展低污染或零污染产品。控制产能扩大，新增产能应在荆州东部产业承接区选择新区位，增设分厂。建设污染治理设施，减少污染。远期内，推动企业进行整体搬迁，另辟新址建设新厂区，进行技术改造和产品升级。

（3）产业再选择方案

以"创造健康幸福生活"为理念，围绕产业高级化和高端化的战略导向，遵循产业发展多元化的模式，改变以工业为基础的发展路径，发展楼宇经济，培育新型都市产业，发展现代服务业与总部经济，优化城市发展环境，打造健康幸福宜居的城市空间。

1）生产性服务业：发挥产业基础，将生产性服务业从工业体系中剥离出来，鼓励企业前端的研发、设计及检测、试验和物流、售后服务等以分离、联合的方式独立经营并对外提供服务，鼓励小企业的会计、管理系统维护、设备维护等业务外包。

2）高端服务业：发展商贸业、金融和保险服务业，引进各类银行和保险企业设立分支机构，发展通信等后台服务业，促进高端服务业集聚。

3）生活性服务业：发展卫生、养老、托幼、家政、物业管理等社区服务业，建设集商贸购物、餐饮休闲、旅游观光于一体的商业街区。

4）中介服务业：重点发展会计评估、法律、咨询、金融保险、人力资源、知识产权、科技中介、地产中介、文化教育与体育中介等服务，鼓励微型中介企业发展。

5）文化产业：扶持新闻传媒、数字动漫、软件设计、广告会展、演艺等产业发展，发展文化创意产业。

6）生态工业：重点发展电子信息产品组装、制造、服装服饰、印刷包装、工艺美术品和旅游品制造等产业。

（4）功能布局结构

土地再开发实行小规模的城市综合体、居住区开发模式，打造"一心，三轴，两片区"的功能布局结构，如图11-2所示。"一心"指北京路—三湾路口商贸金融中心，实施城市综合体的再开发模式；其他区域结合大企业生活区改造，实施居住区开发模式。商贸金融中心以三湾路口和北京东路的交叉区域为核心，发展商贸业和金融服务业。商贸发展轴沿北京东路，联结北京中路，延伸至东方大道，发展现代服务业。文化景观轴以荆沙大道为轴线，利用各种区段，建设文化景观设施和文化广场或街头公园。生态景观轴以长江大堤为依托，加强生态系统建设，适度建设大堤休闲广场。东西居住区发展中高档居住小区，覆盖红门路至东方大道，形成东西两个片区。

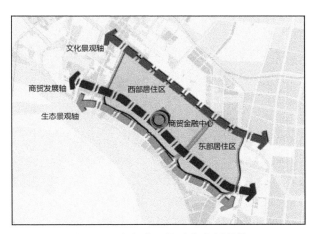

图 11-2　沙东片区的功能布局结构

（5）典型企业片区改造——沙棉片区

沙棉片区是复合型改造区域，由乾盛纺织的生产区和原沙棉生活区组成。1974年，荆沙棉纺织厂由国家兴建，位居长港路1号。企业主要经营棉纱和棉布，员工8200人。改制后的乾盛纺织有限公司是湖北现代企业制度试点企业，公司占地面积为37万平方米。老厂始建的荆棉生活区已有37年的历史。目前，生活区居住户有4404户，人口15 560余人，总建筑面积近213 000平方米，房屋严重老化，建筑质量差，大多已成为危房，公共服务和市政设施缺乏，安全隐患很大的有9栋324户，住在生活区和工地食堂、简易商业街平房、临时工棚、临时澡堂、锅炉房、民工窝棚的有142户，居住环境差。经过改造后，沙棉片区从传统的"生产区＋生活区"，改造为以现代居住为主的城市功能区。同时，利用原有的公共设施，增加了环卫设施、幼儿园、停车场和小学等公共服务设施，同时建设了街头绿地等公共设施。大面积的原生产区和附属区域改造为居住区。

## 2. 沙市老工业区

武德片区紧邻荆州古城东门核心景区，东至白云路，西至东环路、南湖路，南至荆江大堤，北至太湖港渠。在该片区内，老工业企业相对集中，主要有南湖机械总厂、711厂、荆大精密钢管实业有限公司、沙市轻工机械有限公司等30多家老工业企业，主要是机械制造类企业，以及少量纺织印染、汽车零部件等企业，老厂区、棚户区比较密集。通过对武德片区的调整改造，实施老工业企业的整体搬迁和土地再开发，改善人居环境，形成新的商住文化中心，打造成为中心城区新的商贸中心、居住中心和文化休闲中心。

（1）企业搬迁改造

老工业企业主要向荆州东部产业承接区进行整体搬迁。荷花机床有限公司、楚凌机械有限公司、陵达机械有限公司和荆大精密钢管实业有限公司的厂区均已全部拆除，已部分搬迁完毕。荷花机床有限公司搬迁至东方大道183号，楚凌机械有限公司搬迁至关沮工业园，陵达机械有限公司搬迁至王家港路西，荆大精密钢管实业有限公司搬迁至东方大道。

（2）产业再选择方案

把推进服务业完善和加速发展，作为武德片区转变经济发展方式的重要推动力，推动现代服务业发展，大力培育新兴和高端服务业，形成以金融商贸为龙头的服务业发展格局。

1）商贸服务业。以东升单元改造为引爆点，完善建设荆州万达广场，建设以商业、文化、酒店为主的商业中心，发展商贸服务业，打造新的CBD。

2）金融证券和保险业：引进国内外银行、保险机构和各种基金、证券公司及金融中介组织布点；发展地方金融保险业，发展民营银行，建设金融集聚区。

3）文化产业：集文化艺术、音像市场、图书市场、文化体育用品市场、文化艺术交流、体育健身等为一体，推动动漫、创意等文化产业发展。

4）都市旅游业：建设旅游景点和旅游设施，打造特色文化休闲街区；依托特色商贸业，按照"一条街、一个市场、经营一类产品"的模式，发展休闲产业。依托历史景点，开展休闲旅游；建设旅游接待中心和星级酒店，完善旅游设施。

5）中介服务业：遵循服务专业化和功能社会化的方向，发展法律、会计、审计、税务、工程咨询、科技咨询、资产评估、广告、策划、招投标、社会公证等中介服务业，引导中介服务业集聚发展。

6）区域信息服务基地：建设电子信息集聚区，突出发展数字设计、多媒体影视制作、网络游戏、电信、计算机网络、软件开发、电子产品等信息服务业。

（3）功能布局结构

如图11-3所示，根据武德片区在荆州城区的区位，土地再开发采用城市综合体模式，推动属性改造，建设中央商务区，构建"一心，一环，四轴，三片区"的功能布局结构，

老工业城市调整改造的理论与实践

打造成为荆州市区的核心区域。一心为金融商贸中心区，以万达广场为主体，构建商贸金融中心，分片建设科教功能区、金融集聚区、商贸中心区和公共服务中心。科教功能区围绕长江大学武德校区和荆江小学、荆州市711小学、荆江机械电子工业学校等，构建科教功能区。金融集聚区鼓励各类银行和非银行金融机构入驻，形成金融集聚区。商贸中心区以万达广场为核心，建设以楼宇经济为主的商贸功能区，重点发展高端商贸商务设施。公共服务中心位于江津路南侧，构建公共服务中心。一环为滨水景观环，建设由护城河、荆沙河、荆襄河、荆河和太湖组成的滨水环线。四轴建设江津路、北京路两条横向发展轴，发展武德路、太岳路两条纵向发展轴。三片区建设北部居住区、南部居住区和江南公园绿化片区。

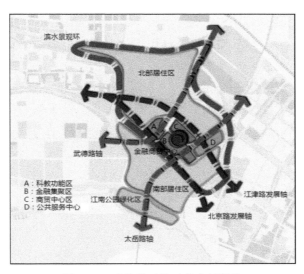

图 11-3　武德片区的功能布局结构

### 3. 城南老工业区

城南老工业区形成于 20 世纪 60 年代，核心产业为石油机械制造和轻纺工业，形成了典型的城南纺织工业园和九阳机械电子工业园。城南老工业区开展老纺织企业的整体搬迁，优化整合石油机械产业集群，重点发展科研、文化、体育等功能，兼顾行政、休闲和高新工业，建设成为生活设施齐备、科研机构健全、环境优美、主导产业鲜明、发展活力强劲的新城市区。

（1）老旧企业整体搬迁

城南老工业区的工业企业大致分为两部分，第一部分是以纺织为主的产业集聚区，第二部分是以四机厂为主的石油机械制造业集群。老纺织企业的设施设备陈旧、生产技术低、生产环境差，全部进行整体搬迁。城南片区的企业以向西部的临港工业新城进行搬迁为主。

（2）企业就地技术改造

九阳机械电子产业园坚持优化整合资源，进行技术改造升级，重点整合石油机械制造业。第一，打造以石油机械制造为主导的特色集群，发挥石油四机厂、四机赛瓦、湖北四钻等石油机械制造企业的集聚优势,扶持关联企业和配套企业就近发展,形成整机与零部件生产互动的格局,向专、特、新、尖发展,建设石油机械制造业基地。第二,围绕石油四机厂,加快产业链延伸,形成固井压裂设备、钻机、修井机、特种车辆、海洋石油设备、石油机械软件和高压管汇元件等产业链条。第三,整合各类科技力量,推动石油机械的研发能力建设。积极申请全国企业技术中心;依托长江大学石油勘探和机械专业,加强校企合作,建成 3～5 个省级以上技术研发中心,国家和省级高新技术企业达到 5 家。联合江汉石油机械研究所、中国石化新区勘探开发研究所等科研单位,加强技术支撑。

（3）产业再选择方案

以"塑造荆楚文化"为核心目标,遵循产业发展多元化的模式,优化城市发展环境,打造健康幸福宜居的城市空间。

1）教育科研文化产业:以鄂西生态文化旅游圈、大遗址保护为契机,以楚文化、三国文化、水文化为载体,发展文化旅游业,建设主题文化公园,加快关公文化园建设,打造三国文化旅游中心。依托高等院校密集分布的资源优势,扩大教育产业发展,加快教育培训业发展,建设荆州大学城。依托以高等院校为核心的科研力量和以企业为首的企业研发资源,加强科研能力建设,打造成国家级的石油机械研发中心。依托高校资源,发展新闻传媒、数字动漫、软件设计、广告、会展演艺等文化创意产业,培育新兴业态。

2）现代服务业:改变以工业为核心的发展路径,培育新型都市产业,推动商务商贸、金融保险、文化创意等产业的发展。发展生产性服务业,重点发展金融和商贸服务业,加快发展商务服务业。发展卫生、养老、托幼、家政、物业等社区服务业,方便居民生活。加快高端居住地产的开发,发展高端商务地产,适度发展商品房,合理发展保障性住房。完善中介服务业,重点发展法律税务、审计会计、广告咨询、评估策划、招投标、社会公证等中介服务业。

3）生态工业:根据产业基础和城市格局,西部仍可保留部分工业,即石油机械制造和装备制造产业。重点发展石油机械制造产业,以石油四机厂和四机赛瓦为龙头,提升石油机械制造业关键技术、研发能力、成套生产能力、协作配套能力,发展高端化产品,打造成石油机械制造基地。以江汉建机为龙头,联动龙海塑胶、安普森源等多家企业,发展装备制造业。

（4）功能布局结构

鉴于城南片区的以下属性:临近古城文化中心;位居荆州历史文化中心轴线;具有护城河的生态资源优势;具有科研文教的现代资源优势,土地再开发采用"主题文化项目"带动开发模式,以三国文化、楚文化为核心,建设大型的主题文化公园或区域,以此带动周边高端居住、商贸、金融和商务地产的发展。

结合产业发展方向与区位特征,打造"一心、三轴、四片"的功能布局结构,如图 11-4 所示。金融商贸核心区东起御河路口,西止郢都路口,建设集商贸、金融、购物、休闲、娱乐于一体的综合商业区。古代文化景观轴加强南护城河沿线的文化设施和生态景观建设,打造成为高品质的文化景观轴;现代文化景观轴以南环路即学苑路为轴

老工业城市调整改造的理论与实践

建设具有现代气息的文化景观轴，御河路景观轴以御河路为轴建设绿色生态景观轴。教育科研功能区为学苑路以南地区，依托湖北中医药高等专科学校、长江大学工程技术学院、长江大学东校区等高等学院，建设教育科研功能区。文化旅游功能区以关公文化产业园为主，构建古文化区，联动其他旅游资源，开展文化旅游。石油机械产业功能区以九阳大道为界，以西地区围绕四机厂积极发展石油机械制造业和装备制造业。居住功能区集中在学苑路以北地区，以御河路为界形成东西片区。

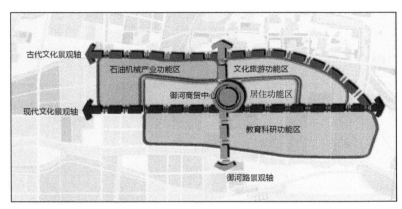

图 11-4  城南片区的功能布局结构

# 五、产业承接区

按照"聚集进园、组建集团、产业升级"的思路，以整合老工业企业资源和提高技术装备水平为目标，建设产业承接区。

## 1. 东部产业承接区

以荆州市经济技术开发区和沙市开发区为核心，整合观音垱工业园和岑河工业园，形成核心承接区，承接武德、沙东老工业区的机械制造、汽车设备、纺织、精细化工、电子信息、新型建材等产业，全面对企业实施改造，更新设备和产品，推动工业东移（表 11-8）。

1）机械制造：主要承接武德片区的机械制造企业，包括精密钢管、通用机床、压力容器、机械加工、轴承、锁器、机电及轻工机械等产业，打造成为机械制造产业基地。

2）汽车设备：重点承接武德片区的汽车设备企业，加快承接江汉路的汽车设备生产企业，包括汽车配件、汽车制冷系统、汽车零部件等产业类型，提升汽车零部件生产基地的地位。

3）纺织：主要承接沙东片区的大型传统纺织企业，适度承接武德片区的小型纺织企业，包括棉纺织、麻纺织及印染等产业类型，巩固纺织产业基地地位。

4）精细化工：加快承接沙东片区的精细化工企业，包括农药、精细化工、乳胶、日用品化工等产品类型的化工企业，巩固精细化工基地地位。

5）电子信息：重点承接武德片区的电子信息企业，包括雷达制造、电子机械等企业，积极发展新材料等战略性新兴产业，提高产业发展层次。

6）新型建材：重点承接北部的新型建材企业。

表11-8 荆州东部产业承接区的产业承接类型

| 产业类型 | 产品类型 | 老工业区 |
|---|---|---|
| 机械制造 | 精密钢管、通用机床、轴承、压力容器、机械加工、轻工机械、锁器、机电 | 武德 |
| 汽车设备 | 汽车配件、汽车制冷系统、汽车零部件 | 武德、江汉片区 |
| 纺织 | 纺织 | 武德、沙东 |
| 精细化工 | 农药、精细化工、乳胶、日用品化工 | 沙东 |
| 电子信息 | 雷达制造、电子机械 | 武德 |
| 新型建材 | 建材 | — |

借助企业搬迁，全面对企业实施改造，实现"老企业"向"新企业"转变。实施技术更新，采用先进生产技术，提高生产能力。采购新生产设备，更新生产设备，提高生产效率。更新产品，淘汰旧式产品，提高产品档次与品质。实施扩能，扩大生产能力，提高企业市场份额。更新管理理念，采用最新管理方式，提高生产效率。强化龙头企业科研能力建设，提升自主创新能力。

东部产业承接区利用承接搬迁企业的机会，推动工业资源整合，重点发展汽车零部件、机电产业、精细化工、生物工程与生物医药、纺织印染服装、轻工机械及农产品加工等产业，提升产业发展层次，积极发展生产性服务业，适度发展生活性服务业，推进技术研发与配套企业发展，打造为提升荆州产业竞争力和自主创新能力的重要载体。按照"企业集中，产业集群，资源集约，功能集合"的原则，打造"主副双核心，两纵四横主轴，八大片区"的功能布局结构。

## 2. 临港工业新城

临港工业新城位于荆州古城以西，范围为318国道以南、长江以北、九阳大道和西环路以西、引江济汉渠以东。以引江济汉工程为依托，以临港工业新城为核心，承接城南片区的老工业企业整体搬迁，重点承接纺织服装、织品、机械制造、建材和农产品加工等企业（表11-9）。

1）现代制造：主要承接城南片区的机械制造企业，并与石油机械制造业集群发生产业链联系，发展现代制造业，如特钢、精密制造、市政工程材料、精湛机械、石化配件等，打造成以机械制造业为核心的产业集群。

2）纺织服装：主要承接城南片区的小型老纺织企业搬迁，改造提升传统纺织产业，引进知名服装品牌，建设现代纺织产业集群，打造成为集纺纱、织布、印染、织品、服装于一体的特色产业集群和湖北重要的纺织基地。

3）农产品加工：主要承接城南片区、荆密路的农产品加工企业，发展以农副产品加工为主的食品加工业，如油脂、食品等。

4）高新技术：引驻高新技术企业，发展照明、新材料、新能源、生物医药等工业。

5）新型建材：主要承接古城西门、古城内和长江大堤内的各类建材企业。

**表 11-9　临港工业新城承接区产业承接类型**

| 产业类型 | 老工业区 |
|---|---|
| 纺织服装 | 城南片区 |
| 机械加工 | 荆密路 |
| 生物医药 | 外地 |
| 新型建材 | 古城西门、古城内、长江大堤内 |
| 农产品加工 | 城南片区、荆密路 |

临港工业新城加快建设轻纺产业园，联动临近的石油机械制造业集群，重点发展现代制造业、纺织业、农产品加工业、临港物流业和现代服务业，打造为公共服务设施完备、自然环境优美的现代化工业新城。坚持以港促物流、以港促工、集聚发展的原则，实施与荆州城区、华中农高新区、引江济汉渠的联动发展，打造"一心、两轴、四片区"的功能结构。截至 2015 年累计完成基础设施建设投资约 2.5 亿元。

# 第四节　其他城市（区）调整改造

2016 年 4 月，国务院办公厅印发《国务院办公厅关于对 2016 年落实有关重大政策措施真抓实干成效明显地方予以表扬激励的通报》（国办发〔2017〕34 号），对北京市石景山区、山西省长治市、内蒙古自治区包头市、辽宁省沈阳市、吉林省吉林市、黑龙江省大庆市、安徽省铜陵市、江西省萍乡市、山东省淄博市、河南省洛阳市、湖北省十堰市、湖南省株洲市、重庆市荣昌区、四川省自贡市、贵州省六盘水市、甘肃省白银市、宁夏回族自治区石嘴山市 17 个老工业城市调整改造力度较大、支持传统产业改造、培育新产业新业态新模式、承接产业转移和产业合作等工作成效突出的市（区）予以表扬。本节选择自贡、淄博、大庆、长治、石景山区，分析产业升级、扶持政策、投融资、项目组织、体制机制等方面的经验，总结老工业城市调整改造和转型发展的推进路径。

## 一、自贡

自贡位于四川南部，1939 年因盐设市，在盐业基础上，逐渐成为西南地区盐化工产业基地。20 世纪 60 年代开始，因"三线"建设，以东方锅炉厂为代表的一批大型机械制造企业在自贡布局发展，加强了自贡的工业优势。改革开放之后，自贡形成了以机械制造、盐及盐化工、新材料为支柱的工业结构。从 90 年代市场经济在中国全面推进开始，自贡的经济发展遭遇瓶颈，产业结构调整没能跟上时代的步伐，一批企业年年亏损甚至破产倒闭。21 世纪以来，自贡依托产业、科技、人文等基础优势，以产业转型升级为主线，大力探索出以市场化改革、产业协同、产城融合发展等为重点的改造升级道路。

### 1. 市场化改革

从计划经济体制转向并适应市场经济体制始终是自贡坚持的发展道路。自贡制定了深化国有企业改革实施意见，完善国有企业治理模式和经营机制。按照不同国有企业功能类别推进改革，实施了一批困难国有企业改制工作，妥善安置富余职工。加强创新体系建设，依托国家级高新区，形成以"自贡盐都众创空间"为首、中小企业研发机构为主、创新中心为辅的科技平台体系，构建了科技创新成果转化、孵化、产业化的完整链条。截至 2016 年，自贡已建成国家、省级创新平台 59 个，院士专家工作站 12 个，各级各类技术创新研发平台总计达 88 个，覆盖主要产业领域，位居四川前列。

通过深化改革，打造良好金融环境。2016 年，自贡与 5 家金融管理机构签订《战略合作备忘录》，与 18 家金融管理机构签订《金融支持自贡转型发展战略合作协议》，授信额度近 2800 亿元。同时，实施"引进来""走出去"战略，与美国通用汽车公司、惠普、杜邦公司、美国恒利国际（石墨烯）控股有限公司等知名企业的合作不断加强，引进了捷克轻型飞机、粤创电子产业等一批大项目。

### 2. 产业协同

立足丰富资源禀赋和深厚产业基础，自贡实施产业链延伸、扩大和再造。实施盐业振兴计划，推动传统制盐业向保健盐、化妆品、有机氟、有机硅等高附加值环节延伸；以"互联网+"、智能制造等推动传统机械制造向节能环保装备制造、高端装备制造、军民融合转型。

自贡重点筛选培育了节能环保装备、航空与燃机、新材料等高端成长型产业，设立了高端产业发展投资基金、战略性新兴产业发展基金和航空产业基金，引进关联度大的龙头型项目、带动力强的基地型项目，推进战略性新兴产业产品实现标准化、系列化、集群化发展。2016 年年底，战略性新兴产业增加值比例达 28.9%，处于四川前列。

推进现代商贸业提档升级，建成了川南家居城、川南五金城等一批专业市场；重点打造"三港两园三通道"国际物流体系，形成了具备明显竞争优势的现代物流专业市场；加速电子商务融合发展，建设阿里电商服务中心，建成普润省级电商基地；挖掘龙灯文化旅游资源，建设中国侏罗纪公园、国际彩灯文化中心等重大项目，培育彩灯研发、创意、设计、展出等全产业链，2016 年旅游综合收入达到 283 亿元、增长 14%，服务业增加值增长 8.5%。

### 3. 产城融合

按照"退城入园"原则，自贡编制了总体规划和实施方案，出台了土地收益返还、入驻园区扶持等系列政策，利用腾退工业用地扩建四川轻化工大学，新建华商国际城等现代商贸综合体，发展彩灯文化创意、电商和众创基地，新建釜溪河复合绿道等生态项目，实现"搬活企业，搬强产业，搬美城市"的发展模式。

自贡提出了"一带一核四园三区"的工业布局，园区建成面积达 51.5 平方千米。围绕"一园一主业，园区有特色"，推进"1+2+X"特色园区建设，形成环保机械、材料和盐产业三个 100 亿元以上的产业集群，前两者产业集中度达 80% 以上。

坚持工业化与城市化相互促进、协调发展，依托自贡国家级高新区，实施"经营南湖，开发板仓"的开发建设模式，形成不同产业类型和生活区"相融、相邻、相离"布局格局，形成两化互动、两翼齐飞，自贡国家级高新区也成为最具开发潜力、最富发展活力、最宜兴业居住的区域。

# 二、淄博

淄博是东部地区重要的老工业城市和资源型城市。20 世纪 90 年代中期，淄博面临着老旧企业多、大中型企业多、国有企业多和困难企业多的窘境。在向市场经济转轨过程中，淄博工业遭遇了前所未有的困境，最困难时全市国有企业亏损面高达 57%，下岗失业职工 10 多万人，被称作山东的"东北现象"。2010 年以来，淄博加快新旧动能转换，振兴实体经济，推动产业向高端化、智能化、服务化、绿色化方向迈进，经济驶上了创新驱动、绿色发展的轨道，为全国老工业城市和资源型城市转型升级做出了积极探索。

## 1. 转型升级新动能

淄博从顶层设计、技术改造和服务体系等角度，推动产业转型升级。具体包括：①完善顶层规划设计。制定出台《"1+N"工业精准转调实施方案》，对七大传统产业、五大新兴产业，逐个"把脉诊断"，明确了重点发展的产业板块和产业链条。发挥龙头带动作用，制定出台《淄博市"工业企业 50 强"和"创新型高成长企业 50 强"培育支持办法》，重点壮大"双 50 强"企业，集财政、土地、资金、人才等要素资源，推动高新技术产业成为淄博经济发展的新支点，形成了一批对延伸拓展产业链具有显著拉动作用的领军企业。②抓好企业技术改造。先后实施三轮"技改计划"，2010 年以来累计完成技改投资 5984 亿元，主要行业关键工艺数控率达到 80%。实施制造业对标学习德国、创新型高成长企业对标学习以色列等专项行动，引导企业建立标准化、精细化、国际化的管理体系。出台扶持奖励政策，引导企业品牌建设，2016 年淄博已拥有中国驰名商标 83 件，国际自主品牌企业 22 家，均居山东前列。③完善高效服务体系。建设区域性资本市场，成立齐鲁股权交易中心，目前挂牌企业已达 1939 家，累计融资 323.5 亿元，在全国区域性股权市场中名列前茅；打造鲁中物流"旱港"，设立每年 2000 万元现代物流发展专项资金，建成了淄博保税物流中心，拟建 11 个专业化物流基地。与国内外一流设计机构合作成立山东工业设计研究院等优质平台，建成 20 家省级以上工业设计中心。创建资讯服务品牌，集中培育了山东卓创资讯股份有限公司等一批本土信息技术服务企业。

## 2. 转型发展新平台

通过抓住创新研发、成果转化、协同创新和招商引智等环节，建设各类平台，推动创新发展。第一，建设创新研发平台，自 2002 年起连续举办了 15 届中国（淄博）

新材料技术论坛，每年邀请 30 多名院士及大量专家与企业深入对接，共建一批研发平台，突破了一大批关键技术瓶颈，省级以上研发机构达到 297 家，其中国家级 17 家、院士工作站 75 家。第二，建设成果转化平台，建成 1 个国家级综合孵化器、4 个国家级专业孵化器，在孵企业 442 家，投资 4 亿元建成生物医药、精细化工和高分子材料等五大公共技术服务平台，累计为 1500 多家企业提供中试服务 6 万余次。第三，建设协同创新平台，组建 26 家创新联盟，淄博设立每年 5000 万元专项资金，联盟"盟主"牵头组织重大项目策划、共性技术研发、公共服务平台建设等，已集聚企业 502 家、技术支撑单位 169 家。第四，搭建招才引智平台，与中国科学院等科研院所建立了战略合作关系，对高层次人才在淄博创（领）办企业的，市财政最高给予 500 万元项目启动资金，对顶尖人才团队最高给予 2000 万元资助，催生了一批产业项目。

### 3. 绿色发展新格局

淄博坚持能源结构调整、压减落后产能、整治环境三条路径并行推动，构建绿色发展新格局。路径一是推进能源结构调整，实施总投资 107 亿元的"绿动力提升工程"，设立 10 亿元奖补资金，对所有燃煤行业、燃煤设施及煤炭生产、储存、运输、消费等各个环节进行综合治理，入选全国首批工业领域煤炭清洁高效利用示范城市。路径二是压减落后产能，2011～2015 年，提前一年完成落后产能淘汰任务，连续七年获山东省节能目标考核第 1 名；2016 年压减生铁产能 120 万吨、粗钢产能 170 万吨，分别占山东省的 44% 和 63%，2011 年以来关停取缔低、重、差企业 3200 余家。路径三是整治环境问题，坚持系统治理、源头治理、精准治理，分行业、分企业制定整治标准和具体方案，累计完成 7035 项环境治理工程。

### 4. 改革发展新路径

淄博持续完善政策体系，以保证调整改造顺利推动。淄博出台了"工业强市 30 条"、"创新发展 30 条"、"园区发展 20 条"、"降成本优环境 20 条"和"零成本创业 16 条"等一揽子政策，形成了涵盖创业创新、项目建设、骨干企业培育、园区建设等转型升级关键领域的完善政策体系。2015 年以来，累计兑现奖补资金 29.4 亿元。实施工业企业规范化公司制改制"五年行动计划"，2015～2016 年新增改制企业 719 家。实施"企业家十年培训计划"，设立每年 500 万元的市级专项资金，对企业家群体多层次、分行业进行精准培训，组织骨干 50 强和创新 50 强企业分别到德国和以色列进行培训，起到开阔视野、交流合作、招商引资的多重效果。

## 三、大庆

大庆是中国最大的石油工业基地和重要的石化工业基地，曾享有"共和国加油机"的美誉，为中国经济发展做出过巨大的贡献。20 世纪末以来，大庆发展面临一系列的问题，产业结构僵化、农业和服务业较弱、石油开采成本攀升、环境污染严重，转型发展是大庆唯一的出路。近年来，大庆以重构产业、重组要素、重聚动能、重塑环境"四重奏"为主线,推动调整改造。2016年,三次产业结构优化到7.2∶58.4∶34.4,油与非油比例调整到24.6∶75.4,地方经济比例提高到66.9%,调整改造成效明显。

### 1. 内生动力

加快产业结构调整。改造升级"老字号",拓展油气新领域新业务,构建"稳油增气""内外并举"新格局,2016年油气产业实现海外收入80亿元。支持汽车产业整车、配套、服务协同发展。深度开发"原字号",推动石化产业链上下游衔接和延伸,谋划煤焦油、乙二醇等下游加工项目,做大绿色食品产业。培育壮大"新字号",突出集群、智能、绿色,新能源、电子信息制造、新材料、生物医药等新兴产业初具雏形。

### 2. 新生动能

推动主导产业向非油产业发展是重要的任务。强化创新驱动,加快高新区、经济技术开发区等科技园区发展,2016年新建企业院士工作站2家、国家级生产力示范中心2家,科技创新服务平台发展到174家,纳入国家火炬计划孵化器22家。培育高新技术企业,通过设立基金、专利抵押、银企对接、扶持上市等方式拓展融资渠道,力促科技型企业发展,2016年大庆拥有各类科技创新孵化载体在孵企业1487家,国家级高新技术企业132家,其中总收入过亿元的有24家;科技型中小企业3400家,其中总收入过亿元的有111家。出台全民创业指导性文件4个,每年投入创业专项扶持资金5000万元,新建创业孵化基地等载体33个,入驻各类企业2000余家,2016年新注册各类市场主体3.4万户。

### 3. 资源要素流动

完善政策体系,相继出台了《大庆市关于进一步加强市内区域间经济合作的若干意见》《关于实施若干人才优惠政策的暂行规定》等30余个政策文件。深化市属国有企业改革,推动市属供水、供热、传媒等领域经营性资产市场化运作,出让出租政府闲置资产。注重推动生产要素共享,深入推进地企、市校、区域深度融合发展,与央企、哈尔滨工业大学、中国科学院长春分院联手实施合作项目,与哈尔滨、绥化、松原合作实施84个交通互联、旅游联盟等项目。

## 四、长治

长治位于山西东南部,是山西重要的工业城市。中华人民共和国成立后,以"南三厂"为代表的军工企业,以及长治钢铁厂、长治自行车厂、长治洗衣机厂等一批骨干企业相继建成,长治一举成为山西重要的能源、机械和轻工业基地。20世纪90年代,受市场经济的冲击,"海鸥"翼折,"海棠"花枯,"环球"止步,"蝶花"凋谢,曾经风光无限的太行名牌,有的已经退出了历史舞台,有的顺应时代潮流,靠科技创新和产品升级,成为长治工业领域新的中流砥柱。进入21世纪以来,长治大力推进老工业城市调整改造,加快产业结构转型升级,取得了积极成效。

## 1. 产业结构调整

推动产业结构调整始终是长治的核心，重点是推动支柱产业的多元化建设。取缔了60万吨以下的小煤矿，煤矿数量由589座减少到119座，平均单井规模达150万吨以上；冶金企业数量由2007年的30余家缩减为5家；通过兼并重组、产能置换、淘汰落后产能，焦化行业由"十二五"初期的25家企业、38座焦炉，整合为目前的12家企业、26座焦炉，5.5米以上大机焦产能比例由20%提高到55%。优化电力产业结构，通过发电企业和煤矿相互控股或参股，实现煤电一体化经营；加快发展光伏、风电、生物质能发电，装机容量达到46万千瓦，占总装机容量的6.3%。培育壮大新兴产业，发展现代煤化工业，实现多基联产，煤炭就地转化率达到57.6%；发展中药材种植加工、生物制药产业，依托山西航天清华装备有限责任公司、淮海工业集团有限公司等大型军工企业的技术和人才优势，推进军民融合，初步形成了以汽车、新能源装备、节能环保装备、煤机装备和工程机械等为重点的先进装备制造产业集群。

## 2. 科技创新

进入21世纪以来，科技创新成为长治产业转型升级的重要动力。不断加大科技投入，2011～2015年地方财政科技总计投入7.71亿元，带动全社会研发投入（R&D）和企业研发经费投入逐年增长，以政府投入为引导、企业投入为主体、社会投入为支撑的多元化科技投入体系初步形成。开展产学研合作，推广"政校（院、所）企联合、产学研一体"的创新模式，先后与清华大学、天津大学、华南理工大学等161所知名院校和科研院所建立了合作关系，初步建立起48个政校企联合、产学研一体基地。建设企业技术研发中心，长治共拥有3家国家级、18家省级、41家市级企业技术中心，34家院士、博士工作站，高新技术企业数量达到53家，新技术、新设备、新工艺对经济增长的贡献率达到44%。同时，推进"双创"工作，依托长治国家高新技术产业开发区大力建设科技创新孵化器，利用城区老工业企业搬迁腾退土地和老厂区老厂房开发双创基地。

## 3. 国有企业改革

长治尚有部分国有企业，尤其是军工企业一直是长治的重要主产企业。长治继续深化国有企业改革，通过改制重组、破产清算，108家国有企业中已经有28家企业改制为股份制企业，7家企业实现兼并重组，22家企业实施了破产关闭。加快分离企业办社会职能，将7所学校从企业剥离。推进老工业区企业整体搬迁改造，6家企业已在承接地建成投产，2家企业已在承接地开工建设，已腾退土地600多亩，实施棚户区改造项目4个，可安置困难职工1074户。

## 4. 环境治理

长治有着典型的盆地、谷地与山地的自然地理环境与生态系统，长期以来的煤炭、矿产资源开采和重化工业发展造成了生态破坏和环境污染。2011年以来，长治共淘汰

老工业城市调整改造的理论与实践

落后产能 1395.5 万吨，万元地区生产总值能耗累计下降 18.4%，工业固体废弃物利用率达到 67.2%。集中开展整治违法排污企业保障群众健康专项行动，环境质量得到有效改善。继续实施漳河流域生态环境综合治理工程，持续推进造林绿化工程，森林覆盖率达到 30.9%，比 2010 年提高了 4.1 个百分点，城市建成区绿化覆盖率达到 46.2%，比 2010 年提高了 1.3 个百分点。

# 五、石景山区

石景山区是特大型钢铁企业——首钢集团原所在地。石景山区是传统的重工业区，因服务以首钢为代表的"京西八大厂"而建区发展，奠定了中华人民共和国成立后北京工业发展的重要基础。20 世纪 80 年代，北京加快产业结构调整，向国际化大都市转型。1985 年，北京开始搬迁污染性企业，2011 年石景山区首钢工业区全面停产。石景山区创造性推进老工业区搬迁改造，培育新产业新业态，在首钢全面停产后实现了经济平稳过渡和转型提质，初步探索出了老工业区改造和工业遗产再利用的有效模式。

## 1. 老工业区改造

按照绿色发展、遗存保护的理念和要求，抓住北京冬奥组委入驻首钢老工业区的机遇，打造奥林匹克运动推动城市发展、老工业区复兴的典范。运用城市织补等方式，加强工业建筑改造利用，保留首钢老工业区独有的城市风貌，建设特色办公、娱乐、生活载体，打造独具特色的国家体育产业示范基地。西十筒仓改造工程作为首钢老工业区首个改造项目率先完工，北京冬奥组委入驻办公。首钢北区精煤车间等老厂房改造后建设为国家队冬季运动训练基地，利用原冷却塔发展攀岩等户外运动，利用炼钢管廊改造空中步道，建设石景山景观公园和首钢工业遗址公园，推动 3 号高炉等工业遗存再利用，使工业遗存再现风采。

## 2. 现代服务业

在首钢工业生产设施和京能、高井两大燃煤电厂全面停产后，依托首都科技、人才和文化资源丰厚的优势，大力发展高端服务业。2010 ~ 2015 年，石景山区服务业增加值年均增长 11.3%，2016 年服务业占全区经济比例达到 69%，比 2005 年提高了40 个百分点，初步形成了现代金融、高新技术、文化创意、商务服务、旅游休闲五大高端服务业。其中，现代金融业收入增长近 15 倍，高新技术产业总收入增长近 6 倍，成为全区唯一一个千亿元级产业集群；文化创意企业由 2010 年的 2700 多家增加到5600 家；旅游休闲产业形成了石景山区佛教文化、京西古道文化、永定河文化及首钢老工业区等旅游活动品牌，初步形成了多元支撑、多业并举、多极发展的现代产业体系。

## 3. 新城区建设

石景山区坚持减量增绿、提质增效、人业匹配、产城融合等理念，推动首钢老工业区更新建设。完成首钢北区和东南区控规优化方案编制，启动北辛安棚户区改造，基本完成拆迁。以吸引海内外顶尖人才为重点，集成中关村"国际人才港"、京津冀全面创新改革试验、服务业扩大开放试点等人才政策，创建首钢新国际人才社区。首钢成为中国首个 C40 组织认定的示范区，国家体育产业示范区、国家保险产业园、北京侨梦苑先后落户。

## 4. 土地政策

探索老旧企业腾退土地的重新利用是老工业区改造的重要工作。北京先后出台了《北京市人民政府关于推进首钢老工业区改造调整和建设发展的意见》《新首钢高端产业综合服务区发展建设近期重点任务安排》等文件，破解了首钢老工业区土地再利用和土地收益分配难题，安排启动了一批近期重点任务和重点项目。制定了利用首钢自有用地化解搬迁历史债务的初步方案，起草了首钢权属用地土地收益征收使用有关规定，制定了首钢东南区土地一级开发贷款贴息等政策。这些土地政策的出台为老工业区改造奠定了良好基础。

## 5. 投融资

资金筹集一直是老工业区搬迁改造的关键问题。自 2013 年起，北京市政府每年安排 3 亿元资金，支持石景山区投融资平台建设。2011 年，北京市发展和改革委员会、石景山区、首钢集团有限公司、北京京煤集团有限责任公司联合出资设立了 10 亿元的股权投资基金，累计完成 18 个项目投资，带动社会投资 45 亿元。2015 年，北京市财政局和首钢集团有限公司共同出资，设立总额 200 亿元的京冀产业协同发展投资基金，支持了首钢老工业区改造和曹妃甸示范区开发建设。

老工业城市调整改造的理论与实践

阿琵·刘易斯 . 1989. 二元经济论 . 施炜译 . 北京：北京经济学院出版社 .

曹瑄玮，席酉民，陈雪莲 . 2008. 路径依赖研究综述 . 经济社会体制比较，（3）：185-191.

曹晟，唐子来 . 2013. 英国传统工业城市的转型：曼彻斯特的经验 . 国际城市规划，28（6）：25-35.

陈才 . 1987. 区域经济地理学基本理论问题研究，长春：东北师范大学出版社 .

陈东林 . 2004. 20 世纪 80 年代后的三线建设大调整 . 党史博览，（5）：4-11.

陈栋生，1993. 区域经济学 . 郑州：河南出版社 .

陈卓 . 2014. 中国工业化、城市化与农业现代化互动与融合关系的理论与实证研究 . 湖南农业大学博士
    学位论文 .

程志强 . 2009. 破解"富饶的贫困"悖论—煤炭资源开发与欠发达地区发展研究 . 北京：商务印书馆 .

崔景辉 . 2008. 我国老工业基地改造和发展研究——以青岛市四方区为例 . 中国海洋大学硕士学位论文 .

戴伯勋，沈宏达，黄继忠 . 1997. 中国老工业基地改造的进程与启示 . 经济改革与发展，（2）：49-52.

董丽晶，张平宇 . 2008. 老工业城市产业转型及其就业变化研究——以沈阳市为例 . 地理科学，28（2）：
    162-168.

董丽晶 . 2014. 老工业城市更新改造中的社会空间重构 . 未来与发展，38（10）：17-21.

董志凯，吴江 . 2004. 新中国工业的奠基石：156 项建设研究 . 广州：广东经济出版社 .

费洪平，李淑华 . 2000. 我国老工业基地改造的基本情况及应明确的若干问题政策建议 . 宏观经济研究，
    （5）：30-33，46.

高伯文 . 2008. 改革开放以来老工业基地改造的路向选择与分析 . 中国经济史研究，（4）：26-32.

高斌 . 2005. 东北地区产业集群及发展研究 . 东北师范大学博士学位论文 .

高舒琦 . 2017. 收缩城市的现象、概念与研究溯源 . 国际城市规划，32（3）：50-58.

高树印，蔡基宏 . 2006. 国家支持的中部地区老工业基地的界定与选择 . 经济经纬，（4）：59-62.

龚唯平，2001. 关于国家干预理论的经济学思考 . 学术研究，（11）：46-49+58.

葛文新，孙玉昌 . 1997. 国外老工业基地改造调整的借鉴与思考 . 财经问题研究，（12）：20-21.

龚齐 . 1992. 美国老工业基地的改造与振兴 . 管理世界，（2）：138-141.

郭俊华，蔡雯，杨畅宇 . 2009. 工业化带动城市化的对策研究—以陕西关中地区为例 . 人文地理，24（6）：
    59-62.

郭振英，卢建，丁宝山 . 1992. 关于加快老工业基地改造与振兴的意见和建议 . 管理世界，（4）：
    80-83.

国务院研究室课题组 . 1993. 我国老工业基地发展迟滞的原因及改造振兴的思路 . 经济学家，（4）：
    73-80，128.

贺灿飞，谢秀珍 . 2006. 中国制造业地理集中与省区专业化 . 地理学报，（2）：212-222.

何云，徐慧娟，刘娜，等 . 2016. 关于我国资源型城市转型发展的思考——日本北九州的经济转型对
    我国的借鉴 . 环境保护与循环经济，36（1）：9-12.

胡皎，陈敏，郑小兰 . 2006. 对南昌昌南老工业区产业发展与布局问题的探讨 . 企业经济，（12）：
    103-105.

胡晓辉 . 2012. 区域经济弹性研究述评及未来展望 . 外国经济与管理，34（8）：64-72.

胡兆量，等 . 1986. 经济地理学导论 . 北京：商务印书馆 .

黄以柱 . 2013. 经济地理学简论 . 北京：新华出版社 .

霍利斯·钱纳里，莫尔塞斯·塞尔昆 . 1989. 发展的格局 1950-1970. 李小青等，译 . 北京：中国财政
    经济出版社 .

江泓，张四维 . 2009. 后工业化时代城市老工业区发展更新策略——以瑞士"苏黎世西区"为例 . 中国

科学（E辑：技术科学），39（5）：863-868.

姜四清，张庆杰，赵文广.2015.德国鲁尔老工业区转型发展的经验与借鉴.中国经贸导刊，（10）：41-44，54.

姜四清.2010.我国中西部老工业基地产业衰退地域评价方法和特征研究.人文地理，25（3）：105-108，33.

李彩华.2002.三线建设调整改造的历史考察.当代中国史研究，9（3）：43-51，126.

李诚固.1996a.东北工业基地产业结构调整与布局.经济地理，16（4）：68-73.

李诚固.1996b.东北老工业基地衰退机制与结构转换研究.地理科学，16（2）：106-114.

李诚固.1996c.世界老工业基地衰退机制与改造途径研究.经济地理，16（2）：51-55.

李刚，魏佩瑶.2013.中国工业化与城镇化协调关系研究.经济问题探索，（5）：72-79.

李国平，玄兆辉，李方.2002.中国夕阳产业地域划分及其类型.地理学报，57（4）：469-478.

李国平.2008.我国工业化与城镇化的协调关系分析与评估.地域研究与开发，27（5）：6-11，16.

李俊江，史本叶.2006.国外老工业基地改造的措施与启示.经济纵横，（5）：38-40，62.

李松青.2005.独立工矿区企业治理行为分析.中南大学硕士学位论文.

李许卡，杨天英，宋雪.2016.东北老工业基地转型发展研究——一个文献综述.经济体制改革，（5）：42-49.

李为，曲丽霞.1991.东北区轻工业布局变化特点与趋向，地理科学，（4）：315-327，391.

李勇辉，吴朝霞.2005.世界老工业基地改造的模式与启示研究.开发研究，（3）：119-121，44.

林凌，荣剑英，沈鸿生，等.2000.中国老工业基地振兴之路.改革，（5）：5-19.

刘保奎.2017.大阪湾地区转型发展的历史经验与最新动向.中国发展观察，（11）：57-60.

刘桂山.2003.英国通过产业调整创造生机.科技信息，（9）：38.

刘国庆.2013.松江老工业区二次开发的实践和思考.上海农村经济，（7）：4-7.

刘皓琰，孙寿涛.2017.生产力布局理论的历史演进与当代转向.天津师范大学学报（社会科学版），（6）：66-72.

刘世锦.2004.支付改革成本，推动企业转制：思路和初步方案.经济社会体制比较，（4）：67-71.

刘通.2006.老工业基地衰退的普遍性及其综合治理.中国经贸导刊，（11）：18，22.

刘亚军.2009.从沈阳铁西区工业发展的历史看老工业基地改造与振兴.东北师范大学硕士学位论文.

刘颖.2012.吉林市哈达湾老工业区改造研究.中国科学院研究生院（东北地理与农业生态研究所）硕士学位论文.

刘永佶.2003.国家资本及其国有企业是新中国工业化的基础和主干.当代中国史研究，（4）：47-52，126.

陆大道.1979.工业区的工业企业成组布局类型及其指示经济效果，地理学报，34（3）：248-264.

陆大道.2003.中国区域发展的理论与实践.北京：科学出版社.

陆瑾.2005.产业组织演化研究.复旦大学博士学位论文.

骆小舟.2014.浅谈香港老工业区改造实践对中国内地发展的启示——以香港荃湾工业区改造为例.门窗，（10）：365，367.

马飞跃.2014.振兴老工业基地的思考——以成都市青白江区老工业基地调整改造为例.资源与人居环境，（6）：27-29.

马佐澎，李诚固，张婧，等.2016.发达国家城市收缩现象及其对中国的启示.人文地理，31（2）：13-17.

讷克斯.1966.不发达国家的资本形成问题.瑾斋译.北京：商务印书馆.

尚勇敏，曾刚.2014.老工业区产业结构转型与用地结构转型互动机制及优化路径.地域研究与开发，33（5）：44-49.

邵维中.2002.西方工业区位理论探讨.华中师范大学硕士学位论文.

施雪华, 孙发锋. 2012. 老工业基地振兴: 欧美的经验及其对中国的启示. 黑龙江社会科学, (5): 46-51, 4.

石晓红, 叶钟. 2012. 日本北九州城市产业转型的成功经验及启示. 西南农业大学学报(社会科学版), 10 (10): 61-62.

隋广军. 2007. 产业演进及其微观基础研究. 北京: 经济科学出版社.

谭崇台. 1989. 借鉴比较与挑战: 西方发展经济学对农业重要性的再认识及其借鉴意义. 中国人民大学中国经济改革与发展研究院会议论文集: 517-532.

唐坚. 2004. 老工业基地改造与振兴若干问题. 社会科学, (4): 16-22.

王成金, 王伟. 2013. 中国老工业城市的发展状态评价及衰退机制. 自然资源学报, 28 (8): 1275-1288.

王风岸. 2005. 美国的"锈带复兴". 经营与管理, (4): 52-53.

王国霞, 佟连军, 李国平, 等. 2003. 东北地区夕阳产业地域划分及其振兴对策研究. 地理科学, 23 (6): 649-655.

王宏光. 2014. 转型期中国城市老工业区用地置换研究—以成都东郊工业区为例. 兰州大学硕士学位论文.

王缉慈. 2006. 关于我国发展产业集群中的若干问题. 理论参考, (9): 27-30.

王青云. 2007. 我国老工业基地城市界定研究. 宏观经济研究, (5): 3-7, 27.

王青云. 2009. 中国的老工业基地城市. 中国城市经济, (9): 30-33.

王晓来. 2004. 发达国家老工业基地调整与改造的成功经验及其对我国的启示. 大连大学学报, (3): 40-42.

王雪娇, 胡亮, 赵楠. 2016. 日本北九州产业转型升级与城市规划建设的协同发展. 城乡建设, (7): 90-92.

王钰. 2007. 国外老工业基地改造对我国中部老工业基地振兴的启示. 郑州经济管理干部学院学报, 22 (4): 5-9.

王喆, 陈伟. 2014. 工业化、人口城市化与空间城市化——基于韩、美、日等 OECD 国家的经验分析. 经济体制改革, (5): 177-181.

王振华. 2003. 从"锈带复兴"看美国老工业区结构调整. 科技信息, (9): 37-38.

魏后凯. 2003-08-18. 振兴老工业基地: 让政策"注入"变为内生动力. 辽宁日报, 第 1 版.

吴志强, 李德华. 2010. 城市规划原理(第四版). 北京: 中国建筑工业出版社.

谢波. 2015. 中国区域资源诅咒问题研究. 北京: 中国社会科学出版社.

谢雄标. 2013. 区域矿产资源产业演化机理及可持续发展研究. 武汉: 中国地质大学出版社有限责任公司.

许庆明, 胡晨光. 2012. 中国沿海发达地区的城市化与工业化进程研究. 中国人口科学, (5): 14-22, 111.

阳建强, 罗超. 2011. 后工业化时期城市老工业区更新与再发展研究. 城市规划, 35 (4): 80-84.

阳建强. 2008. 老工业城市的转型与更新改造. 城市发展研究, (S1): 132-135.

杨东峰, 殷成志. 2013. 如何拯救收缩的城市: 英国老工业城市转型经验及启示. 国际城市规划, 28 (6): 50-56.

杨玲. 2005. 矿业城市研究综述. 中国国土资源经济, (5): 27-29.

杨鄮. 2004. 老工业区经济衰退与转型分析—德国鲁尔区的案例分析. 杭州: 浙江大学硕士学位论文.

杨雪. 2008. 欧盟国家传统工业区改造过程中的就业政策及其启示. 长春: 吉林大学出版社.

杨振凯. 2008. 老工业基地的衰退机制研究——兼论中国东北老工业基地改造对策. 长春: 吉林大学博士学位论文.

叶振宇, 茹雪, 张云鸽. 2017. 从底特律破产看东北老工业城市之转型. 环境经济, (3): 18-21.

317

约瑟夫·熊彼特.1990.经济发展理论——对于利润、资本、信贷、利息和经济周期的考察.北京：商务印书馆.

约瑟夫·熊彼特.1999.资本主义、社会主义与民主.北京：商务印书馆.

斋藤优.1996.技术开发论—日本的技术开发机制与政策.王月辉译.北京：科学技术文献出版社.

张可云.2009.中国区域政策研究与实践缺陷和未来方向.湖湘论坛，（3）：44-47.

张建明.2015.我国城市化进程中新二元结构问题研究.上海：上海交通大学出版社.

张可云.2018.新时代的中国区域经济新常态与区域协调发展.国家行政学院学报，（3）：102-108，156.

张平宇，马延吉，刘文新，等.2004.振兴东北老工业基地的新型城市化战略.地理学报，（S1）：109-115.

张文忠，刘继业.1992.关于区位论发展的探讨人文地理，（3）：7-13.

张晓峰，孙力男.2014.国外振兴老工业基地的经验与启示.经济研究导刊，（8）：44-46.

张耀辉，路世昌.1999.衰退地区经济振兴战略.北京：中国计划出版社.

张正河.2000.后发城市化的优劣势和初始条件.经济学家，（4）：99-104.

赵家辉，李诚固，马佐澎，等.2017.城市精明收缩与我国老工业基地转型.城市发展研究，24（1）：135-138，152.

赵秋成.2005.辽宁老工业基地的工业化、城市化及其路径选择.经济地理，25（3）：329-332.

赵伟.2009.工业化与城市化：沿海三大区域模式及其演化机理分析.社会科学战线，（11）：74-81.

周洪霞.2015.我国人口流动、城市化与工业化的关系分析.南京审计学院学报，12（2）：55-62.

周明长.2016.三线建设调整改造与重点区域城市发展.贵州社会科学，（10）：46-53.

周维富.2002.中国工业化和城市化协调发展论.中国社会科学院博士学位论文.

章长基.1987.1912~1949年中国的工业生产//张仲礼.中国近代经济史论著选择.上海：上海社会科学院出版社.

Abernathy W J，Utterback J M. 1978. Patterns of industries innovation. Technology Review，（8）：40-47.

Alberti F G，Giusti J D. 2012. Cultural heritage，tourism and regional competitiveness：the motor valley cluster. City，Culture and Society，3（4）：261-273.

Auty R M. 1993. Sustaining Development in Mineral Economies：The Resource Curse Thesis. London：Routledge.

Bailey D，Bellandi M，Caloffi A，et al. 2010. Place-renewing leadership：trajectories of change for mature manufacturing regions in Europe. Policy Studies，31（4）：457-474.

Benneworth P S，Hospers G J，Jongbloed B. 2006. New economic impulses in old industrial regions：the case of the uUniversity of Twente. Geomagnetism and Aeronomy，（29）：577-582.

Benneworth P，Hospers G J. 2007. The new economic geography of old industrial regions：universities as global-local pipelines. Environment and Planning C：Politics and Space，25（6）：779-802.

Birch K，MacKinnon D，Cumbers A. 2010. Old industrial regions in Europe：a comparative assessment of economic performance. Regional Studies，44（1）：35-53.

Boschma R A，Knaap G A. 1997. New technology and windows of locational opportunity：indeterminacy，creativity and chance.//Reynders J.Economics and Evolution. Cheltenham：Edward Elgar.

Boschma R，Minondo A，Navarro M. 2013. The emergence of new industries at the regional level in Spain：a proximity approach based on product relatedness. Economic Geography，89（1）：29-51.

Bamm A，Zinger G，Wieser B，et al.2005. Yearbook 2005 of the Institute of Advanced Studies on Science，Technology and Society. Munich：Profile Verlag.

Copic S，Dordevic J，Lukic T，et al. 2014. Transformation of industrial heritage- an example of tourism

老工业城市调整改造的理论与实践

industry development in the Ruhr Area. Geographica Pannonica, 18（2）: 43-50.

Cumbers A, Brirch K, MacKinnon D. 2006. Revisiting the Old Industrial Region: Adaptation and Adjustment in an Integrating Europe. Working Paper. Centre For Public Policy For Regions.

Danson M. 2005. Old industrial regions and employ ability. Urban Studies, 42（2）: 285-300.

de Sousa C A. 2003. Turning brownfields into green space in the City of Toronto. Landscape and Urban Planning, 62（4）: 181-198.

Filip S, Cocean P. 2012. Urban idustrial Browfields: constraints and opportutities in Romania. Carpathian Journal of Earth and Environmental Sciences, 7（4）: 155-164.

Fornahl D, Hassink R, Klaerding C, et al. 2012. From the old path of shipbuilding onto the new path of offshore wind energy? the case of Northern Germany. Ersa Conference Papers, 20（5）: 835-855.

Frantal B, Kunc J, Klusacek P, et al. 2015. Assessing success factors of brownfields regeneration: international and interstakeholder perspective. Transylvanian Review of Administrative Sciences, 11（44）: 91-107.

G. 多西，C. 弗里曼，R. 纳尔逊，等. 1992. 技术进步与经济理论. 钟学义，沈利生，陈平等，译. 北京: 经济科学出版社.

Gort M, Klepper S. 1982. Time paths in the diffusion of product innovations. The Economic Journal, 92（367）: 630-653.

Grabher G. 1993. The weakness of strong ties: the lock-in of regional development in the Ruhr area// Grabher G.The Embedded Firm. On the Socio-economics of Industrial Networks. New York: Routledge.

Hassink R, Shin D H. 2005. Theme issue: the restructuring of old industrial areas in Europe and Asia-Editorial. Environment and Planning A, 37（4）: 571-580.

Hassink R. 2005. How to unlock regional economies from path dependency? from learning region to learning cluster. European Planning Studies, 13（4）: 521-535.

Hassink R. 2017. Advancing the understanding of regional economic adaptability in a non-western context: an introduction to the special issue. Growth and Change, 48（2）: 194-200.

Henderson V. 2003. The urbanization process and economic growth: the so-what question. Journal of Economic Growth, 8（1）: 47-71.

Hirst P, Zeitlin J. 1989. Reversing Industrial Decline? Industrial Structure and Policy in Britain and Her Competitors. Oxford: Berg.

Hill C W, Jones G R.2001.Strategic Management Theory.New York: Houghton Mifflin.

Hoover E M, Fisher J L. 1949. Research in regional economic growth. Cambridge: National Bureau of Economic Research, Inc.

Hu X H, Hassink R. 2017. New perspectives on the restructuring of old industrial areas in China: a critical review and research agenda. Chinese Geographical Science, 27（1）: 110-122.

Hudson R. 2008. Rethinking change in old industrial regions reflecting on the experiences of North East England. Environment and Planning A, 37（4）: 581-596.

Klepper S, Graddy E. 1990. The evolution of new industries and the determinants of market structure. The Rand Journal of Economics, 21（1）: 27-44.

Krugman P. 1993. The lessons of Massachusetts for EMU.//Torres F, Giavazzi F. Adjustment and Growth in the European Monetary Union. Cambridge: Cambridge University Press.

Malmberg A, Maskell P. 1997. Towards an explanation of regional specialization and industry agglomeration. European Planning Studies, 5（1）: 25-41.

McGahan A M, Silverman B S. 2001. How does innovative activity change as industries mature? International Journal of Industrial Organization, 19（7）: 1141-1160.

参考文献

Norton R D. 1979. City Life Cycles and American Urban Policy. New York：Academic Press.

Porter M E. 1990. The Competitive Advantage of Nations. New York：The Free Press.

Pred A R. 1966. The Spatial Dynamics of Urban-industrial Growth 1800-1914：Interpretive and Theoretical Essays. Cambridge：MIT Press.

Reckien D，Martinez-Fernandez C. 2011. Why do cities shrink. European Planning Studies，19（8）：1375-1397.

Rees J. 1979. Technological change and regional shifts in American manufacturing. The Professional Geographer，31（1）：45-54.

Rink D，Haase A，Grossmann K，et al. 2012. From long-term shrinkage to re-growth? the urban development trajectories of Liverpool and Leipzig. Built Environment，38（2）：162-178.

Sachs J D，Warner A M. 1999. The big push， natural resource booms and growth. Journal Development Economic，59（1）：43-76.

Sachs J D，Warner A M. 2001. The curse of natural resources. European Economic Review，45（4-6）：827-838.

Schamp W E. 2005. Decline of the district，renewal of firms：an evolutionary approach to footwear production in the Parmesans Area， Germany. Environment and Planning A，37（4）：617-634.

Schienstock G. 2007. From path dependence to path creation：finland on its way to the knowledge-based economy.Current sociology，55（1）：92-109.

Sigman H. 2010. Environment liability and redevelopment of old industrial land. Journal of Law and Economics，53（2）：289-306.

Steiner M. 1985. Old industrial areas：a theoretical approach. Urban Studies，22（22）：387-398.

Swann P，Prevezer M，Stout D. 1998. The Dynamics of Industrial Clustering：International compairisions in Computing and Biotechnology.Oxford：Oxford University Press.

Tdtling F，Michaelatm. 2004. Like phoenix from the ashes? the renewal of cluasters in old industrial areas. Urban Studies，41（5/6）：1175-1195.

Vernon R. 1966a. A theory of urban decline：economy， demography and political elites.International Economics Policies and Their Theoretical Foundations，8（4）：307-324.

Vernon R. 1966b. International investment and international trade in the product cycle. The Quarterly Journal of Economics，80（2）：190-207.

Wood P A. 1992. Industrial change and regional economic transformation：the experience of Western Europe. Economic Geography，68（1）：104-107.

老工业城市调整改造的理论与实践

# 后　记

　　我的学术研究始于交通地理学，对工业地理的研究是交通地理研究的学术延伸。基于对港口、铁路及高速公路等空间网络、货流路径与集散枢纽等若干地理问题的长期研究，我发现大宗货物主要源于腹地工业城市的基础工业原料、工业产品及矿产资源运输，包括煤炭、铁矿石、石油、粮食与建材等货物，这促使我逐步将研究范围拓展到腹地的工业城市。

　　长期以来，我在国家发展和改革委员会地区振兴司的资助与支持下，围绕老工业基地先后开展了一系列的研究工作，涉及老工业基地识别、调整改造思路、发展评估、区域对比、经验总结等研究议题。但这些研究主要体现在工作层面，以服务于国家战略需求为主，我深感工作成果较多、理论总结偏弱，未能从经济地理学的视角，形成系统化的理论研究成果。正是这种缺失促使我抽出时间系统梳理工作、补充更新数据、加强分析深度、聚焦研究议题，并集中撰写本书。

　　本书从启动研究到成稿出版，经历了很长的时间，其间很多的同事与学生先后参与了这项研究工作，对此深表谢意。感谢国家发展和改革委员会地区振兴司许欣一直督促我加快理论总结、尽快出版著作，而且参与了本书的研究讨论框架与部分内容分析。感谢中国科学院地理科学与资源研究所的金凤君研究员带领着我围绕老工业基地先后开展了一系列的研究，形成了本书的早期积累。感谢国家发展和改革委员会产业所的杨威博士参与了老工业基地的最初研究工作，感谢北京师范大学的几位本科生参与了本书的基础资料收集工作。

　　如何利用经济地理理论开展区域发展的地理研究工作是我长期以来的努力方向。在综合近十年来的研究工作，结合中国科学院地理科学与资源研究所区域发展研究的总体思路，我拟聚焦特殊类型区域，以老工业城市、衰退地区、结构单一地区等特殊类型区域为主题，围绕调整改造、援助扶持、保护恢复等方面，力图设计系列化研究的丛书出版。本书是"特殊类型区域研究系列"丛书的第一本，也是我拓展学术研究范围的重要成果。

　　虽然这本书已经完成，虽然我努力在"特殊类型区域"的研究上拓展深化，但仍感觉自身在经济地理与区域发展领域的知识积累不足，致使许多议题的研究存在不足之处。我希望本书能够对中国工业城市的可持续发展提供指导与借鉴，实现科学研究的应用价值。

王成金

2019 年 8 月